Gonglu Luji Weixiu yu Jiagu

公路路基维修与加固

王松根　宋修广　编著

人民交通出版社

内 容 提 要

本书介绍了公路路基及小桥涵维修加固技术及其在工程中的应用,涉及路基病害的表现特征、成因、检测方法,以及各类加固方法的加固原理、适用范围、设计计算、施工工艺、施工质量检验等内容。书中给出了较多工程实例,对读者了解、应用公路路基及小桥涵维修加固技术将起到积极的作用。

本书主要内容有:路基养护质量要求及监测方法、路基与小桥涵常见病害及成因分析、路基及小桥涵常用维修加固技术、路基维修加固技术应用及工程实例。

本书是公路行业从事道路维修加固勘察、设计、治理、施工、检测、管理与监理等科技人员的必要工具书,也可作为相关专业人员的主要参考书。

图书在版编目(CIP)数据

公路路基维修与加固/王松根,宋修广编著.—北京:人民交通出版社,2010.1
ISBN 978-7-114-08201-6

Ⅰ.公… Ⅱ.①王…②宋… Ⅲ.①公路路基—维修②公路路基—加固 Ⅳ.U416.1

中国版本图书馆CIP数据核字(2010)第010548号

书　　名:公路路基维修与加固
著 作 者:王松根　宋修广
责任编辑:丁润铎　郭红蕊
出版发行:人民交通出版社
地　　址:(100011)北京市朝阳区安定门外外馆斜街3号
网　　址:http://www.ccpress.com.cn
销售电话:(010)59757969,59757973
总 经 销:北京中交盛世书刊有限公司
经　　销:各地新华书店
印　　刷:北京盛通印刷股份有限公司
开　　本:787×1092　1/16
印　　张:18.75
字　　数:436千
版　　次:2010年1月　第1版
印　　次:2010年1月　第1次印刷
书　　号:ISBN 978-7-114-08201-6
印　　数:0001—3000册
定　　价:50.00元

《公路路基维修与加固》编写人员名单

主　　编： 王松根　宋修广

副 主 编： 张玉宏　张宏博

参编人员： 李英勇　马　飞　毕玉峰　管延华

张宏庆　潘维宗　张思峰　弋晓明

张瑜洪　王红红　江健宏　马　正

窦志刚

序

改革开放以来，我国公路建设取得了举世瞩目的成绩。目前，以高速公路为主骨架的公路网已基本建成，通车总里程位居世界第二。与此同时，公路养护维修任务日趋繁重。由于我国地域广阔，地质条件千差万别，公路路基病害的种类和成因差异性较大，路基维修与加固工作十分复杂。加之路基病害隐蔽性较强，若维修加固不及时或处理方案不当，不仅会影响行车质量，还可能造成路基侧滑、塌陷等重大交通灾害，造成巨大的人员财产损失。因此，及时总结和研发路基维修加固技术，对提高公路养护整体技术水平具有十分重要的现实意义。

为了满足路基维修加固需要，我国研究应用了许多路基维修加固处治技术，积累了丰富的经验，路基维修加固技术水平也得到了较大提高，但目前尚缺少用于指导设计、施工和管理等较为系统的参考书。山东省十分重视公路路基养护技术的应用，结合实际工程进行了多种路基加固技术研究和实践，取得了许多具有实用价值的成果，多项成果获得省部级以上的科技进步奖，值得总结和借鉴。《公路路基维修与加固》以实体工程为背景，总结国内外先进经验，涵盖了路基维修加固理论、方案设计、工程实例等内容。该书内容丰富、实用，在一定程度上反映了当前我国路基养护技术水平。我相信，本书的出版将对我国从事公路管理、设计、施工的技术人员的实际工作有所帮助。

公路路基维修与加固理论十分复杂，正处于发展阶段，加上加固技术的多样性和地质条件的复杂性，一些病害机理还有待揭示，加固新技术还有待研究，希望《公路路基维修与加固》的出版能进一步推动我国路基维修加固技术的发展，为提高我国公路养护管理技术水平发挥作用。

交通运输部公路局局长：

二〇一〇年元月十九日

前　言

随着高等级公路的兴建，现代化公路运输不仅要求道路能全天候通行，而且要求车辆能以一定的速度，安全、舒适而经济地在路上行驶，这就要求路面具有良好的使用性能和安全性能。路基作为路面结构的基础，需具有足够的强度和稳定性。路基在运营中受地形、地质、环境、自然条件等影响，会产生沉陷、水毁、滑坡、坍塌等各种病害。由于路基病害发生的先兆性不强甚至具有突发性，因此路基一旦产生病害，轻则影响道路通行和服务水平，重则导致灾害性事故，造成重大的生命财产损失。因此，应十分重视路基的维修与加固，特别是预防性养护技术在路基维修与加固中的应用。

目前，我国公路维修加固的任务急剧增加，公路的运营安全也越来越受到重视，为避免和减少公路路基病害和灾害性事故的发生，需要对公路路基维修加固理论和技术进行总结，为公路建设者和管理者提供理论学习参考。

本书内容涵盖了路基、路堑、支挡结构物、小桥涵等构筑物的维修与加固方面的理论与实践，介绍了我国不同等级和类型的道路常见病害类型特点、成因分析、检测评定、加固技术理论等，并结合山东省公路工程实例介绍了维修加固技术的具体应用。

全书由山东省交通厅公路局王松根、张玉宏，山东大学宋修广、张宏博等负责编写，最后由王松根、宋修广定稿。

本书的编辑、出版、发行得到了人民交通出版社的大力支持，在此致以衷心感谢！

由于编写时间紧且水平所限，错误之处在所难免，欢迎读者批评指正，以求改进。

编著者

2009 年 11 月

目　　录

第一章　绪　论

第一节　公路路基养护概述

一、公路路基养护的目的与意义

公路是国家现代化建设的重要基础设施。根据我国国民经济和社会发展对交通运输的要求，为了建立适应中国国情的现代化综合运输体系，缓解我国交通运输的紧张局面，对于公路建设者来说，关键有两方面：一是要加快高等级公路建设，提高整个路网技术等级；二是要切实加强对已建公路的养护管理，维护路用性能，保障公路畅通。其中，公路养护是保持路网完好，并不断使其得到改善，延长其使用寿命，为经济建设提供良好服务的根本条件。如果缺养、失养，路网使用状况会很快下降，道路通行就必然受阻。根据原交通部颁发的《公路科学养护与规范化管理纲要》的要求，当前公路养护工作总的指导方针是：建养并重、协调发展、深化改革、科学管理、保障畅通。其中，建养并重、协调发展，是公路交通事业自身发展的客观要求。

公路路基作为路面的基础，它与路面共同构成一个整体结构，是公路的基本结构物，承受行车作用和自然因素的影响。坚固、稳定的路基是保证公路具有良好使用品质的基本条件。然而，由于路基的修建改变了原地面的自然平衡状态，在某些地形、地质条件下，路堤可能发生沉陷、侧滑，路堑边坡则可能发生坍塌、滑坡等现象，影响道路的正常使用，甚至造成灾害性事故。如，某高速公路塌陷百余米造成车辆坠落、某公路百米路基突然塌陷二十余米、某高速公路路基滑坡推倒4座民房，类似工程时有发生，对周围居民及行人、车辆的安全构成极大威胁。同时，由于地下水位的变动、降雨入渗的影响，路基还可能发生雨水冲蚀、强度衰减等变化，这加剧了路面结构的破损，造成后期养护费用巨大。因此，为了使路基具有较强的抵抗自然因素侵蚀的能力，必须采取科学合理的技术措施加强运营期路基监测，并适时进行预防性养护及维修加固处理，防止路基病害的发生和扩展，有效延长道路结构的使用寿命。并由此可提出公路路基养护的目的和基本任务如下。

(1)实现预防性养护策略，经常保持路基各部分的完好状态，及时修复损坏部分，确保路基功能完好。

(2)采取正确的技术措施，提高养护工作质量，以延长公路的使用年限。

(3)防治结合，加强监测，治理公路路基存在的病害和隐患，提高公路的抗灾能力。

(4)对原有技术标准过低的路段和构造物以及沿线设施进行分期改善和增建，弥补路基缺陷，完善和提高路基使用功能。

二、公路路基养护的基本原则

我国地域辽阔，地质条件、水文条件千差万别，路基病害特征各不相同，但在路基养护时应遵循以下基本原则。

(1)预防为主、防治结合。要根据历年积累的技术经济资料和当地具体情况,通过科学分析,早作防范,依据早观测、早发现、早治理的三条原则进行预防性养护,及时消除导致高等级公路损毁的因素,增强高等级公路设施的耐久性和抗灾能力。

(2)因地制宜、就地取材。在养护中应尽量选用当地天然材料和工业废渣,充分利用原有工程材料和工程设施,以降低养护成本。

(3)常年养护、科学养护。要推广应用国内外先进的养护技术和科学的管理方法,改善养护生产手段,提高养护技术水平,并做到常年养护不松懈。

(4)先重点、后一般。对危及道路通行安全及对公路设施会造成严重损坏的应优先处治。

三、公路路基养护的基本特点

1.养护方式的独特性

公路养护面对的是大交通下的快速通行环境,这种环境对公路的养护方式也提出了很多要求。首先,在养护管理上要建立一整套病害检测并迅速治理的快速反应机制。其次,在养护过程中要树立时间意识,尽量缩短作业时间,尽量保证开放交通。再次,公路养护要严格履行安全操作规程,除具体养护工艺环节外,还要按规定设置不同的交通安全管制区段,并在限定的区段内作业。

2.养护技术的复杂性

公路养护除需要具备机械化、专业化技术外,还需要随着养护管理的发展不断探索新技术、新工艺和新材料。同时,在养护检测手段上,也要不断配备现代化设备,以适应公路长距离、多点位的快速检测及分析方式。公路养护技术的复杂性还体现在技术选择的局限性上,为了缩短维修周期,减少维修费用,对其进行维修加固时必须选择合适的处治技术,无论拓宽还是加固,都应尽量利用旧路基。

3.养护监测的长期性

路基工程在长期的自然环境及行车荷载影响下,在某些特殊路段不可避免的会出现沉陷、侧滑甚至坍塌等工程灾害。然而,由于路基属隐蔽工程,如果疏于管理,一旦出现病害,难以及时发现,当病害累积到一定程度时,将表现为强烈的突发性特征,甚至引起车毁人亡的惨重后果。因此,对于特殊地质条件的路段,应重点加强监测工作,避免灾难性事故。

4.养护工作的时效性

路基养护不同于路面养护,对其进行维修加固的时间一般较长,具有明显的时效性,对交通干扰非常显著。因此,运营期路基的养护技术明显区别于建设期,必须尽力保证交通的正常安全运营。

四、路基养护工作的内容和要求

路基工程的基本技术指标有:路基高度、路基宽度、路基边坡及排水系统等,所以路基的养护工作也是紧紧围绕这几方面进行的。

1.路基养护工作的内容

路基养护应通过对公路各部分的日常巡视和定期检查,发现病害及时查明原因,采取有效措施进行修复或加固，消除病害根源。其作业范围应包括下列内容。

1)日常养护工作内容

(1)维修、加固路肩及边坡。经常修整路肩、边坡、修剪路肩杂草，清除挡墙、护坡、集水井和泄水槽内的杂物，修补破损路肩及边坡。

(2)疏通、改善排水系统。对边沟、截水沟以及暗沟(管)等排水设施，应及时排除堵塞、疏通水流，保持水流畅通。

(3)维护、修理各种防护构造物等。公路沿线的防护构造物包括护坡、护面墙、植物、丁坝、顺坝以及各类挡土墙等。要保证这些构造物完整无损、发挥其对路基的防护与加固作用。

2)路基维修加固工作内容

观察、预防、处理路基沉陷、侧滑、翻浆、滑坡、坍方、泥石流及其他病害，及时检查各种路基的险情，加强水毁和自然灾害的防护与治理。

2.路基养护的基本要求

路基养护的基本要求是通过日常的和定期的检查，发现问题，分析原因，采取养护、维修措施。路基养护的基本要求见表1-1。

路基养护的一般要求 表1-1

项　目	一般要求
路基	路基各部分经常保持完整，各部分尺寸保持规定的标准
路肩	路肩无沉陷、缺口，横坡适度，边缘顺适，表面平整、坚实、整洁，无杂草，与路面边缘平顺相接
边坡	边坡稳定、坚固、平顺、无冲沟，碎落台及挡墙帽石上经常保持无碎落物
排水系统	边沟、排水沟、截水沟、跌水井、泄水槽等排水设施无淤塞、无杂草，排水畅通，进出口完好；路基、路面边沟经常保持不积水，地下排水设施通畅
防护及支挡结构	防护及支挡工程保持完整无损坏，泄水孔无堵塞，伸缩缝(沉降缝)功能完好
路基病害	对路基病害应及时处理、尽快修复
其他	在养护工作中，尽可能避免中断交通，尽量缩短占道时间，尽快开放交通

在上述养护工作中，要特别注意保持路基排水系统处于完好状态，因为水是造成多种病害的重要因素。应及时总结治理路基失稳的成功和失败的经验，针对具体路段，制订出具体的、切合实际的、有效的预防和维修措施，使日常养护和维修工作系统化、规范化，以逐步提高管养水平。

五、小桥涵养护工作的内容和要求

1.公路小桥涵养护工作的基本内容

(1)建立、健全公路小桥涵的检查、评定制度。对公路小桥涵构造物进行周期性检查，系统地掌握其技术状况，及时发现缺损和相关环境的变化。

(2)公路桥涵养护应做到桥涵外观整洁，桥面铺装坚实平整、横坡适度，桥头连接顺适，排水畅通，结构完好无损，标志、标线等附属设施齐全完好。

(3)桥涵构造物的养护，首先应使原结构保持设计荷载等级的承载要求及设计交通量的通行要求。根据交通发展的需要,也可通过改造和改建来提高承载能力和通行能力。

(4)养护作业和工程实施应注意保障车辆、行人的安全通行及环境保护。

(5)桥涵构造物养护应有对付洪水、流冰、泥石流和地震等灾害的防护措施,同时备有应急交通方案。

2. 公路小桥涵养护工作的基本要求

(1)公路小桥涵养护工作按“预防为主,防治结合”的原则,以桥面养护为中心,以承重部件为重点,加强全面养护。

(2)推广应用先进的养护技术和科学的管理方法,改善养护生产手段,提高养护技术水平。

(3)桥涵养护工程应重视经济技术方案的比选,并充分利用原有工程材料和原有工程设施,以降低成本。

第二节　公路路基病害类型简介

公路路基是按照路线位置和一定技术要求修筑的带状构筑物,它贯穿公路全线,具有距离长、与大自然接触面广的特点,受水文条件、地质条件、气候条件、交通条件、地形地貌、道路等级等诸多因素的综合影响,路基病害类型复杂,表现特征多样。归纳起来,公路路基主要病害类型及特征表现如下。

一、填方路基病害

1. 路基沉陷

填方路基下沉导致断面尺寸改变的病害现象,为路基沉陷。沉陷经常是不均匀的,易造成路面结构破坏,影响路面平整度,严重时会局部破坏路段,造成交通中断。沉陷有路堤本身下沉和地基下沉两种情况。前者是因填料不当、填筑方法不合理、压实不足而引起的,后者是由于软弱地基未经处理或处理不理想而引起的。

2. 路基侧滑

当路基长期受到地面水和地下水的作用时,土结构破坏,黏结力失效,在自重或外力作用下,沿一定的软弱面,使土体向下滑移形成滑坡。产生滑坡的原因很多,主要有地质因素和水文因素。其发生破坏的外在形式有着共同的基本特征:一是路面发生纵向开裂,严重者可在路面上沿裂缝断开成横向阶梯状;二是滑移面为弧形,符合土体边坡滑坡的一般特征。

3. 路基冻胀和翻浆

在冬季寒冷地区的潮湿路段,路基土中的水分在冰冻过程中不断向上移动,使路基上部含水率大大增加。春融期间,土基强度因含水率较大而急剧下降,在行车作用下路面发生弹簧、裂缝、鼓包、冒泥等现象,称之为翻浆。冻胀是由于土基下部的水向上集聚并冻结成冰所致。过大的冻胀可使柔性路面鼓包,开裂,使刚性路面错缝、折裂。

4. 路基强度不足

在周围水环境及交通荷载等因素的综合影响下,在3～5年的时间内,路基填料强度逐渐降低,路基变形量不断增大,这将加剧路面结构的破损速度,形成反射裂缝、唧浆、坑槽等病害。

二、路堑边坡病害

公路特别是山区公路的边坡病害是路基最常见病害之一，通常有崩塌、落石、滑坡、坡面冲刷、坍塌、剥落和泥石流等。产生病害的原因很多，主要是地质因素和水的作用，另外还与公路选线、路基设计、施工方法、施工质量、治理措施等密切相关。如地质条件不良地段的深挖方，切坡过多破坏了原有的力学平衡，施工方法不当等都会造成边坡产生病害。

三、特殊地区土质的病害

1. 盐渍土地区

盐渍土是环境敏感性的特殊土，其工程特性随水、热环境而异。它含有较多的盐，在水分和温度的影响下，土中的盐类（尤其是易溶性结晶盐）会发生相态和数量的变化，使盐渍土具有不稳定的结构工程特性。因此，在高含盐量地区特别是在高地下水位地区，盐渍土特殊的工程性质会严重影响路基的稳定性和耐久性。其病害类型主要表现为路基的溶陷变形、路基翻浆、路基的次生盐渍化等。

2. 黄土地区

湿陷性黄土是黄土的一种。天然黄土在自重压力或附加压力作用下，受水浸湿后，土的结构迅速破坏，发生显著变形，成为湿陷性黄土。湿陷性黄土地基的这一特性，会给路基结构物带来不同程度的危害，影响路基稳定，造成路基沉降、路面开裂，使结构物大幅度沉降、断裂、倾斜，甚至严重影响其安全和使用。黄土地区高速公路常见填方路基病害表现为：①路面出现横向裂缝，裂缝处出现差异沉降，产生错台；②路面出现纵向裂缝，严重时裂缝向路肩边缘伸展，形成滑裂面；③填方路基完工后路基整体或局部沉陷；④路基滑动或边坡坍塌。

3. 软土地区

软土广泛分布于沿海、内陆地区，主要为滨海相、泻湖相、三角洲相沉积，内陆软土大多属湖泊沉积或河滩沉积。其主要特点是地基承载力较低，在荷载作用下变形较大，这给公路修建带来了许多工程问题。软土地基病害类型主要表现为：①路、桥（涵）结合部由于差异沉降大而损坏；②通道结构物部分区域出现不同程度的各类损坏，尤以沉降缝损坏、墙体不规则裂纹和八字墙损坏最为常见；③桥头引道（含高路堤）一定范围内，边坡出现坍塌，甚至穿过路肩到达道路内部，造成路面开裂或塌陷；④低路堤出现车辙、路面破碎；⑤道路投入运营不久，在远未达到其服务寿命的情况下，道路便产生较多的横向和纵向裂缝，局部还会出现较大面积的开裂破碎带。

4. 岩溶区

石灰岩等可溶性岩层，在流水的长期化学作用和机械作用下，产生的特殊地貌形态和水文地质现象，统称为岩溶。我国可溶岩分布面积占整个国土面积的 1/3，是世界上岩溶塌陷发育最广泛的国家之一。在岩溶地区修筑公路的主要问题有：①由于地下岩溶水的活动，或因地面的消水洞穴被阻塞，导致路基基底冒水、水淹路基以及隧道涌水等；②由于地下洞穴顶板的坍塌，引起位于其上的路基及其附属构造物发生坍塌、下沉或开裂。

5. 采空区

采空区是指地下矿产被采出后留下的空洞区，按矿产被开采的时间，可分为老采区、现采区和未来采区。采空区上方地表可能产生连续性或非连续性位移变形，对公路的危害主要有：①路基塌陷，使地表剧烈变形，产生陷坑、台阶等；②路基整体或不均匀沉陷，造成路基、路面局部开裂，局部路段呈波浪起伏，路面条件变差，易发生事故。

6. 膨胀土路基病害

膨胀土是一种很重要的地区性特殊土类，按照我国《膨胀土地区建筑技术规范》(GBJ112—87)中的定义，膨胀土是土中黏粒成分主要由亲水矿物组成，同时具有显著的吸水膨胀和失水收缩两种变形特性的黏性土。膨胀土对工程建筑的危害几乎是无所不包的，而且变形破坏具有反复性。其病害主要表现为：①由于压实困难，路基不均匀下沉显著；②路肩压实效果差，造成路基产生纵向裂缝；③由于膨胀土的裂隙性造成滑坡；④雨季出现溜塌现象；⑤边坡浅层膨胀土在胀缩效应及风化作用下，沿一定滑面整体滑移并有坍落现象。

四、防护构造物的病害

一般来说，把用作防止路基被冲刷和风化，主要起隔离作用的设施称为防护工程；把防止路基或山体因重力作用而滑坍，主要起支撑作用的支挡结构物称为加固工程。防护与加固工程损坏主要是指挡土墙、驳岸等防护工程，在不断受到水流冲刷下，基础失稳产生滑移破坏。其病害主要表现为：①构造物沉陷；②构造物滑移、倾斜；③构造物破损；④泄水孔堵塞。

五、小桥涵病害

小桥涵是公路畅通的重要组成结构物，不论在哪种等级的公路中它都起着与大中桥相类似的作用，担负着与大中桥相同的交通荷载。小桥涵一旦出现破坏会影响公路车辆的正常运行，严重的还会中断交通。由于水的冲刷和风化，以及人为造成的不同程度的损坏，小桥涵多数存在不同程度的病害，如断板、裂缝、漏水、侵蚀、翼墙倾斜、沉陷等。

第三节　公路路基维护加固方法分类

随着我国公路里程的迅速增加，公路交通量的快速增长，路基养护的要求也越来越高。目前，已有越来越多的路基加固处理技术在各项实际工程中得以应用、推广，尤其在近几十年以来，为适应工程需要，广大科研工作者和工程师研发出许多新技术、新工艺。下面结合不同病害类型进行简要介绍。

一、填方路基病害处治技术

1. 路基沉降及强度不足病害处治方法

高填方路基在施工和工程完工后由于自然环境的影响和汽车荷载的重复作用，会出现一些路基病害，引起路基的整体下沉或局部沉陷。其主要处理方法如下。

(1)表层压实法

因填筑土质不符合要求而出现路基下沉但面积不大且深度不深的病害，可采用简便快捷的表层压实法。

(2)固化剂法

固化剂作为一种特殊的建筑材料，其不同的物理性质和化学成分可解决不同类别和特点的土质的固化问题，有的适合于表层或浅土层的固化，有的适合于深层土的固结，它是通过采用特殊工艺将浆液注入土中使土固结。

(3)搅拌桩法

搅拌桩处理软基土是通过专门的机械，将石灰或水泥等固化材料以粉体或浆液的形式喷出后，在地基深处就地与软土强制搅拌，利用固化剂和软土之间新发生的一系列物理化学反应，在原地基中形成强度、刚度较大的桩体，同时也使桩周土体性质得到改善，桩体与桩间土体形成复合地基，共同承担外荷载。

(4)灌浆法

灌浆法是利用液压、气压或电化学原理，通过注浆管将浆液均匀地注入地层中，浆液以填充、渗透和挤密等方式占据土粒间的空间，浆液将原来松散的土粒胶结成一个整体，形成一个结构新、强度大、防水性能高和化学稳定性能好的“结石体”。

(5)砂石桩法

在地基中采用沉管法、振冲法或其他方法设置密实的砂桩或碎石桩，以置换同体积的黏性土形成砂石桩复合地基，以提高地基承载力。同时砂石桩还可以同砂井一样起排水作用，以加速地基土固结。

(6)强夯法

强夯法指的是为提高软弱地基的承载力，用重锤自一定高度下落夯击土层使地基迅速固结的方法。它不仅能提高地基土的强度、降低其压缩性，还能改善其抗振动液化的能力和消除土的湿陷性，所以还常用于处理可液化砂土地基和湿陷性黄土地基等。

2.路基侧滑处治技术

对于路基侧滑的处治，可根据其发生的时间不同区别对待，一种是路基施工过程中发生的侧滑，可采用结合路面基层施工同步加固的方案；另一种是通车以后发生的侧滑，应尽量采用既不影响交通，又能保证加固效果的加固方案。

(1)注浆

注浆是路基处理中最常用的工程措施之一，其原理是通过向路基内注入水泥或水泥－粉煤灰浆体，以改善路基土的特性，提高路基强度和整体的承载能力。

(2)复合锚杆桩

复合锚杆桩是利用锚杆技术及其机理而衍生出的一种新的失稳岩土体加固技术。此项技术可以将桩顶承受载荷有效地分布在不同的承载部位，比一般锚杆可提高承载力 3～5 倍，特别适用于失稳路基的加固。

(3)抗滑钢管桩

抗滑钢管桩技术是通过沿路基边坡顶部设置一排钢管桩，进行注浆，并设置纵向联系梁形成整体。此项技术可利用钢管桩的刚度和强度来抵抗路基土的侧滑力。

(4)侧向预应力锚杆

侧向预应力锚杆是在路基侧面打 2～3 排下向斜孔，孔底越过滑移面 2～3m，坡面布设混凝土联系梁，锚杆端头由联系梁预留孔露出，注浆后施加预应力，将端头锁定。整个坡面喷射一层钢筋混凝土使之形成整体，提高路基整体强度。

(5)预应力管桩

预应力混凝土管桩是采用先张预应力，掺加高效减水剂，高速离心蒸汽养护工艺的空心圆筒细长的预制桩，将下滑力传给地基土的具有一定抗弯、抗压性能的受力杆件，在我国南方应用比较广泛。

3.路基翻浆处治方法

冻胀与翻浆是季节冻土与多年冻土地区所特有的两种公路病害，主要分布在我国北方寒冷地区和南方高寒山区以及青藏高原。路基翻浆治理方法主要有路床换填改性土法、挤密钻孔桩夯实法、石灰混凝土桩复合地基法、土工织物法、高压喷射注浆法等。

二、路堑边坡病害处治技术

路堑边坡防护加固工程的病害处治，主要是基于抑制路堑边坡各种变形和破坏的可能性，设计防护加固工程措施，包括坡面变形防护、浅表层变形防护、块体变形防护、深部变形防护、坡脚应力集中防护和地表地下水的引排处理等对策技术。其主要处理方法包括：①地表排水工程；②地下排水工程；③削坡减重工程；④预应力锚固技术，对滑带岩土体施加压应力，达到控制变形的目的；⑤支挡工程，通过设置挡土墙、抗滑桩、抗滑片石垛、锚杆加固等，抵抗滑坡体的土压力和滑坡推力，防止滑体向下滑动，保证滑体的稳定；⑥滑带土的改良，通过灌水泥浆、打砂桩、旋喷等方法进行加固。

三、防护加固构造物病害处治技术

路基防护是确保道路全天候使用，使路基不致因地表水流和气候变化而失稳的必要工程措施，是路基设计的主要项目之一，其重要性因道路技术等级的提高和交通量的急剧增长日益突出。路基防护的方法，一般可分为坡面防护和冲刷防护两类，养护方法较为简单，属日常养护范围。挡土墙发生倾斜、鼓肚、滑动或下沉时，可选用下列加固措施：①锚固法；②分层多次高压注浆预应力锚固技术；③微型锚杆桩技术；④一杆三用技术。

四、特殊土路基病害的处治方法

1.盐渍土路基处治方法

盐渍土具有盐胀和溶陷性，同时容易受到冻胀和次生盐化的影响。该土质路基处治方法主要包括：①换填土层；②提高路基，防止路基冻胀或受次生盐渍化的影响；③路基的隔水、输水、导水，防止毛细水上升引起的盐分迁移，一般可采取铺设防水上渗的土工布、渗水土层等隔断层；④其他方法为：以盐治盐法、强夯法、浸水预溶强夯法。

2.湿陷性黄土地基处治方法

湿陷性黄土地基处理的目的是改善土的性质，减少土的渗水性、压缩性，控制其湿陷性的发生，部分或全部消除它的湿陷性。采用的处理方法包括：①对路基原地表土层采取重机碾压、重锤夯实、石灰挤密加固、换填土、冲击压实等，提高土层承载力，减少下沉量；②采用灰土或素土垫层，清除垫层范围内的湿陷性，减轻或避免了地基附加压力产生的湿陷；③灰土(素土)挤密桩，形成人工“复合地基”。

3. 软土地区病害处治方法

泥沼、软土地带的路基，多因地面低洼、降水充足、地下水位高、含水率饱和、透水性小、压缩性大、抗剪强度低，在填土荷载和行车作用下，容易出现沉降、冻胀、弹簧、沉陷、滑动、侧挤等病害。目前，软土地基加固处理较多，主要包括：①换填法，包括挖填法、抛石挤淤法、爆破法、排水砂垫层法等；②挡墙、木排桩法；③反压护道法；④排水固结法；⑤挤密法；⑥水泥土搅拌法；⑦化学加固法，包括硅化法、旋喷桩；⑧土工布或土工格栅加筋法。

4. 岩溶区病害处治方法

由于覆盖型岩溶区新塌陷的形成和土层不均匀沉降的产生大多与人类活动，特别是破坏天然条件的地面排水系统有关，因此，首先要控制好场地的排水。为了防治覆盖型岩溶区地面塌陷和不均匀沉降对路基造成危害，灌浆加固、土工格栅是较为常用的处理岩溶病害的方法。

5. 采空区塌陷处治方法

为了预防和控制地表残余沉陷的发生，此类方法可细分为 4 种：①全部充填采空区支撑覆岩，以彻底消除地基沉陷隐患，常采用注浆充填、水力充填和风力充填等；②局部支撑覆岩或地面构筑物，减小采空区空间跨度，防止顶板的垮落；③注浆加固和强化采空区围岩结构，充填覆岩断裂带和弯曲带岩土体裂缝；④采取措施释放老采空区的潜在沉降，消除对地表安全有较大威胁的地下空洞，常用方法有堆载预压法、高能级强夯法和水诱导沉降法等。

6. 膨胀土路基病害处治方法

膨胀土的抗剪强度为典型的变动强度，具有峰值强度极高、残余强度极低的特性。这就造成膨胀土路堤、边坡极易出现滑坡、沉陷、纵裂等现象。目前的加固方法主要包括：①土工格栅加筋、固土网垫和基床加固是保证膨胀土路堤稳定的有效措施；②采取增设骨架护坡、挡墙和抗滑桩等措施，控制膨胀土路堑边坡稳定；③路堑开挖前要做好截水沟，开挖后要及时防护、及时封闭，这是防止膨胀土路堑边坡坍塌的关键措施。

五、小桥涵病害处治技术

小桥涵在长期使用中，由于水的冲刷和风化，人为造成不同程度的损坏，对这些损坏应及时进行维修。其主要处治方法包括：扩大桥涵基础、填土挖开重新回填夯实、注浆加固、套拱加固、粘贴碳纤维布、锚杆加固、桥面板补强等。

第二章　路基养护质量要求及监测方法

第一节　路基养护一般规定与检查内容

一、路基养护的一般规定

路基是公路的重要组成部分，是路面的基础。它与路面共同承担车辆荷载，并把车辆荷载通过其本身传递到地基。路基的强度和稳定性直接影响路面的平整度和强度，是保证路面稳定的基本条件。必须保持路基土的密实，排水性能良好，各部尺寸和坡度符合要求，及时消除不稳定因素。

（一）路基养护工作范围

路基养护应通过对公路各部分的日常巡视和定期检查，发现病害及时查明原因，采取有效措施进行修复或加固，消除病害根源。其作业范围应包括下列内容。

（1）维修、加固路肩、边坡。

（2）疏通、改善排水设施。

（3）维护、修理各种防护构造物。

（4）清除塌方、积雪，处理塌陷，检查险情，防治水毁。

（5）观察和预防、处理翻浆、滑坡、泥石流等病害。

（6）有计划、有针对性地对局部路基进行加宽、加高，改善急弯、陡坡和视距不良路段，使之逐步达到所要求的技术标准。

（二）路基养护一般要求

（1）路基各部分经常保持完整，各部尺寸保持规定的标准要求，不损坏变形，经常处于完好状态。

（2）路肩无车辙、坑洼、隆起、沉陷、缺口，横坡适度，边缘顺适，表面平整、坚实、整洁，与路面接茬平顺。

（3）边坡稳定、坚固，平顺无冲沟、松散，坡度符合规定。

（4）边沟、排水沟、截水沟、跌水井、泄水槽（路肩水簸箕）等排水设施无淤塞、无杂草，纵坡符合要求，排水畅通，进出口维护完好，保证路基、路面及边沟内不积水。

（5）挡土墙、护坡及防雪、防沙等设施保持完好无损失，排水孔无堵塞。

（6）做好翻浆、坍方、山体滑坡、泥石流等病害的预防、治理和抢修，尽力缩短阻车时间。

二、路基养护质量检查评定内容

道路建成通车后，将长期暴露于大自然环境中，遭受诸如雨水入渗、地下水变动、行车荷载、路基填料强度的衰减等诸多因素的影响，极易发生路基不均匀变形、侧滑失稳、边坡滑塌、挡墙变形等病害特征。然而，由于路基被路面结构层所覆盖，其病害在初期难以直观识别而易被忽略，但积累到一定程度后即会引起路面破损甚至车毁人亡的严重后果。因此，加强对特殊段路基的质量检测，对于延长道路结构的使用寿命、提高道路的抗灾害能力至关重要。

(一)路基检查的分类

路基检查分为日常巡查、定期检查和定点观测。路基检查表见表2-1～表2-3。

日常巡查记录表　　表2-1

单位：　　日期：　年　月　日

路线名称	桩号(L/R)	内容	损坏程度及范围	备注

记录人：　　审核人：　　负责人：

定期检查记录表　　表2-2

单位：　　日期：　年　月　日

路线名称	桩号(L/R)	内容	破损程度及范围	养护意见	备注

记录人：　　审核人：　　负责人：

定点观测记录表　　表2-3

工点名称		桩号	
观察时间		天气	
观察人员			
观察方法及仪器			
观察内容			
现状描述			
处理意见			

观测人：　　审核人：　　负责人：

(二)路基检查的内容

要进行路基的经常性养护，首先应对路基进行检查，以发现路基早期破损、病害及其他异常，作为及时制订养护措施、养护计划、治理病害方案的依据。

路基进行如下检查评定，如表2-4所示。

路基检查表 表 2-4

日常巡查	常年(其中,汛前、汛期应加强)	目测	①边坡是否有冲沟、危岩、浮石、浮土、滑动、碎落、坍塌; ②防护工程是否有破碎、开裂、变形; ③支挡结构是否有变形、泄水孔是否有堵塞、伸缩缝(沉降缝)是否完整; ④边沟是否有影响水的杂物、杂草,排水设施是否损坏; ⑤路肩是否堆集有杂物、影响排水
定期检查	每半年一次	目测并配合望远镜、照相机、卷尺等	①路基沉陷、边坡稳定及损坏情况; ②防护及支挡工程损坏情况; ③排水设施是否完善及损坏情况; ④软基、高填方沉降情况; ⑤山体滑动情况
定点观测	视情况日(周、旬、月)观测一次	测量仪器及探测工具等	①软基沉降; ②高填方沉降; ③支挡结构物倾斜、开裂; ④山体滑动

三、小桥涵检查内容

(一)小桥检查内容

小桥检查分为经常检查、定期检查。

经常检查:主要指对桥面设施、上部结构、下部结构及附属构造物的技术状况进行的检查。

定期检查:为评定桥梁使用功能、制订管理养护计划提供基本数据,对桥梁主体结构及其附属构造物的技术状况进行的全面检查。

1.经常检查

(1)经常检查的周期根据桥梁技术状况而定,一般每月不得少于一次,汛期应加强不定期检查。

(2)经常检查采用目测方法,也可配以简单工具进行测量,现场要登记所检查项目的缺损类型,估计缺损范围及养护工作量,提出相应的小修保养措施。

(3)经常检查应包括下列内容。

①外观是否整洁,有无杂物堆积,杂草蔓生;构件表面的涂装层是否完好,有无损坏。

②桥面铺装是否平整,有无裂缝、局部坑槽、积水、沉陷、波浪、碎边;混凝土桥面是否有剥离、渗漏,钢筋是否露筋、锈蚀;缝料是否老化、损坏;桥头有无跳车。

③排水设施是否良好,桥面泄水管是否堵塞和破损。

④伸缩缝是否堵塞卡死,连接部件有无松动、脱落、局部破损。

⑤人行道、缘石、栏杆、扶手、防撞护栏和引道护栏(柱)有无撞坏、断裂、松动、错位、缺件、剥落、锈蚀等。

⑥观察桥梁结构有无异常变形,异常的竖向振动、横向摆动等情况,然后检查各部件的技术状况,查找异常原因。

⑦支座是否有明显缺陷,活动支座是否灵活,位移量是否正常。支座的经常检查一般可以每季度一次。

⑧桥位区段河床冲淤变化情况。

⑨基础是否受到冲刷损坏、外露、悬空、下沉，墩台及基础是否受到生物腐蚀。

⑩墩台是否受到船只或漂浮物撞击而受损。

⑪翼墙（侧墙、耳墙）有无开裂、倾斜、滑移、沉降、风化剥落和异常变形。

⑫锥坡、护坡、调治构造物有无塌陷、铺砌面有无缺损、勾缝脱落、灌木杂草丛生。

⑬交通信号、标志、标线、照明设施以及桥梁其他附属设施是否完好。

⑭其他显而易见的损坏或病害。

2. 定期检查

(1)定期检查的时间应符合下列规定。

①定期检查周期根据技术状况确定，最长不得超过三年。

②在经常检查中发现重要部（构）件的缺损明显达到三、四、五类技术状况时，应立即安排一次定期检查。

(2)定期检查以目测观察结合仪器观测进行，必须接近各部件仔细检查其缺损情况。定期检查的主要工作有以下几方面。

①现场校核桥梁基本数据。

②实地判断缺损原因，确定维修范围及方式。

③对难以判断损坏原因和程度的部件，提出特殊检查（专门检查）的要求。

④对损坏严重、危及安全运行的危桥，提出限制交通或改建的建议。

(二)涵洞检查内容

1. 日常检查

(1)经常检查每月至少进行两次，在洪水、冰雪前后及行洪期间应加强检查。

(2)经常检查内容包括：进水口是否堵塞、沉砂井有无淤积、洞内有无淤塞及排水不畅；洞口周围是否有杂物堆积，涵洞是否清洁、漏水；周围路基填土是否稳定和完整；涵洞结构是否有损坏。

(3)经常检查中发现有排水堵塞或有较大损坏需要进行维修的，应做好记录并及时报告。

2. 定期检查

(1)定期检查每年至少进行一次，在接到较大损坏情况的报告后应增加检查。

(2)如表 2-5 所示，涵洞定期检查内容包括以下几方面。

涵洞定期检查表　　表 2-5

1. 路线编号		2. 路线名称		3. 涵洞桩号		
4. 养护单位		5. 涵洞类型		6. 检查时间		
7. 序号	8. 部件名称	9. 损坏或需维修情况描述		10. 维修建议（方式、范围、时间）		
①	进水口					
②	出水口					
③	涵身两侧					
④	涵身顶部					
⑤	涵底铺砌					
⑥	涵附近填土					
11. 涵洞技术状况总评		好	较好	较差	差	危险
12. 养护方案	日常养护	维修	加固	改建	13. 下次检查时间	年　月

①检查涵洞的过水能力，包括涵洞的位置是否适当，孔径是否足够，涵底纵坡是否合适。若过水能力明显不足，经常造成内涝及路基损毁的，应考虑改造。

②进水口铺砌、翼墙、护坡、挡水墙、沉砂井等是否完整，洞口连接是否平整顺适。

③出水口铺砌、挡水墙、翼墙、护坡等是否完整，排水是否顺畅。

④涵体侧墙是否渗漏水、开裂、变形或倾斜，墙身砌体砂浆是否脱落、石块是否松动，基础是否冲刷淘空。

⑤涵身顶部盖板或拱顶是否开裂、漏水、变形下挠，拱顶砌块是否松动脱落。

⑥涵底是否淤塞阻水，涵底铺砌是否完整。

⑦洞口附近填土是否有渗水、冲刷、空洞，填土是否稳定。

⑧涵洞顶路面是否开裂、下沉，行车是否安全。

(3)定期检查中，检查人员应当场填写"涵洞定期检查表"，实地查明损坏情况，根据涵洞的技术状况及排水适应状况，参照桥梁技术状况评定标准相关结构类型，对涵洞的技术状况综合做出好、较好、较差、差、危险等五个级别的评定，提出日常养护、维修、加固、改建等建议。

第二节　路基质量要求与技术状况评定

一、路基与小桥涵各部分功能要求

(一)路基各部分功能要求

路基主要包括路肩、边坡、排水设施和挡土墙四部分。此四部分的功能各不相同，但它们又互相联系共同为整个公路系统服务。因此，路基的评价指标体系应从路肩、边坡、排水设施和挡土墙四个部分分别展开。

1. 路肩

路肩是保证道路路基、路面整体稳定性和排除路面水的重要结构，同时也是为确保临时停车所需两侧余宽的重要组成部分。路肩养护的好坏直接关系到路基路面强度、稳定性和行车的安全畅通。当路肩出现轻微破损时，将影响路面的平整度和坚实性，并且会在车辆荷载及自然因素的作用下急剧演化成严重破损。严重破损的出现不仅影响路肩的使用性能，还会对路肩的稳定性构成威胁，从而对路面结构的强度和稳定性产生影响。此外，路肩养护除了保证无缺损外，还要保证路肩清洁、无杂物。路肩不清洁或者有杂物会使路面产生积水，无法保证临时停车，还有可能在自然因素的作用下把杂物吹入路面而产生交通事故，影响行车安全。因此，路肩的破损和清洁状况反映了路肩整体性能的好坏。

2. 边坡

边坡的功能是保护路基边坡表面免受雨水冲刷，防治路基病害、保证路基稳定，当边坡出现冲沟、缺口等轻微破损时，会使雨水进入边坡土层从而加剧边坡的破损。当边坡破损较严重时，边坡的稳定性受到影响，并且雨水会直接进入路基土层从而降低路基土的强度和回弹模量，影响路基的稳定性。因此，边坡的缺损状况反映了边坡使用性能的好坏。

3. 排水设施

排水设施的主要作用是将路基范围内的土基湿度降低到一定限度以内，保持路基常年处于干燥状态，确保路基路面具有足够的强度和稳定性。如果排水设施排水不顺畅或者被堵塞，那么道路用地范围的水将无法完全被排除，进而使路基路面产生病害而影响路基路面的强度和稳定性。此外，当排水设施出现破损时，不但影响排水性能，而且会对路基边坡产生冲刷，从而影响路基边坡的稳定性。所以，排水设施的排水顺畅程度和破损程度反映了排水设施的整体性能。

4. 挡土墙

挡土墙的主要作用是支撑天然边坡或人工填土边坡以保证土体的稳定。当挡土墙出现严重破损时，会产生挡土墙倾斜、坍塌进而失稳，从而影响道路使用者的行车安全性。因此，挡土墙的破损状况反映了挡土墙整体性能的好坏。

（二）小桥涵各部分功能要求

小桥涵是公路畅通的重要组成结构物，担负着与大中桥相同的交通荷载，小桥涵一旦出现破坏会影响公路车辆的正常运行，造成路基水毁、桥头跳车、单板受力等病害，严重的还会中断交通。

二、路基与小桥涵各部分质量要求

（一）路基各部分质量要求

1. 路肩

路肩应经常保持平整、坚实，保持适当的横坡，坡度顺适。硬路肩横坡与同类型路面横坡相同；土路肩或草皮路肩的横坡应比路面横坡大1%～2%，以利于排水。

2. 边坡

路基边坡的坡面应保持平顺、坚实无冲沟，其坡度应符合设计规定。应经常观察路堑，特别是深路堑边坡的稳定情况。如发现有危岩、浮石等，应及时处理、清除，避免危岩、浮石滚落危及行车、行人安全和堵塞边沟，影响排水。

3. 排水设施

路基排水设施分为地面排水设施和地下排水设施，包括下列内容。

(1)地面排水设施通常有边沟、泄水槽、截水沟、排水沟、跌水槽及急流槽、拦水带等。

(2)地下排水设施有明沟、暗沟、渗沟、盲沟、有管渗沟、洞式渗沟以及防水隔离层等。

(3)边沟、截水沟、排水沟、跌水槽、急流槽、明沟、暗沟、渗沟等排水设施，在春融前，特别是汛前，均应全面检查、疏通。雨中必须上路巡查，及时排除堵塞并疏流，保持水流畅通，防止水流直接冲刷路基。暴雨后应重点检查，如有冲刷、损坏，应及时修理加固，如有堵塞应立即清除。

4. 挡土墙

挡土墙的日常养护除经常检查其有否损坏外，每年应在春秋两季各进行一次定期检查，北方冰冻严重地区尤应注意，主要检查挡土墙在冰冻融化后墙身及基础的变化情况，以及冰冻前所采取的防护措施的效果。另外在反常气候、地震或重型车辆通过等特殊情况后应进行及时检查，发现裂缝、断缝、倾斜、鼓肚、滑动、下沉或表面风化、泄水孔堵塞、墙后积水、周围地基错台、空隙等情况，应查明原因，并观察其发展情况，采取相应的修理、加固等措施。对检查和修理加固情况，应做好工作记录，设立技术档案备查。

(二)小桥涵各部分质量要求

1.桥面系

(1)桥面应经常清扫，排除积水，清除泥土、杂物、冰棱和积雪，保持桥面平整、清洁。

(2)沥青混合料桥面出现泛油、拥包、裂缝、波浪、坑槽、车辙等病害时，应及时处治。当损坏面积较小时，可局部修补；损坏面积较大时，可将整跨铺装层凿除，重铺新的铺装层。一般不应在原桥面上直接加铺，以免增加桥梁恒载。

(3)水泥混凝土桥面出现断缝、拱胀、错台、起皮、露骨等病害时，应及时处理。损坏面积较大时，应将原铺装整块或整跨凿除，重铺新的铺装层。

(4)桥面防水层如有损坏，应及时修复。

2.排水系统

(1)桥面的泄水管、排水槽如有堵塞，应及时疏通，并经常保持畅通。

(2)桥面应保持大于15%的横坡，以利于桥面排水。

(3)桥梁上设置的封闭式排水系统，应保持各排水管道畅通，排水系统的设备如水泵等应工作正常，若有堵塞应及时疏通，若有损坏则应及时更换。

3.人行道及栏杆

(1)人行道块件应牢固、完整，桥面路缘石应经常保持完好状态。若出现松动、缺损应及时进行修整或更换。

(2)桥梁栏杆应经常保持完好状态。栏杆柱应竖立正直，扶手应无损坏、断裂，伸缩缝处的水平杆件应能自由伸缩。栏杆柱、扶手如有缺损，应及时补齐。因栏杆损坏而采用临时防护措施时，使用时间不得超过三个月。

4.涵洞

涵洞养护的要求是：水流在任何情况下都能顺畅地通过涵孔，排到适当地点，保证涵洞洞身、涵底、进出水口、护坡和填土的完好、清洁、不漏水。

三、路基与小桥涵技术状况评定

(一)路基技术状况评定

路基技术状况用路基技术状况指数(SCI)评价，按式(2-1)计算。

$$SCI=\sum_{i=1}^{8}w_i(100-GD_{iSCI}) \tag{2-1}$$

式中：GD_{iSCI}——第i类路基损坏的总扣分(Global Deduction)，最高分值为100，按表2-6的规定计算；

w_i——第i类路基损坏的权重，按表2-6取值；

i——路基损坏类型，具体如表2-7所示。

路基损坏扣分标准　　表 2-6

类型(i)	损坏名称	损坏程度	计量单位	单位扣分	权重(w_i)
1	路肩边沟不洁	—	m	0.5	0.05
2	路肩损坏	轻	m	1	0.1
		重		2	
3	边坡坍塌	轻	处	20	0.25
		中		30	
		重		50	
4	水毁冲沟	轻	处	20	0.25
		中		30	
		重		50	
5	路基构造物损坏	轻	处	20	0.1
		中		30	
		重		50	
6	路缘石缺损	—	m	4	0.05
7	路基沉降	轻	处	20	0.1
		中		30	
		重		50	
8	排水系统淤塞	轻	m	1	0.1
		重	处	20	

路基损坏调查表　　表 2-7

路线名称：	调查方向：				调查时间：　调查人员：										
调查内容	程度	单位扣分	权重 w	计量单位	起点桩号：　终点桩号：										累计损坏
					路段长度：　路面宽度：										
					1	2	3	4	5	6	7	8	9	10	
路肩边沟不洁	—	0.5	0.05	m											
路肩损坏	轻	1	0.1	m											
	重	2													
边坡坍塌	轻	20	0.25	处											
	中	30													
	重	50													
水毁冲沟	轻	20	0.25	处											
	中	30													
	重	50													
路基构造物损坏	轻	20	0.1	处											
	中	30													
	重	50													
路缘石缺损	—	4	0.05	m											
路基沉降	轻	20	0.1	处											
	中	30													
	重	50													
排水系统淤塞	轻	1	0.1	m											
	重	20		处											
评定结果：SCI=					计算方法：　$SCI=\sum_{i=1}^{8} w_i(100-GD_{iSCI})$										

(二)小桥涵技术状况评定

小桥涵技术状况用桥隧构造物技术状况指数(BCI)评价,按式(2-2)计算。

$$BCI=\min(100-GD_{iBCI}) \tag{2-2}$$

式中:GD_{iBCI}——第 i 类构造物损坏的总扣分,最高分值为 100,按表 2-8 的规定计算,病害调查表如表 2-9 所示;

i——构造物类型(桥梁或涵洞)。

桥涵构造物扣分标准 表 2-8

类型(i)	项　　目	技术状况评定等级	计量单位	单位扣分	备　　注
1	桥梁	一、二	座	0	采用《公路桥涵养护规范》(JTG H11—2004)的评定方法,五类桥梁所属路段的 MQI=0
		三		40	
		四		70	
		五		100	
2	涵洞	好、较好	道	0	采用《公路隧道养护技术规范》(JTG H11—2004)的评定方法,危险涵洞所属路段的 MQI=0
		较差		40	
		差		70	
		危险		100	

具体评价方法参照桥梁养护规范。

桥涵构造物损坏调查表 表 2-9

路线名称:	调查方向:			调查时间:　　调查人员:										
项目	技术状况	单位扣分	计量单位	起点桩号:　　终点桩号:										累计损坏
				路段长度:　　路面宽度:										
				1	2	3	4	5	6	7	8	9	10	
桥梁	一、二	0	座											
	三	40												
	四	70												
	五	100												
涵洞	好、较好	0	道											
	较差	40												
	差	70												
	危险	100												
评定结果:BCI=				计算方法:$BCI=\min(100-GD_{iBCI})$										

第三节　公路路基与小桥涵监测技术

公路路基在施工及运营过程中，受地质条件、施工水平、周围环境、交通环境等因素的综合影响，不可避免地会出现各类路基病害，诸如路基沉降、路基纵裂、边坡滑塌、挡土墙失稳等，因此需要加强路基的监测，特别是对特殊路段应重点监测，及时发现和跟踪病害发展趋势，适时进行加固处理，以防止重大事故和灾难发生。下面介绍施工期及运营期路基、路堑边坡及支挡构筑物的监测技术。

一、路基监测

(一)监测目的和意义

在软土地基上修筑高等级公路路堤，最突出的问题是稳定和沉降。为掌握路堤在施工期中的变形动态，施工期间必须进行动态观测。动态观测项目除设计有明确的要求外，一般视工程的重要性和地基的特殊性，以及观测对施工的影响程度等来确定。高等级公路设计车速高，路面平整性要求高，因此，规定施工过程中必须进行沉降和稳定观测，一方面保证路堤在施工中的安全和稳定，另一方面能正确预测工后沉降，使工后沉降控制在设计的允许范围之内。不仅如此，对于特殊不良地基路段，运营期也必须进行监测监控，及时发现过大工后沉降及不均匀沉降的发生，并采取措施进行防治，避免工程事故的发生。

(二)监测原则

(1)监测点应设在观测数据容易反馈的部位：地基条件差、地形变化大和设计问题多的部位和土质调查点附近均应设置观测点，桥头段、高填方段、填挖交界的填方端、沿河等特殊路段均应酌情增设观测点。

(2)无论在路堤的纵向还是横向，测点越多，测得的结果越能反映路堤真实情况。但测点多，无论费用、测试工作量、测点保护工作量都会增加，而且测点会对施工造成不便。从满足检测需要与施工便利性考虑，一般路段沿纵向每隔 100～200m 设置一个观测断面，桥头路段应设计 2～3 个观测断面。

(3)沿河、临河等凌空面大且稳定性差的路段，必要时应进行地基土体内部水平位移的观测。对于成层软土地基需进行土体内部竖向和水平向位移观测。

(4)测点的设置不仅要根据设计的要求，同时还应针对施工中掌握的地质、地形等情况增设。

(5)在施工期间位移观测应每填筑一层土观测一次，如果两次填筑时间间隔较长，每 3d 至少观测一次。路堤填筑完成后，堆载顶压期间观测应视地基稳定情况而定，一般半月或每月观测一次。对于孔隙水压力的观测，每填筑一层后，应每隔 1h 观测一次，连续观测 2～3d。

(6)当路堤稳定出现异常情况而可能失稳时，应立即停止加载并采取果断措施，待路堤恢复稳定后，方可继续填筑。

(7)在运营期位移观测应半月或每月观测一次，雨季期应加大观测频率。当路基出现诸如沉降量持续增大、有失稳的可能等异常情况时，应及时采取措施进行加固处理。

(三)监测项目及监测频率

1. 监测项目

软土地基路堤的施工应注意观测填筑过程及运营期的地基变形动态,其监测项目、目的、仪具如表 2-10 所示。

路堤监测项目、目的 表 2-10

监 测 项 目			仪 具 名 称	监 测 目 的
变形	地表位移	地表竖向位移	沉降板或沉降杯	测定地表以下土体沉降总量
		地表水平位移	水平位移边桩	测定路堤侧向地面水平位移量并监测地面沉降或降起量,用于稳定监测
	土体位移	地表竖向位移	深层沉降标	测定地基某一层位以下沉降量
			深层分层沉降标	测定地基不同层位分层沉降量
		地表水平位移	地下水平位移标(测斜仪、管)	观测地基各层位土体侧向位移量,用于稳定监测和了解土体各层侧向变位以及附加应力增加过程中的变位发展情况
应力	地基孔隙水压力		孔隙水压力计	观测地基孔隙水压力变化,分析地基土固结情况
	土压力		土压力计(盒)	测定测点位置的土压力及应力分布情况
	承载力		载荷试验仪	一般用于地基或桩(柱)的承载能力测定。搅拌桩地基应作此项监测,其他地基必要时采用
其他	地下水位(辅助监测)		地下水位观测计	监测地基处理后地下水位的变化情况,校验孔隙水压力计读数
	出水量(辅助监测)		单孔出水量计	监测单个竖向排水井排水量,了解地基排水情况

2. 观测频率及要求

根据设计文件要求确定测点位置,并应设在观测数据容易反馈的部位。地基条件差、地形变化大、设计问题多的部位和土质调查点附近也均应设置观测点。同一路段不同观测项目的测点宜布置在同一横断面上。

在施工期间应严格按设计或合同文件要求同步进行沉降和稳定的跟踪观测。观测频率应与位移速率相适应,每填筑一层应观测一次,位移越小,观测频率也可减慢;反之,位移越大,观测频率越要加快。如果两次填筑间隔时间较长时,每 3d 至少观测一次。一般路堤在极限高度以下,位移较小,观测次数可少些。极限高度以上填筑时,路堤极易失稳,因此,要求每填一层均要观测,间歇期要增加测次;当位移曲线骤然变大时,更要跟踪观测,分析原因,并考虑是否需要采取措施。路堤填筑完成后,堆载预压期间观测应视地基稳定情况而定,一般半月或每月观测一次,直至预压期结束。

在运营期间,重点针对特殊路段(如软土地基段、高填方路段、采空区、膨胀土路段等)的沉降变形及侧向位移进行监测,一般半月或每月观测一次,雨季应加强观测。

3. 观测位置及具体要求

观测点应设置在需要观测的位置，它将直接反映出测点处地基变形情况，因此，测点的设置位置不仅要根据设计要求，同时还应针对施工掌握的地质、地形等情况调整或增设。

沉降和稳定等观测点最好设在同一横断面上，这样有利于测点看护，便于集中观测，统一观测频率，更重要的是便于各观测项目数据的综合分析。

4. 仪具设定位置及要求

图 2-1 为观测仪具平面铺设图，表 2-11 为仪具设定位置表，图 2-2 为观测仪具立面铺设图。

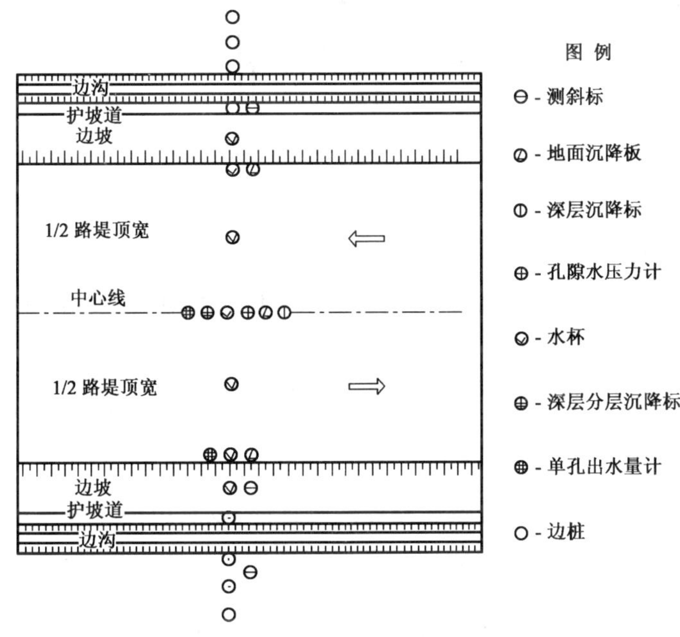

图 2-1　观测仪具平面铺设图

仪具设定位置表　　表 2-11

序　号	仪 具 名 称	埋 设 位 置
1	沉降板	埋设在路堤左、右肩和路中心线下原地面上
2	水平位移边桩	在路堤两侧趾部以及边沟外缘及外缘以外 10m 处
3	深层沉降标	埋设在软土层顶面、软土层中或处理区底面
4	深层分层沉降标	埋至软土层底下的硬土层，分层观测点为沿管深间隔 1m 设置
5	地下水平位移标(测斜仪、管)	埋至软土层底下硬土层中，测点沿测斜导管间隔 50cm
6	孔隙水压力计	埋在路中地基土层，深度至软土底部，埋设间隔深度 1～5m
7	土压力计(盒)	横断面上左坡中—右坡中范围内埋设
8	地下水位观测计	设于坡脚外 20m 处，路堤横向两侧各设 1～2 个
9	单孔出水量计	设于排水井顶部，埋置于路上、路肩位置

要保证仪器的可靠使用和远距离传输信号，应使用特制电缆，使其能承受一定拉力，防水、绝缘，尤其要保证电缆与测头间的防水密封性能良好。

(3)接收仪

振弦读数仪是与振弦传感器配套使用的高精度检测仪器，可配用单线激振脉冲型的各种钢弦传感器。

2)工作原理

在测头承压膜承受压力后，膜片中心产生挠曲引起钢弦的应力发生变化，钢弦的自振频率随之变化。钢弦的自振频率 f 与钢弦应力 σ 的关系由下式表示：

$$f=\frac{1}{2L}\sqrt{\frac{\sigma}{\rho}} \tag{2-5}$$

式中：f——钢弦的自振频率；

L——钢弦的长度；

ρ——钢弦的密度；

σ——钢弦的应力。

承压膜可视为固边圆形薄板，其力学模型如图 2-8 所示。在孔隙水压力(均布力)作用下，承压膜片中心挠度为 δ：

$$\delta=\frac{3(1-\mu^2)R^4}{16Eh^3}u \tag{2-6}$$

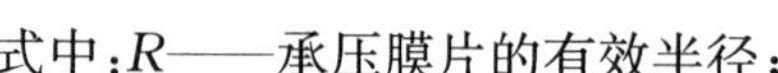

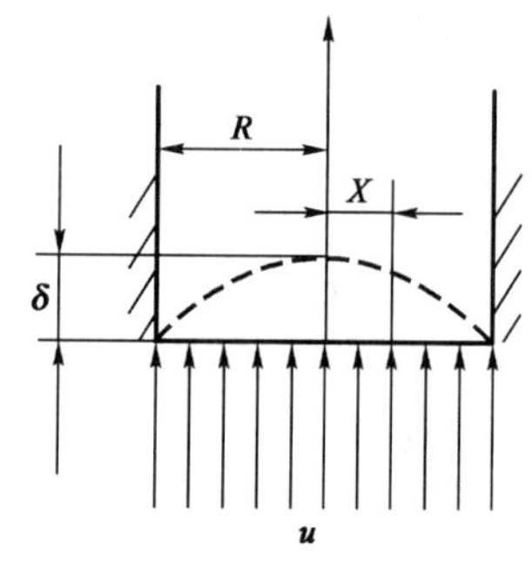

图 2-8 钢弦式孔隙水压力计工作原理示意图

式中：R——承压膜片的有效半径；

u——作用于承压膜片上的孔隙水压力；

h——承压膜片的厚度；

μ、E——分别为承压膜片材料的泊松比和弹性模量。

由 δ 引起的钢弦应力变化为：

$$\sigma=\sigma_0-\sigma' \tag{2-7}$$

式中：σ_0——钢弦的初始应力；

σ'——对应力中心挠度 δ 的钢弦应力。

由虎克定律：

$$\sigma'=E\varepsilon=\frac{E\delta}{L} \tag{2-8}$$

由式(2-5)～式(2-8)，可得到孔隙水压力 u 与钢弦自振频率的关系为：

$$u=K(f_0^2-f_1^2) \tag{2-9}$$

式中：K——传感器系数，$K=\frac{64L^3h^3\rho}{3(1-\mu^2)R^4}$＝常数，其数值与承压膜片和钢弦的尺寸及材料性质有关，实际应用时由标定给出；

f_0——钢弦的初始自振频率；

f_1——钢弦在孔隙水压力 u 作用下的自振频率。

3)精度分析

振弦式孔隙水压计误差来源包括：标准精度误差、温度误差和长期稳定性误差。

(1)标准精度误差是由于孔隙水压力和钢弦频率的非线性、滞后现象和不可重复性引起的综合误差。

(2)温度误差是由零点误差(在空载情况下,由于温度的变化引起的输出读数的改变)和温度间隔误差(在全量程范围内由于温度变化引起的读数改变)决定的。由于地下环境温差小,测头一般不做特殊的温度标定。通常是在室内温度相当于地下年平均温度的条件下进行性能标定,以减小温度影响。

(3)长期稳定性误差。长期稳定性或漂移的定义是指已标定的输出读数相对于时间的变化情况。如果传感器没有很好的长期稳定性,那么就无法精确确定其他误差来源,除非对传感器进行定期标定,但在实际工程中显然是不现实的。影响传感器长期稳定性的因素主要有:结构设计、材料选择、弦的应力、钢弦预张与固定技术、密封技术、电缆技术等等。

4)埋设技术

(1)埋设前的准备工作

①取下仪器端部的透水石,在钢膜片上涂一层黄油或凡士林油以防生锈。

②将透水石在水中浸泡 2h 以上,以排除其中的气泡,达到饱和状态。

③在电缆上用铅皮打钢印制作编号,使电缆编号与测头编号相一致。

④准备封孔回填用的泥球和干净的中粗砂。泥球宜采用膨润土球或高崩解性黏土球。要求在钻孔中潮解后的渗透系数小于周围土体的渗透系数。土球应由直径 10～20mm 的不同粒径组成,应风干,不宜日晒、烘烤。封孔时需逐粒投入孔内,切忌大量倾倒,以防架空。

⑤准备埋设的用具,如钻孔连接管、铅丝、电缆护管等。

(2)定位准确。孔隙水压力的平面布点集中于路中心,一般每种土层均应有测点,土层较厚时,一般每隔 3～5m 设一个测点。

(3)钻孔

钻孔一般采用干钻法,钻孔孔径一般采用 108～146mm。干钻时可向孔内加水润滑,但禁止用压力冲钻成孔,钻进过程中应随时下套管护壁,钻孔深度应比测点的高度高 30cm,应详细记录成孔时土层的分布情况。必要时可采取土样进行土工试验,以补充或校核原土工试验资料或土性参数。成孔后应清孔,通过钻杆注入清水,将孔内泥浆翻出。

(4)测头的埋设

①测头未装上透水石前,在大气中测量初始频率,并记录现场温度和大气压力值。

②将透水石在水桶中装在测头上,将测头连同水桶送到钻孔边,将接管连接于钻杆上。

③将细铅丝系在连接管上,用铅丝来承受孔压计及电缆的重量,这样可以避免电缆受力,并可测量埋设深度。

④当测头到达孔底时,将其向下压入 30cm,至埋设高程。

⑤测头埋入土中进行观测,确认其工作正常后,将套管上提,便可向孔内投入泥球封孔,孔中电缆应放松弛。

另一种埋设方式是钻孔比埋设高程要深 20cm,钻孔底用干净的细砂填至孔隙水压力计位置,孔压计就位于砂土,或最好密封在含有干净、浸透的砂的帆布袋中,再就位于相应的位置上。用干净的砂充填在孔压计的周围及以上 15cm,其上再用膨润土泥球封孔,最后回填普通土并夯实。

(5)电缆埋设和保护

①连接电缆埋设时必须留有裕度,并禁止相互交绕。埋设裕度依介质材料、测头埋设位置、高程而定,一般为敷设长度的5%～10%。

②为防止填土过程中载重汽车等压断电缆,在电缆外加一层金属软管或其他保护管。

③连接电缆在黏性土填方中上方安全覆盖厚度应不小于0.5m,在砂、碎石垫层中应不小于1.0m。

(6)监测

孔隙水压力计埋设与封孔过程中,应进行跟踪监测,严禁损坏仪器测头与连接电缆,一旦发现,必须及时处理重新埋设。

(7)填写埋设考证表

考证表的主要内容有:工程名称、测点编号、测头型号、量程、钢印号、接线长度、外形尺寸、生产厂家、埋设位置、埋设高程、地面高程、地下水位、电缆埋设深度、埋入前的频率、埋入后的频率、埋设日期、天气、气温、埋设示意图、埋设人员等。

5)测试技术

埋设后待钻孔完全填实和埋设时超孔隙水压力消散时,才可测孔压计的初始读数,一般需要3～4d的稳定时间。测初始读数时需连续测读数日,直至读数稳定为止,以稳定的读数作为初始读数。

2. 土压力

土压力观测,包括土的总应力(即总土压力)、垂直土压力、水平土压力和大、小主应力等的观测。土压力计分为两类,即界面式土压力计和土中土压力计(或称介质式)。这里介绍的是土中土压力计,以下简称土压力计。根据传感器类型不同,土压力计分为钢弦式、电阻应变片式、差动电阻式、气压式、水压式等等。这里主要介绍钢弦式土压力计。

1)仪器结构

土压力计主要由膜盒(一次膜)、接管、传感器(二次膜)、电缆和接收仪组成。

(1)膜盒。由两片不锈钢承压膜片焊接而成。两膜片间为1mm厚的油腔,充满油作为介质,通过一根接管与传感器连接。

(2)传感器。传感器同振弦式孔隙水压力计传感器。

(3)电缆。电缆采用土压力计专用电缆。

(4)接收仪。

2)工作原理

土压力工作原理如图2-9所示。

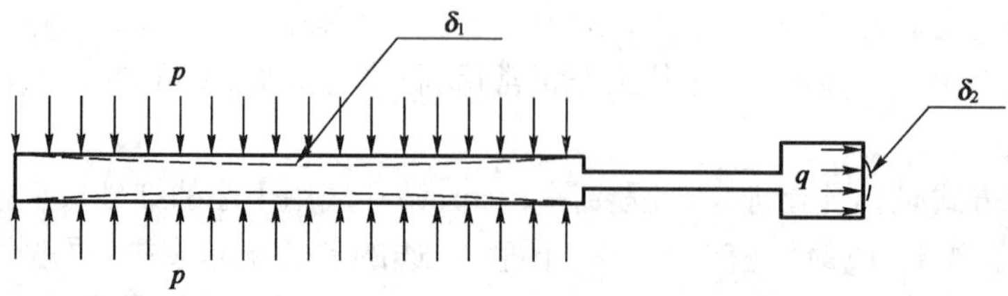

图2-9 钢弦式土压力计工作原理示意图

设作用于土压力计膜盒承压膜片(以下称一次膜)上的土压力为均布压力 p,在 p 作用下,一次膜中心产生的挠度 δ_1 使油腔中产生压力 q,通过油介质传递到传感器承压膜片(以下称二次膜)上,相应的,二次膜中心产生挠度 δ_2,由材料力学公式:

$$\delta_2 = \frac{3(1-\mu_2^2)R_2^4}{16E_2h_2^3}q \tag{2-10}$$

式中:R_2——二次膜的有效半径;

q——二次膜上的压力;

h_2——二次膜的厚度;

μ_2、E_2——分别为二次膜片材料的泊松比和弹性模量。

相应于 δ_2,二次膜产生的体积变化为 ΔV_2,则:

$$\Delta V_2 = \frac{\pi(1-\mu_2^2)R_2^6}{16E_2h_2^3}q \tag{2-11}$$

同理,一次膜挠度 δ_1 引起的油腔体积变化为 ΔV_1,则:

$$\Delta V_1 = \frac{\pi(1-\mu_1^2)R_1^6}{16E_1h_1^3}(p-q) \tag{2-12}$$

其中,各符号为一次膜参数,其意义同式(2-10)。

设油腔中油的压缩率为 η,油腔(包括接管和传感器充油部分)的初始体积为 V_0,则:

$$\Delta V_1 = \Delta V_2 + \eta V_0 q \tag{2-13}$$

取油的压缩率 $\eta = 9\times10^{-5}$,将式(2-9)、式(2-10)及一、二次膜各有关参数代入式(2-13)得:

$$p = (m+1)q \tag{2-14}$$

式中:

$$m = \frac{(1-\mu_2^2)E_1}{(1-\mu_1^2)E_2}\left(\frac{R_2}{R_1}\right)^6\left(\frac{h_1}{h_2}\right)^3 + \frac{16E_1h_1^3}{\pi(1-\mu_1^2)R_1^6}\eta V_0$$
$$= 1.6\times10^{-3} \ll 1$$

所以:

$$p \approx q$$

式(2 10)可改写为:

$$\delta_2 = \frac{3(1-\mu_2^2)R_2^4}{16E_2h_2^3}p \tag{2-15}$$

再经过与孔隙水压力计相同的公式推导,即可得到土压力计算公式:

$$\sigma_1 = K(f_0^2 - f_1^2) \tag{2-16}$$

式中:K——传感器系数,$K = \dfrac{64L^3h_2^3\rho}{3(1-\mu_2^2)R_2^4}$ = 常数,实际应用时由标定给出;

σ_1——填土压力;

f_0——钢弦的初始自振频率;

f_1——钢弦在土压力 σ_1 作用下的自振频率;

ρ——钢弦的密度。

3)精度分析

土压力计的误差来源除了振弦仪器的三种误差外，埋设效应也是造成测量误差的主要原因。

土介质与压力计的相互作用非常复杂，其变形特性是变化的。土压力计及其周围介质变形特性上的差异，使作用于土压力计上的土层产生拱效应和压力计边缘上的应力集中，这是造成测量误差的主要原因。通过对压力盒刚度、尺寸、腔内灌入的液体和形状等合理的设计和加工工艺，土压力测量也可获得满意的结果。

4)埋设技术

钢弦式土压力计适宜在填土中埋设，不宜用钻孔埋设。土压力计的埋设，应特别注意减小埋设效应的影响。必须做好仪器基床面的制备，感应膜的保护和连接电缆的保护及其与终端的连接、确认、登记。

(1)当采用坑式方法埋设时，依填方材料的不同，在填方高程超过埋设高程约 1m 时，在埋设点开挖坑槽进行埋设。

(2)在黏性土中，坑槽深约 1.2m，坑底面积约 1m×1.2m，以能方便工作为准。对于按分散方法水平埋设的土压力计，宜在坑底中心刻挖仪器承台，承台高约 0.2m，利用承台设备仪器基床面，基床面应平整密实。将土压力计安置平稳，上下四周约 20cm 范围内用细砂填实。仪器周围土方回填，必须采用薄层辅料，专门压实的方法，确保仪器安全，并应尽量使仪器周围材料的级配、含水率、密度等同邻近填方接近。对于铅直向与倾斜向埋设的土压力计，按要求方向在坑底挖浅槽。槽深约等于土压力计的半径，宽约为仪器厚度的 2～3 倍。回填方法同前。

(3)土压力计组的埋设，依组成土压力计的数量，可采用就地分散埋设法。埋设高程应符合设计高程。各土压力计之间的距离不应超过 1m，其水平面以外土压力计的定位、定向应借助模板或成型体进行。

(4)土压力计埋设后的安全覆盖厚度，即能恢复正常施工必需的填方覆盖厚度，依填方材料、施工机械、仪器类型等而异。一般在黏性土中不小于 1.2m，在堆石填方中不小于 1.5m。

(5)土压力计电缆的编号、埋设、保护以及在埋设过程中的监测要求与对孔隙水压力计的相应要求一致。

(6)填写埋设考证表

考证表的主要内容有：工程名称、测定编号、测头型号、量程、钢印号、接线长度、外形尺寸、生产厂家、埋设位置、埋设高度、地面高程、埋入前频率、埋入后频率、埋设日期、天气、气温、埋设示意图、埋设人员等。

5)测试技术

同孔隙水压力计测试技术。

二、边坡工程监测

(一)边坡工程监测的意义

从岩土力学的角度来看，边坡处治是通过某种结构人为给边坡岩土体施加一个外力作用或者通过人为改善原有边坡的环境，最终使其达到一定的力学平衡状态。但由于边坡内部岩土力学作用的复杂性，从地质勘察到处治设计均不可能完全考虑边坡内部的真实力学效应，我们的设计都是在很大程度的简化计算上进行的。为了反映边坡岩土真实力学效应、检验设计施工的可靠性和处治后的边坡的稳定状态，边坡工程监测具有极其重要的意义。

边坡处治监测的主要任务就是检验设计施工、确保安全，通过监测数据反演分析边坡的内部力学作用，同时积累丰富的资料作为其他边坡设计和施工的参考资料。边坡工程监测的作用包括以下几点。

(1)为边坡设计提供必要的岩土工程和水文地质等技术资料。

(2)边坡监测可获得更充分的地质资料和边坡发展的动态，从而圈定可疑边坡的不稳定区段。

(3)通过边坡监测，确定不稳定边坡的滑落模式，确定不稳定边坡滑移方向和速度，掌握边坡发展变化规律，为采取必要的防护措施提供重要的依据。

(4)通过对边坡加固工程的监测，评价治理措施的质量和效果。

(5)为边坡的稳定性分析提供重要依据。

边坡工程监测是边坡研究工作中的一项重要内容，随着科学技术的发展，各种先进的监测仪器设备、监测方法和监测手段不断更新，边坡监测工作的水平也正在不断地提高。

(二)边坡工程监测的内容与方法

边坡处治监测包括施工安全监测、处治效果监测和动态长期监测。一般以施工安全监测和处治效果监测为主。

1. 施工安全监测

施工安全监测是在施工期对边坡的位移、应力、地下水等进行监测，监测结果作为指导施工、反馈设计的重要依据，是实施信息化施工的重要内容。施工安全监测将对边坡体进行实时监控，以了解由于工程扰动等因素对边坡体的影响，及时地指导工程实施、调整工程部署、安排施工进度等。在进行施工安全监测时，测点布置在边坡体稳定性差，或工程扰动大的部位，力求形成完整的剖面，并采用多种手段互相验证和补充。边坡施工安全监测包括地面变形监测、地表裂缝监测、滑动深部位移监测、地下水位监测、孔隙水压力监测、地应力监测等内容。施工安全监测的数据采集原则上采用24h自动实时观测方式进行，以使监测信息能及时地反映边坡体变形破坏特征，供有关方面作出决断。如果边坡稳定性好，工程扰动小，可采用8～24h观测一次的方式进行。

2. 处治效果监测

边坡处治效果监测是检验边坡处治设计和施工效果、判断边坡处治后的稳定性的重要手段。一方面可以了解边坡体变形破坏特征，另一方面可以针对实施的工程进行监测。例如，监测预应力锚索应力值的变化、抗滑桩的变形和土压力、排水系统的过流能力等，以直接了解工程实施效果。通常结合施工安全和长期监测进行，以了解工程实施后，边坡体的变化特征，为工程的竣工验收提供科学依据。边坡处治效果监测时间长度一般要求不少于一年，数据采集时间间隔一般为7～10d，在外界扰动较大时，如暴雨期间，可加密观测次数。

3. 动态长期监测

边坡长期监测将在防治工程竣工后，对边坡体进行动态跟踪，了解边坡体稳定性变化特征。长期监测主要对一类边坡防治工程进行。边坡长期监测一般沿边坡主剖面进行，监测点的布置少于施工安全监测和防治效果监测；监测内容主要包括滑带深部位移监测、地下水位监测和地面变形监测。数据采集时间间隔一般为 10～15d。

边坡监测的具体内容应根据边坡的等级、地质及支护结构的特点进行考虑，通常对于一类边坡防治工程，建立地表和深部相结合的综合立体监测网，并与长期监测相结合；对于二类边坡防治工程，在施工期间建立安全监测和防治效果监测点，同时建立以群测为主的长期监测点；对于三类边坡防治工程，建立群测为主的简易长期监测点。

边坡监测方法一般包括：地表大地变形监测、地表裂缝位错监测、地面倾斜监测、裂缝多点位移监测、边坡深部位移监测、地下水监测、孔隙水压力监测、边坡地应力监测等。表 2-12 为边坡工程监测项目表。

边坡工程监测项目表 表 2-12

监测项目	测试内容	测点布置	方法与工具
变形监测	地表大地变形、地表裂缝位错、边坡深部位移、支护结构变形	边坡表面、裂缝、滑带、支护结构顶部	经纬仪、全站仪、GPS、伸缩仪、位错计、钻孔倾斜仪、多点位移计、应变仪等
应力监测	边坡地应力、锚杆(索)拉力、支护结构应力	边坡内部、外锚头、锚杆主筋、结构应力最大处	压力传感器、锚索测力计、压力盒、钢筋计等
地下水监测	孔隙水压力、扬压力、动水压力、地下水水质、地下水、渗水与降雨关系以及降雨、洪水与时间关系	出水点、钻孔、滑体与滑面	孔隙水压力仪、抽水试验、水化学分析等

4. 边坡工程监测计划与实施

边坡处治监测计划应综合施工、地质、测试等方面的要求，由设计人员完成。量测计划应根据边坡地质地形条件、支护结构类型和参数、施工方法和其他有关条件制订。监测计划一般应包括下列内容。

(1)监测项目、方法及测点或测网的选定，测点位置、量测频率，量测仪器和元件的选定及其精度和率定方法，测点埋设时间等。

(2)量测数据的记录格式，表达量测结果的格式，量测精度确认的方法。

(3)量测数据的处理方法。

(4)量测数据的大致范围，作为异常判断的依据。

(5)从初期量测值预测最终量测值的方法，综合判断边坡稳定的依据。

(6)量测管理方法及异常情况对策。

(7)利用反馈信息修正设计的方法。

(8)传感器埋设设计。

(9)固定元件的结构设计和测试元件的附件设计。

(10)测网布置图和文字说明。

(11)监测设计说明书。

计划实施须解决如下三个关键问题。

(1)获得满足精度要求和可信赖的监测信息。

(2)正确进行边坡稳定性预测。

(3)建立管理体制和相应管理基准,进行日常量测管理。

5. 边坡工程监测的基本要求

边坡监测方法的确定、仪器的选择既要考虑到能反映边坡体的变形动态,同时必须考虑到仪器维护方便和节省投资。由于边坡所处的环境恶劣,对所选仪器应遵循以下原则。

(1)仪器的可靠性和长期稳定性好。

(2)仪器有能与边坡体变形相适应的足够的量测精度。

(3)仪器对施工安全监测和防治效果监测精度和灵敏度较高。

(4)仪器在长期监测中具有防风、防雨、防潮、防震、防雷等与环境相适应的性能。

(5)边坡监测系统包括仪器埋设、数据采集、存储和传输、数据处理、预测预报等。

(6)所采用的监测仪器必须经过国家有关计量部门标定,并具有相应的质检报告。

(7)边坡监测应采用先进的方法和技术,同时应与群测群防相结合。

(8)监测数据的采集尽可能采用自动化方式,数据处理须在计算机上进行,包括建立监测数据库、数据和图形处理系统、趋势预报模型、险情预警系统等。

(9)监测设计须提供边坡体险情预警标准,并在施工过程中逐步加以完善。监测方须半月或1月一次定期向建设单位、监理方、设计方和施工方提交监测报告,必要时,可提交实时监测数据。

(三)边坡的变形监测

边坡岩土体的破坏,一般不是突然发生的,破坏前总是有相当长时间的变形发展期。通过对边坡岩土体的变形量测,不但可以预测预报边坡的失稳滑动,同时运用变形的动态变化规律检验边坡处治设计的正确性。边坡变形监测包括地表大地变形监测、地表裂缝位错位移监测、地面倾斜监测、裂缝多点位移监测、边坡深部位移监测等项目内容。对于实际工程应根据边坡具体情况设计位移监测项目和测点。

1. 地表大地变形量测

地表大地变形监测是边坡监测中常用的方法。地表位移监测则是在稳定的地段测量标准(基准点),在被测量的地段上设置若干个监测点(观测标桩)或设置有传感器的监测点,用仪器定期监测测点和基准点的位移变化或用无线边坡监测系统进行监测。

1)测量仪器

地表位移监测通常应用的仪器有两类。一是大地测量(精度高的)仪器,如红外仪、经纬仪、水准仪、全站仪、GPS等,这类仪器只能定期地监测地表位移,不能连续监测地表位移变化。当地表明显出现裂隙及地表位移速度加快时,使用大地测量仪器定期测量显然满足不了工程需要,这时应采用能连续监测的设备,如全自动全天候的无线边坡监测系统等。二是专门用于边坡变形监测的设备:如裂缝计、钢带和标桩、地表位移伸长计和全自动无线边坡监测系统等。

2)测量内容

测量的内容包括边坡体水平位移、垂直位移以及变化速率。点位误差要求不超过±(2.6～5.4)mm,水准测量每公里中误差±(1.0～1.5)mm。对于土质边坡,精度可适当降低,但要求水准测量每公里中误差不超过±3.0mm。边坡地表变形观测通常可以采用十字交叉网法,如图2-10a)所示,适用于滑体小、窄而长,滑动主轴位置明显的边坡;放射状网法,如图2-10b)所示,适用于比较开阔、范围不大,在边坡两侧或上、下方有突出的山包能使测站通视全网的地形;任意观测网法,如图2-10c)所示,用于地形复杂的大型边坡。

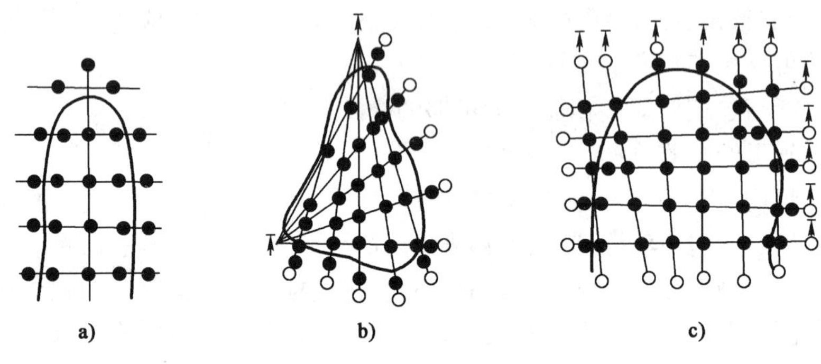

图2-10 边坡表面位移观测网

2.边坡表面裂缝量测

边坡表面张性裂缝的出现和发展,往往是边坡岩土体即将失稳破坏的前兆讯号,因此这种裂缝一旦出现,必须对其进行监测。监测的内容包括裂缝的拉开速度和两端扩展情况,如果速度突然增大或裂缝外侧岩土体出现显著的垂直下降位移或转动,预示着边坡即将失稳破坏。地表裂缝位错监测可采用伸缩仪、位错计或千分卡尺直接量测,测量精度0.1～1.0mm。对于规模小、性质简单的边坡,在裂缝两侧设桩[图2-11a)]、设固定标尺[图2-11b)]或在建筑物裂缝两侧贴片[图2-11c)]等方法,均可直接量得位移量。

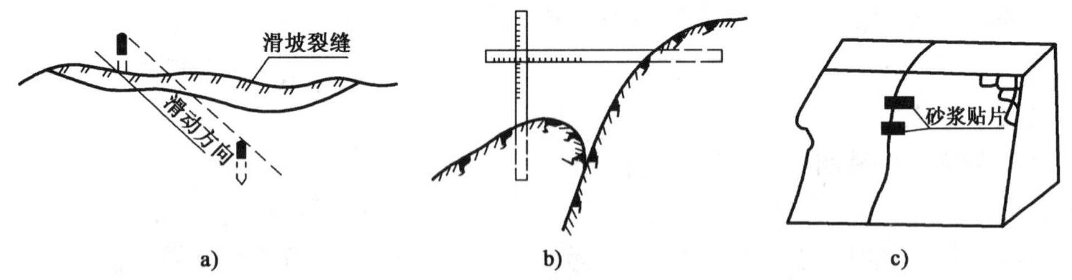

图2-11 裂缝观测示意图

a)打桩观测裂缝;b)固定标尺观测裂缝;c)贴片观测裂缝

对边坡位移的观测资料应及时进行整理和核对,并绘制边坡观测桩的升降高程、平面位移矢量图,作为分析的基本资料。从位移资料的分析和整理中可以判别或确定出边坡体上的局部移动、滑带变形、滑动周界等,并预测边坡的稳定性。

3.边坡深部位移量测

边坡深部位移监测是监测边坡体整体变形的重要方法,将指导防治工程的实施和效果检验。传统的地表测量具有范围大、精度高等优点;裂缝测量也因其直观性强、方便适用等特点而广泛使用,但它们都有一个无法克服的弱点,即它们不能测到边坡岩土体内部的蠕变,因而无法预知滑动控制面。而深部位移测量能弥补这一缺陷,它可以了解边坡深部,特别是滑带的位移情况。

边坡岩土体内部位移监测手段较多,目前国内使用较多的主要为钻孔引伸仪和钻孔倾斜仪两大类。钻孔引伸仪(或钻孔多点伸长计)是一种传统的测定岩土体沿钻孔轴向移动的装置,它适用于位移较大的滑体监测。钻孔引伸仪根据埋设情况可分埋设式和移动式两种;根据位移仪测试表的不同又可分为机械式和电阻式。埋设式多点位移计安装在钻孔内以后就不再取出,由于埋设投资大,测量的点数有限,因此又出现了移动式。有关多点位移计的详细构造和安装使用可参阅相关技术资料。

钻孔倾斜仪是测量垂直钻孔内测点相对于孔底的位移(钻孔径向)。观测仪器一般稳定可靠,测量深度可达百米,且能连续测出钻孔不同深度的相对位移的大小和方向。因此,这类仪器是观测岩土体深部位移、确定潜在滑动面和研究边坡变形规律较理想的手段,目前在边坡深部位移量测中得到广泛采用。

在分析评价倾斜仪成果时,应综合地质资料,尤其是钻孔岩芯描述资料加以分析,如果位移—深度曲线上斜率突变处恰好与地质上的构造相吻合时,可认为该处即是滑坡的控制面,在分析位移随时间的变化规律时,地下水位资料及降雨资料也是应加以考虑的。

4.边坡变形量测资料的处理与分析

边坡变形测量数据的处理与分析,是边坡监测数据管理系统中一个重要的研究内容,可用于对边坡未来的状况进行预报、预警。边坡变形数据的处理可以分为两个阶段,一是对边坡变形监测原始数据的处理,该项处理主要是对边坡变形测试数据进行干扰消除,以获取真实有效的边坡变形数据,这一阶段可以称作为边坡变形量测数据的预处理。边坡变形数据分析的第二阶段是运用边坡变形量测数据分析边坡的稳定性现状,并预测可能出现的边坡破坏,建立预测模型。

1)边坡变形量测数据的预处理

在自然及人工边坡的监测中,各种监测手段所测出的位移历时曲线均不是标准的光滑型曲线。由于受到各种随机因素的影响,例如测量误差、开挖爆破、气候变化等,绘制的曲线往往具有不同程度的波动、起伏和突变,多为振荡型曲线,使观测曲线的总体规律在一定程度上被掩盖,尤其是那些位移速率较小的变形体,所测的数据受外界影响较大,使位移历时曲线的振荡表现更为明显。因此,去掉干扰部分,增强获得的信息,使具突变效应的曲线变为等效的光滑曲线显得十分必要,它有利于判定不稳定边坡的变形阶段及进一步建立其失稳的预报模型。目前,在边坡变形量测数据的预处理中较为有效的方法是采用滤波技术。

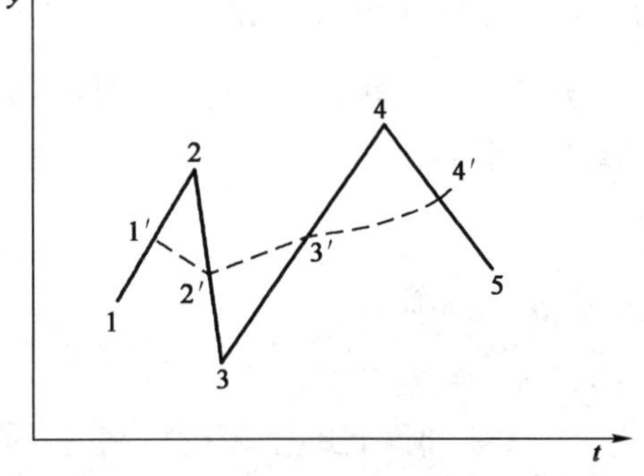

图 2-12　平滑滤波处理示意图

在绘制变形测点的位移历时过程曲线中,反复运用离散数据的邻点中值作平滑处理,使原来的振荡曲线变为光滑曲线,而中值平滑处理就是取两相邻离散点之中点作为新的离散数据。如图 2-12 所示，点 1′、2′、3′、4′为点 1、2、3、4、5 中值平滑处理后得到的新点。

平滑滤波过程是先用每次监测的原始值算出每次的绝对位移量，并作出时间—位移过程曲线，该曲线一般为振荡曲线；然后对位移数据作 6 次平滑处理后，可以获得有规律的光滑曲线。

2)边坡变形状态的判定

一般而言，边坡变形典型的位移历时曲线如图 2-13 所示，分为三个阶段。

第一阶段为初始阶段（*AB* 段），边坡处于减速变形状态。变形速率逐渐减小，而位移逐渐增大，其位移历时曲线由陡变缓。从曲线几何上分析，曲线的切线由小变大。

第二阶段为稳定阶段（*BC* 段），又称为边坡等速变形阶段。变形速率趋于常值，位移历时曲线近似为一直线段。直线段切线角及速率近似恒值，表征为等速变形状态。

第三阶段为非稳定阶段（*CD* 段），又称加速变形阶段。变形速率逐渐增大，位移历时曲线由缓变陡，因此曲线反应为加速变形状态，同时亦可看出切线角随速率的增大而增大。

可以看出，位移历时曲线切线角的增减可反应速度的变化。若切线角不断增大，说明变形速度也不断增大，即变形处于加速阶段；反之，则处于减速变形阶段。若切线角保持一常数不变，亦即变形速率保持不变，处于等速变形状态。根据这一特点可以判定边坡的变形状态。具体分析步骤如下。

首先将滤波获得的位移历时曲线上每个点的切线角分别算出，然后放在如图 2-14 所示的坐标中。

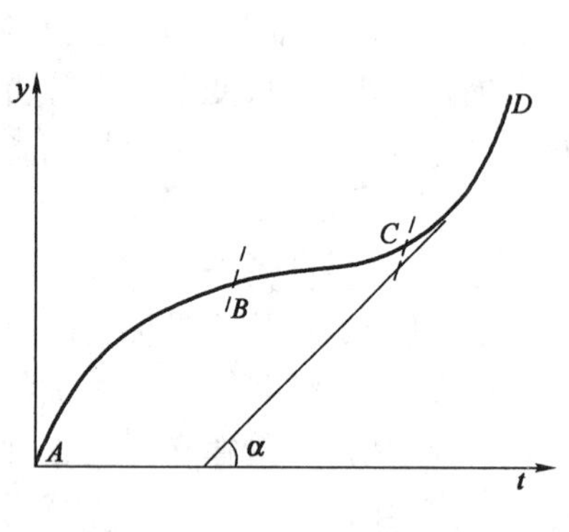

图 2-13　边坡变形的典型曲线形状

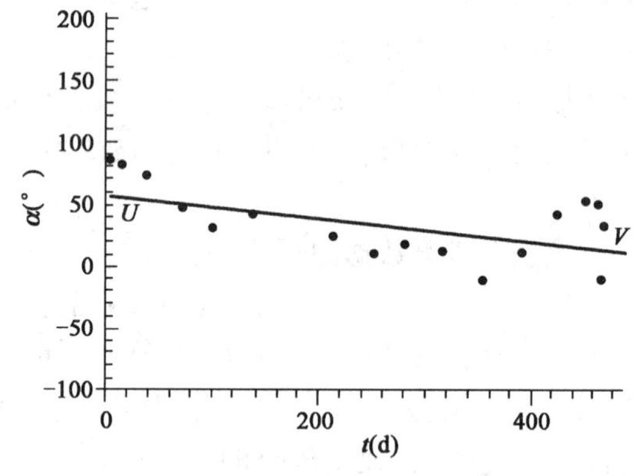

图 2-14　切线角—时间线性关系图

纵坐标为切线角，横坐标为时间。对这些离散点作一元线性回归，求出能反映其变化趋势的线性方程：

$$\alpha = At + B \tag{2-17}$$

式中：α——切线角；

A、B——待定系数。

当 $A<0$ 时，上式为减函数，随着 t 的增大，α 变小，变形处于减速状态；当 $A=0$ 时，α 为一常数，变形处于等速状态；当 $A>0$ 时，上式为增函数，α 随 t 增大而增大，变形处于加速状态。

A 值由一元线性回归中的最小二乘法得到：

$$A=\sum_{i=1}^{n}(t_i-\bar{t})(\alpha_i-\bar{\alpha})/\sum_{i=1}^{n}(t_i-\bar{t})^2 \tag{2-18}$$

式中：i——时间序数，$i=1,2,3,\cdots,n$；

t_i——第 i 点的累计时间；

$\bar{t}$——各点累计时间的平均值（$\bar{t}=1/n\sum_{i=1}^{n}t_i$）；

α_i——滤波曲线上第 i 个点的切线角；

$\bar{\alpha}$——各切线角的平均值（$\bar{\alpha}=1/n\sum_{i=1}^{n}\alpha_i$）。

3)边坡变形的预测分析

经过滤波处理的变形观测数据除可以直接用于边坡变形状态的定性判定外，更主要的是可以用于边坡变形或滑动的定量预测。定量预测需要选择恰当的分析模型。通常可以采用确定性模型和统计模型，但在边坡监测中，由于边坡滑动往往是一个极其复杂的发展演化过程，采用确定性模型进行定量分析和预报是非常困难的。因此，目前常用的手段还是传统的统计分析模型。

统计模型有两类：一种是多元回归模型，一种是近年发展起来的非线性回归模型。多元回归模型的优点是能逐步筛选回归因子，但对除了时间因素外，其他因素的分析仍然非常困难和少见。非线性回归模型在许多的情况下能较好地拟合观测数据，但使用非线性回归的关键是如何选择合适的非线性模型及参数。

对于多元线性回归，即：

$$y=a_0+\sum a_i t_i \tag{2-19}$$

式中：a_i——待定系数。

对于非线性回归分析，应根据实际情况选择回归模型。

在对整个边坡的各监测点进行回归分析，求出各参数后就可以根据各参数值对整个边坡状态进行综合定量分析和预测。通常情况下非线性回归比线性回归更能直观反映边坡的滑动规律和滑动过程，并且在绝大多数情况下，非线性回归模型更有利于对边坡滑动的整体分析和预测，这对变形观测资料的物理解释有着十分重要的理论与实际意义。

(四)边坡应力监测

在边坡处治监测中的应力监测包括边坡内部应力监测、支护结构应力监测、锚杆(索)预应力监测。

1.边坡内部应力测试

边坡内部应力监测可通过压力盒量测滑带承重阻滑受力和支挡结构(如抗滑桩等)受力，以了解边坡体传递给支挡工程的压力以及支护结构的可靠性。土压力盒的测试原理及测试方法同前。

2.岩石边坡地应力监测

边坡地应力监测主要是针对大型岩石边坡工程，为了了解边坡地应力或在施工过程中地应力变化而进行的一项重要监测工作。地应力监测包括绝对应力测量和地应力变化监测。绝对应力测量在边坡开挖前和边坡开挖中期以及边坡开挖完成后各进行一次，以了解三个不同阶段的地应力场情况，采用的方法一般是深孔应力解除法。地应力变化监测即在开挖前，利用原地质勘探平洞埋设应力监测仪器，以了解整个开挖过程中地应力变化的全过程。

对于绝对应力测量，目前国内外使用的方法，均是在钻孔、地下开挖或露头面上刻槽而引起岩体中应力的扰动，然后用各种探头量测由于应力扰动而产生的各种物理量变化的方法来实现，总体上可分为直接测量法和间接测量法两大类。直接测量法是指由测量仪器所记录的补偿应力、平衡应力或其他应力量直接决定岩体的应力，而不需要知道岩体的物理力学性质及应力应变关系，如扁千斤顶法、水压致裂法、刚性圆筒应力计以及声发射法均属于此类。间接测量法是指测试仪器不是直接记录应力或应变变化值，而是通过记录某些与应力有关的间接物理量的变化，然后根据已知或假设的公式，计算出现场应力值，这些间接物理量可以是变形、应变、波动参数、放射性参数等等，如应力解除法、局部应力解除法、应变解除法、应用地球物理方法等均属于间接测量法一类。关于绝对应力测量读者可参阅有关岩石力学的书籍。

对于地应力变化监测，由于要在整个施工过程中实施连续量测，因此量测传感器长期埋设在量测点上。目前应力变化监测传感器主要有 Yoke 应力计、国产电容式应力计及压磁式应力计等。

1）Yoke 应力计

Yoke 应力计为电阻应变片式传感器，该应力计在三峡工程船闸高边坡监测中使用。它由钻孔径向互成 60°的 3 个应变片测量元件组成，其结构如图 2-15 所示。根据读数可以计算测点部位岩体的垂直于钻孔平面上的二维应力。

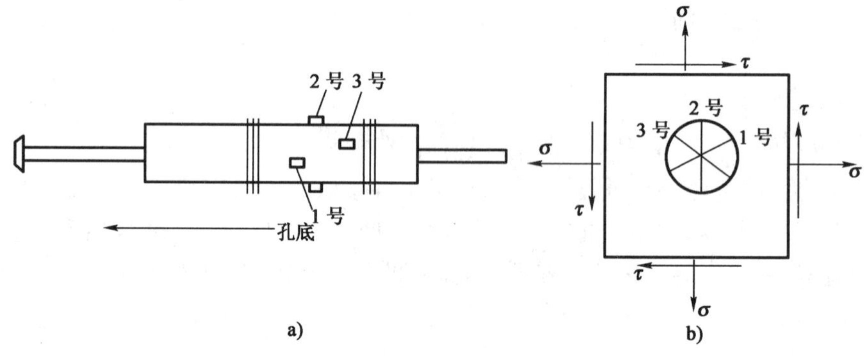

图 2-15　Yoke 应力计结构示意图

2）电容式应力计

电容式应力计最初主要用于地震测报中监测地应力活动情况，其结构与 Yoke 压力计类似，也是由垂直于钻孔方向上的 3 个互成 60°的径向元件组成。不同之处是 3 个径向元件安装在 1 个薄壁钢筒中，钢筒则通过灌浆与钻孔壁固结在一起。

3）压磁式应力计

压磁式应力计由 6 个不同方向上布置的压磁感应元件组成，即 3 个互成 60°的径向元件和 3 个与钻孔轴线成 45°夹角的斜向元件组成，其结构如图 2-16 所示。从理论上讲，压磁式应力计可以量测测点部位岩体的三维应力变化情况。

（五）边坡地下水监测

地下水是边坡失稳的主要诱发因素，对边坡工程而言，地下水动态监测也是一项重要的监测内容，特别是对于地下水丰富的边坡，应特别引起重视。地下水动态监测以了解地下水位为主，根据工程要求，可进行地下水孔隙水压力、扬压力、动水压力及地下水水质监测等。

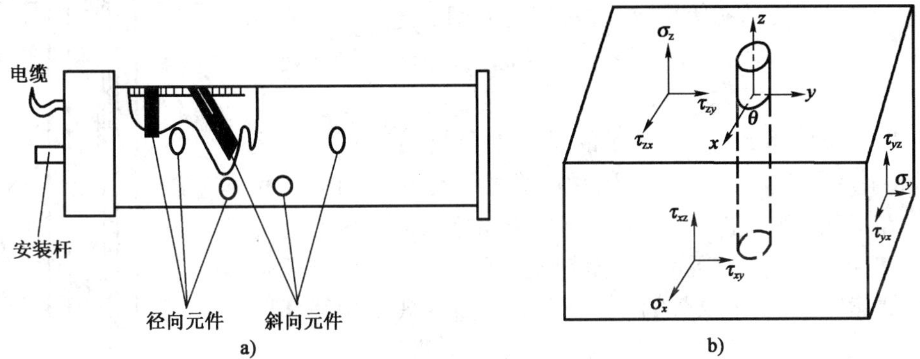

图 2-16　压磁式应力计结构示意图

1. 地下水位监测

目前在地下水监测工作中，几乎都是用简易水位计或万用表进行人工观测。

2. 孔隙水压力监测

在边坡工程中的孔隙水压力是评价和预测边坡稳定性的一个重要因素，因此需要在现场埋设仪器进行观测。测试方法同前。

三、支护结构监测

某些具有滑动危险和已经失稳的公路边坡必须采取适当的支护措施，并且在支护工程施工和公路运营时对支护结构进行监测。常用的支护结构有土钉、锚杆、预应力锚索、抗滑桩、挡土墙等。支护结构主要监测内容如下。

（一）土钉、锚杆监测

土钉是一种原位加筋技术，在土中设置拉筋而使整体边坡的力学性能得以改善。土钉一般不需要很大的抗拔力，面层利用喷射混凝土即可满足要求。锚杆分为锚固段和自由段，由位于稳定的土层或岩层中的锚固段提供抗拔力。锚杆一般和混凝土构件如板、柱、墩等结合使用，可以提供较大的抗拔力。

锚杆轴力量测的目的在于了解锚杆实际工作状态，结合位移量测，修正锚杆的设计参数。锚杆轴力量测主要使用的是量测锚杆。量测锚杆的杆体是用中空的钢材制成，其材质同锚杆一样。量测锚杆主要有机械式和电阻应变片式两类。

机械式量测锚杆是在中空的杆体内放入四根细长杆（图 2-17），将其头部固定在锚杆内预定的位置上。量测锚杆长度一般在 6m 以内，测点最多为 4 个，用千分表直接读数。量出各点间的长度变化，计算出应变值，然后乘以钢材的弹性模量，便可得到各测点间的应力。通过长期监测，从而可以得到锚杆不同部位应力随时间的变化关系。

电阻应变片式量测锚杆是在中空锚杆内壁或在实际使用的锚杆上轴对称贴四块应变片，以四个应变的平均值作为量测应变值，测得的应变再乘以钢材的弹性模量，得各点的应力值。

(二)预应力锚索监测

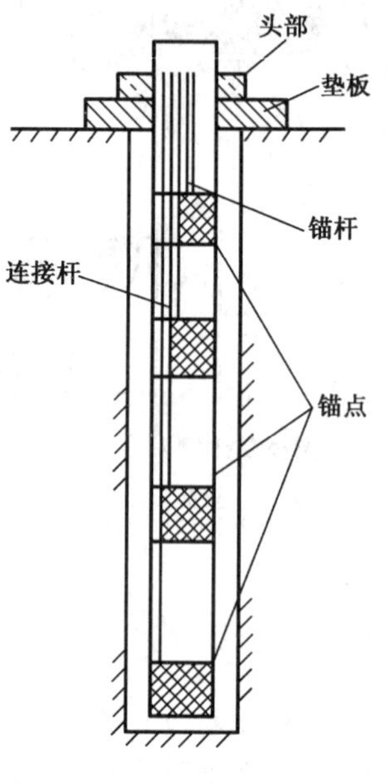

图 2-17 量测锚杆结构与安装示意图

预应力锚索加固边坡或滑坡,具有扰动岩体少、施工灵活、速度快且处于主动受力状态等优点,故被广泛采用。通过安装测力计观测锚索,可以了解锚固力的形成与变化,从而保证边坡处治工程的质量与安全。

对预应力锚索应力监测,其目的是为了分析锚索的受力状态、锚固效果及预应力损失情况,因预应力的变化将受到边坡的变形和内在荷载的变化的影响,通过监控锚固体系的预应力变化可以了解被加固边坡的变形与稳定状况。通常一个边坡工程长期监测的锚索数,不少于总数的 5%。监测设备一般采用圆环形测力计(液压式或钢弦式)或电阻应变式压力传感器。

锚索测力计的安装是在锚索施工前期工作中进行的,其安装全过程包括:测力计室内检定、现场安装、锚索张拉、孔口保护和建立观测站等。锚索测力计的安装示意图如图 2-18 所示。

测力计安装在孔口垫板上,应与孔轴垂直,偏斜小于 0.5°,偏心不大于 5mm。测力计安装就位后,加荷张拉前,应准确测得初始值和环境温度,反复测读,二次读数差小于 1%,取其平均值作为观测基准值。逐级进行张拉观测,一般连续三次读数差小于 1%为稳定。张拉结束后,进行锁定后的稳定观测。

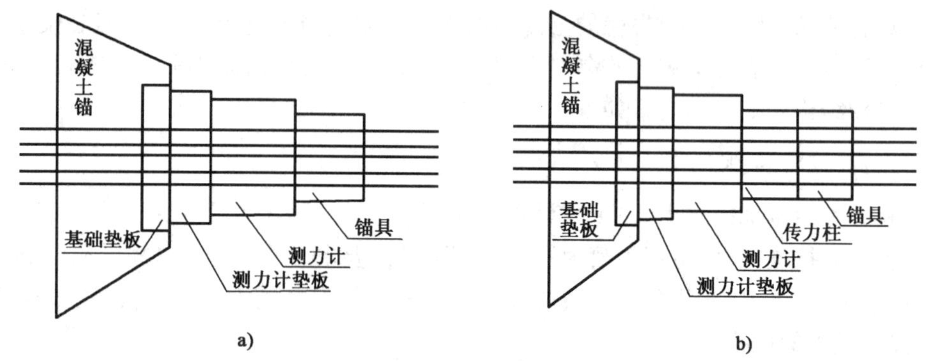

图 2-18 锚索测力计的安装示意图

a)未加传力柱;b)加传力柱

(三)抗滑桩监测

抗滑桩是承受侧向荷载用以处治滑坡的支撑结构物。它穿过滑体在滑床的一定深度处锚固,起抵抗滑坡推力的作用。抗滑桩监测主要有两个内容:一是监测抗滑桩的加固效果和受力状态;二是监测抗滑桩底面边坡坡体的下滑力和背面边坡坡体的抗滑力。监测抗滑桩的受力状态常采用钢筋计和混凝土应力计。钢筋计应布置在受力最大、最复杂的主滑动面附近。监测边坡下滑力及其分布可以在桩的正面和背面受力边界及桩的不同高度布置土压力计。

1. 混凝土应力计

混凝土应力计埋设在大体积混凝土边坡支挡结构物（如抗滑桩）内，直接测量混凝土内部压应力，并可同时兼测埋设点的温度。混凝土应力计结构上由感应板组件和差动电阻式传感器组成，如图 2-19 所示。压应力计形状扁平，受压板直径 185mm，仪器厚度 12mm，直径与厚度比为 15∶1，这种形状使压力计受非应力应变的影响很小。

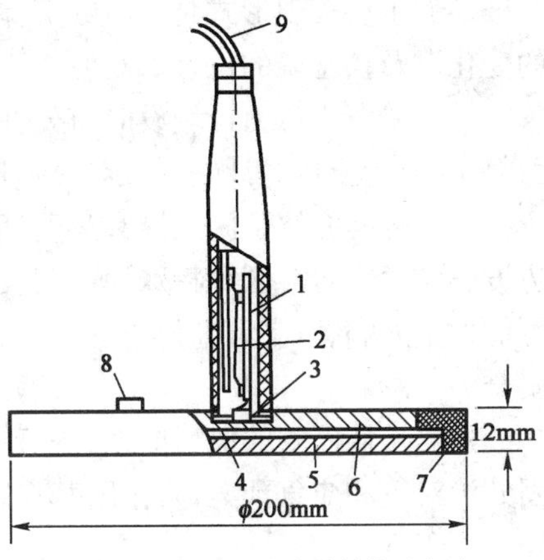

图 2-19　混凝土应力计结构示意图

1-传感部件；2-电阻钢丝；3-中性油；4-传压液体；5-面板；6-背板；7-护圈；8-封闭螺丝；9-引出电缆

混凝土应力计主要靠传压液体将受压面板上感受的混凝土压应力传递到感应背板上，感应背板产生变形推动感应部件，差动电阻式感应组件把背板的挠性位移转换成钢丝电阻值差动变化；用测读仪表接收电阻比变化量和电阻值，就可计算出压应力和混凝土温度。混凝土应力计测量的精度和埋设质量有关。

埋设安装时应特别注意应力计受压面板要与混凝土完全接触，不允许有空隙和软弱层。用应力计测量水平应力时，其受压面板是铅垂放置的，用支架固定好测定位置，再把 8cm 以上粗料剔除掉后的混凝土振捣密实即可。用应力计测量垂直或倾斜力方向应力时，应在混凝土硬化后埋设。先在混凝土表面留深 30cm 的坑，终凝后用钢刷打毛。铺 5cm 厚砂浆垫层，初凝后再用 80g 水泥、120g 砂（粒径≤6cm）和水拌成塑性砂浆，做成圆锥状放在坑底中央，然后把应力计平放在砂浆上，轻轻旋压使砂浆从应力计底盘边缘挤出，再用三角架放在应力计表面，加上 20kN 荷重，覆上去除 8cm 以上骨料的混凝土并捣实，凝固后撤去三角架，插上标志。

2. 钢筋应力计

钢筋应力计又称钢筋计，用以测量钢筋混凝土内的钢筋应力。将不同规格的钢筋计两端对接，可以测得钢筋一段长度的平均应变，从而确定钢筋受到的应力。常用的钢筋计也有差动电阻式和钢弦式两种。钢弦式应力计结构如图 2-20 所示。

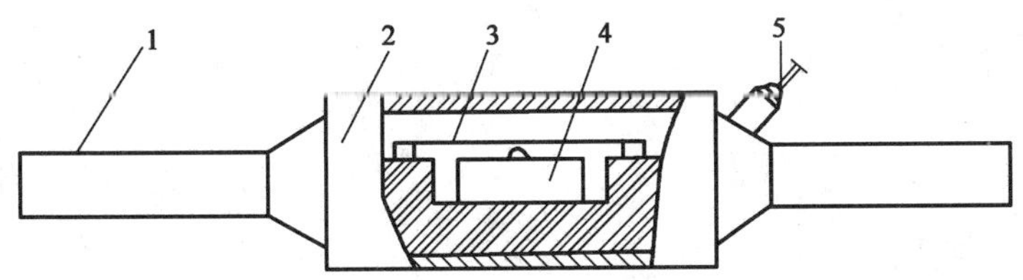

图 2-20　钢弦式钢筋计结构示意图

1-变形体；2-钢套；3-钢弦；4-磁芯；5-引出电缆

差动电阻式钢筋计主要依靠与钢筋紧固在一起的感应组件工作，当钢筋受轴向拉力时，钢套产生拉伸变形，感应组件跟着拉伸，使电阻比产生变化，由此可求得轴向的应力变化。而钢弦式钢筋计则通过测定钢筋由于受拉而产生的感应件频率变化测得应力大小。

（四）挡土墙监测

挡土墙是支承路基填土或边坡土体，防止坡体变形失稳的构造物。受土压力的作用，挡土墙破坏的主要表现形式是倾覆或墙体自身破坏。因此，对挡土墙的监测，主要观测墙背土压力的变化以及挡土墙的位移。观测挡土墙的位移可以采用精密水准仪、经纬仪等。

挡土墙背土压力计埋设时首先在埋设位置按要求制备基面，用水泥砂浆或中细砂浆将基面垫平，放置土压力计，密贴定位后，周围用中细砂压实，回填土方。

以上分类介绍了施工期和运营期主要监测的内容，对于特殊路段如软弱地基、高填方、高边坡、采空区、岩溶区等特殊地质路段，在建设期应考虑养护期的连续性，针对不同地质条件下可能发生的病害，制订监测方案，满足施工期和养护期的要求，确保施工期和运营养护期的安全。

建立长期监测的保障体系，进行专项的监测和适时的数据分析，针对不同工程特点制订加固处治对策和应急预案，防止路基灾害的发生。

第三章　路基与小桥涵常见病害及成因分析

公路路基作为路面的基础，其强度和稳定性是保证路面结构稳定、路用性能良好的基本条件。路基的各种病害及破损都是由路基的强度和稳定性不足引起的，而影响路基强度和稳定性的因素有两方面：一方面是自然因素与地质条件，其中最主要的影响因素是温度和湿度；另一方面是人为因素，包括设计、施工和养护。而路基建成后，路基的使用质量与路基的养护水平关系密切。本章主要介绍填土路基、路堑边坡、防护加固构造物、特殊路基、小桥涵等常见的各种病害及其形成原因。

第一节　一般填土路基常见病害及成因分析

填土路基常见的病害有路基沉陷、路基侧滑、路基强度不足、冻胀与翻浆等现象。

一、路基沉陷特征及成因分析

(一)路基沉陷类型及特征

路基沉陷是路基施工期和道路建成以后经常出现的一种病害。高填土路基施工完工后，随着时间的延长与荷载的作用，路基在垂直方向上常会产生较大的变形和沉陷，如图 3-1 所示。沉陷从反映在路面上的状况分为：不均匀下沉、局部沉陷、整体下沉三种类型。从路基沉陷的产生部位分为路堤沉陷和地基沉陷两类。高填土路基在沉陷的同时，常伴随发生路基纵横向开裂或边坡滑动。

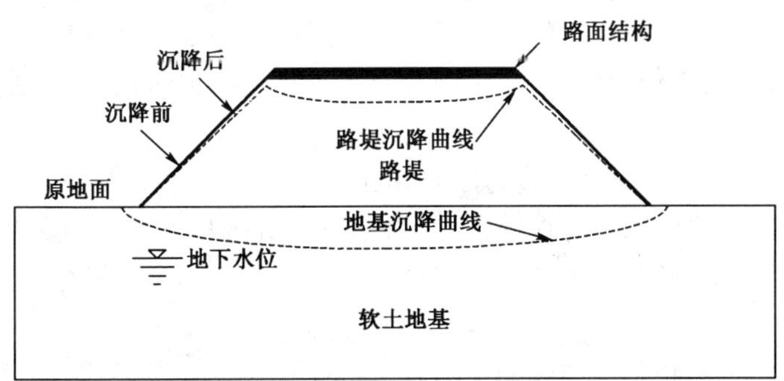

图 3-1　填土荷载作用下地基沉降模式

(二)路基沉陷成因分析

填土路基沉陷成因复杂，不仅与路基填土高度有关，而且也与路基填料的性质、边坡坡度、地基土质、水文状况、路基施工方法等有关。

1.设计因素

因条件限制公路路线必须通过复杂地区时,设计上应按照《公路路基设计规范》(JTG D30—2004)要求认真对高填路基进行特殊设计。若对软基、溶洞、采空区等特殊地质区勘察不明,易产生路基沉降、塌陷等灾害;对于山区高填方路段若未进行稳定性、变形验算,而按一般路基进行设计,且施工工艺、填料等未作特殊要求时,易产生路基沉陷、侧滑、纵向开裂等路基病害。

2.施工因素

1)路基填筑工艺

高填方路基的填料在分层填筑时,应按照《公路路基施工技术规范》(JTG F10—2006)要求的厚度进行铺筑,配备相应的整平和碾压机具,并按规范进行操作。随意将铺筑厚度加厚,压实机具不按规定的碾压遍数压实时,则压实度达不到《公路路基设计规范》规定的要求,在重复荷载与填料自重作用下将产生累积的沉降变形。

2)施工质量管理

工程施工中,工地现场人员的责任心不强、技术管理力度不够、施工现场混乱,使工程质量降低,造成施工过程中的隐患。

3)填料与土基结合不良

在荷载作用下,填料极易失稳而沿坡面产生滑移。半填半挖地段的施工,土基未按规定要求挖成台阶,使土基与填料在接合部产生裂缝和沉降。

4)填土速度过快

对路基填土的临界高度认识不足,在接近路基填土的临界高度时没有加强路基沉降观测,导致软土地基强度接近临界状态,稍不注意,路基出现承载力不足,导致地基失稳,出现沉陷或纵向开裂。

3.工程地质

在工程地质不良、泥沼软基地段填筑路基,由于软弱土层本身力学性能差,在附加应力作用下,会发生固结沉降、次固结沉降和侧向塑性挤出,导致明显的沉降变形。在一些地表水和地下水自然排泄困难的地方,地基土中软弱土层固结沉降变形是产生过大沉降和沉降差的重要原因。有些路段所处地基不属于软土地基,但处于低洼、河谷处,长期受水冲蚀,天然含水率较高,在设计时未发现或未作特殊处理,在施工时也未作堆载预压,也会产生路基沉降。

4.路基填料

如果路基填料土质较差,填料中混进了种植土、腐殖土或泥沼等劣质土,由于这类土中有机物含量多、抗水性差、强度低等特性的作用,路基将出现塑性变形或沉陷破坏。对于特殊填料土如膨胀土、高塑限黏土等,若不进行特殊处理或压实工艺不合理将存在路基病害隐患。

5.路基排水

路基排水的作用是把路基工作区的土基含水率降低到一定的范围内。土基含水率过大、排水不良会引起土质松软,强度降低,边坡坍塌,路基沉陷或滑动,以及产生冻害等。

1)排水不畅

路基、路面、中央分隔带若排水不畅,导致路基进水,路基将产生局部沉陷,引起路面结构早期损坏。对于在少雨、缺水季节修成的高填土路基,压实时难以保证其最佳含水率,压实度达不到要求，土的孔隙大，雨季时如排水不完善，雨水必然浸入路基，造成路基浸水和软化，使路基下沉塌陷。

2)路堤冲刷损坏

高填土路堤，如果防护措施不当易被暴雨冲刷，造成病害。当路堤被冲刷的较严重时，如果不能彻底处理，会给后期施工留下隐患，易造成边坡局部开裂、局部滑塌等现象发生。

6. 地下水的影响

路基或地基中地下水的动态特征对路基不均匀沉降影响很大。在地下水的交替作用下，路基土体内含水率反复变化。土体重度在一定范围内波动。更为重要的是，由毛细管张力引起的负孔隙水压力可以达到相当大的数值，再加上水的软化、润滑效应，使土体产生沉降变形。其动态变化及潜蚀作用影响到土体中的有效应力分布、土体的结构特征和土体强度，从而导致路基不均匀沉降。

7. 路基刚度差异显著

路基综合刚度是指沉降变形有效深度范围内综合的抗变形能力。由于路基表面并非总是水平，公路构筑物与路基土体刚度差异明显，在相同外力的反复作用下，变形量不同。如果沿路基纵向或横向路基综合刚度相差过大，在车辆动载等作用下，也会引起明显的差异沉降，导致路面裂缝。属于这种情况的有：桥头与路基交接处、挖填交接处、填土厚度明显变化处、路基中埋设构筑物(如涵洞)处、地基性质差别较大处。

8. 缺乏必要观测手段

没有进行沉降观测或沉降观测控制不严，仅依赖于沉降计算的数据进行施工控制，若实际的沉降速度、工后沉降量较大，必将导致路基沉降变形较大等病害。

二、路基侧滑失稳特征及成因分析

公路在建设过程中及运营以后，经常会出现不同类型的工程事故，其中路基的侧滑失稳问题最为突出。此类事故不仅造成路面的损毁破坏，更由于其常常直接导致路基的沉陷和塌方，对公路建设和运营安全构成了严重威胁。因此，如何对路基的侧滑失稳问题加以预防与治理，是一项事关公路建设和运营安全的重大技术难题。

(一)路基侧滑失稳类型及特征

路基侧滑失稳的外在形式多种多样，据其诱发原因大致可分为以下几种主要类型。

1. 单纯侧滑[图 3-2a)]

此类侧滑是指路基填方部分失稳滑移，多发生于填方高度大于 3.5m 或半填半挖的路段，是路基侧滑失稳的主要形式。

2. 软基诱发侧滑[图 3-2b)]

此类侧滑一般发生在软土地基路段，其特点是路基随地表以下软土一起下陷并向路基两侧滑移，严重者可导致路基两侧地面隆起，路面受损，影响交通安全。

3. 坡间侧滑[图 3-2c)]

此类侧滑一般发生在单侧开挖或半填半挖的路段，路基随边坡滑移，是边坡滑体的一部分，严重者甚至可能导致整个路基塌陷、交通中断、人员伤亡的严重事故，此为路基侧滑失稳的最危险形式。

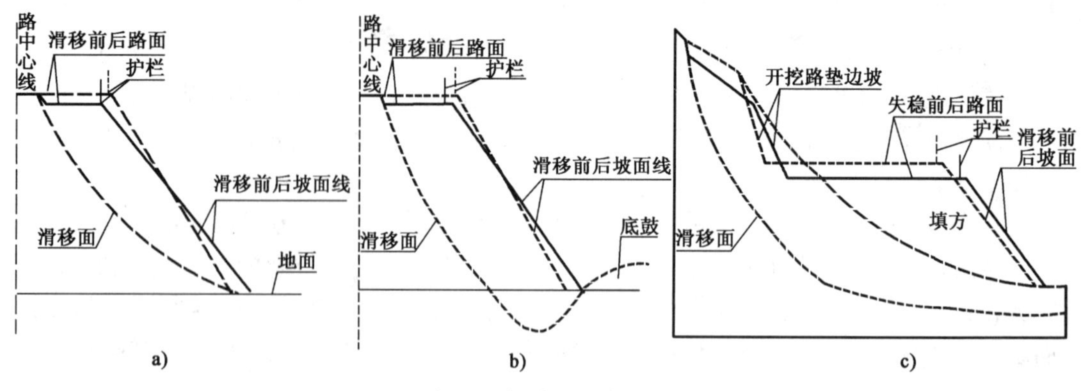

图 3-2 路基侧滑基本类型

a)单纯侧滑；b)软基诱发侧滑；c)坡间侧滑

4. 其他形式的侧滑

由于填方路基侧面洪水的侵蚀、地表以下采空区活动、地震等影响，也可导致路基侧滑失稳。

经对国内数十处路基侧滑失稳情况综合分析，发现虽然事故发生的时间、地点各不相同，但其发生破坏的外在形式却有着共同的基本特征：一是路面发生纵向开裂，一般有 3～5 条裂缝，严重者可在路面上沿裂缝断开成横向阶梯状；二是滑移面为弧形，符合土体边坡滑坡的一般特征。

(二)路基侧滑失稳成因分析

一般来说，只要严格按照规范设计和施工，在设计荷载下不会出现侧滑失稳。但由于人为和非人为的原因，在实际施工和运营过程中，此类事故却经常发生，主要原因有以下几点。

1. 设计中的遗漏

设计的主要依据是现场踏勘和地质钻探资料，但往往由于地质情况复杂多变和设计周期太短等原因，得到的有关资料不能反映实际的地质情况，造成在设计中遗漏了应该采取的相应的技术措施，为路基侧滑失稳留下了隐患。

2. 施工中的缺陷

尽管规范对路基填方土的质量、压实度都有明确和具体的要求，但在施工过程中，常常由于施工人员的忽视，质量管理不严，加上工期紧、取土场的限制等原因，出现填土压实度不够，超标土代替合格土等情况，在施工或运营过程中易产生路基侧滑失稳问题。

3. 渗水影响

虽然公路路基在设计时会考虑防水、排水的问题，但由于设计理念的差距和为了节省资金的因素，往往做得不够或不合理。公路运营以后，由于地下水位的变化，毛细水不断上升集聚，填方一侧洪水的侵蚀，挖方一侧裂隙水的渗透，加上大量的雨水通过绿化隔离带和路面上的裂缝下渗。随着时间的推移，原压实土的力学特性逐渐发生变化，填方路基整体承载能力降低，容易诱发路基的侧滑失稳。

4.超载因素

目前我国的干线公路一般设计荷载为汽—20、挂—100或汽—超20、挂—120。但实际运营过程中,汽车超载现象普遍且十分严重(单车最大车货总重超过100t,且经常出现几列车队并排行驶的现象),大大超过了路基的设计承载能力,对路面及路基的稳定性造成了严重影响。这也是通车以后出现路基侧滑失稳的主要起因。

三、路基强度不足特征及成因分析

(一)路基强度不足特征

路基是路面结构的基床,支撑着路面结构,承受着由路面传来的荷载,当路基填高=1.5m时,还将一部分轮载传递到地基。路基和地基的强度、变形和稳定性,对路面结构的寿命产生重要影响。由于强度不足往往导致填方路基的横向不均匀沉降变形,路基两侧出现纵向裂缝。

(二)路基强度不足成因

一般来说,路基土体压实度不足的主要原因有以下几点。

(1)路基施工受实际条件的限制时,如天气太干燥,局部路堤填料含水率低,土块粉碎不足,致使路基压实度不均匀;暗埋式构造物因其长度限制使路基边缘不能超宽碾压,致使路基边缘压实度不够;某些加减速道与行车道没有同步施工,当拼接处理得不好时,其拼接处也产生压实度不足的情况。

(2)在填方路堤施工中,当路堤施工到一定高度以后,路堤边缘土体往往存在压实度不足问题。

(3)由于填方土体的最佳含水率控制不力,压实效果达不到要求。

(4)考虑到施工安全和进度,使得压实或压实作用时间不足,路基压实不充分,致使路基压实度达不到要求。

(5)在包括降雨入渗、地下水位变动等周围水环境影响下,路基吸水而引起土体含水率增大,造成土体重度的改变,土体强度降低,造成路基承载能力不足。

四、冻胀与翻浆特征及成因分析

(一)冻胀与翻浆类型及特征

冻胀与翻浆是季节冻土与多年冻土地区所特有的两种公路病害,主要分布在我国北方寒冷地区和南方高寒山区以及青藏高原,并且是上述地区内分布较广、危害较大的两种公路病害,因而也是路基路面设计必须考虑的问题。

使用冻胀性土的路段,当有水分供给时,在冬季负气温作用下,水分连续向上聚流,在路基上部形成冰夹层、冰透镜体,导致路面不均匀隆起,使柔性路面开裂、刚性路面错缝或折断的现象,称为冻胀。

使用冻胀性土的路段,在春融期间,由于土基含水过多、强度急剧降低,在行车作用下路面发生弹簧、裂缝、鼓包、冒泥等现象,称为翻浆。

(二)冻胀与翻浆成因分析

公路冻胀与翻浆是多种因素综合作用的结果,土质、水、温度与路面是影响冻胀的四个主要因素。翻浆除受这四个因素影响外,还受行车荷载因素的影响。在上述诸因素中,土质、温度和水是形成冻胀与翻浆的三个基本条件。

1. 土质

粉性土具有最强的冻胀性,最容易形成翻浆。这种土的毛细水上升较高且快,在负温度作用下水分易于迁移,如水源供给充足可形成特别严重的冻胀,在春融时承载能力急剧下降易于形成翻浆。黏性土的毛细水上升虽高,但速度慢,只在水源供给充足且冻结速度缓慢的情况下,才能形成比较严重的冻胀与翻浆。粉性土和黏性土含有较多腐殖质和易溶盐时,则更易形成冻胀与翻浆。粗粒土在一般情况下不易引起冻胀与翻浆,因其毛细水上升高度小、聚冰少,且在饱水情况下也能保持一定的强度;但当粗粒土中粉黏粒含量超过一定量以后,冻胀性明显增加,也能形成冻胀与翻浆。

2. 水

冻胀与翻浆的过程,实质上就是水在路基中迁移、相变的过程。路基附近的地表积水及浅的地下水,能提供充足的水源,是形成冻胀与翻浆的重要条件。降雨及灌溉会使路基土的含水率增大,使地下水位升高,从而促成冻胀与翻浆的形成。

3. 温度

没有一定的冻结深度或冰冻指数(冬季各月每日负气温的总和)是难以形成冻胀与翻浆的,没有更大的冻结深度或冰冻指数是难以形成严重冻胀与翻浆的。而在同样冻结深度或冰冻指数的条件下,冻结速度和负气温作用的特点对冻胀与翻浆的形成有很大影响。例如,在初冻时气温较高或冷暖交替变化,温度在0℃～－5℃之间停留时间较长,冻结线长时间停留在土基上部,就会使大量水分聚流到距路面很近的地方,形成严重的冻胀与翻浆。反之,冬季一开始就很冷,冻结线下降很快,水分来不及向上迁移,土基上部聚冰少,那么冻胀与翻浆就较轻或不出现。此外,春融期间的气温变化及化冻速度对翻浆也有影响。如春季开始化冻时,天气骤暖,土基急剧融化,则会加重翻浆。如春融期间冷暖交替并伴有雨、雪,也会使翻浆加重。

4. 路面

冻胀与翻浆都是通过路面变形破坏而表现出来的,因此,冻胀与翻浆和路面是密切相关的。路面类型对冻胀与翻浆有影响,如在比较潮湿的土基上铺筑沥青路面后,由于沥青路面透气性较差,路基中的水分不能通畅地从表面蒸发,可能导致聚冰增加、冻胀量增大,以致出现翻浆。路面厚度对冻胀与翻浆也有影响,路面厚度大时可减轻冻胀,也可减轻或避免翻浆。

5. 行车荷载

公路翻浆是通过行车荷载的作用形成和暴露出来的。虽然路基有聚冰、有冻胀,春融时含水过多,但无行车荷载作用,是不可能产生翻浆的。当其他条件相同时,在翻浆季节,交通量愈大,车辆愈重,则翻浆也会愈多、愈严重。

6. 人为因素

在下列情况下,都将加剧翻浆的形成。

1)设计时对翻浆的因素考虑不周

路基设计高度不够，特别是低洼地带，路线没有避开不利的水文地质地带，缺乏防治翻浆的措施，以及路面结构组合不当，厚度偏薄等。

2)施工质量有问题

填筑方案不合理，不同土质填料混杂填筑，或采用大量的粉质土、腐殖土、盐渍土、大块冻土等劣质填料，或分层填筑时压实度不足。

3)养护不当

排水设施堵塞，路拱有反向坡，路面、路肩积水，对翻浆估计不足，且无适当的防护措施。

第二节　路堑边坡病害类型及成因分析

高等级公路特别是山区高等级公路的边坡病害是路基最常见病害之一，通常有：崩塌、落石、滑坡、坡面冲刷、坍塌、剥落和泥石流等。

一、路堑边坡崩塌特征及成因分析

(一)路堑边坡崩塌的机理及特征

公路边坡崩塌是较常见病害，危害严重，经常阻断交通。崩塌是岩体突然而猛烈地从陡峻的斜坡上崩离翻滚跳跃而下的现象。崩塌可发生在高峻的自然山坡上，也可发生在高陡的人工路堑边坡上。发生崩塌的物体一般为岩石，但某些土坡也会发生崩塌。

崩塌与滑坡的明显区别是：崩塌发生急促，破坏体散开，并有倾倒、翻滚现象；而滑坡体一般总是沿着固定滑动面整体地、缓慢地向下滑动。

公路路堑开挖过深，边坡过陡，或由于切坡使软弱结构面暴露，都会使边坡上的岩体失去支撑，在水流冲刷或地震作用下引起崩塌。崩塌按形成机理可划分为以下三类。

1. 滑移式崩塌

这类崩塌的形成机理是崩塌首先沿已有的层面或其他结构面产生滑移，一旦崩塌体重心滑出坡外，这类崩塌就会发生，如图3-3所示。

2. 倾倒式崩塌

这类崩塌的形体多是柱状和板状岩体，其形成机理是岩体在失稳时绕根部一点发生转动性倾倒，一旦岩体重心偏离到坡外，岩体就会突然崩塌。此处不稳定岩体在强烈震动下或者遇有长时间暴雨，容易失稳产生倾倒式崩塌，如图3-4所示。

3. 错断式崩塌

这类崩塌多为直立柱状或板状岩体，在失稳时不是发生倾倒，而是在自重作用下，下部与稳定岩体没完全断开的部分可能沿图3-5中虚线所示位置发生错断。不稳定岩体是否会发生崩塌，关键在于没有断开的部分在自重作用下最大剪应力是否大于岩石的容许抗剪强度，一旦最大剪应力大于岩石的容许抗剪强度，错断式崩塌就会突然发

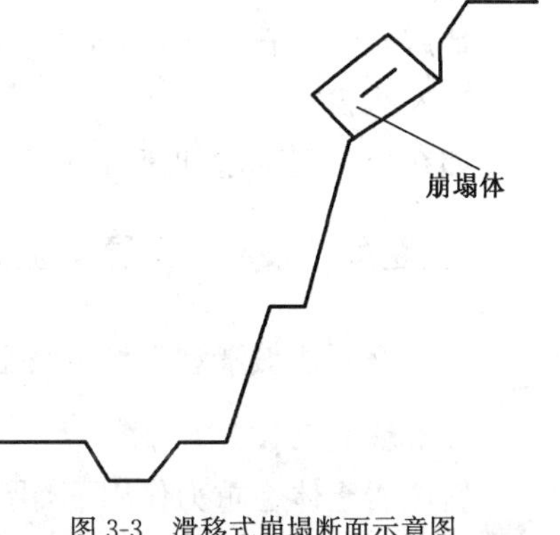

图3-3　滑移式崩塌断面示意图

生。长期风化作用、强烈的震动以及特大暴雨的动静水压力都会促使和诱发这类崩塌的发生。

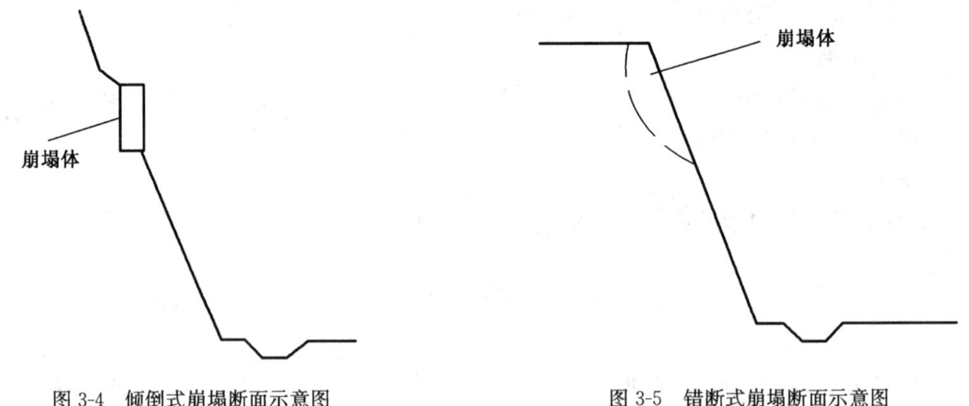

图 3-4　倾倒式崩塌断面示意图　　图 3-5　错断式崩塌断面示意图

(二)路堑边坡崩塌的形成条件及因素

1. 地形

陡峻的山坡是产生崩塌的基本条件。产生崩塌的山坡坡度一般大于 45°,而以 55°～75°者居多。

2. 岩性

节理发达的块状或层状岩石,如石灰岩、花岗岩、砂岩、页岩等均可形成崩塌。厚层硬岩覆盖在软弱岩层之上的陡壁最易发生崩塌。

3. 构造

当各种构造面,如岩层层面、断层面、错动面、节理面等,或软弱夹层倾向临空面且倾角较陡时,往往会构成崩塌的依附面。

4. 降水

在暴雨或久雨之后,水分沿裂隙渗入岩层,降低了岩石裂隙间的黏聚力和摩擦力,增加了岩体的重量,就更加促进崩塌的产生。

5. 冲刷

水流冲刷坡脚,削弱了坡体支撑能力,使山坡上部失去稳定。

6. 地震

地震会使土石松动,引起大规模的崩塌。

7. 人为因素

如在山坡上部增加荷重,切割了山坡下部,大爆破的震动等。

二、路堑边坡滑坡失稳特征及成因分析

(一)路堑边坡滑坡类型及特征

1. 滑坡类型

斜坡岩土体在重力作用下,沿一定的软弱面或软弱带整体下滑的现象,叫做滑坡。滑坡是山区公路的主要病害之一。滑坡常使交通中断,影响公路的正常运输。大规模的滑坡,可堵塞

河道、摧毁公路、破坏厂矿、掩埋村庄,对山区建设和交通设施危害极大。滑坡形式如图 3-6 所示。

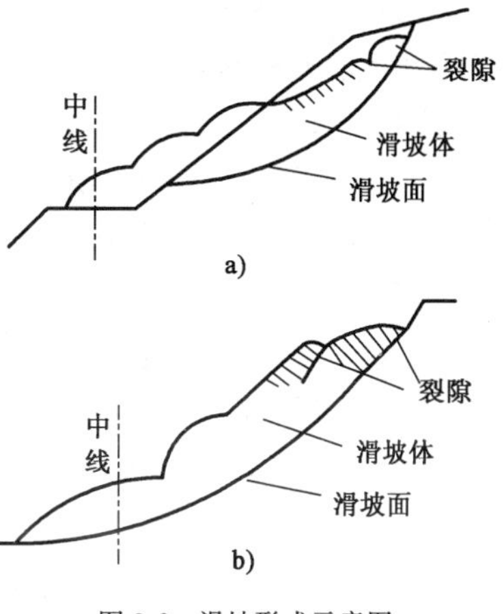

图 3-6　滑坡形式示意图

按受力状态,滑坡裂缝可分为以下四类。

1)拉张裂缝:分布在滑体上部,与滑坡壁的方向大致吻合,多呈弧形,因受滑坡体向下滑动的拉力而产生。与滑坡壁或滑坡周界重合的最外面的一条,称为主裂缝。

2)剪切裂缝:分布在滑坡体中部的两侧,在滑坡体下滑时,滑体与滑床在分界处形成剪力区,区内形成的裂缝即为剪切裂缝。在剪切裂缝的两侧,常伴生有羽毛状的裂缝。

3)鼓张裂缝:分布在滑坡体的下部。如滑坡上部较下部滑动得快,或滑体受阻,则会隆起,并产生张开裂缝,裂缝方向与滑动方向相垂直。

4)扇形张裂缝:分布在滑坡体的中下部。当滑体向下滑动时,滑体的前部向两侧扩散,形成张开裂缝,裂缝方向在滑坡体中部与滑动方向平行,在滑坡体的舌部成放射状。

2.路堑边坡失稳特征

路堑边坡以人工挖方为主,虽然其开挖的时间不同,工程地质条件不同,但边坡的失稳大多有着共同的特征。

1)开挖工程中的失稳主要有以下两种表现形式。

(1)路堑开挖过程中,边坡下方路基发生底鼓,从而最终导致路堑边坡整体或局部滑塌[图 3-7a)]。

(2)路堑边坡顶部或上部开裂[图 3-7b)]。

a)

b)

图 3-7　开挖过程中路堑边坡失稳的主要形式

a)边坡滑塌;b)边坡上部开裂

2)通车后路堑边坡的失稳主要特征是,通车以后由于车辆动载的扰动或者雨水的入侵,边坡发生局部滑塌或开裂。

(二)路堑边坡滑坡成因分析

1.地质因素

(1)山坡表面土壤或岩层为透水的,下面为不透水土壤或岩层,且其层理倾向路基。如遇地下水活动,会使表层沿着不透水的隔水层滑动而造成滑坡。

(2)边坡上部岩层松散或为堆积层,下面的主要岩层较陡而又伸向路基,则其上部松散岩层或堆积层易于滑坡。

(3)山坡岩层软硬交错,且其软弱面向路基倾斜,由于风化程度不同或地下水侵蚀等关系,岩层可能顺着软弱面向下滑动。

(4)路线穿过岩层软硬不均的岩石断开地带,且其地下水集中活动的地面时,开挖的路堑容易引起滑坡。

2. 水文影响

(1)大量雨水渗入滑坡体内,使土体湿软,增加重量,降低强度,加速滑坡活动。

(2)不合理的排水措施,例如在渗水性强的边坡顶上没有设置防水层的截水沟,水就大量渗入土中而促使滑坡发生。

(3)地下水量增加,浸湿滑坡面。

(4)边坡上方有灌溉渠道或水田,没有进行适当处理,渗漏严重,造成滑坡。

(5)在路堑开挖区,自然坡体的植被环境遭受破坏,这就加速了雨水的入渗,加大了水对边坡的作用。

水对边坡的影响主要是水压力和水的软化作用。水的入渗,使边坡岩土体将承受孔隙水压力、裂隙水压力和动水压力作用。对于路堑开挖边坡,水压力主要增加了边坡的下滑力,使边坡的稳定度降低。水的软化作用主要表现为岩土体在雨后强度降低,从而减小了边坡的抗滑力。当岩体或软弱结构面亲水性强时,易发生崩解或泥化。对于土质边坡,浸水后软化现象更明显,土体饱水后强度急剧下降。

3. 设计因素

(1)坡度大,自稳性差。由于土地资源的缺乏,为了尽量少征地,路堑边坡普遍较陡。随着边坡变陡,坡顶上的最大张应变将向着与边坡面倾向相反的方向位移。与此同时,最大主应力线随之变陡,最大主应力线成为滑面滑移线的可能性增大,边坡滑塌的加速度必然较高,滑塌的土石方量也将增大。这就造成即使绝对高度较低的路堑仍然会发生失稳或滑塌。

(2)路堑边坡设计过程中勘察程度不够,导致边坡加固设计强度不高,加固结构强度不足以维持边坡的稳定。

4. 外界因素影响

(1)风化降低边坡稳定性。边坡岩土体中风化或强风化,强度较低,在自重应力的作用下,岩土体发生变形破坏,导致边坡稳定性系数下降。

(2)外因影响。公路运行后车辆荷载的振动也是造成边坡失稳的不可忽视的外在原因。

第三节　防护及支挡结构物病害类型及成因分析

一、防护工程病害类型及成因分析

路基防护是确保道路全天候使用,使路基不致因地表水流和气候变化而失稳的必要工程措施,是路基设计的主要项目之一,其重要性因道路技术等级的提高和交通量的急剧增长日益突出。

路基防护的方法，一般可分为坡面防护和冲刷防护两类。冲刷防护可分为直接防护和间接防护两种。直接防护是指在坡面加铺护面墙、混凝土板或采用砌石护坡以及土工织物护面等，亦包括对沿河浸水边坡或坡角进行抛石，或以石笼、梢料、浸水挡土墙防护；间接防护则指沿河路堤修筑调治构造物和对河道进行整治，将危害路基的较大水流引向指定位置，以减小水流对路基的直接冲刷。路基防护的各种措施如图3-8所示。

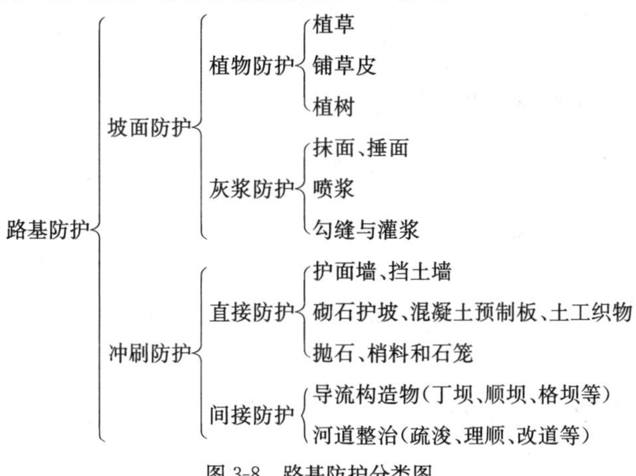

图3-8　路基防护分类图

(一)防护工程病害类型

1.砌石防护工程

(1)砂浆强度偏低，砂浆不饱满。

(2)石料强度偏低，颜色不一。

(3)墙面不平直、曲折起伏、线形不畅，整体感差。

(4)勾缝脱落，勾缝不统一，影响美观。

(5)沉降缝不直，沉降不均匀。

2.混凝土防护工程

(1)混凝土强度没有达到设计强度。

(2)混凝土跑模，结构表面翘曲不平整，严重时影响结构受力。

(3)结构表面模板痕迹明显，纵横向施工缝新浇混凝土跑浆、漏浆在已完工结构物表面，使得外观粗糙，浇筑痕迹明显。

(4)气泡、麻面多。

(5)沉降缝不铅直，宽窄不一，影响美观。

(二)防护工程成因分析

综合原因分析，大部分防护工程质量缺陷的产生都是由于未严格按照施工工艺要求施工造成的。除了上述一些具体的原因外，还有其他一些更深层次的因素。

(1)施工、监理人员的主观上认识不足，认为以上这些质量病害仅仅是一些小问题，不会对整个工程项目造成多大影响，无形中使得以上质量通病仍不断地发生。

(2)客观上公路工程施工点多面广，战线长，质量控制工作量较大，管理工作跟不上，各个队伍施工水平、业务素质有限，不能严格按照施工工艺要求施工，更是增加了质量管理上的难度。

(3)施工、监理单位的个别现场管理人员、旁站人员责任心不强，业务素质差，在施工现场不能及时发现问题，或发现问题也不能提出解决问题的措施。

(4)由于近年来公路市场的竞争激烈而无序，使得工程的单价特别是一些非关键工程的单价普遍偏低，承包人为了获取利益，施工时偷工减料便成了经常发生的事，从而大大地影响了工程质量。

二、支挡结构物病害类型及成因分析

(一)挡土墙的使用场合及类型

挡土墙是用来支撑天然边坡或人工填土边坡以保持土体稳定的建筑物。在公路工程中，它广泛应用于支撑路堤或路堑边坡、隧道洞口、桥梁及河流岸壁等。按其结构特点，挡土墙可分为石砌重力式、石砌衡重式、加筋土轻型式、混凝土半重力式、钢筋混凝土悬臂式和扶壁式、柱板式、锚杆式、锚定板式及垛式等类型。

(二)挡土墙病害类型及成因分析

1.浆砌块石挡土墙的病害类型及成因分析

1)挡土墙滑移

挡土墙整体外移，与相邻挡土墙产生错位，且上、下位移大致相等。其原因包括以下几方面。

(1)基底碎石垫层未夯实，碎石没有嵌入土基内，使基底摩擦系数没有达到设计要求。

(2)挡墙基础两侧填土没有同时回填，被动土压力减少，导致滑移。

(3)挡墙墙身后回填土采用推土机或挖掘机回填时，没有按要求做到分层填筑，分层压实，而是将大量土推向墙身或堆靠在墙身上。由于推土机引起的主动土压力和未压实土主动土压力增加，形成很大的水平推力。

(4)采用淤泥或过湿土回填，减低了填土的摩擦角力，增大了压力。如挡墙排水不畅，还会引起静水压力和膨胀压力。

(5)基础埋深不够，被动土压力减少。

2)挡土墙倾斜

挡土墙整体前倾，与相邻挡土墙产生位移，且位移上大下小成楔形状。其原因包括以下几方面。

(1)墙身后填土未分层压实或填土含水率过大，没有达到设计要求的密实度，使填土内摩擦角减少，土压力增加。

(2)挡墙地基不均匀或地基超挖后用素土回填未夯实，或淤泥、垃圾等不良土质没有清除干净，导致地基承载能力下降，使受力最大处前墙趾下沉，挡墙随之前倾。

(3)设计断面不合理，如墙趾较短，力臂小，抗倾覆能力差，或墙背倾斜过大，形成较大的土压力。

(4)排水不良或采用含水率过大的黏土回填，引起静水压力和膨胀压力。

3)砌体断裂或坍塌

砌体产生较大的裂缝，整体倾斜或下沉，严重时砌体发生倒塌或墙身断裂。其原因包括以下几方面。

(1)地基处理不当，例如，淤泥、软土、垃圾等没有清理干净；地基超挖后用素土回填未经夯实；地基土质不均匀，又未按规定设置沉降缝或地基应力超限。

(2)砌筑质量低下，例如，砂浆填筑不饱满，捣固不密实；砂浆强度等级不够；采用强度低的风化石砌筑；块石竖向没有错缝，形成通缝；小石块过分集中等，都将影响砌体质量。

(3)沉降缝不垂直，或者块石间相互交叉重叠，甚至不设沉降缝导致地基不均匀下降时，挡墙相互牵制拉裂。

(4)挡墙一次砌筑高度过高或者砌筑砂浆强度未达到要求时，过早进行墙后填土，导致砌体断裂或倒塌。

(5)墙身断面过小，拉应力超限或基础底面过小，应力超限导致挡墙破坏。

2. 加筋土挡土墙的病害类型及成因分析

加筋土挡土墙是我国近 20 年来广泛应用的挡土墙建设技术，据不完全统计，全国仅交通系统就有近 300 座跨线大中型桥梁的接线工程采用了该项技术。随着时间的推移，在其投入使用 5 至 10 年以后，由于种种原因，各地许多加筋土挡土墙相继出现了不同程度的变形或失稳现象。严重者甚至酿成墙体倾覆、交通断绝、人员伤亡的严重事故。因此，失稳加筋挡土墙的加固问题已不是一般性的路桥养护问题，而是事关公路交通安全的重大工程技术难题。

1)挡土墙失稳或变形特征

据调查，加筋土挡土墙虽然建设的年代不同，但出现问题大多有着共同的特征。

(1)墙体外鼓。这种现象约占 70%，主要有以下两种表现形式。

①弧形外鼓[图 3-9a)]。调查发现，全国现有的加筋土挡土墙运行 5 年以上的，都不同程度地出现了墙体外鼓，路面两侧护栏内倾，且墙体越高，外鼓现象越严重，外鼓位移最大处一般发生在离地面高度的 2/3 处。

②S 形外鼓[图 3-9b)]。这种现象不是孤立存在的，一般伴随着弧形外鼓出现(例如 G104 界河立交桥)，其主要特征是：总体仍属外鼓失稳，但在墙体中下部又出现另一外鼓现象。

(2)墙体外倾[图 3-9c)]。这种现象约占 30%，主要特征是：墙体整体外倾，路边护栏外倾。

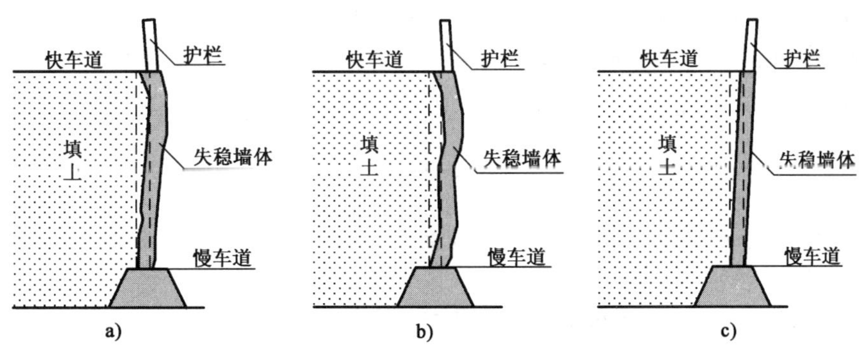

图 3-9　加筋土挡土墙失稳的主要形式

a)挡土墙弧形外鼓；b)挡土墙 S 形外鼓；c)挡土墙外倾

有的加筋挡土墙会出现拉筋与面板脱离，造成墙体面板局部单块滑落现象。所有出现失稳现象的加筋土挡土墙，一般都伴随着路面开裂，严重者裂缝宽度达 5～10mm。路面有无裂缝，是判别墙体是否整体失稳的最主要的特征。

2)挡土墙失稳或变形成因分析

加筋土挡土墙是国内外已广泛应用的成熟技术，我国也制定了相应的设计与施工规范，但为什么加筋土挡土墙在建成初期或运行一定时期后却相继发生了轻微变形以至发展成严重失稳变形，经综合分析，其存在着外在和内在两方面的原因。

(1)外在原因

①我国大规模建设加筋土挡土墙时期，交通流量远不及现在大。例如：滨州黄河大桥1981年以前日交通量平均为3 085辆，到2000年已增至14 890辆；山东省G104界河立交桥建成初期(1989年)，日均交通量为2 168辆，至2000年达到7 645辆，且大型运输车辆增多，超载严重(最大车货总量超过100t)，直接导致路面动荷载剧增，超过了原设计路基的承载能力。

②对于一般车流量很大，动荷载相对较高的路段，墙体变形一般主要受动荷载的影响，出现严重的外倾失稳，造成顶层拉筋断裂、面板脱落。

③施工质量不高，尤其初期填方密实度不够，拉筋松弛或拉筋材料选材不适当甚至不合格老化等，也是造成加筋土挡土墙失稳的不可忽视的外在原因。

(2)内在原因

①车辆动荷载所引起的侧压力沿垂直方向遵从布西涅斯克(Bossinesq)解，即在弹性半空间体上作用一压力，其应力分布是上大下小，而主动土压力是上小下大，二者作用的叠合，即在离地面高度的2/3处形成最大的外推力。而设计拉筋又没设计相对应的匹配强度，因此，墙体外鼓是必然的。这里需要指出的是，外鼓不一定失稳。只要外推力不超过拉筋的抗拉强度，墙体仍可保持相对稳定。而判别挡土墙是否失稳的最明确的外在标准是路面是否开裂及面板是否脱落。

②原加筋土挡土墙的加筋材料为增阻迟缓的柔塑性体，在动荷载作用下增阻速度滞后，不能及时提供阻力以抵御动载对土体的破坏作用。在许多情况下，拉筋失效并非是本身强度不够，而是增阻速度不及动载的增载速度，土体因瞬间变形超限而破坏，从而导致墙体填方失稳。可见，对于加筋土挡土墙，墙体内加筋数量的多少和拉筋强度的高低有时并不代表加筋土挡土墙所具有的强度，拉筋强度设计必须考虑其增阻性能与动载作用的匹配。

③墙体内的填土本身强度很低，建成之时存在着初始塑性变形区，动荷载剧增即可诱发原有塑性区的进一步扩大和发展。随着时间的积累和变形的叠加，即可能在挡土墙内部出现整体和永久性的破坏。

3.坡间挡土墙失稳的基本类型及成因分析

1)坡间挡土墙失稳类型

所谓坡间挡土墙是指半填半挖段的路基挡土墙，一般位于自然边坡的坡面上。它是所有挡土墙结构形式中难度最大、结构最复杂，也是最易失稳的结构形式。

坡间挡土墙失稳类型主要有以下两种。

(1)单纯失稳[图3-10a)]。所谓单纯失稳是指由于填方质量不好，墙体支挡能力不够，路面荷载过大而引起墙体本身的失稳。常见的各类挡土墙失稳大多属于此类情况。

(2)间接失稳[图3-10b)]。此类失稳是指由于坡体滑移导致的墙体基础外移，容易诱发整个墙体倾覆的严重工程事故，这是所有挡土墙事故中最严重的情形。

2)坡间挡土墙失稳主要特征

如图3-10b)所示，坡间挡土墙间接失稳的主要特征表现在以下几点。

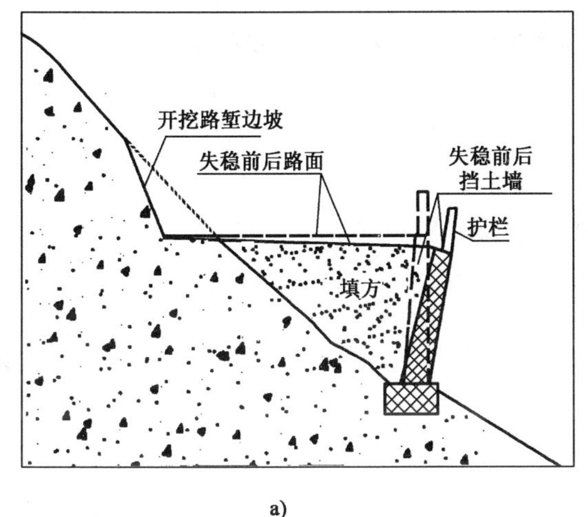

a)

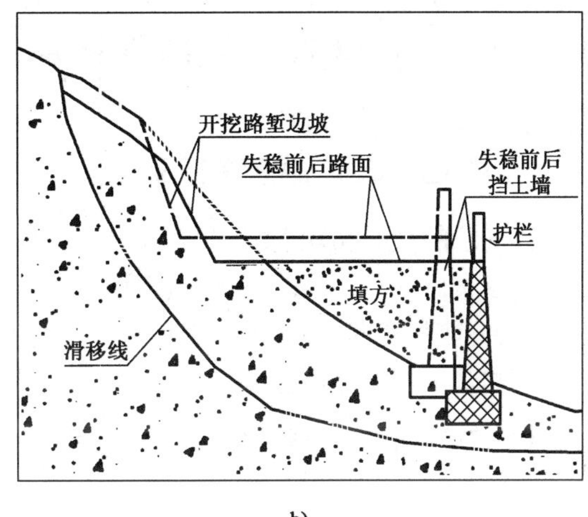

b)

图 3-10 坡间挡土墙失稳类型

a)单纯失稳;b)间接失稳

(1)坡体滑动

这是此类失稳的根源。其特点是由于挡土墙所在原坡体发生滑动,进而导致整个墙体外移失稳。

(2)路面开裂

墙体失稳后,首先可察觉的迹象是路面产生纵向裂纹,严重者甚至可在路面的横断面上形成阶梯状开裂。

(3)发展迅速

前述两个特征与单纯失稳的特征类似,其最大的不同点在于此类失稳发展十分迅速。一般情况下,只要出现迹象,即会在短时间内(不超过一个月)发展成墙体倾覆、交通中断等严重事故,没有足够的后续加固治理时间。对此类事故处理的重点应是预先防止而不是事后治理。

3)坡间挡土墙失稳成因分析

挡土墙是国内外已广泛应用的成熟技术,国内也制定了比较完善的设计与施工技术规范。但坡间挡土墙在施工期间或在运行一个时期以后,仍会频频发生严重的失稳塌方事故。经综合分析,原因如下。

(1)自然原因

①原坡体本身不稳定,即使不扰动,也可能滑塌。又由于勘察工作不详细,没能预先采取有效的预防措施,发生事故是必然和不可避免的。

②由于雨水渗透、采空区的存在及地震等原因也可能诱发坡体滑动。

(2)人为原因

①经过人工挖填后,打破了原来坡体的自然平衡,开挖揭露面可能导致雨水的大量渗入,改变了边坡岩土体的力学特性。

②支挡措施单一。现行的规范,没有对坡间挡土墙提出专门的设计要求,一般只是采用一种单一的设计形式(或加筋土,或锚定板,或重力式),没有根据坡间挡土墙的失稳特点,将挡土墙的施工作为边坡加固的组成部分。常常是单纯侧滑失稳避免了,而更为严重的间接侧滑却发生了。

第四节　特殊地质路基病害类型及成因分析

一、软土地带路基病害特征及成因分析

以饱水的软弱黏性土沉积为主的地区，称为软土地区。软土在我国沿海、沿湖、沿河地带有广泛分布。软土地带的路基，多因地面低洼、降水充足、地下水位高、含水率高、透水性小、压缩性大、抗剪强度低，在填土荷载和行车作用下，容易出现沉降、冰冻膨胀、弹簧、沉陷、滑动、基底向两侧基础淤泥等病害。

(一)软土的定义及类型

1. 软土的定义

软土一般指在静水或缓流水环境中以细颗粒为主的近代黏性沉积土，是一种呈软塑到流塑状态的饱和(或接近饱和)黏性土，习惯上也把工程性质接近淤泥土的黏性土统称为软土。软土地层与泥沼沉积物相比，其形成年代一般比较老，沉积厚度比较大，表面常有可塑的硬壳层。软土地区地表已不再为水所浸漫，但地下水水位仍接近地表。

区分软土与一般黏性土的物理力学性质指标见表 3-1。通常把经生物化学作用形成的、含较多有机物(大于 5%)的软弱黏性土，称为淤泥类土。其中孔隙比大于 1.5 的称为淤泥，孔隙比小于 1.5 大于 1.0 的称为淤泥质土(淤泥质黏土、淤泥质亚黏土)。

划分软土的物理力学性质指标　　表 3-1

指标 土别	含水率 w(%)	孔隙比 e	压缩系数 a_{1-2} (m^2/MN)	饱和度 S_r(%)	内摩擦角 φ(°) (快剪)
黏土	>40	>1.20	>0.5	>95	<5
亚黏土或亚砂土	>30	>0.95	>0.3	>93	<15

2. 软土的类型

我国软土，按其成因可分为四大类，按其沉积环境的不同又可分为七种类型，见表 3-2。

软土的类型及特征　　表 3-2

类型		厚度(m)	特征	分布概况
滨海沉积	滨海相	60~200	面积广，厚度大，常夹有砂层，极疏松，透水性较强，易于压缩固结	沿海地区
	三角洲相	5~60	分选性差，结构不稳定，粉砂薄层多，有交错层理，不规则尖灭层及透镜体	
	泻湖相	2~60	颗粒极细，孔隙比大，强度低，常夹有薄层泥炭	
	溺谷相	—	颗粒极细，孔隙比大，结构疏松，含水率高，分布范围较窄	
湖泊沉积	湖相	5~25	粉土颗粒占主要成分，层理均匀清晰，泥炭层多是透镜体状，但分布不多，表层多有小于 5m 的硬壳	洞庭湖、太湖、鄱阳湖、洪泽湖周边

续上表

类　型		厚度(m)	特　征	分布概况
河滩沉积	河床相 河漫滩相 牛轭湖相	<40	成层情况不均匀，以淤泥及软黏土为主，含砂与泥炭夹层	长江中下游、珠江下游及河口、淮河平原、松辽平原
谷地沉积	谷地相	<10	呈片状、带状分布，靠山浅、谷中心深，谷底有较大的横向波，颗粒由山前到谷中心逐渐变细	西南、南方山区或丘陵区

(二)软土的工程特性与路基病害

1.软土地基工程特性

软土包括饱水的软弱黏性土和淤泥，主要由矿物颗粒组成，有机质含量通常小于10%。软土的工程性质主要取决于颗粒组成、有机质含量、土的结构、孔隙比及天然含水率。

软土地基的共同特性是：天然含水率 w 高，最小为30%～40%，最大可达200%；孔隙比 e 大，最小为0.8～1.2，最大可达5；快剪内摩擦角 φ 小，最大为5°～15°，最小可接近0°；黏聚力 C 小，最大为12～20kPa，最小为2kPa；压缩系数 a 大，一般大于0.3～0.5$\mathrm{m^2/MN}$；渗透系数 k 小，一般小于1×10^{-6}cm/s；灵敏度高，在2～10之间，灵敏度很高的软土一经扰动强度降低很多。

2.软土地区路基病害类型

修建在软土地基上的路堤，要考虑稳定和沉降两方面的问题。

(1)路堤在施工过程中和完工后，在路堤填筑荷载作用下，可能引起软土地基滑动破坏。

(2)软土地基压缩性大，透水性差，如不采取加速固结措施，在路堤荷载作用下，要经过很长时间才能完成主固结。因此，沉降量大而时间又长，工后剩余沉降量控制超过路面的容许变形范围。

二、膨胀土路基病害特征及成因分析

膨胀土对工程建筑的危害几乎是无所不包的，而且变形破坏具有多次反复性。在膨胀土地区，房屋建筑常普遍出现开裂变形；铁路路基边坡常大量出现坍方、滑坡，有“逢堑必滑，无堤不坍”之说；公路路面常大段出现很大幅度的、随季节变化的波浪变形。

(一)膨胀土的定义及分类

1.膨胀土的定义及分布

膨胀土系指黏粒成分主要由强亲水性矿物组成，具有显著湿胀干缩和反复湿胀干缩性质的特殊黏性土。膨胀土具有显著湿胀干缩和反复湿胀干缩性质的原因：一是土中含有较多的黏粒，而黏粒中又含有较多亲水性较强的蒙脱石或伊利石；二是具有特殊的膨胀结构。膨胀土不仅具有显著的湿胀干缩和反复湿胀干缩的性质，而且具有多裂隙性、超固结性及强度衰减性等特殊性质。因此，膨胀土有别于一般黏性土。

我国是世界上膨胀土分布面积最广的国家之一，先后发现膨胀土危害的省(自治区、直辖市)已达20余个。尤其在北京—西安—成都线东南的广大区域内，膨胀土分布最普遍，并主要集中分布在珠江、长江中下游、黄河中下游以及淮河、海河流域的广大平原、盆地、河谷阶地、河间地块以及平缓丘陵地带。膨胀土常呈地毯式大面积覆盖于地表或地表下浅层，与筑路关系极为密切。

2. 膨胀土的工程地质分类

根据膨胀土的胀缩强弱与工程性质，将膨胀土划分为三类，见表 3-3。

膨胀土工程地质分类 表 3-3

膨胀土类别	野外地质特征	主要黏土矿物成分	小于 0.005mm 黏粒含量（%）	自由膨胀率（%）	线总胀缩率（%）
强膨胀土	灰白色、灰绿色，黏土细腻，滑感特强，网状裂隙极发育，易风化呈细粒状，鳞片状	蒙脱石为主	＞50	＞80	＞4
中等膨胀土	以棕、红、灰色为主，黏土中含少量粉砂，滑感较强，裂隙较发育，易风化呈碎粒状，含钙质结核	蒙脱石、伊利石	35～50	55～80	2～4
弱膨胀土	黄、褐色为主，黏土中含较多粉砂，有滑感，裂隙发育，易风化呈碎粒状，含较多钙质或铁锰结核	伊利石、蒙脱石、高岭石	＜35	30～55	0.7～2

（二）膨胀土的工程特性与路基病害

1. 膨胀土的工程特性

1）胀缩性

膨胀土吸水体积膨胀，使其上建筑物隆起，如膨胀受阻即产生膨胀力；失水体积收缩，造成土体开裂，并使其上建筑物下沉。膨胀土在缩限与胀限含水率的收缩量与膨胀量，称为极限胀缩潜势。土中有效蒙脱石含量越多，胀缩潜势越大，膨胀力越大。土的初始含水率越低，膨胀量与膨胀力越大。击实土的膨胀性远比原状土为大，密实度越高，膨胀量与膨胀力越大。

2）崩解性

膨胀土浸水后体积膨胀，在无侧限条件下则发生吸水湿化。不同类型的膨胀土其崩解性是不一样的，强膨胀土浸入水中后，几分钟内很快就完全崩解；弱膨胀土浸入水中后，则需经过较长时间才逐步崩解，且有的崩解不完全。此外，膨胀土的崩解特性还与试样的起始湿度有关，一般干燥土试样崩解迅速且较完全，潮湿土试样崩解缓慢且不完全。

3）多裂隙性

膨胀土中的裂隙，主要可分垂直裂隙、水平裂隙与斜交裂隙三种类型。这些裂隙将土体层层分割成具有一定几何形态的块体，如棱块状、短柱状等，破坏了土体的完整性。裂隙面光滑有擦痕，且大多充填有灰白或灰绿色黏土薄膜、条带或斑块，其矿物成分主要为蒙脱石，有很强的亲水性，具有软化土体强度的显著特性。膨胀土路基边坡的破坏，大多与土中裂隙有关，且滑动面的形成主要受裂隙软弱结构面所控制。

4）超固结性

膨胀土大多具有超固结性，天然孔隙比较小，干密度较大，初始结构强度较高。超固结膨胀土路基开挖后，将产生土体超固结应力释放，边坡与路基面出现卸荷膨胀，并常在坡脚形成应力集中区和较大的塑性区，使边坡容易破坏。

5)风化特性

膨胀土受气候因素影响，极易产生风化破坏作用。路基开挖后，土体在风化作用下，很快会产生碎裂、剥落和泥化等现象，使土体结构破坏，强度降低。

6)强度衰减性

膨胀土的抗剪强度为典型的变动强度，具有峰值强度极高、残余强度极低的特性。由于膨胀土的超固结性，其初期强度极高，一般现场开挖都很困难。然而，由于土中蒙脱石矿物的强亲水性以及多裂隙结构，随着土受胀缩效应和风化作用的时间增加，抗剪强度将大幅度衰减。强度衰减的幅度和速度，除与土的物质组成、土的结构和状态有关外，还与风化作用特别是胀缩效应的强弱有关。

2. 膨胀土地区的路基病害

1)路面—土基病害

(1)波浪变形

设计不好的路基路面，由于路幅内土基含水率的不均匀变化，引起土体的不均匀胀缩，易产生幅度很大的横向波浪形变形。这种变形随季节和年度而变化。

(2)溅浆冒泥

雨季路面渗水，土基受水浸并软化，在行车荷载作用下，形成泥浆，挤入粒料基层，并沿路面裂缝、伸缩缝溅浆冒泥。路面溅浆冒泥多在雨季发生，如有地下水浸湿路基时，亦可在其他季节发生。

2)路堑病害

(1)剥落

剥落是路堑边坡表层受物理风化作用，使土块碎解成细粒状、鳞片状，在重力作用下沿坡面滚落的现象。剥落主要发生在旱季，旱季愈长，蒸发愈强烈，剥落愈严重。一般强膨胀土较弱膨胀土剥落更甚，阳坡比阴坡剥落要严重。

(2)冲蚀

冲蚀是坡面松散土层在降雨或地表径流的集中水流冲刷侵蚀作用下，沿坡面形成沟状冲蚀的现象。冲蚀沟深0.1～0.5m，深者可达1.0m。冲蚀的发展使边坡变得支离破碎。冲蚀主要发生在雨季，特别是大雨或暴雨季节。冲蚀既破坏了坡面的完整性，也不利于植物的生长。

(3)泥流

泥流是坡面松散土粒与坡脚剥落堆积物在雨季被水流裹带搬运形成的。一般在膨胀土长大坡面、风化剥落严重且地表径流集中处最易形成。泥流常造成边沟或涵洞堵塞，严重者可冲毁路基、淹埋路面。

(4)溜塌

边坡表层强风化层内的土体，吸水过饱和，在重力与渗透压力作用下，沿坡面向下产生塑流状塌移的现象，称为溜塌。溜塌是膨胀土边坡表层最普遍的一种病害，常发生在雨季，与降雨稍有滞后关系，可在边坡的任何部位发生，与边坡坡度无关。

(5)坍滑

边坡浅层膨胀土体，在湿胀干缩效应与内化作用影响下，由于裂隙切割以及水的作用，土体强度衰减，丧失稳定，沿一定滑面整体滑移并伴有局部坍落的现象，称为坍滑。坍滑常发生在雨季，并较降雨稍有滞后。滑面清晰且有擦痕，滑体裂隙密布，多在坡脚或软弱的夹层处滑出，破裂面上陡下缓，滑面含水富集，明显高于滑体。坍滑若继续发展，可牵引形成滑坡。

(6)滑坡

滑坡具有弧形外貌，有明显的滑床。滑床后壁陡直，前缘比较平缓，主要受裂隙控制。滑坡多呈牵引式出现，具叠瓦状，成群发生。滑体呈纵长式，有的滑坡从坡脚可一直牵引到边坡顶部，有很大的破坏性。滑体厚度大多具有浅层性，一般为 1.0～3.0m，多数小于 6.0m，与大气风化作用层深度密切相关。膨胀土滑坡主要与土的类型和土体结构关系密切，与边坡的高度和坡度并无明显关系。

3)路堤病害

(1)沉陷

膨胀土初期结构强度较高，在施工时不易被粉碎，亦不易被压实。在路堤填筑后，由于大气物理风化作用和湿胀干缩效应，土块崩解，在上部路面、路基自重与汽车荷载的作用下，路堤易产生不均匀下沉，如伴随有软化挤出则可产生很大的沉陷量。路堤愈高，沉陷量愈大，沉陷愈普遍，尤以桥头填土的不均匀下沉更为严重。

(2)纵裂

路肩部位常因机械碾压不到，使填土达不到要求的密实度，因而后期沉降相对较大。同时，因路肩临空，对大气物理作用特别敏感，干湿交替频繁，肩部土体失水收缩远大于堤身，故在路肩顺路线方向常产生纵向开裂，形成长数十米甚至上百米的张开裂缝。缝宽 2～4cm，大多距路肩外缘 0.5～1.0m。

(3)坍肩

路堤肩部土体压实不够，又处于两面临空部位，易受风化影响使强度衰减。当有雨水渗入时，特别是当有路肩纵向裂缝时，容易产生坍塌。塌壁高多在 1m 以内，严重者大于 1m。

(4)坍滑

膨胀土路堤填筑后，边坡表层与内部填土的初期强度基本一致。但是随着通车时间的延续，路堤经受几个干湿季节的反复收缩与膨胀作用后，表层填土风化加剧，裂隙发展，当有水渗入时，膨胀软化，强度降低，导致边坡坍滑发生。

(5)滑坡

路堤滑坡与填筑膨胀土的类别、性质、填筑质量以及基底条件等有关。若用灰白色强膨胀土填筑堤身，则形成人为的软弱面(带)；填筑质量差，土块未按要求打碎；基底有水或淤泥未清除，处理不彻底；边坡防护工程施工不及时；边坡表层破坏未及时整治等，都有可能产生滑坡。因此，膨胀土路堤有从堤身滑动的，也有从基底滑动的。

三、岩溶地区路基病害特征及成因分析

石灰岩等可溶性岩层，在流水的长期化学作用和机械作用下，产生的特殊地貌形态和水文地质现象，统称为岩溶。我国可溶岩分布面积占整个国土面积的 1/3，是世界上岩溶塌陷发育最广泛的国家之一。据初步统计，有 22 个省区发生过岩溶塌陷灾害，其中尤以南方的桂、黔、湘、川、赣、滇、鄂等省区最为严重，面积达 56 万 km^2，北方的冀、鲁、辽等省也发生过严重的岩

溶塌陷灾害。其中山东省现有岩溶地面塌陷 22 处，塌陷坑 400 个以上。鲁中、鲁南为潜在岩溶塌陷区。岩溶塌陷发育的广泛性与危害性，已引起国际社会的普遍关注，如何有效减轻岩溶塌陷地质灾害已成为国内外学者和工程界的一项艰巨任务。

(一)常见的岩溶形态及基本特征

岩溶的形态类型很多，有石芽和溶沟，溶蚀裂隙、漏斗、溶蚀洼地，坡立谷和溶蚀平原，溶蚀残丘、孤峰和峰林，槽谷、落水洞、竖井、溶洞、暗河、天生桥、岩溶湖、岩溶泉以及土洞等。岩溶形态虽然多种多样，但在一定的地质和水文地质条件下，相互间存在着密切的内在联系，形成不同的地貌组合形态。

岩溶塌陷有单体形态也有群体组合；岩溶塌陷的发育程度及规模很不规律；岩溶塌陷存在伴生现象；岩溶塌陷发展具有时空动态持续性、阶段性。按塌陷的形成可分为自然塌陷和人类活动诱发的塌陷。

(二)岩溶塌陷的形成机制

碳酸盐岩的岩溶发育程度及分布特征、第四系隐伏岩溶区、水文地质特征及岩溶现象是岩溶塌陷、形成的三个关键条件。岩溶塌陷的发育过程如图 3-11 所示。

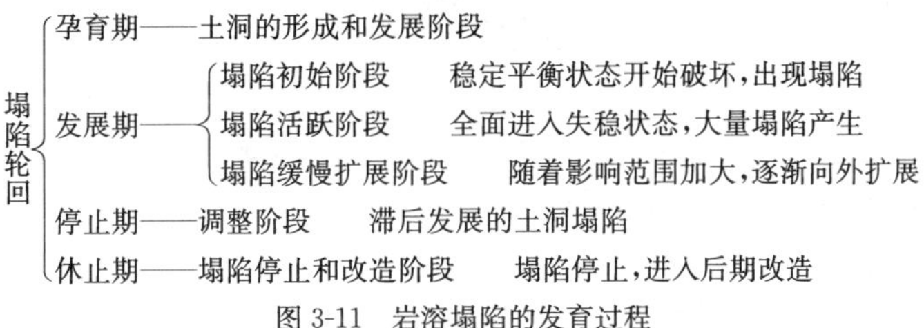

图 3-11　岩溶塌陷的发育过程

岩溶塌陷的形成机制是指由隐伏岩溶洞隙的岩、土体覆盖层及赋存其中的水、气所组成的综合体系，由外动力变化而产生的各种破坏其稳定状态的力学效应。岩溶塌陷是岩溶、盖层、水构成的系统在各种因素影响下表现出来的系统失稳过程在地表的宏观表现。岩溶塌陷的产生是十分复杂的系统过程，不同的空间位置、地质环境、影响因素所起的作用各不相同，并与人为活动的强度大小密切相关；加之地质体本身的非均匀性、不确定性和人类活动的多变性的影响，难以准确定出岩溶塌陷的边界条件，并且，对不同地点的地质环境的初始条件和边界条件，难以在事前准确地确定和提取。

形成机制的主要效应有：①岩溶地下水位下降造成的失托加荷效应；②水流渗透潜蚀效应；③地下水位波动的散解效应；④负压吸蚀效应；⑤由于岩溶管道中的地下水流处于不稳定状态，管道中充填物的堵塞冲决，使水流速度突然变化产生的水击效应；⑥埋藏较浅的松散饱水的粉细砂、轻亚黏土层或其他碎屑物质的震动液化效应；⑦地表水浸泡的软化增荷效应；⑧振动冲击加荷效应。

在一个塌陷区内上述各个机制都可能存在，一个塌陷的形成往往是多种机制综合作用的结果。此外，在塌陷的形成过程中，其机制也往往发生变化，如抽排水塌陷，当地下水位降低到基岩面以上时，主要是失托加荷和渗透潜蚀效应；当水位降低到基岩面以下时，水气压力变化产生的效应可能更为重要。

(三)岩溶地区公路路基工程的主要病害特征

(1)由于地下岩溶水的活动,或因地面水的消水洞穴阻塞,导致路基基底冒水、水淹路基、水冲路基以及隧道涌水等病害。

(2)由于地下洞穴顶板的坍塌,引起位于其上的路基及其附属构造物发生坍塌、下沉或开裂。

因此,在岩溶地区修建公路,应全面了解路线通过地带岩溶发育的程度和岩溶形态的空间分布规律,以便充分利用某些可以利用的岩溶形态,避让或防治影响路基稳定的岩溶病害。

四、盐渍土、盐湖地区路基病害特征及成因分析

盐渍土在我国分布面积较广,新疆、青海、甘肃、内蒙、宁夏等省(区)分布较多,陕西、辽宁、吉林、黑龙江、河北、河南、山东、江苏等省也有分布。

(一)盐渍土的分类

1. 按盐渍土的形成条件分类

1)盐土

以含有氯盐及硫酸盐为主的盐渍土称为盐土。

2)碱土

碱土的特点是在表土层中含有较多的碳酸钠和重碳酸钠,不含或仅含微量的其他易溶盐类,黏土胶体部分为吸附性钠离子所饱和。

3)胶碱土(龟裂黏土)

胶碱土生成于荒漠或半荒漠地形低洼处,大部分是黏性土或粉性土,表面平坦,不长植物。

2. 按盐渍土的含盐性质分类(表 3-4)

3. 按盐渍土的盐渍化程度分类(表 3-5)

盐渍土按含盐性质分类表 表 3-4

编　号	盐渍土名称	Cl^-/SO_4^{2-}	$CO_3^{2-}+HCO_3^-/Cl^-+SO_4^{2-}$
1	氯盐渍土	—	>2
2	亚氯盐渍土	—	2～1
3	亚硫酸盐渍土	—	1～0.3
4	硫酸盐渍土	—	<0.3
5	碳酸盐渍土	>0.3	—

注:离子的含量以 100g 干土内的 mg 当量计。

盐渍土按盐渍化程度分类表 表 3-5

编　号	盐渍土名称	土层的平均含盐量	
		氯盐渍土及亚氯盐渍土	硫酸盐渍土及亚硫酸盐渍土
1	弱盐渍土	0.3～1	0.3～0.5
2	中盐渍土	1～5	0.5～2
3	强盐渍土	5～8	2～5
4	过盐渍土	>8	>5

注:含盐量以 100g 干土内的含盐总量计。

4. 盐渍土的工程性质与路基病害

1)盐渍土的基本工程性质

盐渍土的基本工程性质见表 3-6。

盐渍土基本工程性质　　表 3-6

盐渍土的种类	基本工程性质			
	密　度	液限与塑限	强度与水稳性	盐胀与膨胀
氯盐渍土	盐类晶体填充在土的孔隙中,能使土的密度"增加",但这种"增加"是不稳定的,土湿化后,盐类被溶解,土的密度降低	随含盐量的增大而减小,最佳含水率亦随含盐量的增加而降低,故可在较低的含水率情况下,有效地进行土的压实	1. 在潮湿状况下,强度随含盐量的增加而降低,可在较小的含水率时达到液性和塑性状态,湿化作用相同时,比非盐渍土能更快和更大地丧失其稳定性; 2. 干燥状态时,有黏固性,盐渍土的强度高于非盐渍土	盐分结晶时,体积不变化,不产生盐胀作用
硫酸盐渍土	密度随含盐量的增加而降低,当其含盐量接近2%时,密度就显著下降	随含盐量的增加而增大	1. 潮湿状况下,强度随含盐量的增加而降低; 2. 干燥时,盐分对土的黏固性作用很小	1. 体积随温度显著变化,盐胀作用严重,造成土体表层结构破坏和疏松; 2. 盐胀作用所涉及的深度远较冻深为大
碳酸盐渍土	密度随含盐量的增加而降低,当其含盐量超过0.5%时,路基密度便显著降低	随含盐量的增加而增大	1. 潮湿情况下,钠离子在黏土颗粒周围形成较厚的结合水膜,使土体膨胀,强度下降; 2. 在干燥状态时,黏固性大	受水后,膨胀作用最严重,能增加黏土的塑性和黏附性,使渗透系数变小

盐渍土的工程性质随易溶盐的种类和含盐量的大小而变化,也随水温条件的改变而变化。

2)盐渍土路基的主要病害

(1)溶蚀

主要是氯盐渍土,其次是硫酸盐渍土,受水作用土中盐分溶解,可形成雨沟、洞穴,甚至湿陷、坍陷等路基病害。

(2)盐胀

硫酸盐渍土盐胀作用强烈。在冷季,土基内的盐胀,可使路面不平、鼓仓、开裂,是盐渍土地区公路最突出的病害;路基边坡及路肩表层,在昼夜温度变化所引起的盐胀反复作用下,变得疏松、多孔,易遭风蚀,并易陷车。

(3)冻胀

氯盐渍土,当含盐量在一定范围内时,由于冰点降低、水分聚流时间加长,可加重冻胀。但含盐量更多时,由于冰点降低多,路基将不冻结或减少冻结,从而不产生冻胀或只产生轻冻胀。

硫酸盐渍土对冻胀具有和氯盐渍土类似的作用,但冰点降低不如氯盐渍土多,因此影响不如氯盐渍土显著。

碳酸盐渍土由于透水性差,可减轻冻胀。

(4)翻浆

氯盐渍土,当含盐量在一定范围内时,不仅可加重冻胀,也可加重翻浆,这是因为氯盐渍土不仅聚冰多,而且液、塑限低,蒸发缓慢。当含盐量更多时,也因不冻结或减少冻结而不翻浆或减轻翻浆。

硫酸盐渍土,在降低冰点方面,其作用和氯盐渍土类似,因此,也可加重翻浆,但不如氯盐渍土显著。春融时结晶硫酸钠脱水可起加重翻浆的作用。

碳酸盐渍土由于透水性差,可减轻冻胀,也可减轻翻浆。

五、黄土地区路基病害特征及成因分析

黄土是第四纪的一种特殊堆积物。其主要特征为:颜色以黄色为主,还有灰黄、褐黄等色;含有大量粉粒,一般在55%以上;具有肉眼可见的大孔隙,孔隙比在1左右;富含碳酸钙成分及其结核;无层理,垂直节理发育;具有湿陷性和易溶蚀、易冲刷、各向异性等工程特性。上述特征和特性,导致黄土地区的路基容易产生多种特有的问题和病害。

我国黄土广泛分布于北纬34°~45°之间的干旱和半干旱区内,而以黄土高原的黄土分布最为集中、黄土沉积最为典型。黄土高原的范围是太行山以西、日月山以东、秦岭以北、长城以南,包括青海、甘肃、宁夏、陕西、山西、河南等省(区)的一部分或大部分,总面积为35.85万km^2。

(一)黄土的分类与工程特性

1. 黄土的工程分类

根据黄土沉积地质年代的不同,将黄土分为新黄土、老黄土及红色黄土三类;新黄土根据成因不同,可再分为亚类,见表3-7。

黄土工程分类表 表3-7

分类名称	地层名称	地质符号	地质年代	按成因划分亚类
新黄土	—	Q_{IV}	全新世(近代)	1.风积; 2.冲积或洪积; 3.坡积
	马兰黄土	Q_{III}	晚更新世(新第四纪)	
老黄土	离石黄土上部	Q_{II}^2	中更新世(中第四纪)	不分
	离石黄土下部	Q_{II}^1	早更新世(老第四纪)	
红色黄土	午城黄土	Q_I	—	

2. 黄土的工程特性

1)黄土的结构与构造

(1)黄土的结构

黄土的颗粒组成以粉粒为主,可达55%以上,其中粗粉粒(0.01~0.05mm)含量又大于细粉粒(0.005~0.01mm)的含量。黄土中的黏粒,大部分被胶结成集粒或附在砂粒及粗粉粒的表面。黄土中的粉粒和集粒共同构成了支承结构的骨架。较大的砂粒则“浮”在结构体中,由于排列比较疏松,接触连接点较少,构成一定数量的架空孔隙,而在接触连接处没有或只有少量胶结物质。

(2)黄土的多孔隙性

黄土结构中的孔隙可分为三类。

①大孔隙是肉眼可见的、直径约0.5～1.0mm的孔道。

②细孔隙是架空结构中大颗粒的粒间孔隙，肉眼看不见，可在双目放大镜下观察。

③毛细孔隙由大颗粒与附在其表面上的小颗粒所形成的粒间孔隙，肉眼更看不见。

这三种孔隙形成了黄土的高孔隙度，故又称黄土为“大孔土”。

黄土的孔隙率变化在35%～60%之间，有沿深度逐渐减少的趋势。

(3)黄土的节理

新黄土中原生柱状垂直节理发育，未发现有构造节理。老黄土中普遍发育有斜节理，属构造节理。节理特别是构造节理，对路基边坡稳定带起控制作用，对黄土冲沟的发育和黄土暗穴的形成也常起控制作用。

2)黄土的水理特性

(1)渗水性

由于黄土具有大孔隙及垂直节理等特殊构造，故其垂直方向的渗透性较水平方向为大。黄土经压实后大孔构造被破坏，其透水性也大大降低。此外，黏粒的含量也会影响黄土的渗透性。黏粒含量较多的埋藏土及红色黄土经常成为透水不良或不透水的土层。

(2)收缩和膨胀

黄土遇水膨胀，干燥后又收缩，多次反复容易形成裂缝及剥落。由于黄土在堆积过程中，土的自重作用使粉粒在垂直方向的粒间距离变小，所以具有天然湿度的黄土在干燥后，水平方向的收缩量比垂直方向的收缩大，一般大50%～100%。

(3)崩解性

各类黄土的崩解性相差很大，新黄土浸入水中后，很快就全部崩解；老黄土则要经过一段时间才全部崩解；红色黄土浸水后基本不崩解。

3)黄土的力学特性

(1)黄土的抗剪强度

原状黄土的各向异性：由于垂直节理及大孔隙的存在，原状黄土的强度随方向而异，黄土水平方向的强度一般较大，45°方向强度居中，垂直方向强度最小。但是，冲积、洪积黄土则因存在有水平层理的关系，则以水平方向强度为最低，垂直方向强度最大，45°方向仍居中。

原状黄土抗剪强度的峰值和残值差值较大，是黄土地区多崩塌性滑坡和高速滑坡的重要原因。

(2)黄土的湿陷性

黄土浸水后在外荷载或土自重的作用下发生的下沉现象，称为湿陷。

湿陷性黄土又可分为自重湿陷与非自重湿陷两类。自重湿陷是指土层浸水后仅仅由于土的自重发生的湿陷；非自重湿陷是指土层浸水后，由于土自重及附加压力的共同作用而发生的湿陷。

(二)黄土地区病害特征

1.路堤病害

黄土具有疏松、湿陷及遇水崩解、膨胀、堤身的压实质量差等特性，其病害表现如下。

1)路堤下沉

工后下沉比较普遍、严重，是黄土高路堤的主要病害。

2)路基陷穴

黄土经水的冲蚀与溶蚀，形成的暗沟、暗洞、暗穴等统称陷穴。在自重湿陷性黄土分布地区，由于降雨或灌溉，在路侧形成积水，持续下渗，使湿陷性土层发生湿陷，在地表形成平面为圆形或椭圆形的碟形湿陷坑。在湿陷坑范围内的路基、路面、桥涵、挡土墙随之发生沉陷，形成变形、开裂等破坏。

3)边坡

用老黄土填筑的高路堤，在多雨地区，路肩和坡面易产生滑坍，坡面易被水流拉成沟槽。

4)边沟

水流冲深、蚀宽。

2. 路堑边坡病害

黄土路堑边坡变形的类型有：剥落、冲刷、滑坍、崩坍、流泥等五种。前两种是属于坡面破坏，后三种是属于坡体破坏。变形类型及影响因素见表 3-8。

黄土挖方边坡变形的类型和影响因素 表 3-8

分类	破坏类型	破坏形态	影响边坡变形的因素
坡面破坏	剥落	片状、层状、鱼鳞状等	剥落与边坡所处的位置、土质、易溶盐含量有关。一般阳坡比阴坡剥落要严重；黏粒含量多的土易剥落；易溶盐含量愈大，剥落愈严重；易溶盐含量在 0.12%以下时，边坡剥落现象较少
	冲刷	沟状、洞穴状等	1. 土质：土质松散，层次明显的冲积黄土； 2. 降雨量：降雨量大，暴雨集中； 3. 微地貌：坡顶有倾向路线的斜坡，易于形成地表径流的低洼地，汇水面积在 150m^2 以上； 4. 边坡坡度：边坡坡度缓于 1∶0.75 时，最易引起冲刷；当缓于 1∶1，则边坡冲刷减少； 5. 边坡形式：设有台阶的边坡，其排水处理不当
坡体破坏	滑坍	构造性顺层滑坍，破坏面多为直线	自然山坡具有倾向于路线的构造层理面或不整合面，由于不正确地开挖边坡，破坏坡面的极限平衡条件，使土体沿着构造面下滑
		崩坍～滑坍破坏面为上陡下缓	1. 水文地质：降水渗入坡体，使黄土的碳酸盐及可溶盐类溶失，导致强度的降低，黄土与下卧黏土层、软质岩层的接触面，经层间水浸湿后，很容易产生滑坍； 2. 地面水：由于降水下渗，并不断往下冲蚀，使黄土裂缝加深扩大，致使边坡发生突然破坏。其破坏机理大致为上部沿着垂直裂隙断裂，下部受到附加推力作用而滑动。这是黄土路堑边坡常见的一种破坏类型
	崩坍	破坏面与节理面一致	1. 构造节理发育； 2. 冻融循环的影响； 3. 边坡过陡； 4. 地震的影响； 5. 由于排水处理不当而浸湿坡脚或人为开挖而破坏坡脚
	流泥	塑流	斜坡上的黄土，当土质松散，且有渗水性较小的下卧层时，土体在地下水或在地下水与地面水的浸湿下，使土体饱和，形成塑性流动

第五节　小桥涵设施的病害类型及成因分析

由于水的冲刷和风化，人为造成不同程度的损坏，小桥涵多数存在不同程度的病害，如裂缝、漏水、侵蚀、翼墙倾斜、沉陷等，损坏率是相当高的。因此，对小桥涵损坏及其防治应予高度重视。

一、桥面破损类型及成因

（一）桥面铺装层的破损

（1）设计的沥青混凝土桥面铺装太薄（一般为 5cm，有的甚至更薄）。

（2）交通量和重车、超载车辆的大幅度增加。

（3）桥头路基下沉、不设桥头搭板、搭板设置的长度和坡度不合适、桥面接缝处开裂等原因，造成桥面凸凹不平，在车辆荷载反复的作用下导致桥面铺装的破坏。

（4）施工中桥面铺装厚度不均或不足，导致沥青混凝土铺装的开裂破损。

（5）桥面铺装现浇混凝土厚度太薄（极个别的还存在无现浇混凝土铺装层的情况），与桥面板不能很好的结合共同受力，开裂并反射到桥面，导致沥青混凝土铺装的开裂破损。

（二）桥面伸缩缝的严重破坏

（1）施工质量不好，桥面接缝处不平整，在车辆荷载的反复作用下，加速了伸缩缝的破坏。

（2）伸缩缝处的刚度要远远低于两边混凝土梁的刚度，行车过程中要经受严重的冲击作用，当有重车高速行驶时，对桥面接缝的损害尤为严重。

（3）桥面接缝装置需承受反复的垂直剪切作用和反复的弯曲作用，从而导致伸缩缝由于经不起疲劳的考验而破坏。

（4）桥面渗水，尤其在东北地区，除雪的盐水通过接缝处渗入伸缩缝内部进而造成伸缩缝的橡胶板的老化、桥面连续钢筋和梁端及支座的腐蚀和破坏。

（5）普通公路车道一般为对向行驶，伸缩缝承受双向水平力，经受反复双向受力不均荷载冲击作用下，固定伸缩缝的螺栓顶部的螺帽经常受轮胎的作用向受力较大的方向旋转，导致螺栓脱落，橡胶板也松动脱落。

（三）桥面板的破损

（1）由于设计和施工等原因，导致梁板钢筋保护层不足或厚度不均，造成梁板混凝土保护层剥落，钢筋外露、锈蚀。

（2）由于桥面防水不善，桥面水尤其是含盐分的水通过铰缝渗到梁底，导致混凝土受盐腐蚀而酥裂、剥蚀。

（3）由于设计和施工等原因，结构抗剪强度不足，结构本身出现裂缝。

（4）由于与外部环境的冷热交替，干湿变化导致混凝土保护层龟裂。

（5）梁板施工质量不好，钢筋保护层不足，混凝土振捣不密实，造成混凝土强度不足，梁板表面混凝土龟裂、剥落。

(6)对于带翼缘的空心板,翼缘间混凝土现浇带的钢筋构造不完善,施工质量不好,造成梁板间的现浇铰缝混凝土不密实。同时,翼缘板太薄,刚度较小,上部活载反复作用下,翼缘板变形导致混凝土现浇缝的开裂和混凝土剥落,铰缝开裂。因而降低了梁板间的连接刚度,单块板承担的荷载加大,导致梁板强度不足而开裂。同时,铰缝开裂,使桥面水沿铰缝渗下,加快了对梁板的腐蚀。

二、桥台病害类型特征及成因分析

桥台损坏情况有以下四种。

1.八字翼墙前倾,严重的发生倒坍

桥涵基础埋置深度不够,墩台经常发生冻胀,会导致块石间结合不好;再加上洪水到来时,基础的冲刷,导致基础淘空,使墩台发生位移。墙基回填土土质差,施工时未按要求进行夯实,导致施工后八字墙即前倾错缝。

2.台身水平方向的横向裂缝

大部分在墙高的二分之一到三分之二处,有的已发生明显的断裂,甚至形成错台,桥台前倾欲倒。其原因较为复杂,主要有行车荷载、台背土压力以及路面基层、底基层膨胀推力等原因。

3.台身的竖向裂缝

竖向裂缝多在一字墙断面削弱处,影响行车安全,其原因是桥台水泥混凝土收缩或基础下沉所致。

4.台后填土被洪水冲刷导致桥坍台毁

主要由于桥涵的孔径和位置不适当。孔径较小,在洪水到来之际满足不了正常排水的需要,冲毁路基,推走桥面;或是上游有漂浮物,堵塞入水口,也会推走桥体。桥涵位置不适当,导致一侧墩台侧面斜对着河道,水流直冲墩台,这一侧的台后路基被水掏空;或桥台受水冲击直接发生位移甚至倒塌;或桥台发生水平以及竖直断裂,发生水毁。

三、桥面板单板受力特征及成因分析

单板受力,顾名思义就是桥梁的单个板承受荷载,使每单个板的承载力大幅增加,从而加速梁板的损坏。其主因就是梁板之间的铰缝损坏,使梁板之间的横向联系被破坏,导致单板受力。小桥涵产生这种病害的原因主要有下列三点。

(1)车辆超载严重,大大超过桥梁设计的车辆荷载;同时,超重车辆荷载长期冲击也是引导原因。

(2)在超重车辆荷载的冲击作用下,铰缝混凝土和铺装混凝土产生微裂缝,加之铺装混凝土的防水性能较差,雨水和雪水的渗透、浸泡、软化、冻胀等作用加速了上述病害的产生速度和程度。

(3)施工中存在一定的质量问题(部分铰缝稍宽、部分铰缝以木条充填等),运营对象与设计之间的矛盾未能妥善处理,也是产生上述病害的因素之一。

四、桥头搭板底脱空特征及成因分析

1. 病害对面板的影响

由于水泥混凝土面板，其抗压强度高，而抗折强度低，加上对超载敏感，一旦板底脱空，致使路基形成不均匀支撑，从而破坏了混凝土面板与路基的连接状态，使地基上弹性薄板受力模式变成悬臂薄板的受力模式，在车辆荷载的作用下，过早地产生断裂。这种断裂是不规则的，养护上较难处理，这样就加快了雨水的侵入，加大脱空面积和深度，进而使断裂增加，这样反复作用，最终导致面板严重破碎。

2. 病害形成原因及影响

(1)路基密实度不足，尤其是高填方路段，由于路基填筑材料的不均匀性，造成工后沉降也不均匀，从而形成板底脱空。

(2)接缝养护不及时，导致雨雪水侵入路基，在车辆荷载作用下，形成唧浆或唧泥冲刷，致使板底下的路基材料不断减少，进而形成脱空。

(3)在车辆荷载尤其是超载车辆的作用下，面板受垂直荷载的作用，不断地对板底路基进行补充压实，最后形成脱空。

(4)填石路堤没有振动夯实，在外界因素作用下，形成脱空。

五、桥头跳车成因

1. 桥台与路堤间的沉降差

桥台基础一般都作了加固处理(如采用扩大基础、桩基础等)，沉降量很小，建成后的桥台沉降可视为零。而路堤填土因其固有的压缩徐变性质，即使经充分压实也难以避免因土基固结等因素造成的沉降，需待通车一段较长时间后才能趋于稳定。台后路堤的沉降量主要由天然地基沉降和填土沉降两部分组成。在路堤自重和车辆垂直荷载及冲击振动荷载作用下，路基填料逐渐被压缩，孔隙率降低，密实度逐渐增大，从而在一定期限内产生路堤填土沉降。

2. 排水不畅及填土流失

在桥涵与路堤的连接部位，由于存在缝隙，雨水会沿缝隙渗透，下渗水对桥台一般不产生破坏作用，但对土类填料易产生侵蚀和软化，特别对压实不够的填方体，易产生侵蚀和软化，降低其强度，导致填方体变形。在外部车辆荷载冲击作用下，必然造成桥头路基沉陷。

3. 路面结构层压缩引起的沉降

随着高速公路建设投入的增加、技术标准的提高，已改变了过去“强基薄面”的路面设计模式。目前高速公路路面结构厚度多在 50cm 左右，增加了路基的承载力。由于桥涵台身的影响，在路面垫层和基层施工时，压路机不能接触台身。因此，在台背一定范围内，路面垫层和基层的密实度一般较低。通车之后，在车辆的垂直振动及荷载作用下，原本低于设计值的密实度迅速增加。路面结构层经压缩后相对更薄，引起局部沉降而形成跳车。

4. 对桥头高填土及软基等的处理不到位

如路基穿越软土地基或采用高路堤方案，势必存在较大工后沉降；桥涵构造物选用桩基或扩大基础等不同形式，其工后沉降差异很大；对软土地基路段采用不同的处理方法、对路堤填筑速率和填筑材料的控制不同，其效果也大不一样；在考虑桥台结构时，往往忽略桥台与路堤的恰当衔接(即施工和控制中往往存在“桥归桥,路归路”现象),在连接部位有的设计接缝,有的设计连续铺装,由于路基不均匀沉降的存在,在使用过程中必然形成裂缝。虽然有考虑设置搭板调节连接部位的不均匀沉降,但对承受搭板一端的路堤部位未进行处理,让搭板一端直接置于一般土基上,从而在那里形成凹陷,以致搭板滑落。再则,设计对桥台与路堤相邻的沉降差考虑较多,而对桥头竣工后沉降引起的纵坡变化注意不够,造成桥头段纵坡不顺,在突变点往往形成台降,以致出现跳车现象。

5.施工方法不当

有些施工单位为赶工期,放松管理,不严格按照规范施工。有些施工单位对跳车问题认识不深刻,不能根据现场台背填土作业面的实际情况组织施工、严格控制每层压实厚度不大于15cm的要求,仍采用一般填筑施工方法进行作业。有些单位施工时分层达50cm左右,致使分层过厚,不能压实,留下了跳车隐患。

6.工序安排不合理

为了使沉降提前发生,可以先安排台后填料、后施工墩台,即先填后钻。但由于施工时受到工期的限制和要求,一般是先施工墩台,后进行填土,从而造成了路基沉降量大、桥台沉降量小。

六、桥梁下部结构的破损

由于设计和施工等方面的原因,普通公路大部分桥涵构造物的下部出现了不同程度的破损,部分构造物甚至破损十分严重,严重威胁着结构物的安全。造成破损的原因主要包括以下几点。

(1)桥面破损造成桥面含盐水的下渗,对结构下部混凝土侵蚀,造成混凝土的剥落和钢筋的裸露、锈蚀。

(2)由于基础沉降、台后土压力的作用造成石砌台身的纵横向裂缝发生。

(3)混凝土薄壁台台身一般较宽,尤其是斜桥,因台身混凝土的收缩、徐变和大体积混凝土浇筑产生的水化热等因素的影响,导致台身混凝土的竖向裂缝的发生。

(4)由于设计上的不合理,部分结构钢筋配置不足,造成结构的开裂。

(5)普通公路施工中对质量控制不严,造成结构钢筋保护层不足,保护层剥落,钢筋锈蚀。

七、涵洞病害类型及成因分析

1.病害类型

(1)洞口洞底铺砌层破损漏水。

(2)基础局部冲刷悬空。

(3)砖、石、端墙和翼墙外倾、鼓肚或倾斜。

(4)管涵错裂变形。

(5)涵洞排水经常出现混浊或杂物。

(6)压力式涵管进水口周围路段经常出现冲刷破损现象。

(7)砌体勾缝松动、脱落。

(8)砌体表面风化剥落。

(9)砌体表面层块石或混凝土预制块松动脱落。

(10)锥坡沉陷破损。

(11)砌体出现小洞穴。

(12)涵洞跳车。

(13)裂缝。

2.成因分析

(1)建筑材料不合格。一是在施工时施工单位选购的材料不合格;二是砂浆或混凝土的强度等级偏低,强度不够,水泥含量较少,含沙量较大;三是选购的块片石压碎值偏大,抗压性能不好,表面严重风化等。

(2)圆管涵的出水口端墙基础不够深,导致端节涵管脱落引发水毁。

(3)台背填土不符合设计要求,砌石砂浆强度等级低、质量差,这样在水流冲刷及台后土压力作用下难免破坏。

(4)因涵洞通过超越设计荷载条件的重型车辆而引起的墩台正面裂缝。

第四章　路基常用维修加固技术

第一节　概　述

公路是国民经济建设的重要基础设施，公路建设、养护的发展越来越重要。但由于车辆荷载的反复作用和自然因素的侵蚀破坏，以及交通量及重型车辆显著增长带来的不利影响，导致公路在运营期中的使用功能逐渐衰减，主要表现为路面破损、路基水毁及小桥涵破损等病害特征，甚至在某些特殊路段出现路基沉陷、路基侧滑、路基波浪起伏以及小桥涵桥头跳车等严重病害特征，这些破损会随着时间的推移而日趋严重。若不及时进行日常养护及监测，道路病害达到一定程度后就会严重影响汽车的行驶速度及行驶安全性，甚至发生路基突然沉陷、侧滑造成车毁人亡的严重后果，后期维修加固费用巨大，社会影响恶劣。因此，为了适应日益增长的社会经济对公路行车服务质量的需要，实现公路工程的预期使用寿命和功能，显著节约养护费用，避免工程灾难的发生，就必须加强公路路基及小桥涵的日常养护管理及维修加固处理。

一、路基维修加固目的及加固方法选用

(一)路基维修加固原则

我国地域辽阔，工程地质和水文地质条件千变万化，各类路基病害各不相同，维修加固技术也多种多样。由于各地施工机械条件、技术水平、经验积累，以及建筑材料品种、价格差异很大，在选用路基处理方法时一定要因地制宜。路基处理方法很多，每种处理方法都有一定的适用范围、局限性和优缺点，没有一种方法是万能的。对每一具体工程都要进行具体细致的分析，应从病害特征、土质条件、处理要求(包括经处理后路基应达到的各项指标、处理的范围、工程进度等)、交通状况、工程费用以及材料、机具来源等各方面进行综合考虑，确定合适的路基处理方法，力求做到安全适用、确保质量、经济合理、技术先进。

(二)路基沉陷加固

路基沉陷影响因素很多，包括作用荷载大小、土的性质、土层分布及土的应力历史等，是各种因素综合作用的结果。路基沉陷一般发生于软弱地基段、桥头与路基交接处、挖填交接处、填土厚度明显变化处、路基中埋设构筑物(如涵洞)处、地基性质差别较大处等部位，其特征主要表现为沉降速率慢、工后沉降量大、不均匀沉陷明显等。因此，该类病害处理加固的目的是加速土体固结沉降、提高地基承载力、减小总沉降量。选择处理方法时，首先必须充分研究处理目的，然后考虑地基的性状、道路的标准、施工条件、对周围环境的影响等各种条件，选择最符合目的要求而且最经济的方法。

(三)路基失稳加固

路基侧滑失稳发生的原因、地点和表现形式等各不相同,具体工程的处理方法和技术手段虽有共性,但更多地表现为差异性。对于具体工程的处治,不能完全套用规范,必须打破常规,采取有效的技术手段将多项常规技术有机地结合起来,形成一个适用于加固对象的技术组合。虽然路基失稳、滑塌相对公路建设而言只是局部性的,但是由于其失稳往往会导致道路的结构性毁坏,同时造成人员伤亡、工期滞后和对环境的破坏。因此对待路基问题,预防强于治理,必须对易发生失稳的路基边坡实行有效监测和控制。只要能及时发现和把握住路基可能发生失稳时机及位置,并在设计和施工阶段采取有效的技术手段,便可将路基边坡失稳、滑塌抑制和消除在萌芽状态,起到局部加固、整体稳定的作用。

(四)路堑高边坡维修加固

路堑边坡防护应坚持防护工程永久性安全第一、工程加固与生物防护相结合、主动防护为主和防治结合、动态跟踪设计和实事求是等为原则进行防护加固工程设计。路堑高边坡的加固处理针对性很强,应在充分了解边坡土质情况的前提下,找准边坡失稳的形式和原因,满足设计服务(使用)期内在预定功能、安全性和耐久性、工期和投资的经济性 3 个方面达到要求。

(五)支挡结构物加固

当填土较高或跨越构筑物时,为节约土地资源或满足工程需要,往往需要建设支挡结构物。支挡结构物在设置形式、加筋材料应用、与边坡的综合加固、施工工艺等方面皆需要研究与完善。为避免支挡结构物失事造成的车毁人亡,需加强支挡结构物的监测与维护工作。支挡结构物的维护加固,应结合道路等级、交通状况、路基高度、地形地貌、坡体地层结构等因素,以保障路基稳定为原则进行维修加固。

(六)特殊土地基加固

特殊土地基是指岩溶区、采空区、特殊土(软土、泥沼土、膨胀土、湿陷性黄土、冻土、盐渍土)地区等。该类地区地质条件复杂,土性特殊,危害大,需要采取有效措施进行处理,减轻或避免特殊土质特性带来的不利影响。

(七)小桥涵加固

近年来,随着交通流量及交通轴载的增大,旧路上的现有桥涵桥面净宽、涵长、荷载等级、桥梁附属物等多数不能满足现行技术标准和规范的要求,大量桥涵设施有待维修加固。为了有效、经济地进行加固处理,必须掌握桥梁现有状况的基本资料,收集旧桥竣工资料、养护资料,详细了解旧桥的配筋情况、地质情况、隐蔽工程(如基础)等情况,深入分析旧桥的破损原因及旧桥自建成以来的使用状况、改造情况。

二、路基维修加固处理方法分类

(一)路基沉降处理方法(表 4-1)

路基沉降主要分为地基沉降部分和路基本身沉降两部分,其维修加固处理方法也相应分为两大类。

路基沉降处理方法的种类 表4-1

加固部位	方法	简要原理
地基	砂石桩(置换)法	在软黏土地基中采用沉管法、振冲法或其他方法设置密实的砂桩或碎石桩,以置换同体积的黏性土形成砂石桩复合地基,以提高地基承载力。同时砂石桩还可以同砂井一样起排水作用,以加速地基土固结
	强夯置换法	采用边填碎石边强夯的强夯置换法在地基中形成碎石墩体,由碎石墩、墩间土以及碎石垫层形成复合地基,以提高承载力,减小沉降
	深层搅拌法	利用深层搅拌机将水泥或石灰和地基土原位搅拌形成圆柱状、格栅状或连续墙水泥土增强体,形成复合地基以提高地基承载力,减小沉降,同时可提供一定的抗剪能力,阻止路基侧滑
	石灰桩	通过机械或人工成孔,在软弱地基中填入生石灰块或生石灰块加其他掺和料,通过石灰的吸水膨胀、放热以及离子交换作用改善桩周土的物理力学性质,并形成石灰桩复合地基,可提高地基承载力,减少沉降
	土桩、灰土桩	采用沉管法、爆扩法和冲击法在地基中设置土桩或灰土桩,在成桩过程中挤密桩间土,由挤密的桩间土和密实的土桩或灰土桩形成复合地基
	夯实水泥土桩	通过人工挖孔或其他成孔方法成孔,回填水泥和土拌和料,分层夯实,制成水泥土桩并挤密桩间土,形成复合地基,可提高承载力和减小沉降
	孔内夯扩桩	通过人工挖孔或螺旋钻钻孔或振动沉管成孔或柱锤冲击成孔,填入碎石或矿渣或灰土或水泥加土或渣土等,分层夯击,夯扩桩体,挤密桩间土,形成复合地基以提高地基承载力和减小沉降
	钉形双向水泥土搅拌桩	双向水泥土搅拌桩是指在水泥土搅拌桩成桩过程中,由动力系统带动分别安装在内、外同心钻杆上的2组搅拌叶片同时正、反向旋转搅拌水泥土而形成的水泥土搅拌桩,较一般水泥土搅拌桩,可显著提高成桩质量
路基	表层原位压实法	采用人工或机械夯实、碾压或振动,使土密实,密实范围较浅
	强夯法	采用重量为10～40t的夯锤从高处自由落下,地基土在强夯的冲击力和振动力作用下密实,可提高承载力,减少沉降
	注浆法	利用钻机将带有喷嘴的注浆管钻进预定位置,在灌浆压力作用下,用浆液置换部分土体,形成水泥土增强体。可形成复合地基以提高承载力,减少沉降,也可用来形成防渗帷幕。根据注浆压力的不同,可分为渗入性灌浆法、压密灌浆法及高压喷射注浆法、袖管注浆技术、钢管桩技术等
	加强防排水设施	采取切实可行的措施,优化结构形式,加强级配设计,使用性能良好的材料,控制施工工艺,加强监测手段等方法阻止水的渗透。同时,设置碎石反渗层和横纵向排水管防止地下水反渗

(二)路基侧滑处理方法(表 4-2)

路基侧滑处理方法　　表 4-2

方　法	简要原理
注浆法	利用液压、气压或电化学原理,通过注浆管把浆液均匀地注入地层中,将原来松散的土粒或裂隙胶结成一个整体,形成一个结构新、强度大、防水性能好和化学稳定性好的结构整体
深层搅拌桩法	利用深层搅拌机将水泥或石灰和地基土原位搅拌形成圆柱状、格栅状或连续墙水泥土增强体,提供抗剪能力,阻止路基侧滑
砂石桩(置换)法	采用沉管法或其他方法设置密实的砂桩或碎石桩,以置换同体积的黏性土形成砂石桩复合地基,以提高坡脚的抗剪能力,并起到一定的压重作用
复合锚杆桩	综合利用锚杆与注浆加固两种方法而衍生出的新的加固技术
抗滑钢管桩	利用钢管桩的刚度和强度来抵抗路基土的侧滑力,并在注浆过程中,采用分层多次高压注浆技术,实现对填方土的整体改性
侧向预应力锚杆	在原注浆锚杆加固技术的基础上,通过施加预应力对坡体施加初始的预压应力,提高路基坡体的抗滑性能
预应力混凝土管桩(PC 桩)	预应力混凝土管桩是采用先张预应力,掺加高效减水剂,高速离心蒸汽养护工艺的空心圆筒细长的预制桩,将上部荷载传给地基土的具有一定抗弯、抗压性能的受力杆件,适用于软土路段侧滑防治

(三)路堑边坡病害处治方法(表 4-3)

路堑边坡病害处治方法　　表 4-3

方　法	简要原理
预应力锚索(杆)	通过施加预应力和提供剪切力以增强坡体抗滑力,提高岩土体自身的强度及自稳能力。预应力锚索技术具有施工机动灵活、施工快、安全、造价低等优点
抗滑桩	在滑坡中的适当位置设置一系列桩,桩穿过滑面进入下部稳定滑床,借助桩与周围岩土共同作用,把滑坡推力传递到稳定地层的一种抗滑结构。适用于滑坡推力大、滑动带深的滑坡
高压注浆	通过渗透、压密、劈裂以及与岩土体的相互作用,改善岩土体的性能,使岩土体的自稳定能力有较大程度的提高;同时可以保持加固结构的稳定

(四)支挡结构物加固技术(表 4-4)

支挡结构物加固技术　　表 4-4

方　法	简要原理
分层多次高压注浆预应力锚固技术	在注浆孔的轴线方向,根据不同的承压条件,让浆液在不同的特定部位扩散
微型锚杆桩技术	利用“微型抗滑锚固桩”内注浆管实施中高压注浆,通过注浆的充填、渗透、压密及劈裂作用,提高边坡岩土体的内摩擦角和凝聚力,达到岩土体改性的目的
一杆三用技术	将锚固、护坡、注浆三种技术巧妙组合而开发的一种新技术,即用钢管代替锚杆,在钢管中注浆,起到锚杆、护坡土钉、注浆管三者作用,具有节省投资、简化施工、保护环境等优点。该技术适用于矮挡墙加固
坡间挡土墙“双锚”加固技术	将锚定板、预应力锚杆等已在岩土工程界广泛应用的成熟技术及工艺进行科学的组合,将边坡加固与挡土墙的建设融为一体

(五)特殊土地基的处理方法(表 4-5)

特殊土地基可选用的地基处理方法　　表 4-5

特殊土地基类别	可选用的地基处理方法
软土、泥沼地基	排水固结法、深层搅拌法、换土垫层法、石灰桩法、高压喷射注浆法、振冲置换法、砂石桩(置换)法、强夯法、加筋垫层法
膨胀土地基	换土垫层法、浸水保湿法、灌浆法、夯实法、物理改良法、化学改良法
盐渍土地基	沉管碎石桩法、振冲碎石桩法、换填法
岩溶区地基	强夯法、填碎石法、固结灌浆法、帷幕灌浆法、桩基、锚杆加固
采空区地基	注浆充填、水力充填、风力充填、井下砌墩柱、大直径钻孔桩柱
湿陷性黄土地基	灰土桩法、换垫法、强夯法、表层夯实法、碎石桩法、深层搅拌法、碱液加固法

(六)小桥涵维修加固处理方法(表 4-6)

小桥涵可选用的维修加固方法　　表 4-6

方　　法	简 要 原 理
套拱加固法	在原主拱圈腹面下增设一层新拱圈,有效地加厚了原拱圈截面和增强了原拱圈的横向联系,增强承载能力,处理了原主拱圈的纵、横向裂缝等病害
粘贴碳纤维布	通过在梁底粘贴一层碳纤维布,使病害梁板能共同受力,可有效提高其承载能力、封闭混凝土裂缝,且不增加荷载及断面尺寸
桥面补强加固	桥面补强加固法是在桥面经过一定的处理后,重新浇筑一层钢筋混凝土补强层,使其与原桥跨结构形成组合结构,利用梁体截面的加高,达到增大主梁有效高度和抗弯能力、拉压截面,以及改善行车条件、桥梁横向分布荷载能力的目的
注浆加固	通过采用冲击式注浆、振冲挤密法或侧面注浆法等手段,对桥头搭板底进行加固处理,变成复合土层,提高其强度,防止脱空
环氧树脂	灌入桥台或梁板裂缝中,防止钢筋锈蚀
锚杆加固	对于桥台有明显横向位移、凸肚和斜向裂缝的情况,采用锚杆加固提高其整体刚度

第二节　公路路基与小桥涵日常养护措施

一、路肩的日常养护措施

路肩是路基基本构造中的一部分。其功能是保护路面边缘,加强路基的稳定性,便于行人和非机动车的通行,也可用于紧急情况下的临时停车,偶尔兼供错车之用。如果养护不当,路肩松软,往往使路面边缘发生毁坏,即所谓的“啃边”破坏。而路肩松软多是因水的作用。所以,路肩的养护与维修工作的重点就是减少或消除水对路肩的危害,使路面范围的地表水通过路肩排出。因此必须经常保持路肩的横坡平整顺适;硬路肩与路面横坡相同,土或植草的路肩应比路面横坡大1%~2%,以利排水。土路肩因雨天会车、停车造成的车辙、坑洼,或因行车道加铺磨耗层、保护层造成的错台、残积物等，必须及时整理或清除，积水与淤泥应排出和清理，并填平夯实，恢复其原来状态。路肩过高妨碍路面排水时，应铲削整平，达到规定坡度。路肩外缘由于流水冲刷等各种原因形成缺口时，应及时修补，使其保持整齐顺适。所用材料应本着经济实用的原则，因地制宜，就地取材，也可结合 GBM 工程的实施，采用石块、水泥混凝土预制块或草皮铺砌宽 20cm 左右的护肩带，既保护路肩，又美化路容。

陡坡路段的路肩易于被暴雨冲成纵横沟槽，为此可采取以下防护措施。

(1)设置截水明槽。

(2)有计划地铺成硬路肩。

(3)在陡坡路段的路肩和边坡上全范围人工植草，以防冲刷。因陡坡流急，不会影响排水。

(4)路肩上严禁种植农作物和堆放任何杂物。如有养路材料需要存放，应在公路以外连接路肩处，根据地形条件，选择适宜地点设置堆料台，堆料台间距以 200～500m 为宜。

高速公路及实施 GBM 工程的一般公路，路肩应根据设计要求硬化，并铺砌路肩边缘带。对于一般公路也应尽量利用当地的砾石或矿渣等材料，对路肩有计划地进行加固、硬化，或用沥青、水泥混凝土材料改铺成硬路肩。但是应注意到，此时路肩的养护工作将转变成同类型路面的养护工作。在铺筑硬路肩有困难的路线或路段，也可采用种植草皮加固路肩，并随时消除杂草以及草中存积的泥沙，以保证路容美观和利于排水。

对于高等级公路上因路肩湿软而经常发生啃边病害的路段，可在路肩内缘铺设排水盲沟，以及时排除由路肩下渗的积水。盲沟的构造可采用无纺布包裹双壁波纹塑料管的形式，这种盲沟施工便捷，造价低廉。

二、边坡

边坡包括路堑边坡和路堤边坡，是保护路基的重要组成部分。边坡养护与维修工作的重点是保持其稳定性，即边坡坡面应经常保持平顺、坚实、无裂缝。严禁在边坡上及路堤坡脚、护坡道上挖土取料或种植农作物。

对于石质路堑边坡，应经常注意边坡坡面岩石风化发展情况，以及边坡上的危岩、浮石的变动，发现问题，及时采取适当的措施处理，如抹面、喷浆、勾缝、灌浆、嵌补、锚固等，以免堵塞边沟或危及行车和行人。

对于土质路堑边坡、碎落台、护坡道等，如经常出现缺口、冲沟、沉陷、塌落或受洪水、边沟流水冲刷及浸水时，应根据水流、土质等情况，选用种草、铺草皮、栽灌木丛、铺柴束、篱格填石、投放石笼、干砌或浆砌片石护坡等措施，进行防护和加固。

边坡如发生坍塌需要修整时，不能在边坡上贴土修补。应在毁坏的地段上，从下到上先挖成土台阶，再分层填土夯实，夯实后的宽度要稍超出原来的坡面，以便最后切出坡面。边坡上的植被对保护边坡大有益处，不能铲除，并禁止在边坡上割草、放牧。

三、排水设施

路基排水系统能否正常工作，直接影响到路基的稳定性。因此，加强对各排水设施的日常养护与维修，是确保路基稳定的关键环节。对边沟、截水沟、排水沟以及暗沟(管)等排水设施，在春融前，特别是汛前，应全面进行检查。雨中必须上路巡查，及时排除堵塞，疏导水流，保持水流通畅，并防止水流集中冲坏路基。暴雨后应进行重点检查，如有冲刷、损坏，须及时修理加固，如有堵塞应立即清除。

对土质边沟，应经常保持设计断面，满足排水要求。沟底应保持不小于0.5%的纵坡，在平原地区排水有困难的路段，不宜小于0.3%。边沟内不能种庄稼，更不能利用边沟做排灌渠道。边沟外边坡也应保持一定的坡度，以防坍塌，阻塞边沟。

在养管工作中，要针对现有排水系统不完善的部分逐步加以改进、完善，充分发挥各种排水设施的功能。例如，对有积水的边沟，应将水引至附近低洼处；对疏松土质或黏土上的沟渠，需结合地形、地质、纵坡、流速等实际情况，综合考虑加固。

如发现渗沟、盲沟出水口处长草、堵塞，应进行清除和冲洗；对有管渗沟应经常检查疏浚，以保证管内水流通畅；如发现反滤层淤塞失效，则应翻修，并剔除其中较小颗粒的砂石，以保证其孔隙，便利排水；如位置不当，则应另建渗沟或盲沟。

四、支挡、防护工程的维修与加固

挡土墙的日常养护除经常检查外，还应在每年春秋两季进行定期检查。在北方冰冻严重地区尤应注意检查挡土墙在冰冻融化后墙身及基础的变化情况，以及在冻前采取的防护措施。另外，在气候反常、地震或超载重车通过等特殊情况下，还应进行专门检查。发现裂缝、断裂、倾斜、鼓肚、滑动、下沉、表面风化、泄水孔不通、墙后积水、周围地基错台或出现空隙等情况，应查明原因，并观察其发展情况，采取合理的措施进行修理加固，同时建立技术档案备查。

圬工或混凝土墙的裂缝、断缝，如已停止发展，应立即进行修理、加固，其方法是将裂缝缝隙凿毛，经清除碎渣、杂物后用水泥砂浆填塞；对混凝土或钢筋混凝土挡墙的裂缝，可用环氧树脂黏合，也可用混凝土黏结剂涂抹缝壁，然后用混凝土或水泥砂浆填塞。

对倾斜、鼓肚、滑动或下沉的挡土墙，可选用以下加固方法。

(1)锚固法。适用于水泥混凝土或钢筋混凝土挡墙。此法用高强钢筋作锚杆，穿入钻好的孔内，灌入水泥砂浆，将锚杆固定，待砂浆达到一定强度后对锚杆张拉，并固紧锚头，以此来分担土压力。

(2)套墙加固法。用钢筋混凝土在原墙外侧加宽基础，加厚墙身。施工时，先挖除墙后一部分填土，减除一部分土压力，以保证安全。同时，还要注意新旧混凝土的结合。可先将旧混凝土表面凿毛、洗净润湿或加设锚栓和石榫以增强联结；也可在已修整过的旧混凝土表面涂敷混凝土黏结剂，然后浇筑套墙。

(3)增建支撑墙加固。在挡墙外，增建支撑墙，其基础埋置深度、尺寸和间距，应通过计算确定。

(4)如挡墙损坏严重，必要时也可将损坏部分拆除重建。但须注意新旧墙的不均匀沉陷，在新旧墙结合处应留沉降缝，并注意新旧挡墙接头的协调。

(5)对滑动、下沉破坏的修复，如地基处理工程复杂，可采用干砌块石或码砌石笼进行加固。

挡土墙的泄水孔应保持通畅，如有堵塞应加以疏通，疏通困难时，应视墙后地下水情况或增设泄水孔，或加做墙后排水设施。一定不能使墙后积水，否则将增大墙后土压力，甚至有挤倒、挤裂墙身的可能。砖、石、混凝土或钢筋混凝土挡土墙墙面出现碱蚀或风化时，可将风化表层凿除，露出新茬，然后用水泥砂浆抹面或喷涂。

锚杆及加筋挡土墙，如发现墙身变形、倾斜或肋柱、挡板损坏、断裂等情况，应及时加固或修理、更换其部件，对暴露的锚头、螺母垫圈要定期涂刷防锈漆，锚头螺母如有松动、脱落应及时固紧和补充。

挡土墙与边坡连接处，易被雨水冲成沟槽或缺口，应及时填补夯实，恢复原状。

五、小桥涵

依据《公路桥涵养护规范》，小桥涵病害的日常养护包括如下内容。

(1)涵底和涵墙出现渗漏水，对涵洞本身和路基的危害都很大，应立即查明原因，分别采取下列方法处治。

①疏整水道，使洞口铺砌与上下游水槽坡道平齐顺适。

②保持洞中底面平顺，并有适当纵坡。

③用水泥砂浆铺底和涵墙勾缝。

(2)处于山谷高填土的涵洞，其出水口的跌水设施必须与洞口紧密结合成整体。若有裂缝应立即填塞。

(3)洞口和洞内如有积雪应尽速清除，被清除的积雪应抛弃到路基边沟以外。经常积雪或积雪很深地区的涵洞，应在入冬前在洞口外加设栅栏，或用柴排草捆封洞口；融雪时，及时拆除。

(4)浆砌砖石涵洞的表面如发生局部风化、裂缝及灰缝剥落等，应用水泥砂浆勾缝或修补封面；洞顶如有漏水，应挖开填土，用水泥砂浆或水泥石灰砂浆修理其损坏部分，并加设防水层。

(5)混凝土管涵的接头处和有铰涵管的铰点接缝处发生填缝料脱落时，应用干燥麻絮浸透沥青后填实，不宜用灰浆抹缝，以免再次碎裂脱落。管涵的管节，如因基础被压沉陷而发生严重错裂，应挖开填土处理地基后重建基础。有铰涵管如变形大于直径的 1/20 时，应检查发生原因，进行修理。

(6)压力式管涵进水口周围的路堤应保持坚固。每次水淹后，应检查有无洞穴、缺口或冲刷现象，并及时进行修补。

(7)倒虹吸管在长期流水压力作用下容易破裂漏水，造成路基软化。应注意检查，如虹顶路面出现湿斑，应及时修理。

(8)波纹管发生沉陷变形，必须拆除修理。管底应按土质情况做好垫层，管上加铺一层防水层，并注意回填分层夯实。

(9)木涵洞上的螺栓铁件如有遗失、损坏、松动、锈蚀，应拧紧和补充更新。木涵洞构件有轻微损坏应进行修理，有较大损坏应予更换，或将木涵洞改建为永久性涵洞。

(10)涵洞挖开修理时，应维持通车，并设立安全标志、护栏。

(11)洞底铺砌层、洞口上下游路基护坡、引水沟、泄水槽、窨井和沉砂井发生变形或沉陷时，均应及时修理。凡未设沉砂井，而涵洞经常发生泥沙淤积时，可在进水口加设沉砂井，以沉淀泥土杂物。

(12)砖石、混凝土及钢筋混凝土端墙和翼墙，如有离开路堤向外倾斜等变形现象，应查明原因，加以处理。如属填土未夯实而沉落挤压，或填土中水分过多土压力增大而引起的，应更换填土，并仔细夯实。如系基础不均匀沉陷而发生倾斜，则需修理或加固基础。

(13)为提高涵洞的承载能力,砖石拱涵的加固,一般可采取拱圈上加拱的方法。如属高填土而净空又较大时可采用拱下加拱的方法。

(14)钢筋混凝土盖板涵的加固,除加固涵台外,可将原盖板面凿毛,洗刷干净,再浇筑混凝土或钢筋混凝土,加厚盖板。

(15)承载力不足的涵洞,应予加固或更换。石盖板涵可更换较厚的盖板。混凝土管涵可在管外加筑一层混凝土套壳,予以加固。如石箱涵更换较厚的盖板有困难时,可在涵台上面加一层石料作成悬臂式,以减小跨径。

(16)当加宽或加高路基、原有涵洞长度不足时,一般可将原有涵洞接长,两端新建洞口端墙和路基护坡。其接长部分的基础,宜与原涵台、墩的基础同深,并注意断缝;当路基加宽加高不多时,也可以用加高涵洞上下游端墙的方法,但应同时根据需要增加端墙的长度。如洞口为八字翼墙,也应将翼墙加高和接长。新旧砌体的接合处,必须交错砌筑。

(17)涵洞出水口处如被水流冲刷严重,可采用下列方法防治。

①浆砌块石铺底,并加水泥砂浆勾缝。铺砌长度视土质和流速而定,铺砌的末端应设置混凝土或浆砌块石抑水墙。

②流速特别大的涵洞,应在出水口加做缓流设施,如消力坎、消力池等。消力坎的末端应设置混凝土或浆砌块石抑水墙,或设置三级挑坎。

第三节　路基维修加固常用技术

一、表层原位压实法

(一)简述

表层原位压实法就是指地基或路基浅层压实度不足,而且方便施工时,直接以人工或机械方法进行表层压、夯、振动等密实处理,取得加固地基的效果,提高天然地基强度及路基承载能力,以满足路基或路面结构所需的承载力和减少沉降量的要求。

(二)适用范围

表层原位压实法适用于浅层土体处理,根据不同的施工机械设备和工艺一般可分为碾压法、振动压实法及重锤夯实法。

(三)施工方法

1.碾压法

碾压法是用压路机、推土机、平碾、羊足碾或其他碾压机械在路基表面来回开动,利用机械自重把压实度较低的土体压实加固。

碾压法施工时应根据压实机械的压实能量,控制碾压土的含水率符合最优百分比,选择适当的碾压分层厚度和碾压遍数。对于一般黏性土,通常用 8～10t 的平碾或 12t 的羊足碾,每层铺土厚度 30cm,碾压 8～12 遍。

碾压法对表层土体加固的深度一般可达 2～3m。

碾压的质量标准，以分层压实土的干重度和含水率来控制，如控制干重度为 γ_d，最大干重度为 γ_{max}（由试验确定），则 γ_d 与 γ_{max} 的比值 D_γ 称为压实系数。一般黏性土经表层压实处理，其地基承载力可达 80～100kN/ m^2。

2. 振动压实法

振动压实法是用振动压实机械在路基表面施加振动力以振实浅层松散土的路基处理方法。路基土的颗粒受振动发生相对运动，移至稳固位置，减小土的空隙而压实。实践证明：用振动压实法处理砂土路基以及碎石、炉渣等渗透性较好的无黏土为主的松散土路基效果良好。振密后的路基有较强的抗振能力。

振实范围应先振两边，再振中间。振实标准是以振动机原地振动不再下沉为合格。

3. 重锤夯实法

1)原理

重锤夯实法是利用起重机械将重锤提高到一定高度，自由落下，以重锤下落的冲击能来夯实浅层路基。经过多次重复提起、下落，使路基表面形成一层较为均匀密实的硬壳层，从而提高了路基强度。

2)适用范围

适用于处理稍湿的杂填土、黏性土、砂性土、湿陷性黄土和分层填土等，但在有效夯实深度范围内存在软黏土层时不宜采用。

3)夯实效果与夯实标准

(1)重锤夯实的影响深度及加固效果与锤重、锤底直径、落距、夯打遍数以及土质条件等因素有关。重锤夯实的锤重、锤底直径、落距和夯打遍数一般需要现场夯打来确定。根据一些地区的经验常用锤重为 1.5～3.2t，落距 2.5～4.5m，夯打遍数一般为 6～10 遍。重锤夯实的影响深度大致相当于锤底直径。

(2)夯实效果与土的含水率关系十分密切，只有在土处于最佳含水率的条件下，才能得到最好的夯实效果。如含水率很大，夯实时会出现橡皮土等不良现象。此外，施工宜尽量避免在雨季进行。

(3)试夯及停夯标准：工程开工前应先通过试夯确定施工方案。一般试夯 6～8 遍，正式施工时可适当增加 1～2 遍。当试夯结果达不到设计的密实度和夯实深度时，应适当提高落距，增加夯实遍数。必要时，可增加锤重，再行试夯。关于停夯标准，随着夯打遍数的增加，土的夯实量逐渐减小，当夯打到一定程度后，继续夯打的效果就不明显了。因此，夯击时应尽量采用保证夯实量的最少夯实遍数，但最后两遍的夯沉量对于黏性土及湿陷性黄土一般不大于1.0～1.2cm，对于砂性土不大于 0.5～1.0cm 时即可停夯。如继续夯打，能量消耗多，密实度增加有限。

(4)经过重锤夯实的地基承载力可通过静载荷试验确定，一般可达 100～150kPa。

二、强夯法

(一)概述

强夯法又名动力固结法或动力压实法。这种方法是反复将很重的锤（一般为 10～40t）提到高处使其自由落下（落距一般为 10～40m）给地基以冲击和振动，从而提高地基的强度并降低其压缩性。

强夯法处理地基是20世纪60年代末由法国Menard技术公司首先创用的。开始时仅用于处理砂土和碎石地基，后来由于施工方法的改进和排水条件的改善，逐步推广应用到细粒土地基。强夯法具有加固效果显著、适用土类广、设备简单、施工方便、节省劳力、施工期短、节约材料、施工文明和施工费用低等优点，国内外应用非常广泛。我国于1978年开始先后在天津新港、河北廊坊、山西白羊墅、河北秦皇岛等地进行了强夯法的试验研究和工程施工，取得了较好的加固效果，接着强夯法以前所未有的规模和速度在全国各地推广应用。

强夯法适用于道路改扩建工程，可处理碎石土、砂土、粉土、黏性土、杂填土和素填土等地基及旧路基。它不仅能提高地基土的强度、降低其压缩性，还能改善其抗振动液化的能力和消除土的湿陷性，所以还常用于处理可液化砂土地基和湿陷性黄土地基等。

（二）设计计算

1. 设计有效加固强度

强夯法的有效加固深度既是选择地基处理方法的重要依据，又是反映处理效果的重要参数。

强夯法创始人梅那（Menard）提出了用下列公式来估算影响深度 H：

$$H=\sqrt{Mh} \tag{4-1}$$

式中：M——夯锤重，t；

h——落距，m。

国内试验研究和工程实测资料表明，采用上述梅那公式估算有效加固深度将得出偏大的结果。

我国《建筑地基处理技术规范》（JGJ 79—2002）中规定，强夯法的有效加固深度应根据现场试夯或当地经验确定。在缺少试验资料或经验时可按表4-7预估。

强夯法的有效加固深度（m） 表4-7

单位夯击能（kN·m）	碎石土、砂土等	粉土、黏性土、湿陷性黄土等	单位夯击能（kN·m）	碎石土、砂土等	粉土、黏性土、湿陷性黄土等
1 000	5.0～6.0	4.0～5.0	4 000	8.0～9.0	7.0～8.0
2 000	6.0～7.0	5.0～6.0	5 000	9.0～9.5	8.0～8.5
3 000	7.0～8.0	6.0～7.0	6 000	9.5～10.0	8.5～9.0

注：强夯法的有效加固深度应从起夯面算起。

表4-7中的数值系根据大量工程实测资料的归纳和工程经验的总结而制定的。

2. 夯击能

夯击能分为单击夯击能和单位夯击能。

1）单击夯击能

单击夯击能（即夯锤重和落距的乘积）一般根据工程要求的加固深度来确定，目前采用的最大单击能为5 000kN·m，设计加固深度达40m。

2）单位夯击能

单位夯击能是施工场地单位面积上所施加的总夯击能，单位夯击能的大小与地基土的类别有关，在相同条件下细颗粒土的单位夯击能要比粗颗粒土适当大些。此外，结构类型、荷载大小和要求处理的深度也是选择单位夯击能的重要因素。单位夯击能过小，难于达到预期加固效果，单位夯击能过大，不仅浪费资源，对饱和黏性土来说，强度反而降低。根据目前我国工程实践，在一般情况下，对于粗颗粒土单位夯击能可取 1 000～3 000kN·m/m²，细颗粒土为 1 500～4 000kN·m/ m²。

3. 夯击次数

夯击次数是强夯设计中的一个重要参数。夯击次数一般通过现场试夯确定，常以夯坑的压缩量最大、夯坑周围隆起量最小为确定的原则。目前，常通过现场试夯得到的夯击次数与夯沉量的关系曲线确定。

对于碎石土、砂土、低饱和度的湿陷性黄土和填土等地基，夯击时夯坑周围往往没有隆起或虽有隆起但其量很小。在这种情况下，应尽量增多夯击次数，以减少夯击遍数。对于饱和度较高的黏性土地基，随着夯击次数的增加，土的孔隙体积因压缩而逐渐减小，但因这类土的渗透性较差，故孔隙水压力将逐渐增长，并促使夯坑下的地基土产生较大的侧向挤出，而引起夯坑周围地面的明显隆起。此时如继续夯击，并不能使地基土得到有效的夯实，而造成浪费。

张永钧曾于 1980 年提出有效夯实系数的概念，并以此来确定夯击次数。若以 α 表示有效夯实系数，则有：

$$\alpha=\frac{V-V'}{V}=\frac{V_0}{V} \tag{4-2}$$

式中：V——夯坑体积，m³；

V'——夯坑周围地面隆起的体积，m³；

V_0——压缩体积，m³。

有效夯实系数表示地基土在某种夯击能作用下的夯实效率，有效夯实系数高，说明夯实效果好。反之，有效夯实系数低，说明夯实效果差。

4. 夯击遍数

夯击遍数应根据地基土的性质确定。一般来说，由粗粒土组成的渗透性强的地基，夯击遍数可少些。反之，由细粒土组成的渗透性低的地基，夯实遍数要求多些。

根据我国工程实践，对于大多数工程，采用夯击遍数两遍，最后再以低能量满夯一遍，一般均能取得较好的夯击效果。对于渗透性弱的细粒土地基，必要时夯击遍数可适当增加。

5. 间隔时间

两遍夯实之间应有一定的时间间隔，以利于土中超孔隙水压力的消散。所以间隔时间取决于超静孔隙水压力的消散时间。但土中超静孔隙水压力的消散速率与土的类别、夯点间距等因素有关。对于渗透性好的砂土地基等，一般在数小时内即可消散完，但对渗透性差的黏性土地基，一般需要数周才能消散完。夯点间距对孔压消散速率也有很大的影响，夯点间距小，孔压消散慢；反之，夯点间距大，孔压消散快。

6. 夯击点布置

夯击点布置是否合理与夯实效果和施工费用有直接关系。夯击点位置一般采用等边三角形、等腰三角形或正方形布点。

夯实点间距的确定，一般根据地基土的性质和要求加固的深度而定。对于细颗粒土，为便于超静孔隙水压力的消散,夯实间距不宜过小。当要求加固深度较大时,第一遍的夯实间距更不宜过小,以免夯击时在浅层形成密实层而影响击实能往深层传递。此外,还必须强调指出:若各夯点之间的距离太小,在夯击上部易向侧向已夯成的夯坑中挤出,从而造成坑壁坍塌,夯锤歪斜或倾倒,而影响夯实效果。有些工程采用连夯的方法,即一个夯坑紧接另一个夯坑的夯击方法,已被实践所证实,其夯击效果较差。当然,夯点间距过大,也会影响夯实效果。根据国内经验,第一遍夯击点间距一般为5～9m,以后各遍夯击点间距可与第一遍相同,也可适当减小。对要求加固深度较深,或单击夯击能较大的工程,第一遍夯击点间距宜适当增大。

(三)施工工艺

1. 试夯

强夯施工前,应根据初步确定的强夯参数,在现场有代表性的场地上进行试夯,并通过测试,与夯前测试数据进行对比,检验强夯效果,以便最后确定工程采用的各项强夯参数。若不符合设计要求,则应改变设计参数。在进行试夯时也可采用不同设计参数的方案,进行比较,择优选用。

2. 平整场地

预先估计强夯后可能产生的平均地面变形,并以此确定夯前地面高程,然后用推土机平整。同时,应认真查明强夯场地范围内的地下构筑物和各种地下管线的位置和高程等,尽量避开在其上进行强夯施工。否则,应根据强夯的影响深度,估计可能产生的危害,必要时应采取措施,以免强夯施工而造成损坏。

3. 铺垫层或降低地下水位

遇地表层为细粒土,且地下水位高的情况,有时需在表层铺0.5～2m左右厚的松散型材料或人工降低地下水位。这样做的目的是在地表形成硬层,可用以支承起重设备,确保机械通行和施工;又可加大地下水和地表面的距离,防止夯击时夯坑积水或夯击效率降低。

4. 强夯施工

强夯施工可按下列步骤进行。

(1)在整平后的场地上标出第一遍夯试点的位置,并测量场地高程。

(2)起重机就位,使夯锤对准夯点位置。

(3)测量夯前锤顶高程。

(4)将夯锤起吊到预定高度,待夯锤脱钩自由下落后,放下吊钩,测量锤顶高程。若发现因坑底倾斜而造成夯锤歪斜时,应及时将坑底整平。

(5)重复上述步骤(4),按设计规定的夯击次数及控制标准,完成一个夯点的夯击。

(6)换夯点,重复上述步骤(2)至(5),直至完成第一遍全部夯点的夯击。

(7)用推土机将夯坑填平,并测量场地高程。

在规定的时间间隔后,按上述步骤逐次完成全部夯击遍数,最后用低能量满夯,将场地表层松土夯实,并测量夯后场地高程。

必须指出,强夯法的加固顺序是先深后浅,即先加固深层土,再加固中层土,最后加固表层土。根据上述强夯施工顺序,在最后一遍夯击完成后,用推土机将夯坑填平。因此,夯坑地面以上的填土比较疏松,加上强夯产生的强大振动,亦会使周围已经夯实的表层土有一定程度的振松。所以，一般常在最后一遍夯完后，再以低能量满夯一遍。但在夯后工程质量检验时，常发现厚度 1m 左右的表层土，其密实程度要比深层土差，说明满夯没有达到预期的效果。这是因为目前大部分工程的低能量满夯，是采用同一夯锤低落距夯击，由于夯锤较重，而表层土因无上覆压力，侧向约束小，所以夯击使土体侧向变形大。对于碎石、砂土等粗颗粒和散体来说，侧向变形就更大，更不宜夯密。由于表层土是基础的主要持力层，如处理不好将会增加建筑物的沉降和不均匀沉降。因此，必须高度重视表层土的夯实问题。一般可在满夯时，采用小夯锤夯击，并适当增加满夯的夯击次数，以提高表层土的夯实效果。

(四)施工监测

强夯施工除了严格遵守施工步骤进行外，还应有专人负责施工过程中的监测工作。

开夯前应检查夯锤重和落距，以确保单击夯击能量符合设计要求。因为若夯锤使用过久往往因底面磨损而使重量减轻。落距未达设计要求的情况，在施工中也常发生。这些都将影响单击夯击能。

强夯施工中夯点放线错误情况常有发生，因此，在每遍夯击前，应对夯点放线进行复核，夯完后检查夯坑位置，发现偏差或漏夯应及时纠正。

施工过程中应按设计要求检查每个夯点的夯击次数和每击的夯沉量。

由于强夯施工的特殊性，工程所采用的各项参数和施工步骤是否符合设计要求，在施工结束后往往很难进行检查，所以要求在施工过程中对各项参数和施工情况进行详细记录。

三、砂石桩法

(一)概述

1.简介

碎石桩、砂桩和砂石桩统称为砂石桩，又称粗颗粒土桩，是指采用振动、冲击或水冲等方式在软弱地基中成孔后，再将砂或碎石挤压入已成的孔中，形成密实的砂石所构成的桩体。砂石桩属于柔性桩。

砂石桩处理地基的主要目的是提高地基的承载力、降低压缩性、减少沉降和增强抗液化性。

2.加固原理

1)对松散砂土的加固原理

(1)挤密作用

砂石桩在成桩过程中，由于冲击或振动对桩体周围砂土产生较大的横向挤压力，将桩体中的原土挤压到桩周围的土体中，使桩周土体密实度增大，孔隙比减小，达到挤密的作用。

(2)预振作用

在砂性土中通过振动锤或振冲器的强力振动，使加固地基中砂土颗粒重新排列，体积缩小，达到密实的效果。

2)对软弱黏性土的加固原理

(1)置换作用

对黏性土地基砂石桩主要起置换作用，砂石桩置换法是采用物理力学性质较好的砂石材料，通过桩机械将地基中软弱土或不良土，置换或强制排开置换，形成复合地基，使地基承载力有所提高，沉降减小。

(2)排水固结作用

在软弱地基中砂石桩形成渗透性良好的人工竖向排水(减压)通道，减少软弱地基土的排水距离，加速土的排水固结，有效地消散孔隙水压力，从而增大地基土的强度，提高承载力。

3. 对勘察的特殊要求

砂石桩地基处理前，除必须进行详细勘察外，尚应查明地基土的均匀性、组成、分布范围和土质的情况。对黏性土应有土的不排水抗剪强度指标。对砂土和粉土应有土的天然孔隙比、相对密实度或标准贯入击数。冲填土尚应了解排水固结条件。杂填土应查明堆积历史，明确自重下稳定性、湿陷性等基本因素。

(二)适用范围

砂石桩适用于挤密松散砂土、粉土、黏性土、素填土及杂填土等地基。在饱和黏土地基上对变形控制要求严格的工程，不宜单独采用砂石桩处理，宜结合刚性桩长桩形成复合桩处理。

随着研究和实践的深入，长—短桩复合地基的概念逐渐被提出并应用于工程实践中。这种新型复合桩的设计思想是采用柔性短桩对基础下的软弱土进行加固，提高浅层土的承载力，消除液化或湿陷；而刚性长桩则落在强度较高、压缩性较低的持力层上，将荷载通过桩身向地基深处传递，达到控制沉降的目的。特别是高效能专用设备出现后，砂石桩的应用范围将不断扩大。

(三)设计计算

设计时应考虑上部结构和地基的共同作用，对建筑体型、荷载情况、结构类型、地质条件和施工机具进行综合分析，确定合理的地基处理方案。

砂石桩的设计内容包括桩位布置、桩距、处理范围、灌砂石量及处理地基的承载力、变形、稳定和验算。

1. 平面布置

对于砂土地基，因靠砂石桩的挤密提高桩周土的密度，所以采用等边三角形更有利，它使地基挤密较为均匀。对于软黏土地基，主要靠置换，因而选用三角形或正方形均可。

2. 桩距设计计算

根据《建筑地基处理技术规范》(JGJ 79—2002)规定，砂石桩的桩间距应通过现场试验确定。对粉土和砂土地基，不宜大于砂石桩直径的 4.5 倍；对黏性土地基，不宜大于砂石桩直径的 3 倍。初步设计时，砂石桩的间距可按下列公式估算。

1)松散砂和粉土

松散砂和粉土地基可根据挤密后要求达到的孔隙比 e_1 来确定。

等边三角形布置：

$$s = 0.95\xi d\sqrt{\frac{1+e_0}{e_0-e_1}} \tag{4-3}$$

正方形布置：

$$s = 0.89\xi d\sqrt{\frac{1+e_0}{e_0-e_1}} \tag{4-4}$$

$$e_1 = e_{max} - D_{r1}(e_{max} - e_{min}) \tag{4-5}$$

式中：e_{max}、e_{min}——砂土的最大、最小孔隙比，可按现行国家标准《土工试验方法标准》(GB/T 50123—1999)的有关规定确定；

s——砂石桩间距，m；

d——砂石桩直径，m；

ξ——修正系数，当考虑振动下沉密实作用时，可取 1.1～1.2；不考虑振动下沉密实作用时，可取 1.0；

e_0——地基处理前砂土的孔隙比，可按原状土试验确定，也可根据动力或静力触探等对比试验确定；

e_1——地基密实后要求达到的孔隙比；

D_{r1}——地基挤密后要求砂土达到的相对密实度，可取 0.70～0.85。

2)黏性土地基

等边三角形布置：

$$s = 1.08A_e^{1/2} \tag{4-6}$$

正方形布置：

$$s = A_e^{1/2} \tag{4-7}$$

式中：A_e——1 根砂石桩承担的处理面积，m^2。

$$A_e = A_p/m \tag{4-8}$$

$$m = d^2/d_e^2 \tag{4-9}$$

式中：A_p——砂石桩的截面积，m^2；

m——面积置换率；

d——桩身平均直径，m；

d_e——1 根砂石桩分担的处理地基面积的等效圆直径，m。

等边三角形布桩：$d_e = 1.05s$　(4-10)

正方形布桩：$d_e = 1.13s$　(4-11)

矩形布桩：$d_e = 1.13(s_1 s_2)^{1/2}$　(4-12)

式中：s、s_1、s_2——桩间距、纵向间距和横向间距。

3. 桩长确定

砂石桩的桩长通常应根据荷载大小、地基的稳定和变形验算确定。

(1)当松软土层厚度不大时，砂石桩桩长宜穿过松软土层。

(2)当松软土层厚度较大时，对按稳定性控制的工程，砂石桩桩长不应小于最危险滑动面以下 2m 的深度；对按变形控制的工程，砂石桩桩长应满足处理后地基变形量不超过建筑物地基变形允许值并满足软弱下卧层承载力的要求。

(3)设计深度应大于主要受荷深度，即不宜小于 4.0m。

(4)当差异沉降过大，则会使建筑物受到破坏，为了减少其差异沉降，可分区采用不同桩长进行加固，用以调整差异沉降。

(5)对可液化的土层，为保证处理效果，一般桩长应穿透液化层，如液化层过深，则应按现行国家标准《建筑抗震设计规范》(GB 50011—2001)有关规定确定。

4. 桩径确定

砂石桩桩径应根据地基土质情况和成桩设备等因素确定，采用振冲法施工时，桩径可采用800～1 200mm；采用沉管法施工时，桩径可采用300～800mm，对饱和黏性土地基宜选用较大的桩径。

5. 材料及填料量

采用沉管法施工时，桩体材料可选用碎石、卵石、角砾、圆砾、砾砂、粗砂、中砂或石屑等硬质材料，含泥量不得大于5%，最大粒径不宜大于50mm；采用振冲法施工时，桩体材料可用含泥量不大于5%的碎石、卵石、矿渣或其他性能稳定的硬质材料。

砂石桩孔内的填砂石量可按下式计算：

$$s=\frac{A_p l d_s}{1+e_1}(1+0.01w) \tag{4-13}$$

式中：s——填砂石量，以重量计；

A_p——砂石桩的截面积，m^2；

l——桩长，m；

d_s——砂石料的相对密度；

w——砂石料的含水率，%。

6. 垫层

1)作用

砂石垫层起到明显的应力扩散作用，降低砂石桩和周围土的附加应力，减少砂石桩侧向变形，并起水平排水作用。

2)铺设厚度

褥垫层厚度过小，桩对基础产生显著的应力集中，易造成桩对基础的冲切破坏；而且桩间土承载能力得不到充分发挥，要达到设计要求的承载力，势必要增加桩的数量或桩长，造成经济上的浪费。

褥垫层厚度过大，桩的承担比较小，不能充分发挥桩的承载能力，且造成结构物的变形增大。

从技术上可靠、经济上合理考虑，砂石桩顶部宜铺设厚度为300～500mm的砂石垫层。

3)质量要求

褥垫层材料宜用中砂、粗砂、级配砂石和碎石，最大粒径不应超过50mm。不宜采用卵石，由于卵石咬合力差，施工时扰动较大，褥垫层厚度不容易保证均匀。

褥垫层铺设宜采用静力压实法，当基底面下桩间土的含水率较小时，也可采用动力夯实法，夯填度(夯实后的褥垫层厚度与虚铺厚度的比值)不得大于0.9。

7. 处理范围

砂石桩处理范围应大于基底范围，处理宽度宜在基础外缘扩大1～3排。对可液化地基，在基础外缘扩大宽度不应小于可液化土层厚度的1/2，并不应小于5m。

8. 复合地基承载力计算

砂石桩复合地基的承载力特征值，应通过现场复合地基载荷试验确定，初步设计时，也可按下式估算：

$$f_{spk}=mf_{pk}+(1+m)f_{sk} \tag{4-14}$$

式中：f_{spk}——砂石桩复合地基承载力特征值，kPa；

f_{pk}——桩体承载力特征值，宜通过单桩载荷试验确定，kPa；

f_{sk}——处理后桩间土承载力特征值，宜按当地经验取值，如无经验时，可取天然地基承载力特征值，kPa。

对小型工程的黏性土地基如无现场载荷试验资料，初步设计时复合地基的承载力特征值也可按下式估算：

$$f_{spk}=[1+m(n+1)]f_{sk} \tag{4-15}$$

式中：n——桩土应力比，在无资料时可取 2～4，原土强度低取大值，原土强度高取小值。

9. 变形计算

砂石桩处理地基的变形计算应按现行国家标准《建筑地基基础设计规范》(GB 50007—2002)的有关规定确定。复合地基的压缩模量可按下式计算：

$$E_{sp}=[1+m(n-1)]E_s \tag{4-16}$$

式中：E_{sp}——复合地基压缩模量，MPa；

E_s——桩间土压缩模量，宜按当地经验取值，如无当地经验时，可取天然地基压缩模量，kPa。

式(4-16)中的桩土应力比，在无实测资料时，对黏性土可取 2～4，对粉土和砂土可取 1.5～3，原土强度低取大值，原土强度高取小值。

10. 稳定验算

砂石桩地基处理稳定验算方法很多，通常采用圆弧分析法（图 4-1）。在分析计算时，假设圆滑弧经过加固区和未加固区。在滑动面上设总剪切力为 T，总抗剪切力为 S，则沿圆弧滑动面发生滑动破坏的安全系数 K 为：$K=S/T$。取不同的滑动面计算，找出最小的安全系数。通过稳定分析法即可根据要求的安全系数来计算地基承载力，也可按确定的荷载计算地基在该荷载作用下的安全系数，从而判断其稳定性。

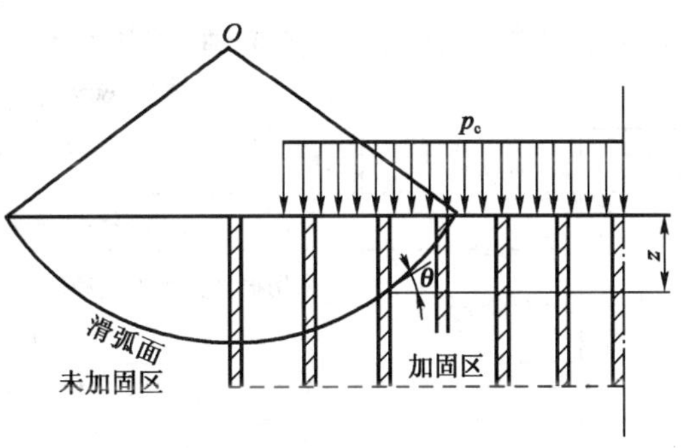

图 4-1　稳定分析计算简图

计算时加固区与未加固区分别计算，未加固区按常规法计算，加固区可按下述两种方法计算。

1)按桩体和桩间土的强度指标估算

$$\tau_{ps}=(1+m)\tau_s+m_{tp}=(1-m)[c_s+(\mu_s p_c+\gamma_s z)\cos^2\theta\tan\varphi_s]+ m(\mu_p p_c+\gamma_p z)\cos^2\theta\tan\varphi_p \tag{4-17}$$

式中：τ_{ps}、τ_p、τ_s——分别为复合地基、桩体、桩间土的抗剪强度，kPa；

m——复合地基置换率；

c_s——桩间土的黏聚力，kPa；

p_c——复合地基上的作用荷载，kPa；

μ_s——应力修正系数，$\mu_s=l/[1+m(n-1)]$，n为桩土应力比；

μ_p——应力集中系数，$\mu_p=n/[1+m(n-1)]$；

γ_p、γ_s——分别为桩体、桩间土的重度，kN/m^3；

φ_p、φ_s——分别为桩体、桩间土的内摩擦角；

θ——计算滑弧在某深度处剪切面与水平面的夹角，°；

z——某单元弧段的深度，m。

若$\varphi_s=0$，则上式可简化为：

$$\tau_{ps}=(1-m)[c_s+m(\mu_p p_c+\gamma_p z)\cos^2\theta\tan\varphi_p] \tag{4-18}$$

2)按综合强度的指标估算

综合强度指标可采用面积加权法计算复合土体黏聚力c_{ps}和内摩擦角φ_{ps}，可按下述两种表达式估算：

$$c_{ps}=c_s(1-m)+mc_p \tag{4-19}$$

$$\tan\varphi_{ps}=\tan\varphi_s(1-m)+m\tan\varphi_p \tag{4-20}$$

式中：c_{ps}、c_s、c_p——分别为复合土、桩体、桩间土的黏聚力，kPa；

φ_{ps}、φ_p、φ_s——分别为复合土、桩体、桩间土的内摩擦角，°。

(四)施工

砂石桩施工机械类型很多，常用的机械主要分两类，即振动式砂石桩机和锤击式砂石桩机。砂石桩施工方法分类见表4-8。用于垂直上下振动机械施工成桩的称振动沉管成桩法，用于锤击式机械施工成桩的称锤击沉管成桩法。

砂石桩施工方法分类 表4-8

分类	施工方法	成桩工艺	适用土类
挤密法	沉管法	采用沉管成孔，振动或锤击分层密实填料成桩，并挤密桩间土	砂土、非饱和黏性土、素填土和杂填土
	振冲挤密法	采用振冲器水平振动加水冲孔，分层振动密实填料成桩，并挤密桩间土	
	干振法	采用振冲器干振冲孔，分层振动密实填料成桩，并挤密桩间土	
置换法	振冲置换法	采用振冲器水平振动加水冲孔，分层振动密实填料成桩	饱和黏性土
	成孔锤击法	采用螺旋钻或洛阳铲成孔，锤击分层密实填料成桩	
排土法	沉管法	采用沉管排土成孔，振动或锤击分层密实填料成桩	饱和软黏性土
	振动冲气法	采用压缩气体排土成孔，分层振动密实填料成桩	
	强夯置换法	采用重锤夯击成孔，重锤夯击密实填料成桩	
	静压振拔法	采用静压力将桩管压入成孔，振锤振动密实填料成桩	
制约法	袋装砂石法	将砂石装入土工聚合物袋或铁丝网制成桩体，袋或网可约束桩体侧向鼓胀	饱和软黏性土
	裙围砂石桩法	在群桩周围设置刚性的围护体，约束桩体侧向鼓胀	
其他法	水泥碎石桩法	在碎石内加水泥和膨润土制成桩体	饱和软黏性土

1. 施工顺序

(1)以挤密为主的砂石桩施工时，为保证地基土的挤密效果，应间隔(跳打)进行，宜由外侧向中间推进。

(2)对黏性土地基，砂石桩主要起置换作用，为保证设计的置换率，宜从中间向外围或隔排施工。

(3)在既有建(构)筑物邻近施工时，为减少对邻近既有建(构)筑物的振动影响，应背离建(构)筑物方向进行。

2. 施工方法

1)振动沉管成桩法

(1)施工机具

悬挂式履带桩架(步履式桩架或轨道式桩架)、振动桩锤(单电机驱动、双电机驱动、液压马达驱动)、料斗、钢质桩管下端带活瓣钢质桩靴或预制钢筋混凝土锥型桩尖组成振动打桩机。

(2)施工工艺

①桩机就位，把桩管及桩尖对准桩位并调好垂直度；

②启动振动锤，振动沉管到预计深度；

③向桩管内投入规定数量的砂石料(装砂石料也可在桩管下到便于投料的位置或边沉管边投料)；

④振动拔管，每拔起一定高度停拔继振；

⑤振动沉管(对砂石桩填料量要求高的地基进行该项工序)；

⑥重复④、⑤两工序；

⑦桩管提至工作面，砂石桩完成。

(3)控制要点

①桩身连续性：为了保证桩身的完整连续，根据试验确定拔管速度，一般拔管速度控制在3.5cm/s；

②桩径偏差：当填砂石量未达到设计要求时，桩径偏小，宜采用停拔留振和反插等工艺施工控制；

③桩身密实度：电机的工作电流能直观地反映桩身的密实程度，当密实程度达不到要求时，增加挤压次数和停拔留振时间；

④为了保证桩端不出现夹泥断桩现象，先在管内投入砂石料复打桩端。

2)锤击沉管成桩法

锤击法施工有单管法和双管法两种，但单管法难以发挥挤密作用，故一般宜采用双管法。本节仅介绍双管法，双管法又分芯管密实法和内击沉管法。

(1)芯管密实法

①施工机具

悬挂式履带桩架(步履式桩架或轨道式桩架)、蒸气打桩锤(柴油打桩锤或静压打桩锤)、底端开口的外管(套管)、底端闭口的内管(芯管)、料斗等组成锤击打桩机。

②施工工艺

a. 将外管安放在预定的桩位上，将用作塞的砂石投入外管底部；

b. 以内管做锤冲击砂石塞，靠摩擦力将外管打入预定深度；

c. 固定外管将砂石塞压入土中；

d. 提内管并向外管内投入砂石料；

e. 边提外管边用锤击内管将管内砂石冲出挤压土层；

f. 重复 d、e 步骤；

g. 待外管拔出工作面，砂石桩完成。

③控制要点

有效地控制好锤击内管贯入度，可保证砂石桩体的连续性、密实性和桩周土的挤密均匀性。

该工艺优点是砂石桩压入量可随意调节，施工灵活，不易发生缩径和塌孔现象，成桩质量较好。

(2)内击沉管法

①施工机具

施工机具主要有两个卷扬机的简易打桩机、底端开口的桩管(套管)、可放入管内的吊锤(质量为 1.0～2.0t)。

②施工工艺

a. 将桩管安放在预定的桩位上，将用作塞的砂石投入桩管底部；

b. 吊锤冲击砂石塞，靠摩擦力将桩管打入预定深度；

c. 将桩管拔高离开孔底，用吊锤将砂石塞击出管外压入土中；

d. 向管内投入适量砂石料；

e. 边提桩管边用吊锤冲击管内砂石料，将砂石压入土中；

f. 重复 d、e 步骤；

g. 待桩管拔出工作面，砂石桩完成。

③控制要点

有效地控制好锤击贯入度，可保证砂石桩体的连续性、密实性和桩周土的挤密均匀性。

该工艺优点是设备简单，耗能低，挤土效应明显，桩体密实度高。缺点是功效较低，夯锤的钢丝绳易断。

(五)质量检验

应在施工期间及施工结束后，检查砂石桩的施工记录。对沉管法，尚应检查套管往复挤压次数与时间、套管升降幅度和速度、每次填砂量等施工记录。砂石桩地基处理最终应满足承载力、变形和抗液化等要求。

1. 质量检验时间

(1)对饱和黏性土地基应待孔隙水压力消散后进行，间隔时间不宜少于 28d。

(2)对粉土、砂土和杂填土地基间隔时间不宜少于 7d。

(3)对非饱和土不存在孔隙水压力消散现象，一般在桩施工后 3～5d 即可进行。

2. 承载力检验

砂石桩的承载力检验可采用单桩载荷试验，对桩体也可采用动力触探试验检测，对桩间土可采用标准贯入、静力触探、动力触探或其他原位测试等方法进行检测。桩间土的检测位置应在等边三角形或正方形的中心。检测数量不应少于总桩数的2%。《建筑地基处理技术规范》(JGJ 79—2002)规定:砂石桩地基竣工验收时,承载力检验应采用复合地基载荷试验。复合地基载荷试验数量不应少于总桩数的0.5%,且每个单体建筑物不应少于3点。

3. 砂石桩质量验收标准

砂石桩质量检验标准应符合表4-9的规定。

砂及砂石地基质量检验标准　　表4-9

项	序	检查项目	允许偏差或允许值		检查方法
			单位	数值	
主控项目	1	地基承载力	设计要求		按规定方法
	2	配合比	设计要求		按拌和时的体积比或质量比
	3	压实系数	设计要求		现场实测
一般项目	1	砂石料有机质含量	%	≤5	焙烧法
	2	砂石料含泥量	%	≤5	水洗法
	3	石料粒径	mm	≤100	筛分法
	4	含水率(与最优含水率比较)	%	±2	烘干法
	5	分层厚度(与设计要求比较)	mm	±50	水准仪

四、水泥土桩复合地基法

(一)简述

水泥土搅拌法是用于加固饱和黏性土地基的一种较新方法。它是利用水泥(或水泥石灰拌和物)等材料作为固化剂,通过特制的搅拌机械,在地基深处就地将软土和固化剂(浆液或粉体)强制搅拌,由固化剂和软土间所产生的一系列物理—化学反应,使软土硬结成具有整体性、水稳定性和一定强度的水泥加固土,从而提高地基强度和增大变形模量。根据施工方法的不同,水泥土搅拌法分为水泥浆搅拌和粉体喷射搅拌两种,前者是用水泥浆和地基土搅拌,后者是用水泥粉或石灰粉和地基土搅拌。

粉喷桩的加固机理是,使固化剂与原位土充分混合后,由于固化剂吸收周围土层中的水分而发生一系列的物理化学反应,使混合水泥土凝结硬化,既提高了自身的强度,又稳定了桩周围土层,这样桩体连同桩间土共同承担上部荷载作用形成复合地基。由粉喷桩成因的特点决定了其自身具有独特的性质,就粉喷桩的刚度、抗压强度和抗侧压力而言介于刚性桩与柔性桩之间,其值小于刚性桩而大于柔性桩。

该方法是由瑞典的捷尔德·鲍斯(Kjeld Paus)于1967年首次提出,1971年进行了第一次现场试验,制成一根用生石灰和软土拌制成的搅拌桩。1974年开始用于工程实践,成桩直径可达500mm,最大加固深度为10～15m。我国于20世纪80年代初引入此项技术。1983年初,铁道部第四勘测设计院开始进行粉体搅拌桩加固软土的试验研究,并与铁道部武汉工程机械研究所合作,研制出了我国第一台液压步履式深层搅拌喷粉桩机。1984年7月,在广东省云浮硫铁矿铁路专用线上应用石灰搅拌桩加固单孔4.5m盖板箱涵的软土地基获得成功。此后,粉喷桩技术率先在我国沿海地区及长江中、下游得到应用,目前该方法已广泛应用于铁路、公路、市政工程、港口码头、工业与民用建筑等行业的软土地基加固中，取得了良好的社会效益和经济效益。

(二)适用条件

1. 适用土质

水泥土搅拌法适用于加固淤泥、淤泥质土、粉土和含水率较高且地基承载力标准值不大于120kPa 的黏性土等。当地基土的天然含水率小于 30%(黄土含水率小于 25%)、大于 70%或地下水的 pH 值小于 4 时不宜采用干法。

2. 加固深度

水泥土搅拌法的加固深度取决于施工机械的效率。日本在海上搅拌加固软土的深度已达60m;国内目前在路上的施工实际已达 27m(施工机械能力为 30m),而在海上的深层搅拌船的有效加固深度为 21.8m(含水深和软土层厚度)。由于受桩体强度、喷粉工艺、土压力等影响，目前水泥土桩有效加固深度一般认为在 15m 以内。

3. 适用工程

目前水泥土搅拌法常用于下列深层软土地基道路工程的维护加固工程中。

1)组成水泥土桩复合地基，提高地基承载力、增大变形模量、减少沉降量。将水泥与软土充分搅拌后形成水泥土，其抗压强度比天然软土提高几十倍至数百倍，变形模量也增大数十到数百倍。因此，由水泥土桩和周围天然土层组成的复合地基能较大的提高承载力、减少沉降量，所以可应用于如下工程的加固。

(1)道路拓宽工程中新旧路基结合处的不均匀沉降。

(2)旧路面经加铺改造后仍存在较大的工后沉降，而且对于路基填方较低，便于粉喷桩施工的情况。

2)形成水泥土支挡结构物，增加侧向承载能力，用于防止土质路堑边坡或高陡路堤的侧向滑动。

3)形成防渗止水帷幕。由于水泥土结构致密，其渗透系数可小于 $1\times10^{-11}\sim1\times10^{-9}$ cm/s，因此可用于滨海滩涂地区及平原水网区路堤工程的防渗帷幕，减少坡脚因常年浸泡水中而造成的路堤侧滑。

(三)设计与计算方法

1. 设计要求

1)资料收集

在进行搅拌桩的设计前，应收集到下列资料。

(1)收集拟建场地的工程性质、水文地质资料。

(2)上部结构和基础工程资料。

2)对工程地质勘察的特殊要求

进行深层搅拌法加固软土地基设计时，除了要求常规的工程地质勘察资料外，对以下各点应予以特别的注意。

(1)软土层的分布

由于深层搅拌法主要是用于加固软土，因此要特别搞清软土层在拟建场地中的平面分布范围、厚度；如有数层还应分别鉴别它们的成因，软土层之间是否有砂质土夹层。

(2)地下水调查

(3)土水分析

与现场勘察相配合，室内的土、水分析应着重对黏土矿物成分、有机质含量及水质进行分析。

3)室内水泥土配比试验

由于不同成因的软土，土类不同、含水率不同、有机质含量不同、水泥品种和掺量不同、龄期不同，水泥加固土的强度相差悬殊，因此在进行深层搅拌加固设计前，应进行水泥加固土的室内配合比试验。

2. 复合地基的设计

深层搅拌水泥土单桩和周围土体构成复合地基，可以共同承受上部垂直荷载。

1)单桩承载力的计算

承受垂直荷载的深层搅拌水泥土桩，一般应使土对桩的支承力与桩身强度所确定的承载力相近，并使后者略大于前者最为经济。因此，搅拌单桩的设计主要是确定桩长和选择水泥掺入比。

单桩竖向承载力标准值可按下列两式计算，并取其中较小值：

$$R_{\mathrm{k}}^{\mathrm{d}} = \eta f_{\mathrm{cu,k}} A_{\mathrm{p}} \tag{4-21}$$

$$R_{\mathrm{k}}^{\mathrm{d}} = \bar{q}_{\mathrm{s}} U_{\mathrm{p}} l + \alpha A_{\mathrm{p}} q_{\mathrm{p}} \tag{4-22}$$

式中：$f_{\mathrm{cu,k}}$——与水泥土搅拌桩身加固土配比相同的室内加固土试块(边长为 70.7mm 的立方体，也可采用边长为 50mm 的立方体)的无侧限抗压强度平均值；

η——强度折减系数，可取 0.35～0.50；

$\bar{q}_{\mathrm{s}}$——桩周土的平均摩擦力，对淤泥可取 5～8kPa，对淤泥质土可取 8～12kPa，对黏性土可取 12～15kPa；

U_{p}——桩周长度；

l——搅拌桩长度；

q_{p}——桩端天然地基土的承载力标准值，可按国家标准《建筑地基基础设计规范》(GB 50007—2002)的有关规定确定；

α——桩端天然地基土的承载力折减系数，可取 0.4～0.6。

2)搅拌桩复合地基承载力的计算

由于搅拌桩桩身强度较刚性桩为低，在垂直荷载作用下有一定的压缩变形，在桩身压缩变形的同时，其周围的软土也能分担一部分荷载。因此，当桩的间距较大时，水泥土搅拌桩可与周围的软土组成柔性桩复合地基。搅拌桩复合地基的承载力标准可按下式计算：

$$f_{\mathrm{sp,k}} = m \frac{R_{\mathrm{k}}^{\mathrm{d}}}{A_{\mathrm{p}}} + \beta(1-m) f_{\mathrm{s,k}} \tag{4-23}$$

式中：$f_{\mathrm{sp,k}}$——搅拌桩复合地基承载力标准值；

m——搅拌桩面积置换率；

$f_{\mathrm{s,k}}$——桩间天然地基土承载力标准值；

β——桩间土承载力折减系数，当桩端为软土时，可取 0.5～1.0；当桩端土为硬土时，可取 0.1～0.4；当不能考虑桩间软土的作用时，可取零；

其余符号同前。

3)置换率和桩数的计算

在通常的设计过程中，根据上部结构对地基要求达到的承载力 $f_{sp,k}$ 和单桩设计的承载力 R_k^d，按下式即可求得所需的置换率：

$$m=\frac{f_{sp,k}-\beta f_{s,k}}{\frac{R_{k,d}}{A_p}-\beta f_{s,k}} \tag{4-24}$$

对于采用柱状加固时，可采用正方形或等边三角形布桩形式，其总桩数可按下式计算：

$$n=\frac{mA}{A_p} \tag{4-25}$$

式中：n——总桩数；

A——基础底面积。

4)桩位平面布置

深层搅拌水泥土桩的总桩数确定后，即可按选定的加固形式和上部荷载的分布进行布桩。柱状加固时，桩的平面布置以桩距最大(以利充分发挥桩侧摩阻力)和便于施工为原则。壁状加固和格栅加固可根据上部荷载分布情况将搅拌桩布置成相互搭接的壁状体；当总桩数不足以形成壁状加固体时，可增添较短的连接桩，确保桩体连成壁状或格栅状。

5)下卧层地基强度的验算

当搅拌桩加固范围以下存在软弱下卧层时，应进行下卧层强度验算。可将搅拌桩和桩间土视为一个假想实体基础进行下卧层地基强度验算。

$$R_b=\frac{f_{sp,k}\cdot A+G-V\bar{q}_s-f_{s,k}(A-F_1)}{F_1} \tag{4-26}$$

式中：R_b——假想实体基础底面处的平均压力；

G——假想实体基础的自重；

V——假想实体基础的侧表面积；

F_1——假想实体基础的底面积；

$\bar{q}_s$——假想实体基础底面处修正后的地基承载力。

当下卧层强度验算不能满足要求时，可重新设计单桩，直至满足要求。

6)沉降计算

当搅拌桩复合地基承受上部基础传递来的垂直荷载后，所产生的垂直沉降 S 包括桩土复合层本身的压缩变形 S_1 和桩土复合层底面以下土的沉降量 S_2，即 $S=S_1+S_2$。

(1)桩土复合层的压缩变形 S_1 可按下式进行计算：

$$S_1=\frac{(P+P_0)L}{2E_0} \tag{4-27}$$

式中：P——桩土复合层顶面的平均压力；

$$P=\frac{f_{sp,k}\cdot A-f_{s,k}(A-F_1)}{F_1} \tag{4-28}$$

P_0——桩土复合层底面的附加压力，$P_0=R_b-\gamma_p L$(γ_p 为桩土复合体的平均重度)；

L——桩长；

E_0——桩土复合体的变形模量，$E_0=mE_{50}+(1-m)E_s$，E_{50}和E_s分别为桩身水泥土和桩间土的变形模量，E_{50}可取$(100\sim120)f_{cu,k}$。

大量的计算表明，S_1值根据上部荷载、桩长、桩身强度等因素在1.0～3.0cm变化。

(2)桩土复合体底面以下未加固土体的压缩变形可按《建筑地基基础设计规范》(GB 50007—2002)中规定的分层总和法进行计算。

(四)检测内容及技术指标

1.水泥土的室内配合比试验及检测指标

为了能够为水泥土搅拌法的设计计算和施工工艺提供可靠的参数，需要进行室内配合比试验，试验内容如下。

(1)用水泥加固不同种类软土的可能性。

(2)确定加固各种软土最合适的水泥品种。

(3)加固某种软土所需水泥的掺入量、水灰比和最佳的外掺剂。

(4)水泥土强度的增长规律，推求龄期与强度的关系。

主要测定的技术指标见表4-10。

主要测试指标及测试仪器　　表4-10

测试指标	密度	相对密度	抗压强度	变形模量	抗拉强度	抗剪强度	压缩系数和压缩模量	渗透系数
测试仪器	—	比重计	无侧限抗压强度仪		劈裂法	直接快剪、三轴不排水剪切	标准固结仪	渗透仪

2.现场质量检验

水泥土搅拌桩的现场质量检验包括如下内容。

1)材料质量检验

现场实际使用的固化剂和外掺剂必须按设计要求的配方通过现场加固土的强度试验，进行材料质量检验，合格后方可使用。

2)工程桩质量评定

及时检查施工记录，根据预定的施工工艺对工程桩进行质量评定。对于不合工艺要求的工程桩需根据其所在位置、数量等具体情况，通过质量分析，提出补桩或加强附近工程桩等措施。

3)开挖检验

工程桩成桩7d后，选取一定数量的桩体进行浅部开挖桩头，深度宜超过停浆(灰)面下0.5m，目测搅拌桩的均匀性，量测成桩直径。检查量为总桩数的5%。

对桩体搭接或整体性要求严格的工程，应在成桩15d后，选取数根桩进行开挖，检查搭接情况。

基槽开挖后，应检验桩位、桩数与桩顶质量，如不符合设计要求，应采取有效补强措施。

4)钎探检验

在工程桩成桩7d后，使用轻型动力触探仪(N_{10})进行钎探，以判断桩身强度，同时检查每米桩身的均匀性。检验的桩数为施工总桩数的2%～5%。当桩身的N_{10}击数比原地基土的N_{10}

击数增加1.5倍以上时，搅拌桩的桩身强度基本上能够达到设计要求。根据现有的检验资料，对于不同的土质、不同的水泥掺量时的搅拌桩身N_{10}击数与水泥土强度的对应关系见表4-11。

水泥土强度与钎探次数的关系 表4-11

N_{10}(击)	15	20～25	30～35	>40
q_u(kPa)	200	300	400	>500

轻便触探检验的深度一般不超过4m。

5)现场载荷试验

竖向承载水泥土搅拌桩地基竣工验收时，承载力检验应采用复合地基载荷试验和单桩载荷试验，一般可采用荷重平台、千斤顶分级加载，用百分表测量桩身沉降量。载荷试验必须在桩身强度满足试验载荷条件时，并宜在成桩28d后进行。检验数量为桩总数的0.5%～1%，且每项单体工程不应少于3点。

6)取样检验

经触探和载荷试验检验后对桩身质量有怀疑时，应在成桩28d后，用双管单动取样器钻取岩芯作抗压强度检验，检验数量为施工总桩数的0.5%，且不少于3根。

(五)施工工艺及质量控制

1.深层搅拌施工工艺

1)喷浆型

施工工艺：钻机就位→预搅下沉→制备水泥浆→喷浆搅拌提升→重复搅拌下沉和提升→清洗→移位。

2)喷粉型

施工工艺：钻机就位→钻进→提升→成桩→移位。

2.施工质量控制

无论喷浆还是喷粉搅拌的施工质量控制的要求是一致的或相近的。

1)保证垂直度

为使搅拌桩基本垂直于地面，要特别注意深层搅拌机的平整度和导向架对地面的垂直度，应控制机械的垂直度偏斜不超过1%。

2)保证桩位准确度

布桩位置与设计误差不得大于2cm，而成桩桩位偏差不应超过5cm。

3)水泥应符合要求

对于喷浆搅拌工艺所使用的水泥浆要严格按设计的配合比拌制，制备好的水泥浆不得有离析现象，停置时间不宜过长。为防止水泥浆发生离析，应将水泥浆留在灰浆拌制机中不断搅动，直至送浆前才缓慢倒入集料斗中。对停置时间超过2h的水泥浆应降低强度等级使用。

对粉喷搅拌所使用的水泥粉要严格控制入储灰罐前的含水率，严禁受潮结块，不同水泥不得混用。

4)确保搅拌施工的均匀性

(1)搅拌机械预搅下沉时应使土体充分搅碎。对遇到硬土，搅拌机下沉速度过慢时，对于喷浆搅拌可采用冲水下沉，但在喷浆提升前必须将输浆管中的存水排净。

(2)严格按设计确定的参数控制水泥浆(粉)的喷出量和搅拌提升速度。水泥的供应量必须连续,一旦因故中断,必须将搅拌头下沉到停浆(粉)面以下 0.5m 处,待恢复供浆(粉)后再搅拌提升,以防断桩。

(3)应控制重复搅拌时的下沉和提升速度,以保证加固深度范围内每一深度均得到充分搅拌。

5)确保壁状加固体的连续性

对设计要求搭接成壁的桩应连续施工,相邻桩的施工间隔不得超过 24h。相邻桩的重叠不得小于 20cm。

6)施工记录应详尽完善

施工记录必须有专人负责,深度记录偏差不得大于 5cm;时间记录误差不得大于 2s。施工中发生的问题和处理情况,均应如实记录,以便汇总分析。

五、钉形水泥土双向搅拌桩法

(一)概述

大量工程实践表明,水泥土搅拌桩具备较多优越性的同时,在应用过程中也暴露出一些弊端,主要表现为:①水泥浆沿桩体垂直分布不均匀;②桩体搅拌不够均匀;③水泥土搅拌桩的有效桩长和有效处理深度大大减小,限制了水泥土搅拌桩的应用。

东南大学交通学院刘松玉教授等针对目前水泥土搅拌桩施工中存在的上述问题,在充分研究水泥土搅拌桩的加固机制和影响成桩质量和桩身质量因素的基础上,研制出双向水泥土搅拌桩及其施工工艺,同时研制了施工机械,并在软土地基加固中进行了成功应用。

双向水泥土搅拌桩是指在水泥土搅拌桩成桩过程中,由动力系统带动,分别安装在内、外同心钻杆上的 2 组搅拌叶片同时正、反向旋转搅拌水泥土而形成的水泥土搅拌桩。该装置对现行水泥土搅拌桩成桩机械的动力传动系统、钻杆以及钻头进行改进,采用同心双轴钻杆,在内钻杆上设置正向旋转搅拌叶片并设置喷浆口,在外钻杆上安装反向旋转搅拌叶片,通过外钻杆上叶片反向旋转过程中的压浆作用和正、反向旋转叶片同时双向搅拌水泥土,阻断水泥浆上冒途径,把水泥浆控制在 2 组叶片之间,保证水泥浆在桩体中均匀分布和搅拌均匀,确保成桩质量(图 4-2)。

变截面水泥土双向搅拌桩的结构如图 4-3 所示。

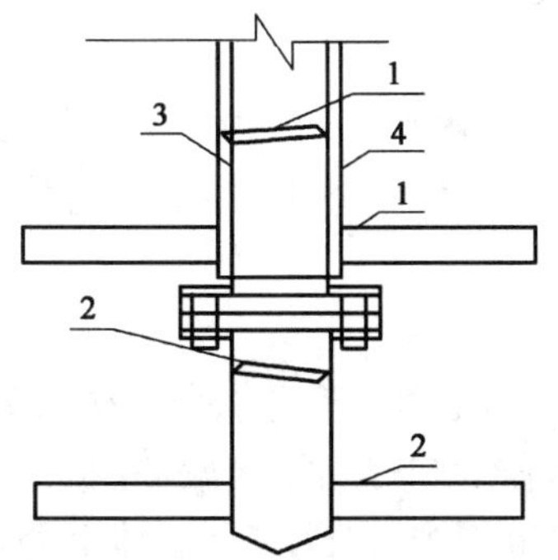

图 4-2 双向水泥土搅拌桩机钻头示意图
1-安装在外钻杆上的反向旋转搅拌叶片;2-安装在内钻杆上的正向旋转搅拌叶片;3-内钻杆;4-外钻杆

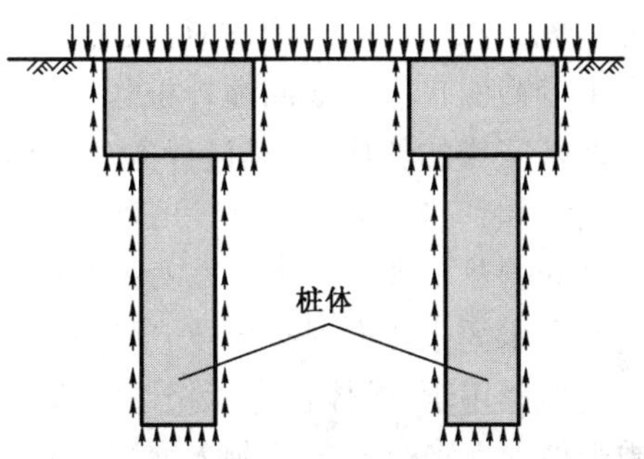

图 4-3 变截面水泥土双向搅拌桩结构示意图

(二)适用条件

变截面与双向水泥土搅拌桩是一种新型地基处理技术,主要适用于以下条件的地基处理中。

淤泥、淤泥质土和含水率较高的黏土、粉质黏土、粉土等软土地基,含水率宜小于80%;对于地基土的不排水抗剪强度大于120kPa的黏性土,内摩擦角大于30°的砂性土应由工艺试桩参数确定机械动力参数。

对于土中含伊利石、氯化物和水铝英石等矿物时,加固效果较差;土的原始抗剪强度为20~30kPa时,加固效果也较差。当变截面与双向水泥土搅拌桩用于泥炭土或土中有机质含量较高,pH为7和地下水有侵蚀时,宜通过试验确定其适用性。

目前国内常规水泥土搅拌桩处理软土的有效加固深度一般不超过15m,但对变截面与双向水泥土搅拌桩的有效加固深度,目前施工机械水平的施工深度可达25m。

(三)设计与计算方法

1. 概述

复合地基承载力是复合地基主要工程性质之一,复合地基承载力的确定通常由两种途径,即现场载荷试验方法和理论公式计算方法。由理论公式计算复合地基承载力,目前主要有两种计算模式,其一是将复合地基作为一个整体来考虑;其二是分别确定桩体和地基土的承载力,然后根据一定的原则,将两者进行叠加,从而得到复合地基承载力。其计算公式见式(4-23)。

此外,浙江大学龚晓南教授建议采用如下公式统一表示竖向增强体复合地基极限承载力:

$$p_{cf} = k_1\lambda_1 mp + k_2\lambda_2(1-m)p_{st} \tag{4-29}$$

式中:p_{cf}、p_{pf}、p_{st}——分别为复合地基、桩体和天然地基的极限承载力;

k_1、k_2——分别为反映桩体和桩间土实际极限承载力修正系数;

λ_1、λ_2——分别为复合地基破坏时桩体和桩间土极限强度发挥度。

变截面水泥土双向搅拌桩可以较好地协调桩土共同参与工作。由于采用了双向搅拌工艺,桩身质量均匀,且强度较高。此外由于扩大头部分的面积置换率较高,使桩体承担较大比例的上部荷载。变截面水泥土双向搅拌桩的扩大头效应,可强制协调桩间土参与承担上部荷载,使基础始终将一部分上部荷载传递到桩间土中,从而保证在任何性质的上部荷载作用下,桩间土都参与工作。此外,变截面水泥土双向搅拌桩的扩大头"翼缘"效应,即充分利用了桩身荷载传递规律和"对称边载"效应,又避免了应力过于集中。

由于变截面水泥土双向搅拌桩作为一种新的桩型,变截面水泥土双向搅拌桩复合地基也是复合地基家族的新成员,其设计方法和理论尚在理论和实践探索阶段,应加强工程实践的积累和总结,不断完善其设计方法和理论。

2. 路堤荷载下复合地基承载力的计算

变截面水泥土双向搅拌桩复合地基在路堤荷载作用下,其受力过程是一个二次屈服过程。在路堤荷载作用下,桩体首先承担了大部分荷载,由于桩体强度和压缩模量较高,桩体会相对于桩周土体向上产生一定的刺入变形。在扩大头一定深度范围内,出现桩周土体沉降大于桩体沉降,在桩侧产生负的摩阻力,这也是路堤荷载的二次分配过程。由于变截面水泥土双向搅拌桩上、下截面的变化较大,当荷载增大到一定值以后,变截面水泥土双向搅拌桩桩体会进入屈服。当桩体屈服后，再增加荷载，其增加的荷载就会通过扩大头“翼缘效应”和桩侧阻力的调整传递到桩周土中去。直至桩周土体产生屈服，复合地基承载能力达到极限。

1)路堤荷载下单桩承载力的计算

由于桩体上部负摩阻区的存在，使路堤荷载下单桩承载性能有别于刚性基础下单桩承载性能。因此在计算方法上应有所区别。

(1)刺入性破坏模式

如果桩身强度满足：

$$\eta_1 f_{cu} A_{p1} \geqslant u_1 \int_{\varepsilon m1}^{h} c_{uo}(z)\mathrm{d}z + u_2 \sum_{f=1}^{n_2} c_{uo} h_f + A_{p2} q_b + (A_{p1} - A_{p2}) q_a \tag{4-30}$$

且

$$\eta_2 f_{cu} A_{p2} \geqslant u_2 \sum_{f=1}^{n_2} c_{uo} h_f + A_{p2} q_b + (A_{p1} - A_{p2}) q_a \tag{4-31}$$

则单桩极限承载力为：

$$R_1 = u_1 \int_{\varepsilon m1}^{h} c_{uo}(z)\mathrm{d}z + u_2 \sum_{f=1}^{n_2} c_{uo} h_f + A_{p2} q_b + (A_{p1} - A_{p2}) q_a \tag{4-32}$$

(2)扩大头“翼缘”下部桩体屈服破坏模式

如果桩身强度满足：

$$\eta_2 f_{cu} A_{p2} \leqslant u_2 \sum_{f=1}^{n_2} c_{uo} h_f + A_{p2} q_b + (A_{p1} - A_{p2}) q_a \tag{4-33}$$

且

$$\eta_1 f_{cu} A_{p1} \geqslant u_1 \int_{\varepsilon m1}^{h} c_{uo}(z)\mathrm{d}z + u_2 \sum_{f=1}^{n_2} c_{uo} h_f + A_{p2} q_b + (A_{p1} - A_{p2}) q_a \tag{4-34}$$

则单桩极限承载力为：

$$R_2 = \eta_2 f_{cu} A_{p2} + u_2 \int_{\varepsilon m1}^{h} c_{uo}(z)\mathrm{d}z + (A_{p1} - A_{p2}) q_a \tag{4-35}$$

(3)扩大头部分桩身屈服破坏模式

如果桩身强度满足：

$$\eta_1 f_{cu} A_{p1} \leqslant u_1 \int_{\varepsilon m1}^{h} c_{uo}(z)\mathrm{d}z + u_2 \sum_{f=1}^{n_2} c_{uof} h_f + A_{p2} q_b + (A_{p1} - A_{p2}) q_a \tag{4-36}$$

且

$$\eta_2 f_{cu} A_{p2} \geqslant u_2 \sum_{f=1}^{n_2} c_{uof} h_f + A_{p2} q_b + (A_{p1} - A_{p2}) q_a \tag{4-37}$$

式中：$c_{uof}(z)$——z 深度处桩周土的不排水抗剪强度，kPa。

则单桩极限承载力为：

$$R_3 = \eta_1 f_{cu} A_{p1} \tag{4-38}$$

综合三种破坏模式，变截面水泥土双向搅拌桩单桩极限承载力可采用式(4-39)计算：

$$R = \min\{R_1, R_2, R_3\} \tag{4-39}$$

2)路堤荷载下复合地基承载力计算方法的探讨

变截面水泥土双向搅拌桩复合地基承载特性具有一般竖向增强体复合地基承载性能的一般特点，即由桩体和桩间土的承载力两部分共同组成，可以根据单桩承载力和桩间土承载力，由一定的原则叠加这两部分承载力确定。可采用下式计算：

$$f_{sp,k}=m_1\frac{R_a^k}{A_{p1}}+\beta(1-m_1)f_{s,k} \tag{4-40}$$

式中：$f_{sp,k}$——复合地基承载力特征值，kPa；

$f_{s,k}$——处理后桩间土承载力特征值，宜按当地经验取值，如无经验时可取天然地基承载力特征值，偏于安全，kPa；

β——桩间土承载力折减系数，宜按当地经验取值，如无经验时可取0.75～0.90，当桩长较短、桩端为硬土时取小值，当桩长较长、桩端为软土时取大值；

m_1——扩大头部分面积置换率，$m_1=D^2/d_e^2$；

D——扩大头直径，m；

d_e——根桩分担的处理地基面积的等效直径，等边三角形布置，$d_e=1.05s$；正方形布置，$d_e=1.13s$；矩形布置，$d_e=1.13\sqrt{s_1s_2}$，m；

s、s_1、s_2——分别为桩间距、纵向间距和横向间距；

A_{p1}——扩大头部分截面积，m^2；

R_a^k——单桩承载力特征值(考虑扩大头范围内负摩阻力)，对于路堤荷载下复合地基由式(4-39)计算，kN。

3. 加固区下卧层承载力验算

当复合地基加固区下卧层为软弱土层时，尚需对下卧层土的承载力进行验算。经深度修正后的下卧层土容许承载力为：

$$[\sigma]=[\sigma_0]+\eta_d\gamma_0(d-3) \tag{4-41}$$

式中：$[\sigma_0]$——复合地基加固区下卧层承载力标准值，kPa；

d——复合地基加固深度，即桩的长度，m；

η_d——承载力深度修正系数；

γ_0——加固区桩间土的加权平均重度，地下水位以下取有效重度，kN/m^3。

加固区下卧层承载力验算要求作用在下卧层顶面处土的自重应力 σ_{cz} 和附加应力 σ_z 之和不超过下卧层土的容许承载力$[\sigma]$，即：$\sigma_{cz}+\sigma_z\leqslant[\sigma]$。

附加应力 σ_z 的计算：目前在工程应用上，常采用下述三种方法计算。

1)应力扩散法[图 4-4a)]

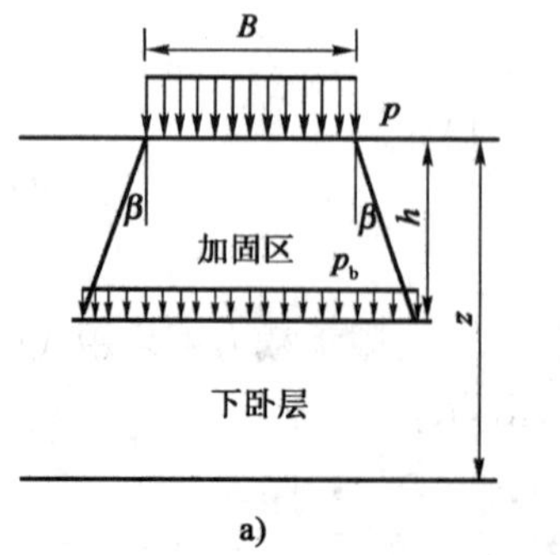

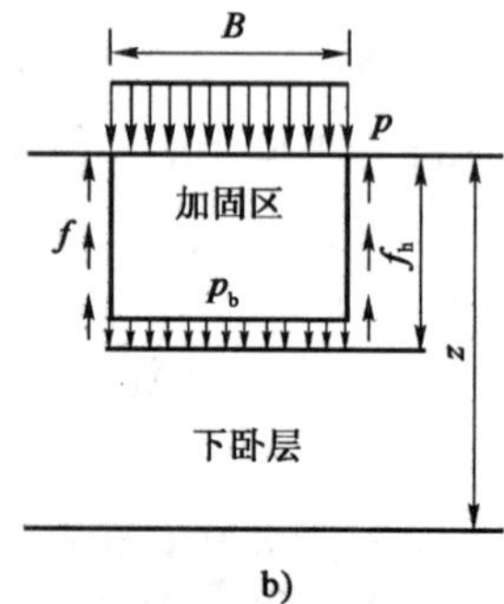

图 4-4　下卧层上附加应力计算

a)应力扩散法；b)等效实体法

矩形基础：

$$p_b = \frac{DBP}{(B+2h\tan\beta)(D+2h\tan\beta)} \tag{4-42}$$

条形基础：

$$p_b = \frac{BP}{B+2h\tan\beta} \tag{4-43}$$

采用应力扩散法计算的关键是压力扩散角的合理选用。应力扩散角 β 的取值见表 4-12。

应力扩散法的附加应力扩散角 β 取值一览表　　表 4-12

h/B \ E_{pb}/E_s	5	10	15	20	25	30	35
0.5	43.9	52.6	54.2	57.8	59.0	60.7	62.3
1	43.5	51.8	53.5	57.0	58.6	60.3	61.8
2	43.2	51.1	53.1	56.1	58.2	59.8	61.2
3	42.9	49.4	52.9	55.4	57.6	59.2	60.5
4	41.7	47.9	50.9	53.4	55.4	55.9	58.2
5	40.1	45.3	48.6	51.1	52.9	54.4	55.6
6	39.7	44.8	47.9	50.3	52.1	53.6	54.8

2)等效实体法[图 4-4b)]

矩形基础：

$$p_b = \frac{DBP-(2B+2D)h}{BD} \tag{4-44}$$

条形基础：

$$p_b = p - \frac{2hf}{B} \tag{4-45}$$

等效实体法计算关键是侧壁摩阻力 f 的计算。

3)改进 Geddes 法

复合地基总荷载为 p，桩体承担 p_p，桩间土承担 $p_s=p-p_p$。桩间土承担的荷载 p_s 只在地基所产生的竖向应力 σ_{zp_s}，其计算方法和天然地基中应力计算方法相同。桩体承担的荷载 p_p 在地基中所产生的竖向应力采用 Geddes 法计算。然后叠加两部分应力得到地基中总的竖向应力。

4.设计参数计算

变截面水泥土双向搅拌桩复合地基设计参数主要包括桩长、桩间距、扩大头直径、上下桩径比、扩大头高度和处理范围。变截面水泥土双向搅拌桩复合地基设计参数是相互关联的有机整体，在设计中必须做到相互协调，尽可能在最小的经济费用下取得最佳工程效果。

根据设计要求的单桩承载力特征值 R_k^d 和复合地基承载力标准值 $f_{sp,k}$，可计算变截面水泥土双向搅拌桩复合地基扩大头部分的置换率 m_1：

$$m_1 = \frac{f_{sp,k} - \beta f_{sp,k}}{(R_k^d/A_p) - \beta f_{s,k}} \tag{4-46}$$

R_k^d应根据单桩载荷试验结果减去扩大头上部的桩侧负摩阻力确定。

依据面积置换率，可通过下列公式计算桩间距：

$$s=\sqrt{\frac{A_{p1}}{am_1}} \tag{4-47}$$

式中：a——桩位形状系数，正方形布置 $a=1$，梅花形布置 $a=0.866$；

A_{p1}——变截面水泥土双向搅拌桩扩大头面积，m^2。

结合路堤荷载下变截面水泥土双向搅拌桩荷载传递规律，考虑土拱效应、扩大头范围内的摩阻和边载效应，上、下桩径比与扩大头高度存在下列关系：

$$\left(\frac{D}{d}\right)^2 \leqslant \frac{\xi'(P'_u+u_1\int_0^{z_{m1}} c_{uof}dz)}{P'_u-u_1\int_0^{h_1} c_{uof}dz-(A_{p1}-A_{p2})q_a} \tag{4-48}$$

式中：P'_u——$P'_u=kP_u$；

k——安全系数；

ξ'——“边载效应”系数。

（四）检测内容及技术指标

同一般水泥土搅拌桩。

（五）施工工艺及质量控制

1. 变截面与双向水泥土搅拌桩成桩机械（图 4-5、图 4-6）

水泥土搅拌桩的成桩机械是对现行水泥土搅拌桩成桩机械的动力传动系统、钻杆以及钻头进行改进，采用内、外嵌套的同心双重钻杆，在内钻杆上设置正向旋转叶片并设置喷浆口，在外钻杆上安装反向旋转叶片。双向水泥土搅拌桩的成桩机械钻头结构如图 4-2 所示。变截面水泥土双向搅拌桩采用双向水泥土搅拌桩成桩机械，将搅拌叶片设置成可伸缩叶片，以便施工水泥土搅拌桩上、下不同截面的桩身。

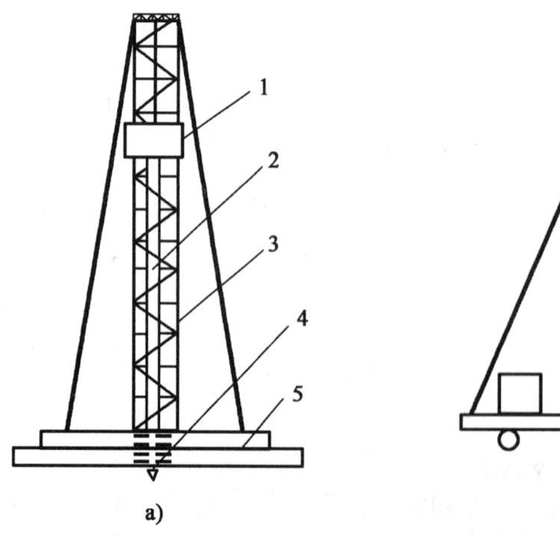

图 4-5　变截面与双向水泥土搅拌桩施工机械立面和侧面图

a)立面图；b)侧面图

1-动力箱体，2-钻杆，3-机架，4-钻头，5-底盘

2. 变截面与双向水泥土搅拌桩施工工艺

1)双向水泥土搅拌桩施工工艺(图 4-7)

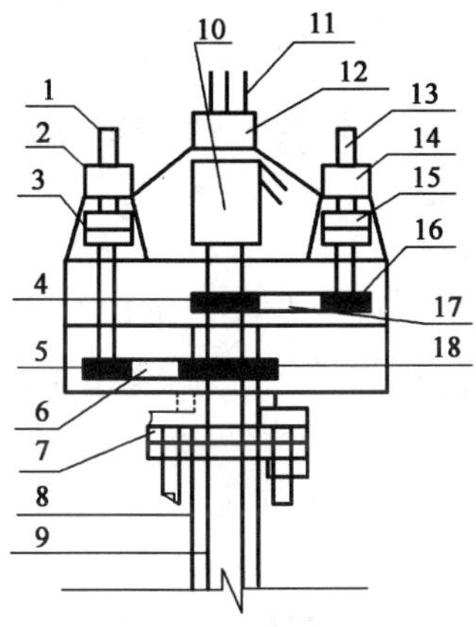

图 4-6　变截面与双向水泥土搅拌桩施工机械箱体结构示意图
1-外钻杆电动机;2-外钻杆减速器;3-外钻杆连接器;4-内钻杆动力传动齿轮;5-外钻杆动力齿轮;6-外钻杆动力传动齿轮;7-内钻杆动力传动系统连接法兰;8-外钻杆;9-内钻杆;10-水接头;11-钢丝绳;12-滑轮组;13-内钻杆电动机;14-内钻杆减速器;15-内钻杆连接器;16-内钻杆动力齿轮;17-内钻杆动力传动齿轮;18-外钻杆动力传动齿轮

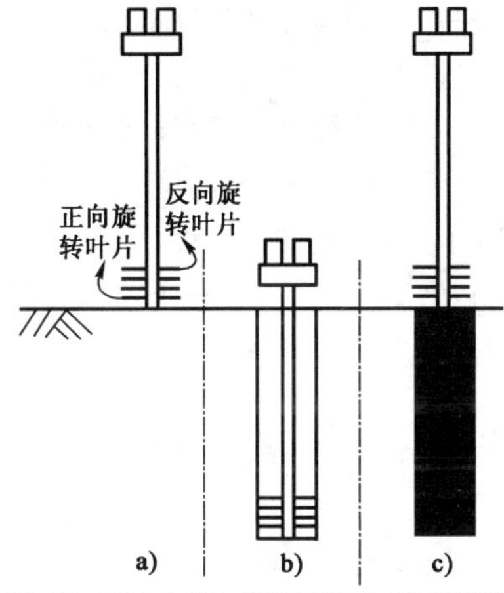

图 4-7　双向水泥土搅拌桩施工工艺流程图

水泥土搅拌桩的施工工艺和常规水泥土搅拌桩的施工工艺基本相似,仅将常规水泥土搅拌桩的四搅两喷工艺改变为两搅一喷工艺,其桩位布置形式同样可采用梅花形或正方形布置。具体操作步骤如下。

(1)首先平整、压实施工场地,定位放线。

(2)搅拌机就位:起重机悬吊搅拌机到指定桩位并对中。

(3)切土下沉:启动搅拌机,使搅拌机沿导向架向下切土,同时开启送浆泵向土体喷射水泥浆,两组叶片同时正、反向旋转切割、搅拌土体,搅拌机持续下沉,直到设计深度,桩端应就地持续喷浆搅拌 10s 以上。

(4)提升搅拌:关闭送浆泵,搅拌机提升,两组叶片同时正、反向旋转搅拌水泥土,直到地表或设计桩顶高程以上 50cm。

2)变截面水泥土双向搅拌桩施工工艺(图 4-8)

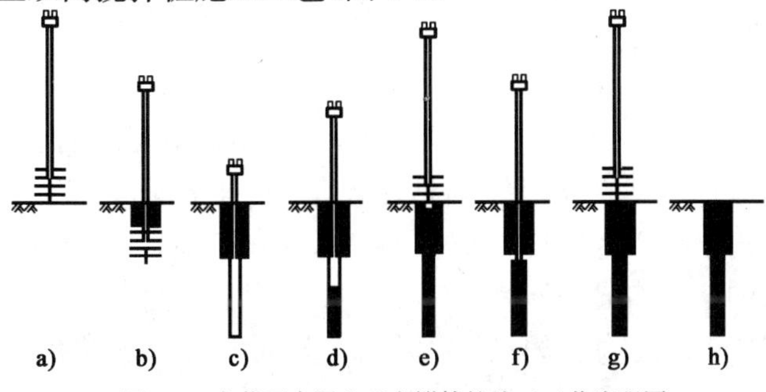

图 4-8　变截面水泥土双向搅拌桩施工工艺流程图

变截面水泥土双向搅拌桩桩位布置形式同样可采用梅花形或矩形布置，施工工艺具体操作步骤如下。

(1)首先平整、压实施工场地，定位放线。

(2)搅拌机就位：起重机悬吊搅拌机到指定桩位并对中。

(3)喷浆下沉：启动搅拌机，使搅拌机沿导向架向下切土，同时开启送浆泵向土体喷射水泥浆，两组叶片同时正、反向旋转(外钻杆逆时针旋转，内钻杆顺时针旋转)切割、搅拌土体，搅拌机持续下沉，直到扩大头设计深度。

(4)施工下部桩体：改变内、外钻杆的旋转方向，将搅拌叶片收缩到下部桩体直径，两组叶片同时正、反向旋转切割、搅拌土体，搅拌机持续下沉，直到设计深度，桩端应就地持续喷浆搅拌 10s 以上。

(5)提升搅拌：关闭送浆泵，搅拌机提升，两组叶片同时正、反向旋转搅拌水泥土，至扩大头底面以下 0.5～1m，开启送浆泵，向土体喷浆，直至扩大头底面高程，关闭送浆泵。

(6)伸展叶片：改变内外钻杆的旋转方向，将搅拌叶片伸展至扩大头径，提升钻杆，两组叶片同时正、反向旋转搅拌水泥土，直到地表或设计桩顶高程以上 50cm，将钻头提升出地表，并观察叶片展开程度。

(7)切土下沉：搅拌机沿导向架向下切土，同时开启送浆泵，向土体喷水泥浆，两组叶片同时正、反向旋转切割、搅拌土体，搅拌机持续下沉，直到扩大头设计深度。

(8)提升搅拌：关闭送浆泵，两组叶片同时正、反向旋转搅拌水泥土，直到地表或设计桩顶高程以上 50cm，完成单桩施工。

3)变截面与双向水泥土搅拌桩施工参数

(1)变截面与双向水泥土搅拌桩机械参数的确定

变截面与双向水泥土搅拌桩的最大施工深度和最大桩径(变截面水泥土双向搅拌桩的扩大头直径)和施工机械数有直接的关系，施工前应根据设计桩深和桩径选择施工机械参数。

变截面与双向水泥土搅拌桩的最大施工深度和最大桩径主要由施工机械的动力系统的输出功率、地基土体的力学性质、内外钻杆的转速、搅拌叶片的宽度和倾角等因素制约。最大施工深度和最大桩径是一个相互制约的有机整体，应协调考虑。在机械设备和参数的确定中，应以保证工程质量为原则，尽量使内、外钻杆动力系统的最大输出功率得到充分利用。

变截面与双向水泥土搅拌桩的动力系统是由两组 24kW(37kW)电机组成，通过动力传动系统带动内、外钻杆分别按不同方向旋转、切割、搅拌土体。其动力系统输出功率与扩大头直径、旋转深度、钻头设计参数和地基土体力学参数等有关。

施工机械动力系统的输出功率主要由：①平衡作用于搅拌叶片的被动土压力；②补偿搅拌叶片在旋转、切割土体过程中损耗的能量；③平衡搅拌叶片在旋转过程中，桩周土体对搅拌叶片摩阻力所消耗的能量；④平衡水泥土对钻杆摩阻力消耗的能量；⑤系统能量损耗等五部分组成。当动力系统的输出功率达到其最大输出功率，其施工深度和桩径达到极值。

钻杆与搅拌叶片的连接如图 4-9 所示。

图 4-9 中，α_i 为内(外)钻杆第 i 组搅拌叶片与钻杆间夹角；b 为搅拌叶片宽度(m)；h 为搅拌叶片厚度(m)。

(2)变截面与水泥土双向搅拌桩施工工艺参数的确定

在没有施工资料和地质条件比较复杂的场地应先进行试桩，并根据设计要求进行施工工艺参数试验，工艺性试桩应取得的参数如下。

①掌握满足设计单桩喷浆量(由水泥掺入量、水灰比计算)的各种技术参数，如钻进速度、钻杆提升和下沉速度、喷浆压力、断浆量、搅拌机转速，进入持力层电流和钻进速度等(供参考的双搅桩机械参数：钻进速度 0.7～1.0m/min；提升速度 0.7～1.0m/min；内钻杆转速≥50r/min；外钻杆钻速≥70r/min；钻进时喷浆压力 0.25～0.4MPa)。

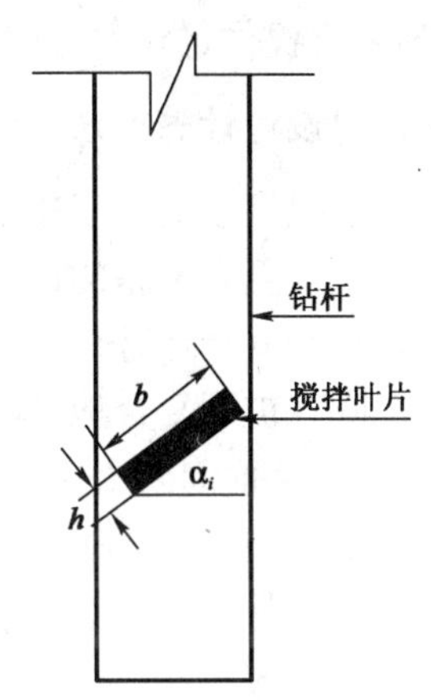

图 4-9　钻杆与搅拌叶片连接示意图

搅拌头搅拌叶片的枚数、宽度与搅拌轴的垂直夹角、转速、提升下沉速度应相互匹配，符合式(4-49)关系，确保加固范围内任一断面的土体均能经过 20 次以上搅拌。

$$N=n(h\sin\alpha+b\cos\alpha)\left(\sum_{i=1}^{n_1}\frac{\omega_1}{\pi v_1}+\sum_{i=1}^{n_2}\frac{\omega_1}{\pi v_2}\right) \tag{4-49}$$

式中：N——任一断面的搅拌次数，次/m；

n——钻机下沉或提升的次数，次；

ω_1——内钻杆转速，弧度/s；

h——搅拌叶片厚度，m；

b——搅拌叶片宽度，m；

v_1、v_2——分别为钻机的提升和下沉速度，m/s。

②掌握下沉和提升的阻力情况，选择合理的搅拌头形式、电机功率与搅拌叶片的宽度和倾角等(供参考的双搅桩机叶片宽度 80～100mm，叶片厚度 25～40mm，叶片倾角 10°～20°)。

③检验室内试验所确定的配合比、水灰比是否便于施工，是否需要添加外加剂等。

④检验桩身的无侧限抗压强度是否满足设计要求。

⑤检验复合地基承载力和沉降是否满足设计要求。

⑥根据试桩结果调整施工组织设计。

六、预应力混凝土管桩

(一)概述

预应力混凝土管桩是采用先张预应力，掺加高效减水剂，高速离心蒸汽养护工艺的空心圆筒细长的预制桩，将上部荷载传给地基土的具有一定抗弯、抗压性能的受力杆件。预应力混凝土管桩具有单桩承载力高、设计选用范围广、施工速度快、工效高、工期短、桩体耐打、检验方便、地区适应性强、成桩质量可靠等优点。经过近十多年的推广，预应力管桩在我国南方的应用比较广泛。

(二)适用条件

预应力混凝土管桩适用于软弱地基加固及路基边坡失稳加固，前者可显著提高地基承载力，后者可提供足够的抗剪强度防止路基侧滑，目前主要用于软土地基及道路拓宽路段。

（三）设计计算方法

为了提高预应力混凝土管桩的应用效果，在其顶部往往设置土工格栅等而形成桩网复合地基。该类复合地基的设计计算可以按复合地基沉降计算方法或用计算群桩沉降的方法进行分析。桩网复合地基作为一种复合地基的特殊形式，因而可以利用复合地基的计算方法估算地基沉降。桩网复合地基的加土工格栅或土工格室的碎石垫层可以起到保证桩土共同承担荷载的作用，从而起到柔性承台的作用，因而也可用桩基沉降的计算方法。

在常用的计算方法中，通常把复合地基沉降量分为两部分：复合地基加固区压缩量 s_1，复合地基的下卧层压缩量 s_2。复合地基总沉降量 s 可表示为两部分之和，即：

$$s = s_1 + s_2 \tag{4-50}$$

1. 复合地基加固区压缩量的计算方法

复合地基沉降计算方法归纳为复合模量法、应力修正法、桩身压缩量法，可根据复合地基类别采用上述方法计算复合地基加固区的压缩量。

1）复合模量法（E_{sp}法）

将复合地基加固区中增强体和土体两部分视为一复合土体，采用复合压缩模量 E_{sp}来评价复合土体的压缩性。采用分层总和法计算 s_1，即：

$$s_1 = \sum_{i=1}^{n} \frac{\Delta p_i}{E_{spi}} H_i \tag{4-51}$$

式中：Δp_i ——第 i 层复合土上附加应力增量；

H_i ——第 i 层复合土的厚度。

E_{spi}值可通过面积加权法计算或弹性理论表达式计算，也可通过室内试验测定。面积加权法公式为：

$$E_{sp} = mE_p + (1-m)E_s \tag{4-52}$$

式中：m——复合地基面积置换率；

E_p——桩体压缩模量；

E_s——土体压缩模量。

或弹性理论公式为：

$$E_{sp} = mE_p + (1-m)E_s + \frac{4(v_p - v_s)^2 k_p k_s G_s (1-m)m}{[mk_p + (1-m)k_s]G_s + k_p k_s} \tag{4-53}$$

从式(4-52)、式(4-53)可以看出，满足桩体和土体压缩量相等且压缩均匀时，复合地基加固区土体的复合模量 E_{sp}总大于由桩体模量 E_p和桩间土模量 E_s的面积加权之和。

《建筑地基处理技术规范》给出了 CFG 桩的设计规定，给出的沉降计算方法属于复合模量法，即对加固区求出加固后的模量，然后按天然地基的分层总和法计算沉降。各复合土层的压缩模量等于其天然状态下的压缩模量乘以一增大系数，具体公式为：

$$E_{sp} = f_{sp,k} / f_{ck} \tag{4-54}$$

式中：f_{ck}——天然地基承载力标准值；

$f_{sp,k}$——复合地基承载力标准值。

这里复合地基的模量未采用桩、土模量按面积的加权平均。因为按面积加权平均计算的值仅在桩、土的压缩量相等时才适用。而对于刚性桩复合地基，由于桩体有上、下刺入，桩的压缩量要比相应土层的压缩量小得多。由桩、土模量按面积加权平均计算的复合模量将比一般土的模量大几十倍至百倍以上，而按上式所求出的复合模量一般只是土体模量的1.5～3倍。

2)应力修正法(E_s法)

在竖向增强体复合地基中，竖向增强体的存在使作用在桩间土上的荷载密度比作用在复合地基上的平均荷载密度要小。在该法中，根据桩间土承担的荷载p_s，按照桩间土的压缩模量E_s，忽略增强体的存在，采用分层总和法计算加固区土层的压缩量s。

竖向增强体复合地基中桩间土分担的荷载为：

$$p_s=\frac{p}{1+m(n-1)}=\mu_s p \tag{4-55}$$

式中：p——复合地基上平均荷载密度；

n、m——分别为复合地基桩土应力比和置换率；$n=\sigma_p/\sigma_s=(1-m)N/m$，$N=p_p/p_s$；

N——桩土荷载分担比；

p_p、p_s——分别为在荷载作用下桩体承担的荷载和桩间土体承担的荷载；

μ_s——应力减小系数或称应力修正系数。

复合地基加固区土层压缩量仍采用分层总和法计算，其表达式为：

$$s_1=\sum_{i=1}^{n}\frac{\Delta p_{si}}{E_{si}}H_i=\mu_s\sum_{i=1}^{n}\frac{\Delta p_i}{E_{si}}H_i=\mu_s s_1 \tag{4-56}$$

式中：Δp_i——未加固地基(天然地基)在荷载p作用下第i层土上的附加应力增量；

Δp_{si}——复合地基中第i层桩间土的附加应力增量；

s_1——未加固地基(天然地基)在荷载p作用下相应加固区厚度内的压缩量；

E_{si}——第i层桩间土的压缩模量；

μ_s——应力修正系数，

$$\mu_s=\frac{1}{1+m(n-1)} \tag{4-57}$$

这种计算方法形式上很简单，但是应力修正系数μ_s却较难合理确定，因为桩土应力比n值的影响因素较多，很难合理选用。另外在计算中忽略增强体的存在将使计算值大于实际压缩量。采用该法计算压缩量往往偏大。

3)桩身压缩量法(E_p法)

桩身压缩量为s_p：

$$s_p=\frac{(\mu_p p+p_{bo})}{2E_p} \tag{4-58}$$

式中：μ_p——应力集中系数，$\mu_p=\dfrac{n}{1+m(n-1)}$；

l——桩身长度，即等于加固区厚度h；

E_p——桩身材料变形模量；

p_{bo}——桩底端端承力密度。

加固区土层压缩量s_1表达式为：

$$s_1=s_p+\Delta \tag{4-59}$$

式中：s_p——桩身压缩量；

Δ——桩底端刺入下卧层土体中的刺入量。

若刺入量 $\Delta=0$，则桩身压缩量就是加固区土层压缩量。

采用应力修正法和桩身压缩量法计算时，在选用桩土应力比 n 值时往往遇到困难。桩土应力比的影响因素很多，桩土模量比、置换率、桩长、时间、荷载水平等均对其有较大影响，而且桩和土体中应力并不是均匀的，桩土应力比只能是平均的概念。因此，测定很困难。

采用桩身压缩量法计算时，桩侧摩阻力的现场测试较为困难，难以准确掌握其侧摩阻力的取值范围。另外，不同土体侧摩阻力变化较大，在设计计算中难以合理选用，因此该法计算结果可能有较大的误差。

2. 复合地基下卧层压缩量计算方法

复合地基下卧层压缩量 S_2 通常采用分层总和法计算，在分层总和法计算中，作用在下卧层土体上的荷载或土体中附加应力是难以精确计算的。目前在工程应用上，常采用下述几种方法计算。

1)应力扩散法

具体计算公式见式(4-42)、式(4-43)。

2)当量层法

将复合地基加固区视为地基中的一层，作为双层地基处理求下卧层土体中的应力分布。通常可将复合地基加固区换算成为与下卧层压缩模量相同的当量土层的厚度，如此可以将复合的双层地基转化为相应的均质地基。以荷载作用于当量层顶面计算下卧层土体内的应力分布。当量层厚度 h_1 按式(4-60)计算：

$$h_1 = h\sqrt{\frac{E_{sp}}{E_{sx}}} \tag{4-60}$$

式中：h_1——复合地基加固区的当量层厚度；

h——为复合地基加固区的厚度；

E_{sx}——为下卧层土体的压缩模量。

3. 桩基沉降基础的计算理论

按《建筑地基基础设计规范》推荐方法，桩基础最终沉降量的计算采用单向压缩分层总和法：

$$s=\varphi_p\sum_{j=1}^{m}\sum_{i=1}^{n}\frac{\sigma_{j,i}\Delta h_{j,i}}{E_{sj,i}} \tag{4-61}$$

式中：s——桩基最终沉降量，mm；

m——桩端平面以下压缩层范围内土层总数；

$E_{sj,i}$——桩端平面下第 j 层土的第 i 个分层在自重应力加附加应力作用下的压缩模量，MPa；

n——桩端平面以下第 j 层土的计算分层数；

$\Delta h_{j,i}$——桩端平面以下第 j 层土的第 i 个分层的厚度，m；

$\sigma_{j,i}$——桩端平面以下第 j 层土的第 i 个分层的竖向附加应力，可按实体深基础的单向分层总和法计算或者按明德林公式计算，kPa；

φ_p——桩基沉降计算经验系数，各地区应根据当地的工程实测资料统计对比确定。

式(4-61)中附加应力的计算，应为桩底平面处的附加应力。实体深基础的支撑面积如图 4-10所示。

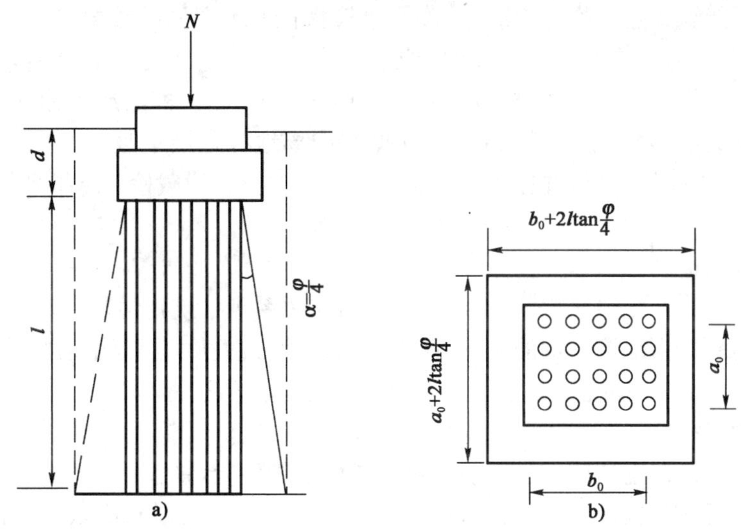

图 4-10　实体深基础的底面积

图 4-10 中的 φ 为桩基所穿过土层的加权平均内摩擦角 $\overline{\varphi}$：

$$\overline{\varphi}=\frac{\varphi_1 l_1+\varphi_2 l_2+\cdots+\varphi_n l_n}{l_0} \tag{4-62}$$

式中：φ_1、φ_2、…、φ_n ——厚度 l_1 、l_2 、…、l_n 各土层的内摩擦角；

l_0 ——桩位于土中的深度。

实体深基础桩基沉降计算经验系数 φ_p 应根据地区桩基础沉降观测资料及经验统计确定，在不具备条件时，可按表 4-13 选用。

实体深基础桩基沉降计算经验系数　　表 4-13

$\overline{E}_s$(MPa)	$\overline{E}_s<15$	$15\leqslant\overline{E}_s<30$	$30\leqslant\overline{E}_s<40$
φ_p	0.5	0.4	0.3

(四)施工工艺与质量控制

1. 施工工艺

施工顺序为：测量定位──→桩机就位──→复核桩位──→吊桩插桩──→桩身对中调直──→静压(或锤击)沉桩──→接桩──→再静压(或锤击)沉桩──→送桩──→终止压桩──→桩质量检验──→切割桩头──→填充管桩内的细石混凝土。

2. 管桩的施工质量控制

静压法施工时一定要根据地质情况合理选择配重，压桩设备应有加载反力读数系统，送桩时桩头和送桩器之间应设置厚度适当的垫层；锤击法施工时一要根据管桩的壁厚、打入深度、工程地质条件、单桩承载力及桩的密集程度等条件合理选择桩锤，施工时，桩头和桩帽之间也应使用厚度不小于 120mm 的坚硬质木或硬纸板垫层，并须及时更换。

1)单桩承载力控制

在预应力管桩施工质量指标中,单桩承载力为主要控制项目中主要指标之一,是确保地基基础经过处理后能承载建筑物全部载重,确保建筑物长期不变形的重要参数。一般在每项建筑物设计中,对预应力管桩的质量指标均会提出以承载力为主、桩长控制为辅的双控要求。影响单桩承载力特征值主要由桩侧、桩端地基土的物理力学性质、桩的尺寸和施工工艺所决定。设计院必须根据场地《岩土工程勘察报告(详勘)》中场地各地层承载力的大小和建筑物的荷重,经过计算选择桩端持力层,并在工程桩施工前,经过试桩、静载检测结果来校验设计计算的可靠性。

2)桩位偏差值控制

桩位偏差能否确保在国家规范允许范围内,直接关系到建筑物地基处理后承台尺寸,柱的位置,承台配筋多少、粗细等因素的变化,所以国家和地方的技术规范中对桩位偏差均有明确的规定,为此桩位偏差是预应力管桩施工质量主要控制指标之一。

3)桩体质量控制

虽然预应力管桩在生产厂家出厂前已进行桩体质量检验,并出具了产品出厂合格证,但在运输吊装、堆放过程中,也可能发生桩身损坏,出现径向裂纹(断裂),所以在沉桩前,由施工方现场技术人员,配合现场监理工程师进行桩身质量复查,凡是桩身质量出现问题,均应作出标记作报废处理,并应运出工地。桩身质量除上述原因外,在沉桩过程中,由于操作不当,也极易发生桩身断裂事故。

送桩不宜太深,一般不超过 2m。在较厚的黏土或粉质黏土层中,每根桩要连续施打,并严格控制每根桩的总锤击数不超过 2 000 击,严格控制最后 1m 锤数。

3. 管桩质量检验与试验

桩的质量检验液压法压桩同锤击法沉桩,但可利用静力压桩机作反力平衡装置进行桩的静载试验,可省去设置锚桩和反力梁等工作。为了保证工程的质量,必须分阶段进行单桩承载力的静载和测验。

1)静载试验法

单桩竖向抗压静载试验一般采用油压千斤顶加载,千斤顶的加载反力装置可根据现场实际条件采用如下方法。

(1)锚桩横梁反力装置。由锚桩、主梁、次梁、油压千斤顶以及测量仪表等组成,锚桩、反力梁装置能提供的反力应不小于预估最大试验荷载的 1.2~1.5 倍。

(2)压重平台反力装置。由支墩、钢横梁、钢锭或钢筋混凝土块、油压千斤顶及测量仪表等组成。压重不得少于预估试桩破坏荷载的 2 倍,压重应在试验开始前一次加上,并均匀稳固地放置于平台上。

2)动测试验法

动测试验法,又称动力无损检测法,是检测桩基承载力及桩身质量的一项新技术。

七、灌浆法

(一)定义

灌浆法是指利用液压、气压或电化学原理,通过注浆管把浆液均匀地注入地层中,浆液以填充、渗透和挤密等方式，赶走土颗粒间或岩石裂隙中的水分和空气后占据其位置，经人工控制一定时间后，浆液将原来松散的土粒或裂隙胶结成一个整体，形成一个结构新、强度大、防水性能好和化学稳定性良好的“结石体”。

(二)适用性

灌浆法在我国煤炭、冶金、水电、建筑、交通和铁道等部门都进行了广泛使用，并取得了良好的效果。其加固目前有以下几方面。

(1)增加地基土的不透水性。防止流沙、钢板桩渗水、坝基漏水和隧道开挖时涌水，以及改善地下工程的开挖条件。

(2)防止桥墩和边坡护岸的冲刷。

(3)整治坍方滑坡，处理路基病害。

(4)提高地基土的承载力，减少地基的沉降和不均匀沉降。

(三)灌浆设计

1.设计程序

路基灌浆设计一般遵循以下几个程序。

(1)土质调查:探明路基土的物理力学特性。

(2)方案选择:根据工程性质、灌浆目的以及地质条件，初步选定灌浆方案。

(3)灌浆试验:除进行室内灌浆试验外，对较重要工程，还应选择有代表性的地段进行现场灌浆试验，以便为确定灌浆技术参数及灌浆施工方法提供依据。

(4)设计和计算:用图表及数值方法，确定各项灌浆参数和技术措施。

(5)补充和修改设计:在施工期间和竣工后的运用过程中，根据观测所得的异常情况，对原设计进行必要的调整。

2.设计内容

路基灌浆设计的主要内容包括以下几方面。

(1)灌浆标准:通过灌浆要求达到的效果和质量指标。

(2)施工范围:包括灌浆深度、长度和宽度。

(3)灌浆材料:包括浆材种类和浆液配方。

(4)浆液影响半径:指浆液在设计压力下所能达到的有效扩散距离。

(5)钻孔布置:根据浆液影响半径和灌浆体设计厚度，确定合理的孔距、排距、孔数和排数。

(6)灌浆压力:规定不同地区和不同深度的允许最大灌浆压力。

(7)灌浆效果评估:用各种方法和手段检测灌浆效果。

3.方案选择

灌浆方案选择的具体内容并无严格规定，一般都只把灌浆方法和灌浆材料的选择放在首位。灌浆方法和灌浆材料的选择主要与下列因素有关。

(1)灌浆目的:是为了加固路基还是为了防渗堵漏，加固的目的是为了提高路基承载能力、抗滑稳定性还是为了降低路基变形量。

(2)地质条件:包括土的类型和性质。

掌握了上述情况，就能对灌浆方案作出初步的抉择。

根据工程实际经验，方案的选择一般遵循下述原则。

(1)为了提高地基的力学强度和抗变形能力，一般要选用以水泥为基本材料的高强度混合物如纯水泥浆、水泥砂浆和水泥水玻璃浆等，或采用高强度化学浆材，如环氧树脂、聚氨酯以及以有机物为固化剂的硅酸盐浆材等。

(2)灌浆目的为防渗堵漏时，可采用黏土水泥浆、黏土水玻璃浆、水泥粉煤灰混合物以及以无机试剂为固化剂的硅酸盐浆液等。

(3)在裂隙岩层中灌浆一般采用纯水泥浆或在水泥浆中掺入少量膨润土，在砂砾石层中或在喀斯特溶洞中多采用黏土水泥浆，在砂层中一般只能采用化学浆液，在黄土中可采用水玻璃单液硅化法或碱液法。

(4)对孔隙较大的砂砾石层和裂隙岩层一般采用渗入性注浆法，在砂层中灌注粒状浆材宜采用水力劈裂法，在黏性土层中可采用水力劈裂法或电动硅化法，为了矫正不均匀沉陷则可采用压密灌浆法。在选择灌浆方案时，必须把技术上的可行性和经济上的合理性综合起来考虑。前者还包括浆材对人体的伤害和对环境的污染；后者则包括浆材是否容易取得和工期能否得到保证等。

4. 灌浆标准

灌浆标准是指设计者要求地基灌浆后应达到的质量指标。所用灌浆标准的高低，直接关系到工程量、进度、造价和建筑物的安全。灌浆标准应根据具体的工程性质、地基条件以及灌浆的目的和要求具体确定。

1)强度和变形问题

由于灌浆目的、要求和各个工程的具体条件千差万别，不同的工程只能根据自身的特点和要求规定出自己的强度和变形要求。不同的灌浆工程应采取不同的技术措施来提高路基强度和减少路基变形。

2)施工控制

灌浆后的质量指标只能在施工结束后通过现场检测来确定，有些灌浆工程甚至不能进行这种检测，因而必须制订一个能够保证获得最佳灌浆效果的施工控制标准。

(1)在正常情况下理论注入耗浆量 Q 可按式(4-63)计算：

$$Q = v \cdot m \cdot n \tag{4-63}$$

式中：v——设计灌浆体积，m^3；

m——无效注浆量；

n——土的孔隙比。

(2)按耗灰量降低率进行控制。由于灌浆是按逐渐加密的原则进行，孔段耗灰量应随加密次序的增加而逐渐减少。若起始孔距布置正确，则第二次序孔的耗灰量将比第一次序孔大大减少，这是灌浆取得成功的标志。

5. 浆液设计原则

(1)对渗入性灌浆工艺，浆液必须能渗入土的孔隙，具有良好的可灌性。但对劈裂灌浆工艺，由于浆液不是向孔隙渗入，因此，对可灌性要求不如渗入性灌浆严格。

(2)浆液的析水性要小，稳定性要高，以防在灌浆过程或灌浆结束后发生颗粒沉淀和分离，并导致浆液的可泵性、可灌性和灌浆体的均匀性大大降低。

(3)对防渗灌浆而言,要求浆液结石具有较高的不透水性和抗渗稳定性。若灌浆目的是加固地基,则结石应具有较高的力学强度和较小的变形性。

(4)制备浆液所用原料及凝固体都不应具有毒性,或者毒性尽可能小,以免伤害皮肤、刺激神经和污染环境。

(5)有时浆液尚应具有某些特殊性质,如微膨胀性、高亲水性、高抗冻性和低温固化等,以适应特殊环境和专门工程的需要。

(6)浆液凝固时间,应根据灌浆土层的体积、渗透性、孔隙尺寸和孔隙率、浆液的流变性和地下水流速等实际情况确定。一般化学浆液的凝结时间可在几秒钟到几小时之间调整,水泥浆一般为 3~4h,黏土水泥浆则更慢。

(7)浆液扩散半径 r 是一个重要参数,它对灌浆工程量及造价具有重要的影响。如果选用的 r 值不符合实际情况,还将降低灌浆效果甚至导致灌浆失败。r 值可通过有关理论公式估算。当地基条件较复杂或计算参数不易确定时,应通过现场灌浆试验来确定。

①球形扩散理论公式:

$$r=\sqrt[3]{\frac{3kh_1r_0t}{\beta}n} \tag{4-64}$$

式中:k——砂土的渗透系数,cm/s;

h_1——灌浆压力水头,cm;

r_0——灌浆管半径,cm;

β——浆液黏度对水的黏度比;

n——砂土的孔隙比。

②现场灌浆试验。现场灌浆试验时,常采用三角形和矩形布孔方法。

6. 孔位布置

1)单排孔的布置

假定浆液扩散半径 r 为已知,浆液呈圆球状扩散,则两圆必须相交才能形成一定的厚度 b,可按式(4-65)计算:

$$b=2\sqrt{r^2-\frac{l^2}{4}} \tag{4-65}$$

式中:l——灌注孔距。

当 r 一定时,l 值越小,b 值就越大,而当 $l=0$ 时,$b=2r$,这是 b 的最大值,但 $l=0$ 的情况没有实际意义;反之 l 值越大,b 值越小,当 $l=2r$ 时,两圆相切,b 值为零。因此,孔距 l 必须在 r 与 $2r$ 之间选择。

设灌浆体的设计厚度为 T,则灌浆孔距为:

$$l=2\sqrt{r^2-\frac{T^2}{4}} \tag{4-66}$$

2)多排孔的布置

当单排孔不能满足设计厚度的要求时,就要采用两排以上的多排孔。

多排孔设计的基本原则,是要充分发挥灌浆孔的潜力,以获得最大的灌浆体厚度,然而不同的设计方法,将得出不同的结果。最优排距 R_m、最大灌浆有效厚度 B_m 的计算式如下。

(1)当为奇数排孔时：

$$B_m = (n-1)\left(r + \frac{n+1}{n-1}\sqrt{r^2 - \frac{l^2}{4}}\right) \tag{4-67}$$

$$R_m = r + \sqrt{r^2 - \frac{l^2}{4}} \tag{4-68}$$

(2)当为偶数排孔时：

$$B_m = n\left(r + \sqrt{r^2 - \frac{l^2}{4}}\right) \tag{4-69}$$

$$R_m = r + \sqrt{r^2 - \frac{l^2}{4}} \tag{4-70}$$

7. 容许灌浆压力的确定

由于浆液的扩散能力与灌浆压力的大小密切相关，采用较高的灌浆压力，在保证灌浆质量的前提下，可使钻孔数减少，高灌浆压力还能使一些微细孔隙张开，有助于提高可灌性。当孔隙中被某种软弱材料充填时，高灌浆压力能在充填物中造成劈裂灌注，使软弱材料的密度、强度和不透水性等得到改善。此外，高灌浆压力还有助于挤出浆液中的多余水分，使浆液结石的强度提高。但是，当灌浆压力超过地层的压重和强度时，将有可能导致地基及其上部结构的破坏。因此，一般都以不使地层结构破坏或仅发生局部的和少量的破坏，作为确定地基允许灌浆压力的基本原则。容许灌浆压力值与一系列因素有关，例如地层土的密度、强度和初始应力，钻孔深度、位置以及灌浆次序等，而这些因素又难于准确地预知，因而宜通过现场灌浆试验来确定。

进行灌浆试验时，一般是用逐步提高压力的办法，求得注浆压力与注浆量关系曲线，当压力升至某一数值，灌浆压力与注浆量关系曲线的注浆量突然增大时，表明地层结构发生破坏或孔隙尺寸已被扩大，因而可把此时的压力值作为确定容许灌浆压力的依据。当缺乏试验资料，或在进行现场灌浆试验前需预定一个试验压力时，可用理论公式或经验数值确定容许压力，然后在灌浆过程中根据具体情况再作适当的调整。

(四)灌浆工艺

1. 打花管灌浆法

首先在地层中打入一下部带头的花管，然后冲洗进入管中的砂土，最后自下而上分段拔管灌浆。此法虽然简单，但遇卵石及块石时打管很困难，故只适用于较浅的砂土层，而且该法在灌浆时容易沿管壁冒浆。

2. 套管护壁法

该法为边钻孔边打入护壁套管，直至预定的灌浆深度，接着下入灌浆管，然后拔套管灌注第一灌浆段；再用相同的方法灌注第二段及其余各段，直至孔顶。该法的缺点是打管较困难，为使套管达到预定的灌浆深度，常需在同一钻孔中采用几种不同直径的套管。

3. 边钻边灌法

该法仅在地表埋设护壁管，而无需在孔中打入套管，自上而下钻完一段灌注一段直至预定深度为止。钻孔时需用泥浆固壁或较稀的浆液固壁。如砂砾层表面有黏性土覆盖，护壁管可埋设在土层中，如无黏土层则埋设在砂砾层中。该法的主要优点是无需在砂砾中打管，缺点也是容易冒浆，灌浆压力难于按深度提高，灌浆质量难于保证。

4.袖阀管法

此法为法国 Soletanche 公司所首创，故又称 Soletanche 方法。施工顺序如下。

(1)钻孔：通常都用优质泥浆，例如膨润土浆进行固壁。

(2)插入袖阀管：为使套壳料的厚度均匀，应该使袖阀管位于钻孔的中心。

(3)浇筑套壳料：用套壳料置换孔内泥浆，浇筑时应避免套壳料进入袖阀管内，并严防孔内泥浆混入套壳料中。

(4)灌浆：待套壳料具有一定强度后，在袖阀管内放入带双塞的灌浆管进行灌浆。

该法的主要优点包括以下几点。

(1)可根据需要灌注任何一个灌浆段，还可以进行重复灌浆。

(2)可使用较高的灌浆压力，灌浆时冒浆和串浆的可能性小。

(3)钻孔和灌浆作业可分开，使钻孔设备的利用率提高。

该法的主要缺点包括以下几点。

(1)由于袖阀管被具有一定强度的套壳料胶结，难于拔出重复使用，耗费管材较多。

(2)每个灌浆段长度固定为 33～50cm，不能根据地层的实际情况调整灌浆段长度。

(五)灌浆检验

灌浆效果与灌浆质量的概念不完全相同。灌浆质量一般是指灌浆施工是否严格按设计及施工规范进行，例如灌浆材料的品种规格、浆液的性能、钻孔角度、灌浆压力等，都要求符合规范的要求，不然则应根据具体情况采取适当的补充措施；灌浆效果则指灌浆后能将地基土的物理力学性质提高的程度。灌浆质量高不等于灌浆效果好。因此，设计和施工中，除应明确规定某些质量指标外，还应规定所要达到的灌浆效果及检查方法。

灌浆效果的检验，通常在注浆结束后 28d 才可进行，检验方法如下。

(1)统计计算灌浆量。可利用灌浆过程中的流量和压力自动曲线进行分析，从而判断灌浆效果。

(2)利用静力触探测试加固前后土体力学指标的变化，用以了解加固效果。

(3)在现场进行抽水试验，测定加固土体的渗透系数。

(4)采用现场静载荷试验，测定加固土体的承载力和变形模量。

(5)采用钻孔弹性技术试验测定加固土体的动弹性模量和剪切模量。

(6)采用标准贯入试验或轻便触探等动力触探方法测定加固土体的力学性能，此法可直接得到灌浆前后原位土的强度，进行对比。

(7)进行室内试验。通过室内加固前后土体的物理力学性能指标的对比试验，判定加固效果。

(8)采用 γ 射线密度计法。它属于物理探测的一种，在现场可测定土的密度，用以说明灌浆效果。

(9)使用电阻率法。将灌浆前后对土所测定的电阻率进行比较，根据电阻率差说明土体孔隙中浆液的存在情况。

在以上方法中，动力触探试验和静力触探试验最为简便实用。检验点一般为灌浆孔数的 2%～5%，如检验点的不合格率等于或大于 20%，或虽小于 20%但检验点的平均值达不到设计要求，在确认设计原则正确后应对不合格的注浆区实施重复注浆。

八、高压注浆技术

(一)概述

高压注浆技术是目前解决失稳岩土体问题的一种行之有效的方法。一方面，高压浆液可以通过渗透、压密、劈裂以及与岩土体的相互作用，改善岩土体的性能，使岩土体的自稳定能力有较大程度的提高；另一方面，高压注浆可以保持加固结构的稳定，如提高预应力锚杆与周围岩土体的握裹力、增加抗滑锚杆桩抗滑能力等。为了最大限度地提高岩土体以及加固结构的承载力，必要时可以采用"分层多次高压注浆"技术。

高压喷射就是利用钻机把带有喷嘴的注浆管钻进至土层预定位置后，以高压设备使浆液或水成为 20～40MPa 的高压射流从喷嘴中喷射出来，冲击破坏土体，形成预定形状的空间，从土体剥落下来的土粒一部分随着喷射流冒出地面，其余部分在喷射流的冲击力、离心力和重力等作用下与注入的浆液搅拌混合，并按一定的浆土比例和质量大小有规律地重新排列，凝固后便在土中形成一个具有一定强度的固结体，以达到改造土体的目的的一种方法。

根据固结体形状和喷射流移动方向，高压喷射可分为旋转喷射(旋喷)、定向喷射(定喷)和摆动喷射(摆喷)3 种。根据注浆管的类型，高压喷射又可分为：单管法、二重管法、三重管法和多重管法。

(二)适用范围

1. 土质条件适用范围

该工法主要适用于处理淤泥、淤泥质土、黏性土、粉土、黄土、砂土、人工填土和碎石土等地基。当土中含有较多的大粒径块石、坚硬黏性土、大量植物根茎或有过多的有机质时，应根据现场试验结果确定其适用程度。对于地下水流速过大或已大量涌水浆液无法在注浆管周围凝固情况的工程要慎用；对于无充填物的岩溶地段、永冻土及对水泥有严重腐蚀的地基，均不宜采用高压喷射注浆法。

2. 工程适用范围

(1)增加地基强度：提高地基承载力，减少土体压缩变形。

(2)挡土围堰及地下工程建设：保护临近构筑物、防止基坑底部隆起、地下管道、涵洞坑道、隧道的护拱。

(3)增大土的摩擦力及黏聚力：防止小型坍方滑坡、锚固基础。

(4)减少基础振动：防止砂土液化。

(5)降低土的含水率：整治路基翻浆，防止地基冻胀。

(6)防渗帷幕：堤坝基防渗、地下井巷帷幕、防止管道漏水、地下连续墙及止水帷幕补缺，防止涌砂冒水。

(7)防止洪水冲刷。

(三)设计计算

1. 设计程序

高压喷射注浆的设计程序一般如图 4-11 所示。

2. 固结体直径的确定

高压喷射固结体尺寸主要取决于下列因素。

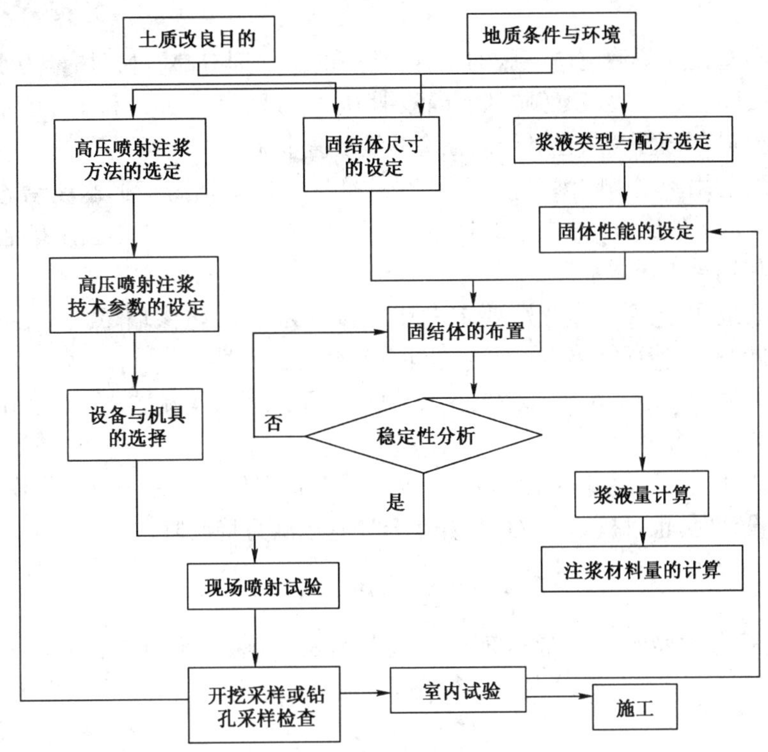

图 4-11 高压喷射注浆设计程序

(1)土的类别及其密实程度。

(2)喷射注浆方法(注浆管类型)。

(3)喷射技术参数(包括喷射压力与流量、喷嘴直径与个数、压缩空气的压力、流量与喷嘴间隙、注浆管的提升速度与旋转速度)。

通常应根据估计直径来选用喷射注浆的种类和喷射方式。对于大型或重要的工程,估计直径应在现场通过试验确定。在无试验资料的情况下,对小型或不太重要的工程,可根据地区经验选值。

3. 注浆材料的配比

注浆材料可分为水泥系浆液和化学浆液两大类,目前广泛采用前者。水泥系浆液的类型较多,地质条件不同,浆液材料各异。

(1)普通型:适用于无特殊要求的一般工程。一般采用 32.5 级或 42.5 级硅酸盐水泥,不加外加剂,水灰比多为 0.7∶1~1∶1。

(2)速凝早强型:适用于地下水丰富或要求早期承重的工程,常用的早强剂有氯化钙、水玻璃及三乙醇胺等。

(3)高强型:适用于要求固结体的平均抗压强度在 20MPa 以上的工程,措施一般如下。

①选用高强度水泥(不低于 42.5 级)。

②在 32.5 级普通硅酸盐水泥中添加高效能的扩散剂(如三乙醇胺、亚硝酸钠、硅酸钠等)

和无机盐。

(4)填充剂型:适用于早期强度要求不高的工程,以降低工程造价。常用的填充剂为粉煤灰、矿渣等。

(5)抗冻型:适用于防治土体冻胀的工程,常用的添加剂有沸石粉(加量为水泥的10%~20%),NNO(加量0.5%),三乙醇胺和亚硝酸钠(加量分别为0.05%和1%)。注意不宜用火山灰质水泥,最好用普通水泥,也可用高强度等级矿渣水泥。

(6)抗渗型:适用于堵水防渗工程,常用2%~4%水玻璃作添加剂,水玻璃的模数(即其中SiO_2与Na_2O摩尔数的比值)要求为2.4~3.4。注意应用普通水泥,不宜用矿渣水泥,如无抗冻要求也可以使用火山灰质水泥。

(7)改善型:适用于某些有特殊要求的工程。如水坝的防渗墙,可在喷射浆液中加入10%~50%的膨润土,使固结体有一定可塑性并有较好防渗性。

(8)抗蚀型:适用于地下水中有大量硫酸盐的工程,一般采用硫酸盐水泥和矿渣大坝水泥。

4. 地基承载力计算

竖向承载旋喷桩复合地基竣工验收时承载力检验应采用现场复合地基荷载试验和单桩载荷试验。初步设计时,也可按式(4-71)计算复合地基承载力特征值。

$$f_{spk} = m\frac{R_a}{A_p} + \beta(1-m)f_{sk} \tag{4-71}$$

单桩竖向承载力特征值可通过现场单桩载荷试验确定,也可以按式(4-72)、式(4-73)估算。

$$R_a = u\sum_{i=1}^{n} q_{si}l_i + q_p A_p \tag{4-72}$$

$$R_a = \eta f_{cu} A_p \tag{4-73}$$

当旋喷桩处理范围以下存在软弱下卧层时,应按现行国家规范《建筑地基基础设计规范》(GB 50007—2002)的有关规定进行下卧层承载力验算。

竖向承载旋喷桩的平面布置可根据上部结构和基础特点确定,独立基础下桩数一般不能少于4根。

高压喷射注浆法用于深基坑、地铁等工程形成连续体时,相邻桩搭接不宜小于300mm,并应符合设计要求和国家现行有关规范。

5. 地基变形计算

旋喷桩的沉降计算应为桩长范围内复合土层以及下卧层地基变形值之和,计算时应按《建筑地基基础设计规范》(GB 50007—2002)、《建筑地基处理技术规范》(JGJ 79—2002)的有关规定进行计算。其中复合土层的压缩模量可按下式确定:

$$E_{sp} = [E_s \times (A - A_p) + E_p \times A_p]/A \tag{4-74}$$

式中:E_{sp}——旋喷桩复合土层压缩模量,MPa;

E_s——桩间土的压缩模量,也可以用天然地基土的压缩模量代替,MPa;

E_p——桩体的压缩模量,可采用测定混凝土割线弹性模量的方法确定,MPa;

A——旋喷桩加固的土层面积,m^2;

A_p——旋喷桩面积,m^2。

6. 防渗堵水设计

(1)旋喷桩帷幕：最好按双排或三排布孔形成帷幕(图 4-12)，孔距为 $L=1.73R$(R 为旋喷桩设计半径)、排距为 $1.5R$，旋喷桩的交圈厚度 $e=\sqrt{4R^2-L^2}$ 时最为经济。若想增加每排旋喷桩的交圈厚度，可适当缩小孔距，可按下式计算交圈厚度：

$$e=2\sqrt{R^2-\left(\frac{L}{2}\right)^2} \tag{4-75}$$

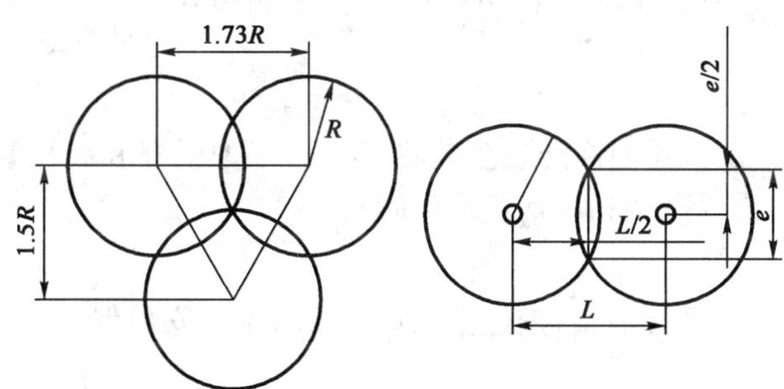

图 4-12　布孔孔距和旋喷注浆团结体交联图

(2)定喷帷幕：形式如图 4-13 所示。由于喷射出来的板墙壁长，不但成本较旋喷桩低，而且整体连续性亦高。

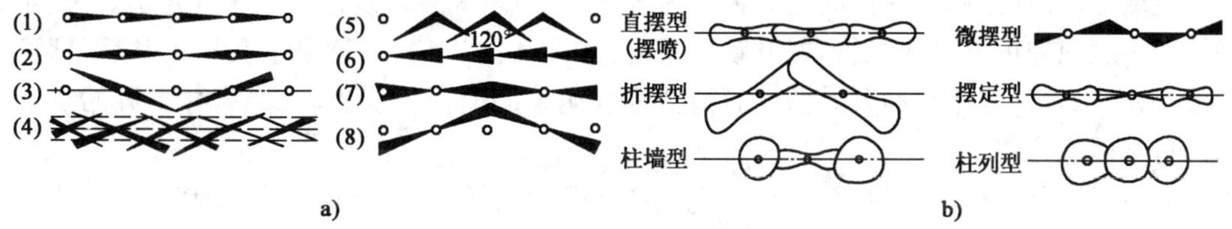

图 4-13　防渗帷幕形式示意图

a)定喷帷幕形式示意图；b)摆喷防渗帷幕形式示意图

7. 注浆量计算

注浆量计算有两种方法，即体积法和喷量法，取其大者作为设计射浆量。

(1)体积法(旋喷时适用)

$$Q=0.785[D_s^2K_1L_1(1+\beta)+D_k^2K_2L_2] \tag{4-76}$$

(2)喷量法

$$Q=L_1q(1+\beta)/V \tag{4-77}$$

式中：Q——需用浆量，m^3；

K_1——填充率，与注浆管类型、加固直径、土质等有关，变化范围为 0.6～1.3，一般取 0.75～0.9；

K_2——未填充部分土的填充率，一般取 0.5～0.75；

β——损失系数，一般取 0.1～0.2；

D_k、D_s——注浆管和旋喷体直径，m；

L_1、L_2——已旋喷和未旋喷部分长度，m；

q——单位时间喷浆量，m^3/min；

V——喷嘴上升速度，m/min。

(四)施工工艺

1. 施工工序

施工顺序为：平整场地——→机具就位——→钻孔——→置入注浆管——→试喷射——→喷射作业——→拔管——→清洗器具——→移开机具——→回填注浆。

对于在标准贯入 N 值小于 40 的土层中进行单管喷射作业时，多使用振动钻机直接将注浆管插入土体。

2. 施工机具

高压喷射注浆的施工机具由高压发生装置、钻机、特种钻杆和高压管路四部分组成，因喷射种类不同，所使用的机器设备和数量均不相同。

3. 施工要点及注意事项

(1)施工前进行场地清理、平整，挖好排浆沟。要求钻机安放保持水平，钻杆倾斜度不得大于 1.5%。

(2)喷射注浆前，检查高压设备和管路系统。设备的压力和排量必须满足设计要求。

(3)为预防风、水喷嘴在插管时被泥沙堵塞，可在插管前用一层薄塑料膜包扎好。

(4)喷射注浆时要注意设备开动顺序。以三重管为例，应先空载起动空压机，待运转正常后，再空载起动高压泵，然后同时向孔内送风和水，使风量和泵压逐渐升高至规定值。风、水畅通后，如系旋喷即可旋转注浆管，并开动注浆泵，先向孔内送清水，待泵量泵压正常后，即可将注浆泵的吸水管移至储浆桶开始注浆。待估算水泥浆的前锋已流出喷头后，才可开始提升注浆管，自下而上注浆。

(5)喷射注浆中须拆卸注浆管时，应先停止提升和回转，同时停止送浆，然后逐渐减少风量和水量，最后停机。拆卸完毕继续喷射注浆时，开机顺序同(4)条规定。同时开始喷射注浆的孔段要与前段搭接 0.1m，防止固结体脱节。

(6)喷射注浆达到设计深度后，即可停风、停水，继续用注浆泵注浆，待水泥浆从孔口返出后，即可停止注浆，然后将注浆泵的吸水管移至清水箱，抽吸定量清水将注浆泵和注浆管路中的水泥浆顶出，然后停泵。

(7)卸下的注浆管，立即用清水将各通道冲洗干净，并拧上堵头。注浆泵、送浆管路和浆液搅拌机等要用清水清洗干净。空气管路和高压泵管路也要分别送风、送水冲洗干净。

(8)选择地质条件有代表性的区段，并按室内试验选定的浆液配合比进行高喷灌浆试验，试喷数量不得少于两根桩，通过试喷检查桩位、核对地质资料、确定正式施工的技术参数。

(9)开孔位置与设计位置偏差不得大于 50mm、孔深偏差小于 200mm、桩体直径偏差小于 50mm。

(10)钻进时详细记录孔位、孔深、地层变化和漏浆、掉钻等特殊情况；施工中如实记录高喷注浆过程中的各项技术参数、浆液材料的用量、异常情况及处理情况等；钻进暂停或终孔待喷时，对裸孔加以保护。

(11)采用合格的水泥等浆材，施工过程应抽样检查，不得使用受潮结块的水泥。

(12)在现场高喷灌浆试验施工前，应先对浆液做配合比试验，测定浆液最佳拌制时间，浆液密度，浆液流动性，浆液的稳定性，浆液的初、终凝时间，以及浆液固结体密度、强度、弹性模量和透水性等。

(13)高压喷射注浆过程中，不断地检测进、回浆浆液的密度，发现浆液密度出现异常情况须立即查明原因，并按照灌浆过程特殊情况的处理办法进行处理，确保施工质量。

(14)炎热季节施工应采取防热和防晒措施，浆液温度严格控制在40℃以下。

(15)喷射作业后，由于浆液析水作用，一般均有不同程度的收缩时固结体顶部出现凹穴，故高喷灌浆结束后，利用回浆或调配水泥浆及时回灌，直至孔口浆面不下降为止。

(16)高喷施工过程中，采取有效措施保证孔内浆液上返畅通，避免造成加固区土体劈裂；喷射过程的返浆中水泥含量应控制在进浆量的20%左右。

(17)在加固工程中，为使桩顶与原基础严密结合，可于旋喷作业结束后24h在旋喷桩中心钻一个小孔，再用小径单层注浆管补喷一次。

(18)在黏性土中用二重管法旋喷时，因黏土表面张力，使固结体中存在很多气孔，影响防渗性能和强度。西北有色工程勘测公司采用在原喷嘴下方100mm处的相反方向加一个喷浆喷嘴的办法来消泡，效果较好。

(19)在软弱地层旋喷时，固结体强度较低。可以在旋喷后用砂浆泵注入M15砂浆来提高固结体强度。

(20)在湿陷性地层进行高压喷射注浆成孔时，如用清水或普通泥浆作冲洗液，会加剧沉降，此时宜用空气洗孔。

(21)在砂层尤其干砂层中旋喷时，喷头的外径不宜大于注浆管，否则易夹钻。

(22)高压喷射注浆时，由于压力较大，容易发生串浆，影响邻孔的质量，应采用间隔跳打法施工，一般两孔间距大于1.5m。

(23)如不做承载力或强度检验，则间歇期可适当缩短。

4.常见事故的预防及处理

(1)钻进过程中出现泥浆严重漏失、孔口不返浆时，应采用加大泥浆浓度、泥浆中掺砂或向孔内填充堵漏材料等措施，直至孔口返浆再继续钻进。

(2)孔口冒浆过大时，其主要原因一般为有效喷射范围与注浆量不相适应，注浆量大大超过旋喷固结所需的浆量所致。其主要处理措施如下。

①提高喷射压力。

②适当缩小喷嘴直径。

③加快提升和旋转速度。

(3)高喷灌浆原则上保持全孔连续作业，当遇中途拆卸喷射管时，复喷搭接长度0.2～0.5m。

(4)高喷灌浆过程中，出现压力突降或骤增，孔口回浆浓度或回浆量异常等情况时，立即查明原因，及时处理。其主要处理措施如下。

①在高压泵和注浆泵的吸水管进口和水泥浆储备箱中都设置过滤网，并经常清理；高压水泵的滤网筛孔规格以1mm左右为宜，注浆泵和水泥浆储备箱的滤网规格以2mm左右为宜，筛网的面积不要过小。

②按操作要点，认真检查风、水、浆的通道；在插管前用薄塑料包扎好风、水喷嘴；遵守空压

机、高压泵和注浆泵的开动顺序，避免高压水和风的通道在压力较低的情况下，被泵送的水泥浆侵入造成堵塞。

③加强注浆泵的维护保养，保证注浆中途不发生故障，避免水泥浆在管道中沉淀而堵塞。

④若喷射过程中出现水泥供不应求时，应将注浆管提起一段距离，抽送清水将管道中的水泥浆顶出喷头后再停泵。

⑤喷射结束后，按要求做好各系统的清理工作。

(5)高喷灌浆过程中，孔内严重漏浆，可采取以下措施。

①孔口不返浆时，立即停止提升，孔口少量返浆时，降低提升速度。

②降低喷水压力、流量，进行原位灌浆。

③掺入速凝剂，加大浆液浓度或灌注水泥砂浆、水泥黏土浆等。

④向孔内填入砂、砾石等堵漏材料。

(6)高压泵排量达不到要求或压力上不去，可采取以下措施。

①检查阀、活塞缸套等零件，磨损大的及时更换；有杂物影响阀关闭时，要清理。

②检查吸水管道是否通畅，是否漏气，避免吸入空气，尽量减少吸水管道的流动阻力。

③检查活塞每分钟的往复次数是否达到要求，消除传动系统中的打滑现象。

④检查安全阀、高压管路，消除泄露。

⑤检查喷嘴直径是否符合要求，更换过度磨损的喷嘴。

(7)对于地下水位以下的高喷段，为防止浆液流失，影响灌浆效果，宜掺入水泥质量的1%～3%的速凝剂。

(8)发生串浆时，填堵被串孔，待串浆孔高喷施工结束，再进行被串孔的扫孔、高喷灌浆或继续钻进。

(9)高喷灌浆因故中断后恢复施工时，进行复喷搭接长度不小于0.5m。

(10)供浆正常情况下，孔口回浆密度变小，回浆量增大，则降低风压并加大进浆密度或进浆量。

(11)钻孔过程中如遇到掉块、卡钻、失水或回水减少等情况下进行详细记录，并及时分析原因和采取有效措施处理后方可续钻。事故发生后，必须弄清孔段的孔深、地层情况、钻具位置、规格，判别事故类型。

(12)钻进中的测斜与纠斜处理，可采取以下措施。

钻孔施工时采取孔口埋设1～2m左右孔口护壁管，埋设完毕后对孔口管进行测斜，确保开孔铅直；钻进过程中每隔5m测斜一次，发现偏斜及时采取相应的纠斜方法进行纠斜直至满足设计要求为止，造孔过程中如此往复循环，直至终孔结束，再进行综合测斜。

(五)质量检测

1.检验内容

1)固结体质量检验

(1)固结体的整体性、均匀性和垂直度。

(2)固结体的有效直径或加固长度、宽度。

(3)固结体的强度特性(包括轴向压力、水平推力、抗酸碱性、抗冻性和抗渗性等)。

(4)固结体的溶蚀和耐久性能。

2)喷射质量的检验

(1)施工前,主要通过现场旋喷试验,了解设计采用的旋喷参数、浆液配方和选用的外加剂材料是否合适,固结体质量能否达到设计要求。如某些指标达不到设计要求时,则可以采取相应措施,使喷射质量达到设计要求。

(2)施工后,对喷射施工质量的鉴定,一般在喷射施工过程中或施工告一段落时进行。检查数量应为施工总数的2%～5%,少于20个孔的工程,至少要检验2个点。检验对象应选择地质条件较复杂及喷射时有异常现象的固结体。

2.检验方法

1)开挖检验

待浆液凝固具有一定强度后,即可开挖检查固结体垂直度和形状。

2)室内试块检验

按照设计要求参数,现场取土室内做试块,并进行物理力学性能试验;施工后开挖取样做室内试验。

3)现场钻孔取芯检验

在已旋喷好的固结体中钻取岩芯,并将岩芯做成标准试件进行室内物理和力学性能试验。

根据工程要求亦可在现场进行钻孔,做压力注水和抽水两种渗透试验,测定其抗渗能力。

4)标准贯入试验

在旋喷固结体的中部,一般距注浆孔中心0.15～0.20m,每隔一定深度做一个。

5)载荷试验

包括平板静载荷试验和孔内载荷试验。

6)其他非破坏性试验方法

包括电阻率法、同位素法和弹性波法。

3.检验点布置部位、数量和检验时间

1)检验点布置部位

(1)建筑物荷载大的部位。

(2)防水帷幕的中心线上。

(3)施工中出现异常情况的部位。

(4)地质情况复杂,可能对高压喷射注浆质量产生影响的部位。

2)检验点数量

检验点数量应为施工注浆孔数的2%～5%,对于不足20孔的工程,至少应检验一个点,不合格者须进行补喷。

3)检验时间

质量检验应在高压喷射注浆结束四周后进行。

九、复合锚杆桩

(一)简述

复合式锚杆桩是利用锚杆技术及其机理而衍生出的一种新的失稳岩土体及结构加固技

术，其结构如图 4-14 所示。由于多个锚杆单元可以使黏结应力比较均匀地分布在整个锚固段长度上，所以可以有效地利用岩体的强度。利用这一技术，加固区域的承载能力得到很大的提高，并且桩体和周围的岩土体以及注浆体共同组成了一个有机整体，共同承担上部及侧向载荷，从而使加固结构的变形一致性以及在不同方向上的位移量保持在一种非常理想的状态。

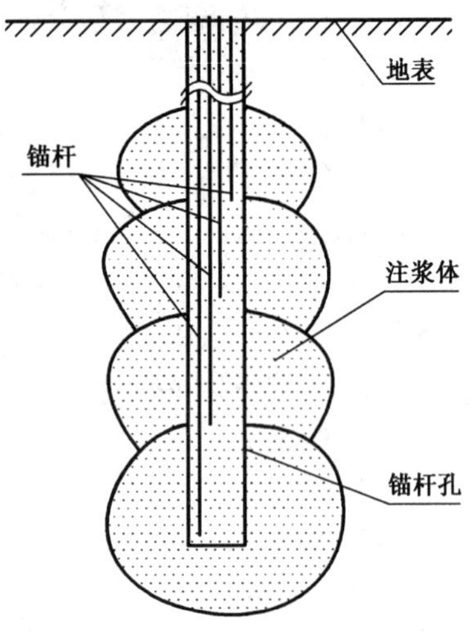

图 4-14 复合锚杆桩结构示意图

(二)基本原理

如图 4-15 所示，在轴向载荷作用下的复合式锚杆桩，其受力分析可以按照轴对称问题进行分析。由于桩体在垂直方向上的应变较小，所以可以将其简化为平面应变模型，经过推理后可以得出，在两个不同条件下垂直方向上的应力表达式：

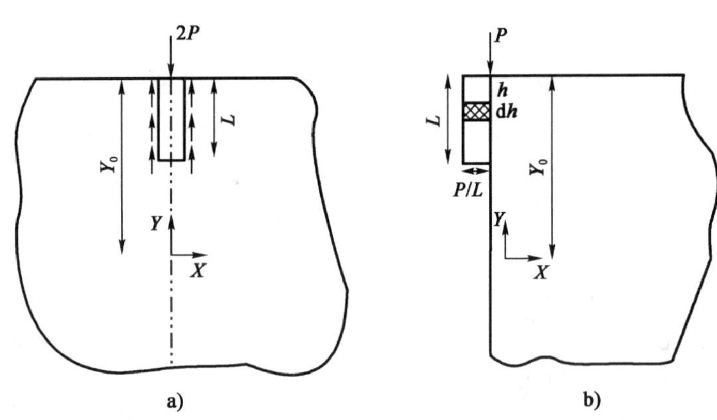

图 4-15 简化复合锚杆桩承载模型

$$\sigma_{yy}=\frac{P}{\pi L}\left[\ln\frac{x^2}{(y_0-y)^2+x^2}+\frac{(y_0-y)^2}{(y_0-y)^2+x^2}\right]\quad(y\geqslant y_0-L)$$

$$\sigma_{yy}=\frac{P}{\pi L}\left[\ln\frac{(y_0-L-y)^2+x^2}{(y_0-y)^2+x^2}+\frac{x^2}{(y_0-L-y)^2}-\frac{x^2}{(y_0-y)^2+x^2}\right]\quad(y\leqslant y_0-L)$$

(4-78)

式中的应力变化关系可以由图 4-16 表示。

由图 4-16 可以看出，桩体轴向力在垂直方向上的应力传播区域明显大于水平方向，而且其应力的递减梯度也小于水平方向，从而达到有效地传播上部荷载的目的。

(三)技术要点

(1)顺钻孔垂直插下不同长度的钢筋若干根，每根钢筋配一根相同长度的注浆管。

(2)钢筋 2m 以上(从底部起)作为自由段。

(3)最后进行分段多次注浆，以保证浆液在每根钢筋的根部定点扩散，整体则形成一串“葫芦”形状的承载体，同时由于浆液在高压下的有效扩散，实现了原岩土层的整体改性，大大提高其承载力。

此项技术可以将桩顶承受载荷有效地分布在不同的承载部位，比一般锚杆可提高承载力3～5倍，特别适用于失稳的高填路基、特殊的桥台基础等的加固。该技术已在多项塌方治理工程中成功应用，是一项低成本、高效能的路基加固技术。

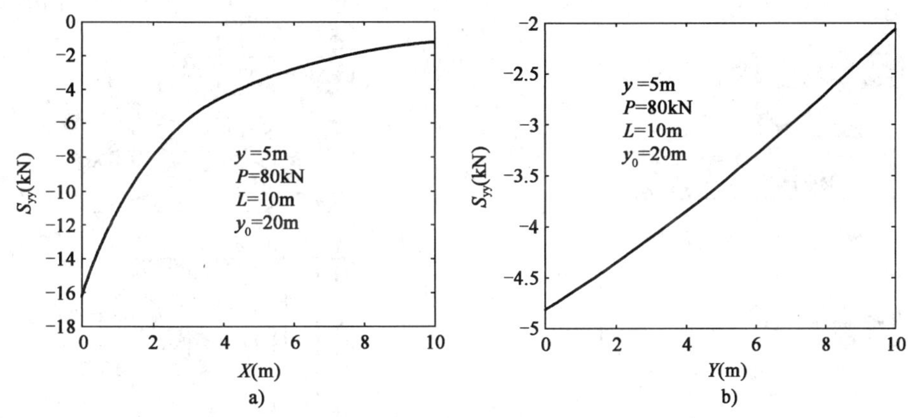

图4-16　垂向应力在不同方向上的变化曲线

十、抗滑钢管桩

（一）概述

抗滑钢管桩技术就是利用钢管桩的刚度和强度来抵抗路基土的侧滑力，钢管桩具有以下特点：①材料强度高，能承受强大的冲击力，穿透硬土层的能力强，能有效地打入坚硬的地层；②能根据持力层深度的变化，灵活调整桩长；③重量轻，刚性好，装卸运输方便，施工速度快；④对周围土的挤土效应较小；⑤能承受较大的水平力；⑥与上部结构连接简单。

（二）技术要点

（1）沿路基边坡顶部设置一排钢管桩，间距为1.0～1.5m，钻孔直径为25cm，深度为穿透路基填方入岩4～6m。

（2）将直径为180～250mm、壁厚为10mm的钢管（长度按实际需要）垂直插入钻孔并尽量对中。

（3）钢管内灌注C20混凝土，外部采用压力注浆，注浆压力控制在0.4～1.0MPa。

（4）钢管桩顶部设置纵向联系梁，联系梁可采用C20～C30钢筋混凝土，钢筋与钢管焊接在一起，如图4-17所示。有条件的话，辅以横向水平拉杆或与斜向锚杆相组合则效果更好。

注浆过程中，采用分层多次高压注浆技术，实现对填方土的整体改性，使其总体承载力超过原设计值。

十一、侧向预应力锚杆

（一）简述

预应力锚杆是岩土加固工程中最常用的技术，如图4-18所示。其加固总体方案为：首先在路基侧面打 2～3 排下向斜孔，排间距为 1.5～2.5m，孔底越过滑移面 2～3m，坡面布设混凝土连梁，锚杆由 3 根 ϕ25mm 螺纹钢筋加工而成，端头由连梁预留孔露出，注浆后施加预应力，将端头锁定。整个坡面喷射一层钢筋混凝土使之形成整体。

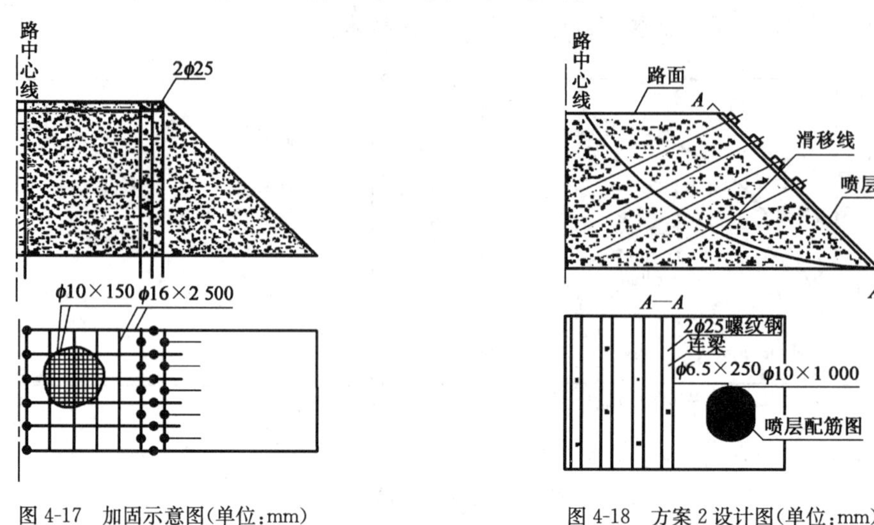

图 4-17　加固示意图(单位：mm)　　图 4-18　方案 2 设计图(单位：mm)

(二)预应力锚杆施工要点

1. 锚杆成孔

为避免钻孔时出现塌孔、斜孔、缩孔等现象，在钻孔时采用注入清水自造泥浆护壁，跟管钻进的工艺。具体为在锚杆自由段(即堆积体层)用 ϕ194mm、厚 5mm 地质导管作为钻进套管，当钻机钻进一个取芯管长度取出岩芯时，套管随之下放。套管下放困难时，用钻机施加扭矩旋转下放。为防止孔斜或扭曲，开孔时应轻压慢钻成孔，待套管跟进至强风化面时，适当提高钻速及钻压。

2. 锚杆组装及安装

根据实际深度配料制作锚杆，单根锚杆的配料长度为锚杆锚固长度、实际自由段长度、张拉工作长度(900mm)之和，同孔精轧螺纹钢筋的连接接头相互错开。

安装时同孔中的精轧螺纹钢筋同时安装，先在杆端安装导向件，然后将锚杆沿着导向架缓缓送入，同时在精轧螺纹钢筋之间安设架立筋并用扎丝扎紧，如图 4-19 所示。锚杆自由段范围内采用双层防腐措施，当连接到自由段的连接器处，其安装顺序为：精轧螺纹钢筋接头处套入 ϕ60mm，长度 $L=1\ 000$mm 的塑料管⟶安装连接器精轧螺纹钢筋⟶在连接器上涂润滑油，然后绕扎塑料布，在塑料布上再涂润滑油⟶将塑料管移至连接器处，两端 20cm 长范围内用黄油充填，外扎工程胶布固定。注浆管采用 ϕ30mm 镀锌钢管随同锚杆一起下放安装，管口距离孔底 30～50cm。

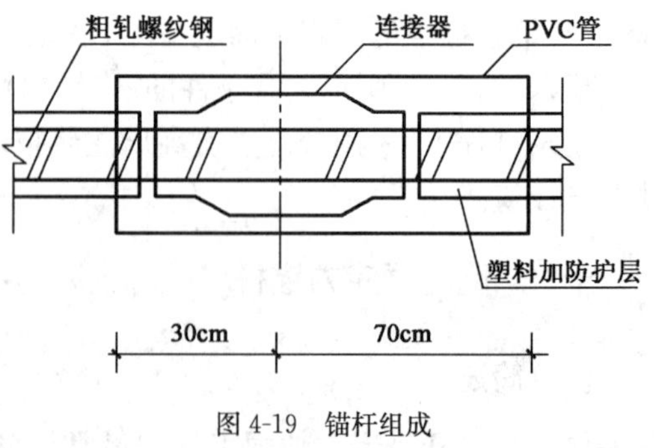

图 4-19　锚杆组成

3. 锚固段灌浆

灌浆采用 M30 水泥砂浆，特细砂拌制。为减少水泥砂浆硬化干缩，砂浆的泌水率做到不超过4%，拌和后3h泌水率控制在2%，稠度控制在14～18.5s，掺用占水泥重量0.5%的UNFS减水剂。

锚固段注浆采用孔底返浆法注浆，一次性有压灌注，注浆压力为0.4～0.6MPa，用砂浆位置指示器控制注浆数量，不得中途停灌。

4.锚杆张拉

锚杆张拉待锚固砂浆强度达到设计强度的80%后方可进行，张拉千斤顶采用YC—60型穿心式千斤顶，ZB4—490张拉油泵。2根锚杆轮流分级张拉，每级张力50kN，超张拉15%。锚杆的伸长量(弹性变形)不小于自由段长度变形值的80%，且不大于自由段长度与1/2锚固段长度之和的弹性变形计算值。

5.自由段注浆

补偿张拉后，立即进行封口注浆。将注浆管从预留孔插入直至管口，达到距锚固段顶面约50cm，采用低压注浆，注浆至孔满溢出时，拉出注浆管，边拉边注浆，以防止形成空隙。

当采用侧向预应力锚杆技术加固失稳侧滑的路基时，应注意以下几点。

(1)锚杆的布置。锚杆布置形式为方形或梅花形，间距由加固土质、锚杆长度、预应力大小等因素确定，与水平向交角取决于滑坡体形式和坡角。

(2)锚杆的长度。锚杆长度根据加固体锚固力大小由计算确定，关键是要确保锚固端的长度。

(3)锚杆的制作。锚杆一般采用螺纹钢，要特别注意焊接质量，应沿杆身每隔1.5m设置对中定位支架，以保证钢筋有足够的混凝土保护层厚度。

(4)施加预应力。锚杆预应力施加时应分级张拉，锁头和夹片要满足要求，根据预应力损失情况，可进行二次补偿张拉。

第四节　路堑边坡常用维修加固技术

一、抗滑桩

(一)概述

抗滑桩是承受侧向荷载用以整治滑坡的支撑建筑物，它穿过滑体在滑床的一定深度处锚固，抵抗滑坡推力的作用。抗滑桩防治滑坡的基本原理是在滑坡中的适当位置设置一系列桩，桩穿过滑面进入下部稳定滑床，借助桩与周围岩土共同作用，把滑坡推力传递到稳定地层的一种抗滑结构。

工程实践表明，抗滑桩能迅速、安全、经济地解决一些比较困难的工程，因此发展较快。它的优点有以下几点。

(1)抗滑能力大，圬工数量小，在滑坡推力大、滑动面深的情况下，较其他抗滑工程经济、有效。

(2)桩位灵活，可以设在滑坡体中最有利于抗滑的部位，单独使用，也能与其他建筑物配合使用。分排设置时，可将巨大的滑体切割成若干分散的单元体，对滑坡起到分而治之的功效。

(3)挖孔抗滑桩可以根据弯矩沿桩长变化合理布设钢筋。因此,较打入的管桩等要经济。

(4)施工方便,设备简单,具有工程进度快、施工质量好、比较安全等优点。施工时可间隔开挖,不致引起滑坡条件的恶化,因此,对整治已通车路线上的滑坡和处在缓慢滑动阶段的滑坡特别有利。

(5)开挖桩孔能校核地质情况,检验和修改原有的设计,使其更符合实际。

(二)抗滑桩的设计与计算

1. 抗滑桩设计应满足的要求

(1)滑坡体具有足够的稳定性,即抗滑稳定安全系数满足设计要求值,保证滑体不越过桩顶,不从桩间挤出。

(2)桩身要有足够的强度和稳定性,桩的断面和配筋合理,能满足桩内应力和桩身变形的要求。

(3)桩周的地基抗力和滑体的变形在容许范围内。

(4)抗滑桩的间距、尺寸、埋深等都较适当,保证安全、方便施工,并使工程量最省。

2. 抗滑桩设计计算步骤

(1)首先弄清楚滑坡的原因、性质、范围、厚度,分析滑坡的稳定状态、发展趋势。

(2)根据滑坡地质断面及滑动面处岩(土)的抗剪强度指标,计算滑坡推力。

(3)根据地形、地质及施工条件等确定设桩的位置及范围。

(4)根据滑坡推力大小、地形及地层性质,拟定桩长、锚固深度、桩截面尺寸及桩间距。

(5)确定桩的计算宽度,并根据滑体的地质性质,选定地基系数。

(6)根据选定的地基系数及桩的截面形式、尺寸,计算桩的变形系数(α 或 β)及计算深度(α_h或 β_h),据以判断是按刚性桩还是按弹性桩来设计。

(7)根据桩底的边界条件采用相应的公式计算桩身各截面的变位、内力及侧壁应力等,并计算确定最大剪力、弯矩及其产生的部位。

(8)校核地基强度。若桩身作用于地基的弹性应力超过地层容许值或小于其容许值过多时,则应调整桩的埋深、截面尺寸或桩的间距,重新计算,直至符合要求为止。

(9)根据计算的结果,绘制桩身的剪力图和弯矩图。

(10)对于钢筋混凝土桩,还需进行配筋设计。

3. 抗滑桩设计计算方法

抗滑桩具体设计计算方法参见《公路设计手册　路基》,此处不再赘述。

(三)抗滑桩的施工与检测

1. 灌注桩成桩质量检查

灌注桩的成桩质量检查内容包括:成孔及清孔、钢筋笼制作及安放、混凝土搅拌及灌注三个工序过程的质量检查。

(1)混凝土拌制应对水泥、砂、石子、钢材等原材料质量与计量、混凝土配合比、坍落度、混凝土强度等级进行检查。

(2)成孔及清孔检查应严格按钻、冲抓、挖孔桩施工工艺的注意事项进行。

(3)钢筋笼制作应对钢筋的规格、焊条规格、焊口规格、焊缝长度、焊缝外观和质量、主筋和箍筋的制作偏差等按规范要求进行检查。

(4)在浇筑混凝土前，应严格按要求对已成孔的中心位置、孔深、孔径、垂直度、孔底沉渣厚度、钢筋笼安放的实际位置等进行认真检查；人工挖孔桩尚应复验孔底持力层土(岩)性，嵌岩桩必须有桩端持力层的岩性报告。

(5)施工结束后，应检查混凝土强度，并应做桩体质量及承载力的检验。对于一级建筑桩基和地质条件复杂或成桩质量可靠性较低的桩基工程，应进行成桩质量检测。检测可采用可靠的动测法，对于大直径桩还可采取钻取岩芯、预埋管超声检测法。

(6)《建筑地基基础工程施工质量验收规范》(GB 50202—2002)规定，桩位的放样允许偏差：群桩为20mm；单排桩为10mm。灌注桩的桩位偏差必须符合表4-14的规定，桩顶高程至少要比设计高程高出0.5m。桩底的清孔质量按不同的成桩工艺要求按表4-14要求执行。

灌注桩的平面位置和垂直度的允许偏差　　表4-14

<table>
<tr><th rowspan="2">序号</th><th rowspan="2" colspan="2">成孔方法</th><th rowspan="2">桩径偏差(mm)</th><th rowspan="2">垂直度允许偏差(%)</th><th colspan="2">桩位允许偏差(mm)</th></tr>
<tr><th>1～3根单排桩基沿垂直于中心线方向和群桩基础的边桩</th><th>条形桩基沿中心线方向和群桩基础的中间桩</th></tr>
<tr><td rowspan="2">1</td><td rowspan="2">泥浆护壁冲(钻)孔桩</td><td>$d\leqslant1\,000$</td><td>±50</td><td><1</td><td>$d/6$，且不大于100</td><td>$d/4$，且不大于150</td></tr>
<tr><td>$d>1\,000$</td><td>±50</td><td><1</td><td>$100+0.01H$</td><td>$150+0.01H$</td></tr>
<tr><td rowspan="2">2</td><td rowspan="2">套管成孔灌注桩</td><td>$d\leqslant500$</td><td rowspan="2">±20</td><td rowspan="2"><1</td><td>70</td><td>150</td></tr>
<tr><td>$d>500$</td><td>100</td><td>150</td></tr>
<tr><td>3</td><td colspan="2">干成孔灌注桩</td><td>±20</td><td><1</td><td>70</td><td>150</td></tr>
<tr><td rowspan="2">4</td><td rowspan="2">人工挖孔桩</td><td>混凝土护壁</td><td>±50</td><td><0.5</td><td>50</td><td>150</td></tr>
<tr><td>钢套管护壁</td><td>±50</td><td><1</td><td>100</td><td>200</td></tr>
</table>

注：1. 桩径允许偏差的负值指个别断面。
2. 采用复打、反插法施工的桩，其桩径允许偏差不受上表限制。
3. H为施工现场地面高程与桩顶高程的距离，d为设计桩径。

(7)《建筑桩基技术规范》(JGJ 94—2008)规定：灌注桩桩身混凝土必须留有试件，直径大于1m的桩，每根桩应有1组试块，且每个浇筑班不得少于1组，每组3件。

《建筑地基基础工程施工质量验收规范》(GB 50202—2002)规定：每50 m^3必须有1组试件，小于50m^3的桩必须有1组试件。

2. 单桩承载力检测

(1)工程桩应进行承载力检验。对于地基基础设计等级为甲级或地质条件复杂，成桩质量可靠性低的灌注桩，应采用静载荷试验的方法进行检验。检验桩数不应低于总数的1%，且不应少于3根，当桩总数少于50根时，不应少于2根。

(2)桩身质量应进行检验。对设计等级为甲级或地质条件复杂，成桩质量可靠性低的灌注桩，抽检数量不应少于总数的30%，且不应少于20根，其他桩基工程抽检数量不应少于总数的20%，且不应少于10根；对地下水位以上且终孔后经过核验的灌注桩，检验数量不应少于总数的10%，且不应少于10根。每根柱下承台的抽检桩数不得少于1根。

(3)直径$d>800$mm、直径$d\leqslant800$mm的嵌岩桩应分别采用钻孔抽芯法或声波透射法检测，检测桩数不应少于总桩数的 10%，且每根柱下承台的抽检桩数不得少于 1 根。直径 $d \leq$ 800mm、直径 $d>$800mm 的非嵌岩桩，可根据桩径和桩长的大小，结合桩的实际情况和实际需要分别采用钻孔抽芯法或声波透射法或可靠的动测法进行检测，检测桩数不得少于总桩数的 10%。

3. 灌注桩的质量检查标准

《建筑地基基础工程施工质量验收规范》(GB 50202—2002)规定：灌注桩的质量检查标准应符合表 4-15、表4-16 规定。

混凝土灌注桩钢筋笼质量检验标准(mm)　　表 4-15

项	序	检 查 项 目	允许偏差或允许值	检 查 方 法
主控项目	1	主筋间距	±10	用钢尺量
	2	长度	±100	用钢尺量
一般项目	1	钢筋材质检验	设计要求	抽样送检
	2	箍筋间距	±20	用钢尺量
	3	直径	±10	用钢尺量

混凝土灌注桩质量检验标准　　表 4-16

项	序	检 查 项 目	允许偏差或允许值		检 查 方 法
			单位	数值	
主控项目	1	桩位	mm	<2	基坑开挖前量护筒，开挖后量桩中心
	2	孔深	mm	+300	只深不浅，用重锤测，或测钻杆、套管长度，嵌岩桩应确保进入设计要求的嵌岩深度
	3	桩体质量检验	按《建筑基桩检测技术规范》，如钻芯取样，大直径嵌岩桩应钻至桩尖下 50cm		按《建筑基桩检测技术规范》
	4	混凝土强度	设计要求		试件报告或钻芯取样送检
	5	承载力	按《建筑基桩检测技术规范》		按《建筑基桩检测技术规范》
一般项目	1	垂直度			测套管或钻杆，或用超声波探测，干施工时吊锤测
	2	桩径	mm	200～250	井径仪或超声波测，干施工时用钢尺量，人工挖孔桩时不包括内衬厚度
	3	泥浆密度（黏土或砂性土中）	1.15～1.20		用比重计测，清孔后在距孔底 50cm 处取样
	4	泥浆面高程（高于地下水位）	m	0.5～1.0	目测
	5	沉渣厚度：端承桩摩擦桩	mm	≤50 ≤150	用沉渣仪或重锤测量

续上表

项	序	检查项目	允许偏差或允许值		检查方法
			单位	数值	
一般项目	6	混凝土坍落度： 水下灌注施工	mm	160～220 70～100	坍落度筒
	7	钢筋笼安装	mm	±100	用钢尺量
	8	混凝土充盈系数	>1		检查每根桩的实际灌注量
	9	桩顶高程	mm	+30 −50	水准仪，需扣除桩顶浮浆层及劣质桩体

二、锚固法

(一)概述

锚固指的是利用钢筋等抗拉杆件的一端锚固在可靠的地层(即岩层或土层)里，使得能提供可靠的拉力，用来平衡土压力、结构浮力等其他结构力的一种构件。在本章通指锚杆、锚索，简称为锚杆，不包括土钉和锚定板等拉锚形式。锚固本身一般不作为挡土或抵挡外力的结构，而与其他结构联合使用。锚固的主要形式按照构造形式可以分为钢筋锚杆和钢绞线锚索两种；按受力特征分可以分为预应力和非预应力锚杆；按施工方式和特点可以分为自钻式、注浆式、高压注浆和分段高压注浆式锚杆等。几种常见的锚固形式如图 4-20 所示。

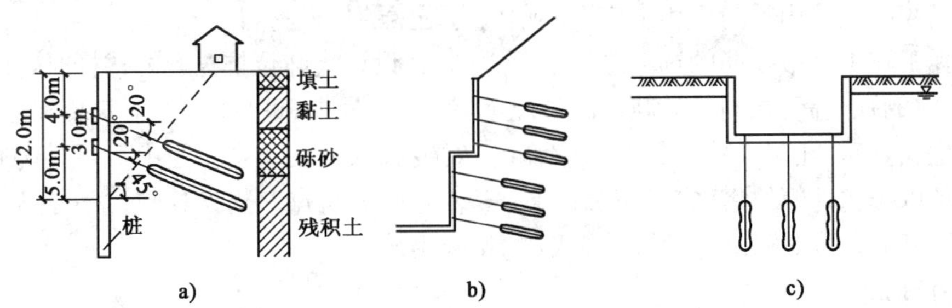

图 4-20 几种常见的锚杆形式

a)基坑桩锚支护结构；b)锚杆挡土墙；c)地下室抗浮锚杆

近 20 年来，锚固技术在我国基坑支护、边坡加固、滑坡治理、地下结构抗浮、挡土结构锚固和结构抗倾等工程中广泛应用，积累了丰富的工程经验。但由于锚杆(索)的作用多种多样，锚固的地层或岩层复杂多变，锚固技术中的许多问题有待于进一步研究，而且随着技术的发展，施工更简便、技术上更可靠的新型锚固技术也不断出现。

(二)锚固法的基本原理与力学作用

岩土锚固的基本原理就是依靠锚杆(索)周围地层的抗剪强度来传递结构物的拉力或保持地层开挖面自身的稳定，起到抵抗倾倒、阻止地层剪切破坏的目的。岩土锚固的主要功能包括以下几点。

(1)提供作用于结构物上以承受外荷的抗力,其方向朝着与岩土相接触的点。

(2)使被锚固地层产生压缩应力区或对通过的岩石起加筋作用。

(3)加固并增加地层强度,也相应地改善了地层的其他力学性能。

(4)当锚杆(索)通过被锚固结构时,能使结构本身产生预应力。

(5)通过锚杆(索)使结构与岩石连锁在一起,形成一种共同工作的复合结构,使岩石能更有效地承受拉力和剪力。

锚杆(索)的这些功能是互相补充的。对某一特定的工程而言,也并非每一个功能都发挥作用。

(三)锚杆的设计

1.锚固形式的选型

从锚杆的工作机理上看,锚杆是一种受拉结构体系,由拉杆、注浆锚固体、自由段和外锚头等主要部件组成。只有深刻认识各工作部件的工作机理和作用,才能够合理地选型。

拉杆是锚固的最基本构件,对材料的主要要求是高强度、耐腐蚀、易于加工和安装。

(1)钢筋,一般采用II级钢以上的钢筋或精轧螺纹钢,具有施工安装简便、较抗腐蚀、取材容易、造价经济等特点,缺点是强度较低,而且普通钢筋的预应力锚头制作复杂等。钢筋拉杆一般用于非预应力锚杆。当采用高强钢筋的情况,钢筋锚杆吨位偏小的问题可以解决,若采用精轧螺纹钢等特种材料也能够作为预应力锚杆的拉杆,精轧螺纹钢有与之配套的螺纹套筒,可以方便地用来施加预应力并锁定。

(2)钢绞线,具有强度高、易于施加预应力、造价经济等特点,缺点是易松弛、防腐问题比较突出等。钢绞线是国内目前应用最广泛的预应力锚索的拉杆材料。

在实际工作中一般拉筋的选型遵循以下原则:在设计大吨位抗拔力的锚杆时,优先考虑采用钢绞线,它的强度高,相同设计吨位的情况下,钢材用量少,重量轻,便于安装和运输。特别是设计吨位较高时,还可以减少钻孔数量,减轻安装和张拉工作量。当中等设计吨位(400kN左右)时,可以选精轧螺纹钢,它具有强度高、安装方便等优点。当设计吨位小于300kN且为非预应力锚杆时,可以优先考虑采用II级或III级钢筋。

2.锚固地层

锚杆的锚固段设置的地层简称为锚固地层。对于吨位较大的锚杆尤其是永久性锚杆(索),要求锚固地层自身稳定,能够提供较大的锚固力,注浆锚固体和周边围岩之间具有较小的蠕变特性等条件。工程实际中,选取合理可靠的锚固地层一般遵循以下基本原则。

(1)锚固地层应能自身稳定,不得在边坡或支挡结构后侧极限平衡状态的破裂面之内,不能设置在滑坡地段和有顺层滑动可能的地段的潜在滑动面以内。

(2)永久性锚杆的锚固段不应设置在未经处理的下列土层:

①有机质土;

②液限 $w_L>50\ \%$的土层;

③相对密实度 $D_r<0.3$ 的砂土层。

(3)锚固段设置在岩层的锚杆,应尽量避开基岩的破碎带。

(4)在有构造面存在的情况,应分析锚固受力之后对基岩稳定性的影响,有不利影响的情况，应予以避开。

(5)对于永久性支挡结构的锚杆、地下室抗浮锚杆等对变形限制严格的锚杆，要注意锚固段的蠕变特性，尽量将锚固段避开软土层，设置在蠕变特性小的基岩层、密实的砂砾土层和硬黏土层。

3. 锚杆的结构类型

锚杆一般由锚头、自由段和锚固段三部分组成，其中锚固段用水泥浆或水泥砂浆注浆将杆体与土体或岩体黏结在一起，形成锚杆的锚固段。锚固段是锚杆的最重要组成部分，根据设置锚固段的岩土体的性质和工程特性与使用要求等，锚固段可以有多种形式，常用的有圆柱型、端部扩大头型和分段扩大头型等三种类型。图4-21为三种类型的锚杆结构的简图。

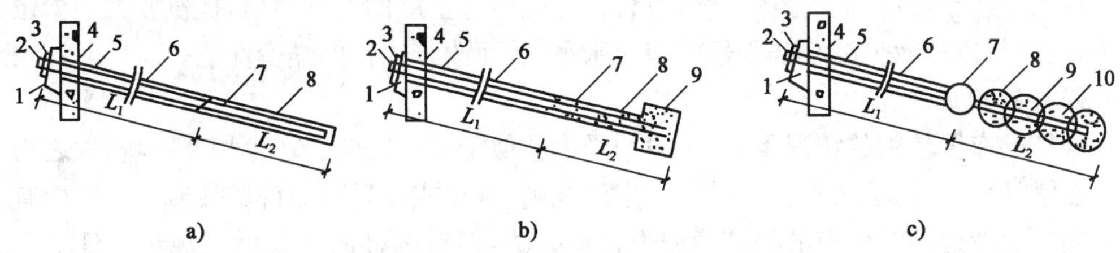

图4-21　锚杆(索)结构简图

a)圆柱型锚固体锚杆；b)端部扩大头型锚杆；c)分段扩大头型锚杆

a)：1-台座；2-锚具；3-承压板；4-支挡结构；5-钻孔；6-注浆防护处理；7-预应力筋；8-圆柱形锚固体；L_1-自由段长度；L_2-锚固段长度

b)：1-台座；2-锚具；3-承压板；4-支挡结构；5-钻孔；6-注浆防护处理；7-预应力筋；8-圆柱形锚固体；9-端部扩头体；L_1-自由段长度；L_2-锚固段长度

c)：1-台座；2-锚具；3-承压板；4-支挡结构；5-钻孔；6-塑料套管；7-止浆密封装置；8-预应力筋；9-注浆套管；10-异形扩头体；L_1-自由段长度；L_2-锚固段长度

图4-22表示的是两种类型锚杆的锚固体受力特点。对于圆柱型锚固体，有以下特点：①圆柱型锚固体前端的应力水平最大；②锚固力是由于锚固体和岩土层之间的相对变位而产生的，考虑到锚杆等拉杆杆体自身的应变，有效锚固长度受限制；③当锚固段和土体之间的剪应力水平达到土体强度时，土体本身发生破坏，所以通常增加锚固长度不能成比例增大锚固力，在要求锚杆有较高承载力的情况，就受限制；④在锚杆受力的情况下，圆柱型锚固体锚杆中的锚固段都处于受拉应变的状态，所以锚杆的注浆固结体容易产生张拉型裂隙，这对锚杆的防腐不利。但是圆柱型锚固体锚杆的施工最简便，在完整性良好、强度较高的岩土层中通常也可以获得较大而且可靠的锚固力，所以这一类型的锚杆目前应用最为广泛。圆柱型锚杆的锚固段长度不宜大于15m，一般选取4～10m。

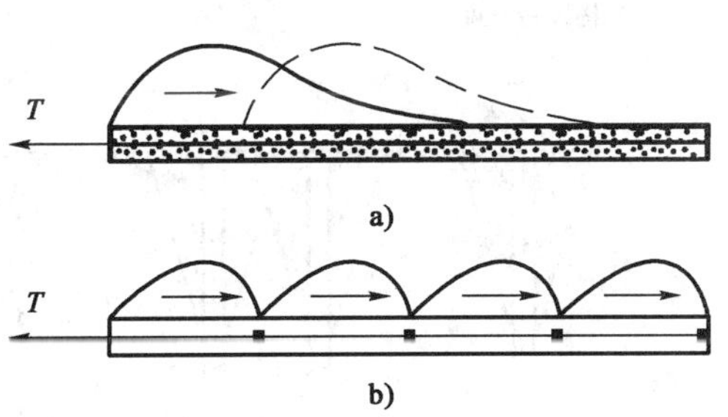

图4-22　锚杆锚固体周边黏结摩阻应力分布形态

a)拉伸型；b)分散压缩型

端部扩大头型锚杆通过端部扩大，可以有效地增加锚固力，缩短锚杆的长度，同时锚固体内的受力状态为压缩型，避免了锚固体产生对锚杆防腐不利的张拉型裂缝的可能性。

分段扩大头型锚杆改进了圆柱型锚杆锚固力受应力峰值限制的缺点，可以将锚固力分散在锚固段不同的位置，从而在不增加钻孔直径的前提下，增加了锚杆的锚固力，在较软弱的地层实现较大的锚杆承载力的要求。

在施工上，圆柱型锚固体锚杆直接由钻孔注浆形成；端部扩大头型锚杆采用机械扩孔；分段扩大头型锚杆可以采用分段高压注浆的方法形成，也可以采用分段机械扩孔的方法形成。由于岩层的锚固力大，锚固段设置在岩层的锚杆，可以选用圆柱型锚固体锚杆，施工时既方便，锚固力又可靠。对于锚固段设在硬黏土层并要求有较高锚固力时，宜选用端部扩大头型锚杆，通过扩大锚固端部，达到缩短锚固长度、减少注浆量而增加锚固力的目的。对于锚固段设置在黏性土和砂土层的情况，为了获得可靠的锚固力，宜采用分段式锚杆，一般通过高压注浆的方法，在设置的锚固段，按一定的间隔进行高压扩孔注浆，形成分段受力的锚固体形式。分段式锚固的优点还在于可以减少锚固长度，改善锚杆孔周边土层的力学性质，提供较大的单位长度抗拔力，同时可以有效地减小锚固段的应力水平，从而改善锚杆的蠕变性能。

4.锚杆的布置

在锚杆的布置较密的情况下，锚固段的受力类似于群桩效应会产生相互影响，称之为群锚效应。在锚杆设计时，从布置上应遵守一定的规则，避免或尽量减小群锚效应。在国内有关规范中未能提出考虑群锚效应的锚杆承载力计算方法，但对锚杆的布置做了规定。日本有关锚杆设计手册中介绍群锚效应可以采用简化的方法予以分析，如图 4-23 所示。

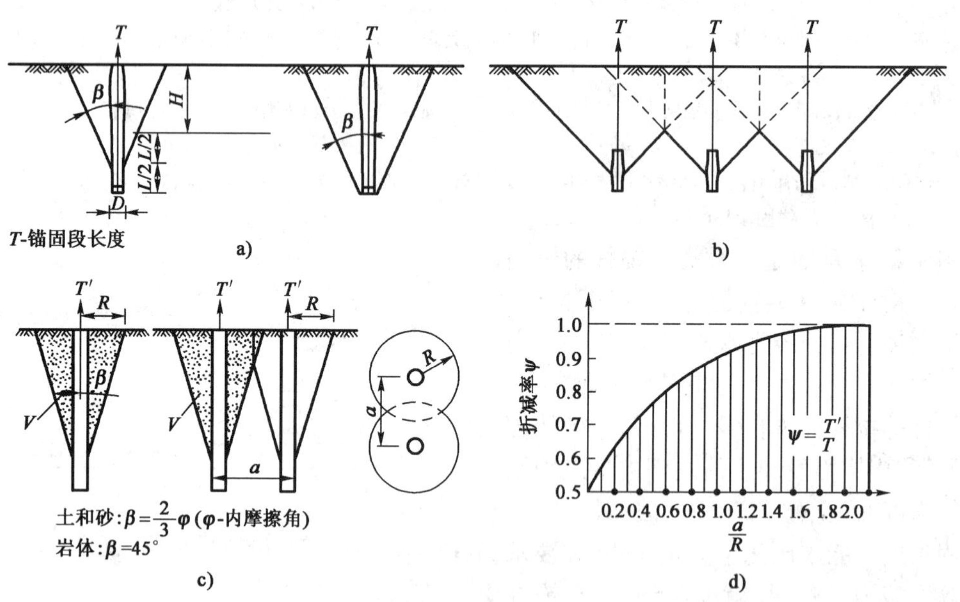

图 4-23　群锚效应分析简图

a)拉伸型锚杆(索)；b)压缩型锚杆(索)；c)影响锥体的相互干涉；d)群锚效应考虑锚杆间距的折减率

对于锚杆(索)的布置，国内现行规范有如下规定。

(1)锚杆的上下排间距不宜小于 2.5m。

(2)锚杆的水平间距不宜小于 2.0m。

(3)锚固体上覆土层的厚度不小于 5.0m。

(4)支挡结构的锚杆的水平倾角不应小于 13°，也不应大于 45°，以 15°～35°为宜，垂直布置的抗浮锚杆等不受此限制。

(5)土层锚杆的锚固段不应小于4.0m,岩层锚杆不受此限制。

5.锚杆长度设计

1)自由段设计

锚杆的锚固区应当设置在主动土压力楔形破裂面之外,如图4-24所示。对于锚杆的最小自由段可参照《建筑基坑支护技术规程》(JGJ 120—99)进行计算。

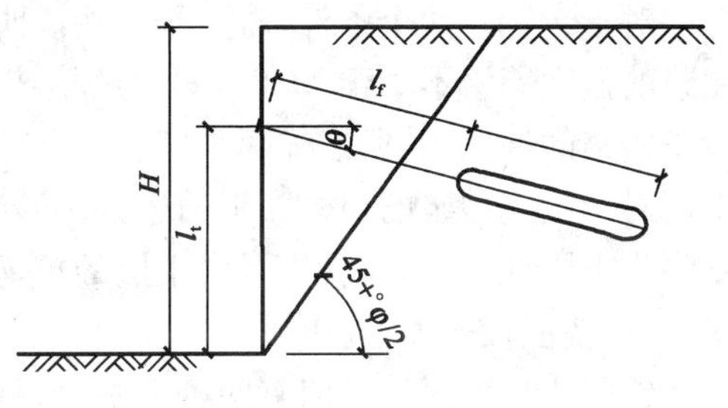

图4-24　自由段简图

《铁路路基支挡结构设计规程》(TB 10025—2001)规定,自由段伸入滑动面或潜在的滑动面的长度不小于1.0m。

美国联邦公路局运输处规定的锚杆最小自由段计算公式为:

$$l_f=\frac{l_t\sin\left(45°-\frac{\varphi}{2}\right)}{\sin\left(45°+\frac{\varphi}{2}+\theta\right)}+\frac{H}{5\sin\left(45°+\frac{\varphi}{2}+\theta\right)} \tag{4-79}$$

在实际问题中,自由段长度的设定除了满足上述条件之外,还要根据地层条件来确定锚杆的埋入区,以保证锚杆在设计荷载下正常工作的条件,为此锚固段设置在稳定的地层,确保有足够的锚固力。同时,对采用压力注浆的情况,锚固段应有足够的埋深,一般要求不小于5~6m,锚固区宜布置在离现有建筑物基础不小于5~6m的距离处。

2)锚固段设计

(1)设计原则

锚杆的承载力主要取决于锚固体的抗拔力,而锚固体的抗拔力可以从两方面考虑:一方面是锚固体抗拔力应具有一定的安全系数;另一方面是它在受力情况下发生的位移必须不超过一定的允许值。对于一般的基坑和支挡结构而言,允许有一定量的位移,因而主要是由稳定破坏控制。如果对支挡结构有严格的变形要求,这时锚杆的承载力主要由变形控制。

普通的灌浆锚杆的工作原理如图4-25所示。图中表示的是一个灌浆锚杆中的砂浆锚固段,如果锚固段的砂浆作为自由体,则可将其受力状态作如下分析。

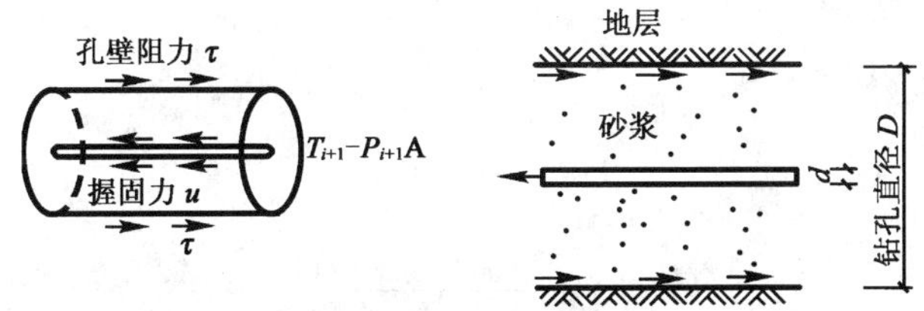

图4-25　灌浆锚杆锚固段受力状态

当锚固段受力时,拉力T_i首先通过钢拉杆周边的砂浆握固力(u)传递到砂浆中,然后再通过锚固段钻孔周边的地层摩阻力(τ)传递到地层中。因此,锚杆的锚固体必须满足以下四个条件。

①拉杆本身必须有足够的截面积。

②砂浆与钢拉杆之间的握固力需能承受极限拉力。

③锚固段地层对于砂浆的摩擦力需能承受极限拉力。

④锚固土体在最不利的条件下，仍能保持整体稳定。

对于②和③两个条件，需要作一些说明。在一般较完整的岩层中灌注锚杆时(砂浆或纯水泥浆的强度等级不小于 M30)，只要严格按照规定的灌浆工艺施工，岩层孔壁的摩阻力一般能大于砂浆的握固力，所以锚固长度实际上由锚固体本身的强度控制。如果锚孔在土层中灌浆，土层对于锚孔砂浆的单位摩阻力远小于砂浆对钢筋的握固力。因此，土层锚杆的最小锚固长度将受土层性质的影响，主要由土层的抗剪强度所控制。

(2)锚固段长度

锚固段长度设计目前有两种方法：一种是安全系数法，为 1990 年颁布的《土层锚杆设计施工规范》(CSCE22：90)和铁路规范等行业规范所采用，国外的设计标准和设计指南大都采用安全系数法；另一种是极限状态设计法，不再采用统一安全系数“K”，而改为采用体现工程安全等级、支护结构工程重要性系数，轴向受力抗拉力分项系数的锚杆设计方法，该方法为国标《建筑基坑支护技术规程》(JGJ 120—99)、《建筑边坡工程技术规范》(GB 50330—2002)等采用。以下介绍锚杆锚固段的两种设计方法。

①极限状态法

按《建筑基坑支护技术规程》，深基坑支护工程所用的锚杆，支锚点水平支点力和锚杆轴向受拉承载力设计值之间的关系如下式所示：

$$N_u = \frac{T_d}{\cos\theta} \tag{4-80}$$

锚杆的轴向受拉承载力设计值可按《建筑基坑支护技术规程》的相关公式计算，并应按要求和规定进行锚杆验收试验。

锚杆水平刚度系数 K_T是一个重要的系数，可由锚杆基本试验确定，当无试验资料时，可借鉴相邻工程经验，也可按下式初步估算：

$$K_T = \frac{3AE_SE_CA_C}{(3L_fE_CA_C + E_SAL_a)\cos\theta} \tag{4-81}$$

式中：L_f——锚杆自由段长度；

L_a——锚杆锚固段长度；

E_S——杆体弹性模量；

A——杆体截面积；

A_C——锚固体截面积；

E_C——锚固体组合弹性模量；

$$E_C = \frac{AE_S + (A_C - A)E_m}{A_C} \tag{4-82}$$

E_m——注浆体弹性模量；

θ——锚杆的水平倾角。

锚杆的轴向拉力标准值和设计值、锚杆钢筋的截面积，在一次注浆条件下锚杆长度、锚杆钢筋与锚固砂浆间的锚固长度的计算，请参照《建筑边坡工程技术规范》中的相关规定进行计算。

②安全系数法

国内铁路规范、中国工程建设标准化协会标准《土层锚杆设计与施工规范》以及国外多数锚杆设计标准和规范仍采用安全系数法。按《土层锚杆设计与施工规范》锚杆的设计规定如下。

使用年限在 2 年以上的锚杆，定性为永久性锚杆，2 年以内为临时性锚杆。锚杆的设计安全系数依据工程的重要性确定，如表 4-17 所列。

锚杆设计安全系数　　表 4-17

锚杆破坏后危害程度	安全系数		锚杆破坏后危害程度	安全系数	
	临时锚杆	永久锚杆		临时锚杆	永久锚杆
危害较微，不会构成公共安全问题	1.4	1.8	危害大，会出现公共安全问题	1.8	2.2
危害较大，但公共安全无问题	1.6	2.0			

不同锚杆锚固段设计长度分别由以下各式确定。

a)砂性土中圆柱型锚杆

$$l_a = \frac{KN_t}{\pi d q_s} \tag{4-83}$$

式中：K——安全系数；

N_t——锚杆设计轴向拉力；

d——锚固体直径；

q_s——土层和锚固体的黏结强度。

b)黏性土中端部扩大头型锚杆

$$l_a = \frac{K}{\pi q_s}\left(\frac{N_t - R_t}{d}\right) \tag{4-84}$$

$$R_t = \frac{\pi}{4}(d_1^2 - d^2)\beta_c \tau \tag{4-85}$$

式中：R_t——单个扩大头承载力；

d_1——扩大头直径；

d——非扩大头端锚固体的直径；

β_c——扩大头承载力系数，取 9.0；

τ——土体不排水抗剪强度。

c)非黏性土圆柱型锚杆

$$l_a = \frac{KN_t}{\pi d(q + \sigma\tan\delta)} \tag{4-86}$$

式中：δ——土体与锚固体的摩擦角；

σ——锚固体剪切面上的法向应力。

锚杆的钢筋截面必须满足以下条件：

$$A_s = \frac{KN_t}{f_{ptk}} \tag{4-87}$$

式中：f_{ptk}——锚杆杆体的强度标准值。

该规范规定，一般通过试验确定土层和锚固体的黏结强度，也可按表4-18采用。

土层与锚固体黏结强度 表4-18

土层种类	土的状态	q_s值(kPa)	土层种类	土的状态	q_s值(kPa)
淤泥质土		20～25	粉土	中密	100～150
黏性土	坚硬	60～70	砂土	松散	90～140
	硬塑	50～60		稍密	100～200
	可塑	40～50		中密	220～250
	软塑	30～40		密实	270～400

国家行业标准《铁路路基支挡结构设计规范》(TB 10025—2001)按安全系数法设计锚杆，荷载安全系数采用2.0。有关设计计算和规定如下。

钢筋截面面积A_s应按下式计算：

$$A_s = \frac{KN}{f_y} \tag{4-88}$$

式中：K——安全系数，取2.0；

N——锚杆轴向拉力；

f_y——钢筋的设计长度。

锚固段长度在岩层中不宜小于4.0m，但也不宜大于10.0m，且必须满足：

$$l \geqslant \frac{N}{\pi D[\tau]} \tag{4-89}$$

$$[\tau] = \frac{\tau}{K} \tag{4-90}$$

式中：l——锚杆有效锚固长度；

N——锚杆轴向拉力；

D——锚孔直径；

$[\tau]$——锚孔壁对砂浆的容许剪应力；

τ——锚孔壁对砂浆的极限剪应力(表4-19)；

K——安全系数，永久性工程取2.5，临时性工程取1.5。

按锚杆杆体和砂浆之间的握固力确定锚杆的长度，还应满足：

锚孔壁对水泥砂浆的极限剪应力 表4-19

岩土种类	岩土状态	孔壁摩阻力(kPa)	岩土种类	岩土状态	孔壁摩阻力(kPa)
岩石	硬岩 软岩 泥岩	1 200～2 500 1 000～1 500 600～1 200	粉土	中密	100～150
黏性土	软塑 硬塑 坚硬	30～40 50～60 60～70	砂土	松散 稍密 中密 密实	100～200 220～250 270～400

$$l \geqslant \frac{N}{n\pi d\beta[c]} \tag{4-91}$$

式中：n——钢筋或钢绞线的根数；

d——锚杆的钢筋或钢绞线的直径；

β——考虑成束钢筋系数，单根钢筋 $\beta=1.0$，两根 $\beta=0.85$，三根一束 $\beta=0.7$，钢绞线 $\beta=1.0$；

$[c]$——砂浆与锚杆间的容许黏结力；

$$[c]=\frac{\tau_u}{K} \tag{4-92}$$

τ_u——钢材与水泥砂浆的极限黏结力，按砂浆标准抗压强度 f_{ck} 的 10%取值；

K——安全系数，永久性工程取 2.5，临时性工程取 1.5。

(3)锚固参数

对于重要工程，应该通过现场锚杆张拉基本试验确定锚固段注浆固结体和岩土层的黏结系数，但是在设计的前期，往往没有条件进行锚杆基本试验，通常根据经验选取锚固黏结系数进行锚杆的初步设计，待进行正式施工之前，进行锚杆基本试验，依据试验结果检验所选取黏结系数的合理性，必要时修改设计。在缺乏当地锚固工程经验的情况下，方案设计阶段或初步设计阶段可以根据规范推荐的锚固黏结系数取值。由上述介绍的各种规范锚固段长度设计方法和推荐参数中可以看出，各种规范有相当大的差异，其中原因主要有二：其一是各种规范所采用的设计方法不尽相同，其二是各规范的锚固黏结力的代表值不相同。在设计工作时应依据所要求的设计规范，选用相应规范的锚固黏结力值，不得混用。为了说明不同规范设计方法和锚固参数的同异性，将有关规范关于锚杆设计的方法汇总如表 4-20 所列。

不同规范设计方法的汇总 表 4-20

规 范 名 称	设 计 方 法	锚固黏结力代表值
《建筑基坑支护技术规范》	极限状态法	黏结强度标准值
《建筑边坡工程技术规范》	极限状态法	黏结强度特征值
《土层锚杆设计与施工规范》	荷载安全系数法	黏结强度
《铁路路基支挡结构设计规范》	强度安全系数法	黏结强度(极限剪应力)

(4)桩锚结构的整体稳定性分析

在利用锚杆技术的支护结构中，桩锚结构是最普遍的形式。在设计中除了按照规范的要求计算锚杆的受力、设计锚杆的强度和长度外，还应进行桩锚结构的整体稳定性分析。通常认为锚固段所需的长度是由于承载力的需要，而锚杆所需的总长度则取决于整体稳定的要求。稳定计算方法依结构的形状而定，对于桩锚支护结构，必须进行外部稳定和内部稳定两方面的计算。

①外部稳定计算

所谓外部稳定是指锚杆、支护桩(墙)系统和土体全部合在一起的整体稳定。由于边坡本身失稳或受荷载作用，从支护墙基础底部产生滑动而向外推移，整个体系沿滑缝向下滑动，土体从墙角外隆起，如图 4-26a)所示，整个土锚均在土体的深滑裂面范围之内，造成整体失稳。一般采用古典圆弧法具体试算边坡的整体稳定。土锚长度必须超过滑动面，要求稳定安全系数不小于 1.5。

②内部稳定计算

所谓内部稳定计算是指土锚与支护墙基础假想支点之间滑动面的稳定验算，如图4-26b)。内部稳定最常用的计算是采用 Kranz 稳定分析方法。

(5)单层锚杆深部破裂面稳定性验算方法

从地基内取一平面楔体(包括桩、锚杆与土体)作为单元体，根据单元体的平衡状态用力多边形图解法对锚杆稳定性进行验算。其计算如图 4-27 所示，即通过锚固体中心点 c 与基坑支护桩下端的假想支撑点 b 连一直线，并假定 bc 线为深部滑动线，再通过点 c 垂直向上作直线 cd，这样 $abcd$ 块体上除作用有自重 G 外，还作用有 E_a、F 和 E_1，当块体处于平衡状态时，即可利用力多边形求得锚杆承受的最大拉力 R_{tmat}。R_{tmat} 与锚杆设计轴向拉力 N_t 之比就是锚杆的稳定安全系数 K_s，一般取 1.5。即：

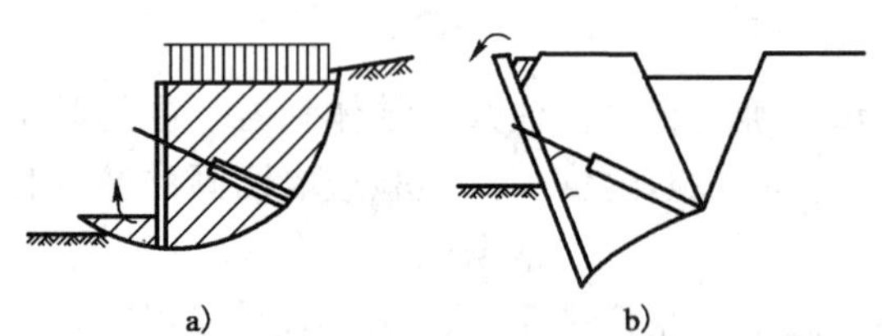

图 4-26 锚杆的整体稳定

a)土层深层滑动(外部稳定)；b)内部稳定

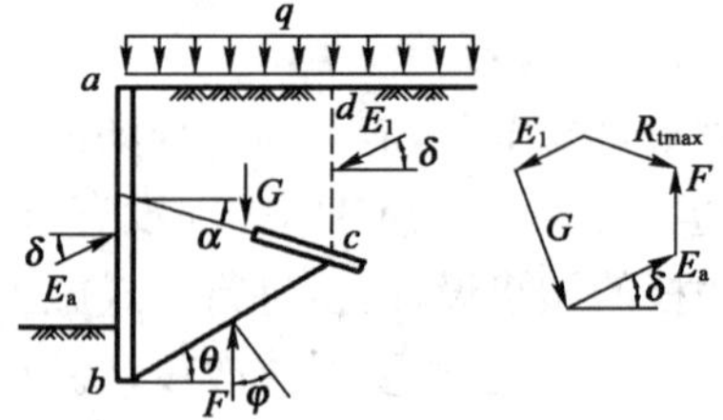

图 4-27 单层锚杆深部破裂的稳定性验算

G-深部破裂面范围内土体重力；E_a-作用在基坑支护上的主动土压力的反力；E_1-作用在 cd 面上的主动土压力；F-bc 面上的反力的合力；φ-土的内摩擦角；δ-基坑支护与土体间的摩擦角；θ-深度破裂面与水平的交角；α-锚杆倾角

$$K_s = \frac{R_{tmax}}{N_t} \geqslant 1.5 \tag{4-93}$$

(6)双排锚杆深部破裂面稳定性验算方法

双排锚杆深部破裂而稳定性验算的假设和计算方法与单排锚杆深部破裂面稳定性验算相同，其计算简图如图 4-28 所示。在单元体内存在 bc、be、bec 三个滑动面，当其处于平衡状态时，即可利用多边形求得锚杆承受的最大拉力 $R_{t(bc)max}$、$R_{t(be)max}$ 和 $R_{t(bec)max}$，相应的稳定安全系数 $K_{s(bc)}$、$K_{s(be)}$ 和 $K_{s(bec)}$ 应不小于 1.5，即：

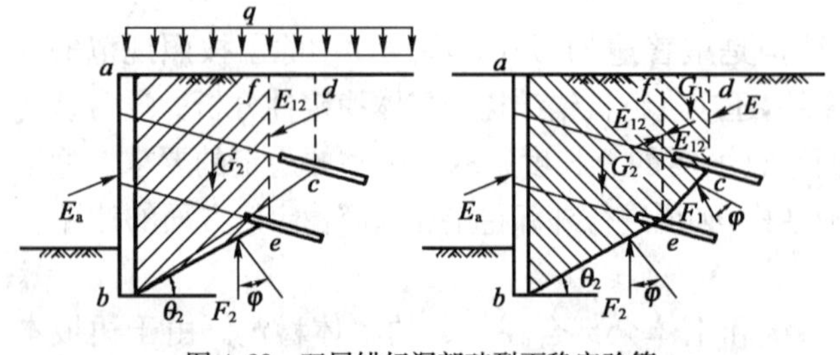

图 4-28 双层锚杆深部破裂面稳定验算

$$K_{s(bc)} = \frac{R_{t(bc)max}}{N_t} \geqslant 1.5 \tag{4-94}$$

$$K_{s(be)} = \frac{R_{t(be)max}}{N_t} \geqslant 1.5 \tag{4-95}$$

$$K_{s(bec)} = \frac{R_{t(bec)max}}{N_t} \geqslant 1.5 \tag{4-96}$$

(7)锚杆的蠕变问题

中国工程建设标准化协会标准《土层锚杆设计与施工规范》明确规定：在塑性指数大于 17 的地层中，应做锚杆的蠕变试验。这是因为在软黏土中由地层压缩产生的变形相当大，变形衰减速度十分缓慢。锚固在此类土体中的锚杆在较大荷载作用下，产生的蠕变现象不容忽视，它可能导致锚杆的预应力值明显下降，或者支护结构的变形随时间发展，进而危及工程的安全。

根据试验研究的结果，预应力锚杆在软黏土层中由于蠕变而产生的应力松弛和锚杆的锁定荷载与极限承载力的比值β有关。当β值越小时，锚杆的蠕变量也越小。因此，有人建议将$\beta \leqslant 0.55$作为控制软黏土地层中锚杆蠕变变形收敛的制约条件。

（四）锚固的施工

锚杆作为一种新技术得到迅速的发展与大量新建工程的兴起有关，但主要还是由于各种高效率锚杆钻机的问世以及有了特殊的施工工艺与专利装置所促成。从安全和经济的角度而言，在各种不同的土质条件下，采用哪些施工方法，选用何种机械设备，这是锚杆施工中至关重要的环节。机械设备选择得当，施工工艺合理，锚杆技术才能发挥其应有的经济效益。与此同时，只有良好的施工质量，才能使锚杆技术的可靠性得到保证。

由于岩层锚杆的施工机具和施工工艺都比较简单，在此不作特殊的介绍。对于土层锚杆，现有多种施工机械以及施工工艺，在此将介绍常见锚杆钻进机具和锚杆施工方法。

1.回旋式钻机

回旋式钻机为最常见的土锚施工机具，适用于黏性土及砂性土地基。钻孔装置在可自行的履带底盘上或固定在可移动的框架上，钻头安装在套管的底端，由钻机回转机构带动孔底钻头转动并施以一定的压力。被切削的渣土，通过循环水流排出孔外而成孔。如在地下水位以下钻进，对土质松散的粉质黏土、粉细砂、砂卵石及软黏土等地层应有套管保护孔壁以避免坍孔。一般禁止使用泥浆护壁成孔。

2.螺旋钻

利用回旋的螺旋钻杆，在一定的钻压和钻速之下向土体钻进，同时将切削下来的松动土体顺螺杆排出孔外。螺旋钻法适宜在无地下水条件下的黏土、粉质黏土及较密实的砂层中成孔。根据不同的土质需选用不同的回转速度和扭矩，为了施工方便，螺旋钻杆不宜太长，一般以4～5m为一节，并宜搭配一些短杆。目前 YTM87 型钻机是履带式全液压钻机，使用螺旋杆的干式钻进，钻孔深度可达到 32m。

3.旋转冲击钻机

旋转冲击钻机又称为万能钻机，具有旋转、冲击和钻进同时作用的功能。在钻进的过程中，可以边钻进边下套管，因此特别适用于砾砂层、卵石层及涌水层地层。该种钻机也可根据地层的情况，分别使用旋转、冲击等钻进，并具有能迅速装卸、方便移动等功能。

4.锚杆的二次注浆施工工艺

为了增大锚杆的抗拔力，常见而且有效的方法就是对锚固段进行二次压力注浆，称为二次注浆工艺。锚杆锚固段的注浆分为二次，第一次在钢筋或钢绞线放入锚孔之后，进行全段注浆。在锚固体内预留一根二次注浆管，该注浆管间隔 0.5m，左右对穿钻孔，并用胶带包扎封住。待第一次注浆液达到初凝时，利用二次注浆管对锚固体进行二次劈裂压力注浆。该技术的关键在于掌握好第一次注浆体的初凝时间，把握第二次注浆的时机。在第一次注浆体未能初凝的情况下，第二次注浆有可能发生孔口冒浆达不到注浆压力，不能在锚固段产生扩孔、劈裂注浆等效应。当第一次注浆体完全凝固，第二次注浆就很难胀破一次注浆体，达不到注浆的目的。

二次注浆增加锚杆承载力的机理可以解析如下。

1)对于砂性土,通过二次注浆在锚固体和周边土层中产生裂缝,并由浆液填充,这样在土中就形成了较大的径向压力,同时由于裂缝内充填了浆液,使得锚固体获得了粗糙的表面,在很大程度上增大了锚固体与土之间的摩擦力。在砂性土中二次压力灌浆后锚固体截面如图 4-29a)所示。

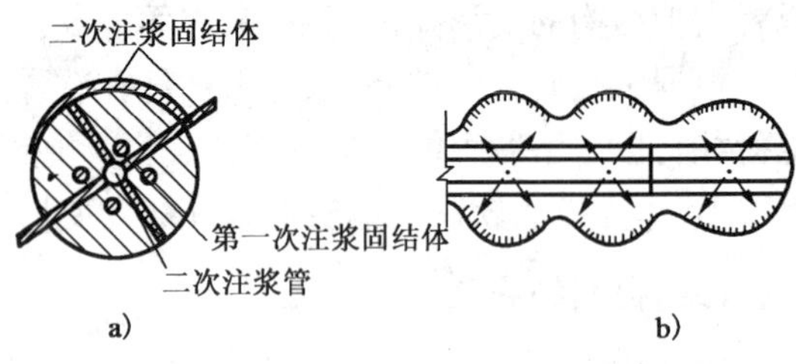

图 4-29　二次注浆的效果

a)砂性土二次注浆截面;b)软土层二次注浆的扩大作用

2)对较软的黏性土、回填土等软弱土层,二次注浆不仅有以上功效,还会由于二次注浆在锚固体形成类似于糖葫芦状的注浆扩大体,如图 4-29b)所示,使得锚固体的直径加大,同时改善锚孔周边土层的性质,使得锚固大为增加。有统计资料表明,合理的二次注浆工艺,可以使得锚杆的极限抗拔承载力增加 50%～100%。

5. 多次注浆锚杆施工工艺

与简易二次注浆的区别在于,与钢绞线一起放入锚孔的二次注浆管是一根弹性、强度很好的袖阀注浆管。一般该袖阀管的直径为 50mm,在侧壁每隔 0.5m(或 1.0m)对开 4 个小孔,小孔外侧用橡胶袖阀封盖。注浆时外侧的浆液由于袖阀的封盖不能进入注浆管,当注浆管内的注浆压力大于外侧第一次注浆体的强度时,就会产生劈裂到达注浆目的。当第一次注浆固结体初凝之后,就可利用袖阀管进行二次或多次重复注浆。二次或多次重复注浆采用特制的注浆头,该注浆头一定的长度上下端由皮碗封堵。对准需要注浆的孔位可实现定位注浆。注浆之后清洗注浆袖阀管,以备后用。通过这种多次反复注浆,可以使得锚固注浆的效果更好,而且可以有针对性地对软弱土层进行加固注浆。在使用一段时间后进行注浆,可以补救锚固力不足以及防止锚固段钢筋锈蚀。

6. 压力注浆锚杆施工工艺

在许多土层和工程中,通过一次性压力注浆施工的锚杆也可获得较大的锚固力。该施工工艺简介如下:采用旋转或旋转冲击式钻机带套管钻进,在钻进的过程中用清水循环清孔,钻进到位后在套管内放入锚杆杆体,拔出套管时,利用套管将水泥浆在较高的压力下注入,一般上拔 0.5～1.0m 压浆一次直至锚固段全长,注浆压力根据地层情况控制在 1.0～1.5MPa。通过该种方式,在锚固段形成圆柱体注浆扩大区,达到增加抗拔力的目的。

(五)锚固试验与质量检验

1. 试验的目的和种类

建立在破碎风化的软岩、粗粒土以及黏性土中的锚杆,由于介质条件变化,常会出现各种复杂性的问题。而且在地基中钻锚杆孔时,会引起土的应力释放及机械的扰动;向锚杆孔注浆,用增压装置、扩孔等都会出现不同的应力变化。这些复杂的影响因素都需结合具体的工程进行研究,而远非用标准的设计可解决。因此,各项锚杆工程(尤其是土锚)在施工前必须进行现场抗拔试验,目的是为了判明施工的锚杆能否满足设计的要求性能,若不能满足时应及时修改设计或采取补救措施,以保证锚杆工程的安全。另外采用新技术、新工艺的锚杆必须进行锚杆的抗拔试验。

土锚工程需要进行的试验有以下3种。

1)常规性试验与检验

在施工情况已知条件下，确定锚杆该如何可靠地建造且按预期的方式起作用，必须对所有的材料按国家标准进行检验。如钢材、锚头、张拉设备、防锈保护系统、拉杆的焊接、制造、装备、灌浆、砂浆强度、现场操作、机械设备等问题。这一系列试验实际上包括了工地所有施工应有的项目。这些常规性试验通常由承包施工锚杆的单位进行。

2)现场试验

选择与施工锚杆相同的地层地段进行现场拉拔试验、锚杆群锚效果试验、长期蠕变性能试验、抗震耐力试验等。这些试验工作一般要求在锚杆工程施工前进行。

3)检验试验

对已施工的锚杆进行确认检验。各种锚杆技术规程或规范中均有明确规定，是一种常规的验收要求。

2. 极限抗拔力试验(又称基本试验)

为了验证设计所估算的锚固长度是否足够安全，则需测定锚体与地基之间的极限抗拔力，用以检验所采用的锚杆参数是否合理。

极限抗拔力试验应于施工前在工地(与施工地段相同的地质条件)进行，一般做2～3根。如果施工地段很长，而且地层变化很大的地区还应根据具体情况增加试验的数量。如在临近有类似条件的试验资料可利用，亦可省略不做，而参考使用锚固参数值。但设计者必须认识到:极限抗拔力不会与规范推荐的计算式相同。因为，锚杆的承载力除考虑土质以外，与施工方法、施工质量的好坏有很大关系，特别是地下水位高时，钻孔灌浆技术好坏影响更大。极限抗拔力也不会与锚杆体的直径或长度成正比。

1)试验方法和步骤

在现场钻孔、灌浆后的锚杆，待砂浆达到70%以上的强度后才能进行拉拔试验。一般情况下对普通水泥必须养护8d左右，早强水泥4d左右。进行拉拔试验前应平整山坡，做好支座及千斤顶等的安装工作。试验开始时，每级荷载按事先预计极限荷载的1/10施加，最终按预计极限荷载的1/15施加直至破坏为止。

加载后每隔5～10min测读一次变位数值，每级加载阶段内记录数值不少于3次，每级荷载的稳定标准为连续3次百分表读数的累计变位量不超过0.1mm。稳定后即可加一级荷载。若变位量不断有所增加直至2h后仍不能达到稳定者即认为该锚杆已达极限破坏。卸荷分级约为加荷的2～4倍，每级卸荷后隔10～30min记录一次变位量，荷载全部卸除后，再测读2～3次，即读完残余变位数值以后，试验结束。

2)试验结果分析

(1)绘制荷载—变位曲线，如图4-30a)所示。以明显的转折点作为屈服拉力或将OA延长交于E点，用E点的抗拔力作为锚杆的屈服应力。

(2)绘制变位量—稳定时间曲线，如图4-30b)所示。

3. 特殊试验

1)锚杆群拉张试验

由于情况不得已，锚杆间距必须很密(小于$10D$或1.5m，D为钻孔直径)时才需做此试验，以判明锚杆群的效果。

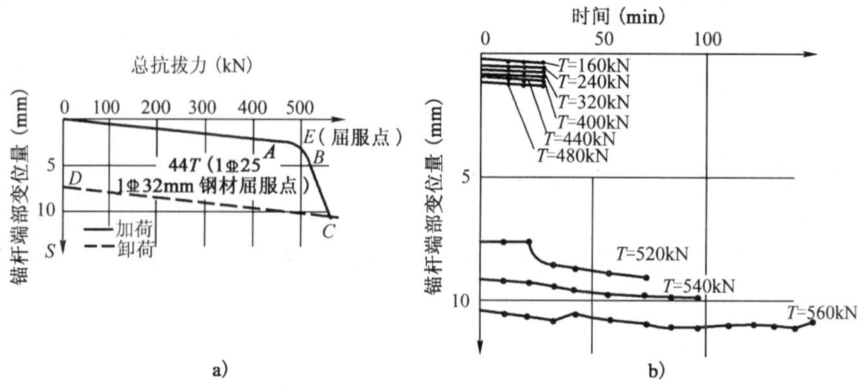

图 4-30　拉力变位量—稳定时间曲线

2）多循环的拉张试验

承受风力、波浪或反复式等其他震动力的锚杆，需判断由于地基在重复荷载作用下的性状变化所引起的效果。

3）蠕变试验

为了判明永久性锚杆拉紧力的下降，蠕变可能来自锚固体与地基之间的蠕变特性，也可能来自锚杆区间的压密收缩，应在设计荷载下长期量测张拉力与变位量，以便于决定什么时候需要做再拉紧。

对于设置在岩层和粗粒土中的锚杆，没有蠕变问题。但对于设置在软土里的锚杆，必须做蠕变试验，判定可能发生的蠕变变形是否在容许范围内。

蠕变试验需用能自动调整压力的油泵系统，使用于锚杆上的荷载保持恒量，不因变形而降低，然后按一定时间间隔（1min、2min、3min、4min、5min、10min、15min、20min、25min、30min、45min、60min）精确测读 1h 变形值，在半对数坐标纸上绘制蠕变时间关系如图 4-31 所示。曲线（近似为直线）的斜率即锚杆的蠕变系数 K_S：

$$K_S = \frac{\Delta s}{\lg \frac{t_2}{t_1}} \tag{4-97}$$

其中，Δs 及 t_1、t_2 如图 4-31 所示。

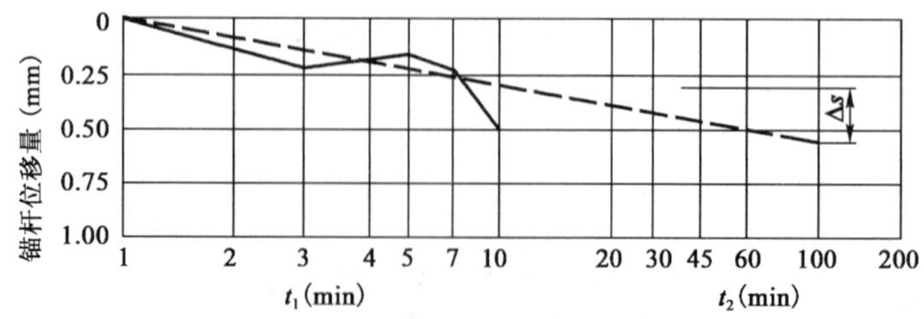

图 4-31　蠕变试验（时间与变位关系曲线）

一般认为，$K_S \leqslant 0.4$mm，锚杆是安全的；$K_S > 0.4$mm 时，锚固体与土之间可能发生滑动，使锚杆丧失承载力。

4.锚杆的检验试验

1)张拉试验

根据极限抗拔力试验确定的土层锚杆，当后来在施工工作面上作业后，仍需进一步核定该批施工锚杆是否已达到设计预定的承载能力，因此要在施工锚杆的工作面上做张拉试验。试验方法与拉拔试验相同，但张拉试验只做到1.0～1.2 T_0 为止（T_0 为设计荷载）。张拉试验的锚杆数量应为施工锚杆数量的3%～5%，但不少于3根。这样做的目的是为了取得锚杆变位性状的数据，并可与极限抗拔力试验的成果对照核实。

2)确认试验

以张拉试验所获得的变位性状为依据，用简单的方法对未做张拉试验的锚杆进行试验，并与张拉试验资料相比较，确认设计荷载的安全性。确认试验以0.8～1.0 T_0 为张拉力，一次加荷，在所定的荷载时间内变位不见增加，如砂土5min、黏性土10min。以变形与张拉试验时相比大体相同或更小即认为合格。

确认试验中合格与否的判别方法，可按以下公式计算 P—δ 关系作为参考：

$$\delta = \Delta l_0 = \frac{P - P_0}{AE} l_0 \tag{4-98}$$

$$\delta_{min} = \Delta l_{0min} = \Delta l_0 \times 0.8 \tag{4-99}$$

式(4-99)考虑了因施工漏浆而减少0.2的自由长度。

$$\delta_{max} = \Delta l_{0max} = \frac{P - P_0}{AE}\left(l_0 + \frac{1}{2} l_e\right) \tag{4-100}$$

式中：l_0——拉杆的自由长度；

l_e——锚固体长度；

E——拉杆材料的弹性模量，kN/m^2；

A——拉杆的断面面积；

P_0——设计荷载，kN；

P——施加的荷载，kN。

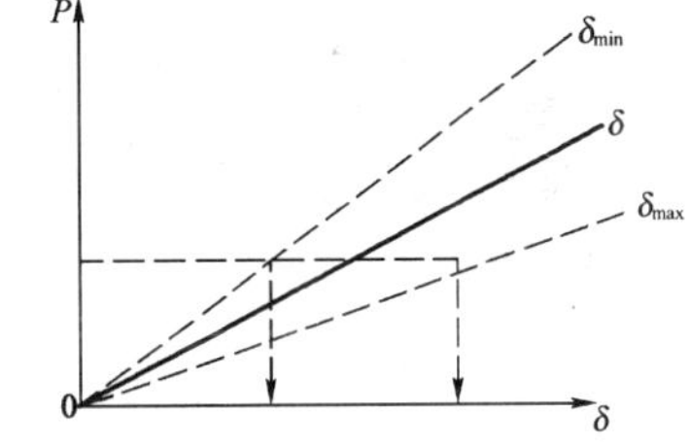

图4-32　锚杆确认试验（试验荷载的变位量关系）

只要实测的 δ 值落在 δ_{min} 与 δ_{max} 范围内即认为合格，如图4-32所示。

第五节　支挡构筑物维修加固技术

支挡建筑物加固常用技术主要有：锚固技术，坡间挡土墙“双锚”加固技术，分层多次高压注浆预应力锚固技术，微型锚杆桩技术及一杆三用技术等。其中，锚固技术在前章已作介绍，此处不作赘述。

一、坡间挡土墙“双锚”加固技术

（一）简述

坡间挡土墙“双锚”加固技术就是将锚定板、预应力锚杆等已在岩土工程界广泛应用的成熟技术及工艺进行科学的组合，针对研究对象所在边坡的工程地质情况和其本身的结构特点，探索出的一种适用于坡间挡土墙建造的新的技术工艺组合。该技术将边坡加固与挡土墙的建设融为一体。把挡土墙的建设作为边坡加固的组成部分,在挡土墙施工的同时即实施对边坡的加固,反过来又稳定了挡土墙本身。

(二)加固原理

坡间挡土墙的建造方案可根据所在边坡坡体的稳定情况分为两类:①坡体稳定时,可采用常规标准方案建造;②坡体不稳定时,应采用边坡加固与挡土墙建造相结合的方案。由此可见,判定边坡坡体的稳定性是初步设计选择方案时必须考虑的首要问题。

1. 方案1——固坡与建墙分离

如图4-33a)所示。该方案主要特点是采取必要的工程措施先将边坡加固,以保证挡土墙有一个可靠并且稳定的基础。挡土墙可选用加筋土、锚定板、重力式等多种常规标准方案。此类方案一般适用于边坡滑移特征明显、无法进行挡土墙基础开挖的地段。

2. 方案2——固坡与建墙相结合

如图4-33b)所示。该方案的要点是在墙体的中下部,运用墙体作为承载体,打下向预应力锚杆,使其起到稳定墙体本身和加固边坡的双重作用。墙体上部一般根据墙体内侧面离边坡坡面的距离不同,分别采用不同规格的锚定板作为支挡手段以稳定墙体本身。此方案适用于各类坡间挡土墙的建造,墙体一般采用肋柱式钢筋混凝土结构。

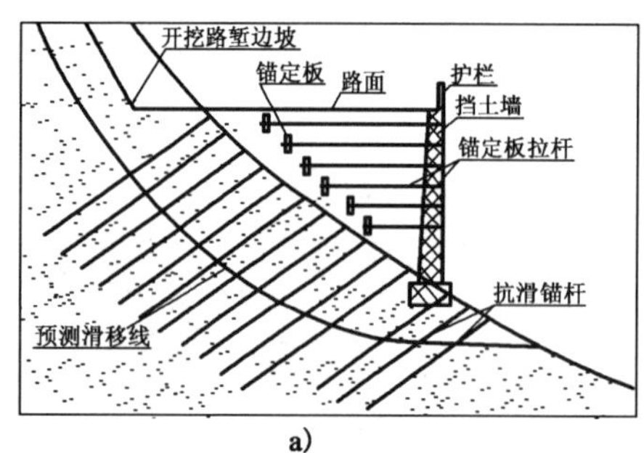

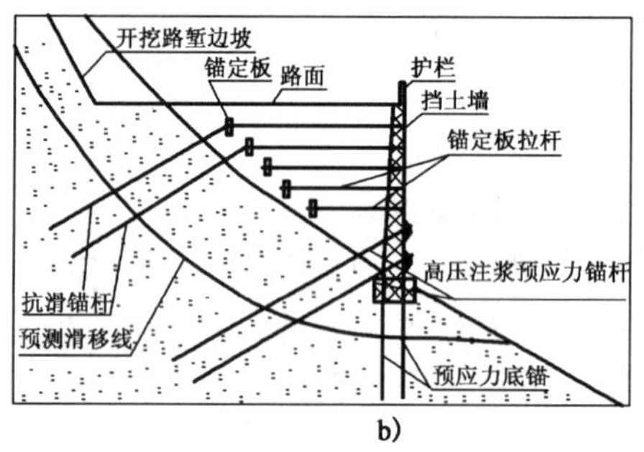

图4-33 固坡与建墙加固方案

a)固坡与建墙分离;b)固坡与建墙相结合

3. 方案比较

(1)两个方案均是在首先稳定边坡的基础上实现所建挡土墙的稳定,其中前者是直接加固边坡,后者为间接加固边坡,二者目标一致。

(2)方案1实施后,可保证施工过程中边坡的稳定,但由于在坡面上直接加固,无法形成固坡的承力结构,工程量大。此方案只适用于无法开挖挡土墙基础的极端情况。

(3)方案2将边坡加固与墙体结构的支挡结合成一个整体,将墙体作为预应力锚杆的承载结构,挡土墙成为边坡加固支挡结构的组成部分,二者紧密结合,互为整体。此方案是坡间挡土墙加固的最理想方案。

(三)技术要点

(1)凡墙体内壁与原坡面(清表压实后)相距小于4m或者坡面倾角大于20°,预打(也可事后打)下向斜孔,安装预应力锚杆,在墙体外侧肋柱上张拉锁定。所有预应力锚杆深度应超过计算滑移面5m。

(2)凡墙体内壁与原坡面(清表压实后)相距大于4m或者坡面倾角小于20°,采用锚定板方案,拉杆延至肋柱上锁定(锁定方式根据实际情况另定),其基本设计参数可参照规范或手册。

(3)特殊情况下,在挡墙的基础部位打下向垂直孔,安装预应力底锚以将基础锁定,锚固深度应超过计算滑移面6m,既可稳定挡土墙基础,又加固了边坡。

(4)根据需要采用不同的注浆方式,利用锚定板和锚杆孔预埋注浆管,分别对坡体和填方体进行注浆加固,进一步提高其稳定性和承载能力。

需要说明的是,在实际加固工程中,不是任何一种技术可以解决所有的技术问题,往往需要几项技术的组合,而且还要注意相关工艺的先后次序,才能达到预期的加固效果。

二、分层多次高压注浆预应力锚固技术

(一)概述

该技术适用于各类路基工程灾害的处理,并已在20多项工程中成功地应用,是一项成熟技术,具体细节如下。

在松散岩土层中安装永久性的预应力锚杆最重要的是能保证预应力值的恒定,而要达到这个目的,则必须保证锚杆(索)在锚固段有一个强大的承载体并谋求对岩土体的整体改性。但在无约束的条件下,则无法实现这个目标。以G104界河立交桥失稳加筋土挡土墙加固为例,加固过程中为了实现高压注浆,开始试用了两种方案:一是采用止浆塞密封孔口,实现一次高压注浆;二是分步走,第一次从孔底注浆至孔满,18h后,利用二次注浆管进行二次高压注浆,并限定注浆在离孔口4m以外扩散。试验证明,这两种方案都不成功,其中前者实行时,两侧墙面大量跑浆,注浆压力不足1.2MPa;后者主要造成对侧的墙面严重跑浆,最大注浆压力不足1.5MPa,远远达不到设计的要求。后经反复试验,最后创造了“分层多次”的注浆技术,成功地解决了这一难题。

(二)技术要点

1.实施要点

(1)安装锚杆时,同时安装4根以上的注浆管;(2)分层,在注浆孔的轴线方向,根据不同的承压条件,让浆液在不同的特定部位扩散;(3)多次,每一根注浆管注一次浆,有几根注几次,所谓“多次”即指此意。

2.实施过程

1)注浆管加工

一次注浆管与锚杆长度相同,不需要加工;二次注浆管与锚杆长度相同,内端口封住,在内端2m范围内,每隔0.4m,用手电钻对穿打孔,用胶带封孔;三次注浆管,长度为4m,内端口封住,在内端2m范围内每隔0.4m,对穿打孔,胶带封孔;四次注浆,注浆管比锚杆长度短2m,在内端至离外端4m的范围内,每隔0.4m对穿打孔,胶带封孔,锚杆与注浆管绑扎在一起,同时送入锚杆孔。

2)注浆

(1)一次注浆:利用第一次注浆管将浆液直接注入孔底,至孔口溢浆为止,随即将注浆管抽出。

(2)二次注浆:在一次注浆结束 18h 后,开始进行二次注浆,注浆压力为 1MPa,同时派专人监测对侧墙面,发现跑浆或墙体变形,则立即停注。

(3)三次注浆:在二次注浆结束 3h 后进行,注浆压力为 1.2MPa,同时密切观察本侧墙面变化情况,如孔口或墙面变形或跑浆,立即停注。

(4)四次注浆:在三次注浆结束 8h 后进行,注浆压力最高为 4MPa,注浆时要密切注意墙面和路面的情况,如有异常立即停注。

上述四次注浆是施工初期必须完成的注浆过程,随着工程的进行,可逐渐地减成三次或两次注浆:①当对侧墙面已加固完成,可省略第二次注浆;②当对侧及本侧周围相邻锚杆孔注浆完毕,则第二次及第三次注浆均省略,亦可达到同样的注浆效果。

3.注浆效果

经一次、二次和三次注浆以后,第四次即可实施高压注浆,最高注浆压力可达到 4MPa,全部达到设计要求。实践证明,该工艺是成功的。

4.机理分析(图 4-34)

(1)第一次注浆,不起压,浆液全部约束在注浆孔的周围,待其初凝后,可成为后续几次注浆的"止浆塞"。

(2)第二次注浆,浆液在内端部扩散,在对面墙体内侧形成脉状浆体。

(3)第三次注浆,浆液在本侧墙体内侧扩散,形成脉状浆体。

(4)第四次注浆在第二次和第三次注浆浆液初凝后进行。前两次注浆已在两侧墙体内形成隔离止浆带,既可防止在两侧墙面溢浆失压,又可防止注浆压力对墙面造成的破坏,同时为进一步实施高压注浆创造了条件。第四次注浆可达到设计压力,浆液可得到有效扩散。

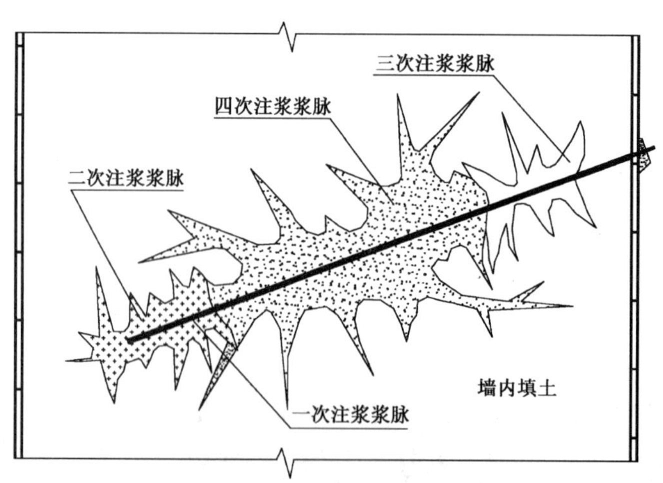

图 4-34 分层多次高压注浆浆液扩散示意

该技术实施后，预应力锚杆的锚固力提高了20%，同时，墙内原填土得到整体改性，标贯击数由8击提高到17击，在其他工程应用中亦得到相同结果。

三、微型锚杆桩技术

某些挡土墙的失稳主要是由于边坡的滑移而引起的，例如G205高峪铺公铁立交桥，为了保证挡土墙的永久稳定，在挡土墙加固的同时也必须对边坡进行加固。在高峪铺公铁立交桥加固过程中采用了一项新的边坡加固技术——微型抗滑锚固桩技术。图4-35为其结构原理图。

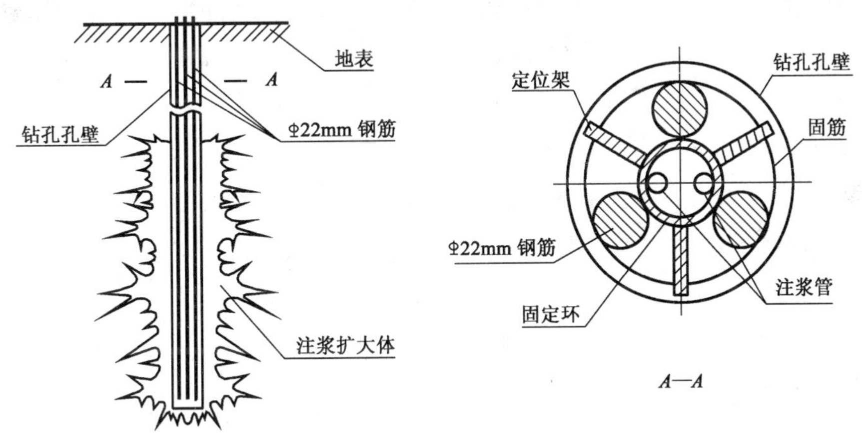

图4-35　微型抗滑锚固桩结构示意图

微型抗滑锚固桩的特点有以下几点。

(1)利用“微型抗滑锚固桩”内注浆管实施中高压注浆，通过注浆的充填、渗透、压密及劈裂作用，提高边坡岩土体的内摩擦角和凝聚力，达到岩土体改性的目的。

(2)“微型抗滑锚固桩”作为刚性桩(锚杆与注浆结合体相对周围岩土刚度较大)，可以承受较大荷载，起到抗滑作用。

(3)“微型抗滑锚固桩”又具有柔性桩(桩内锚杆单元较细)的特点，可以使桩体周围岩土体的强度得到充分发挥，这样桩与周围岩土体协调发展、共同承载，最大限度地保证挡土墙边坡的稳定。

四、一杆三用技术

该技术是将锚固、护坡、注浆三种技术巧妙组合而开发的一种新技术(图4-36)。即用钢管代替锚杆，在钢管中注浆，起到锚杆、护坡土钉、注浆管三者作用，具有节省投资，简化施工，保护环境等优点。该技术适用于矮挡墙加固。

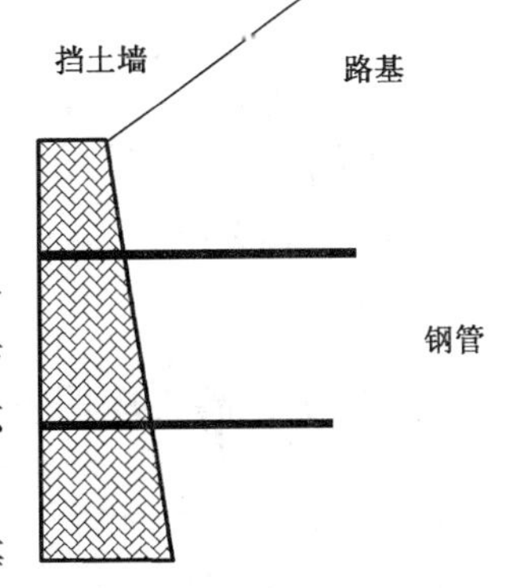

图4-36　一杆三用技术示意图

需要说明的是，微型钢管桩技术、一杆三用技术(图4-36)等系工程应用中新开发的技术，其加固机理、设计计算方法、施工工艺等尚需进一步完善，故本书仅对其进行简单介绍。

第六节　特殊地质路基处理技术

特殊地基是指岩溶区、采空区、特殊土（软土、泥沼土、膨胀土、湿陷性黄土、冻土、盐渍土）地区等。该类地区地质条件复杂，土性特殊，危害大，需要采取有效措施进行处理。

一、膨胀土处理技术

膨胀土主要由亲水性矿物质组成，如蒙脱石、伊利石和高岭石等，具有吸水膨胀、失水收缩性能和强度衰减性。由于膨胀土对建筑物潜在危害大，因此人们称膨胀土为“隐藏的灾害”。膨胀土在我国分布广泛，以黄河以南地区较多，一般分布在山前地带及高级阶地。对膨胀土的研究，在我国只有20余年的历史。该类地基处理方法有以下几种。

（一）夯实法

即采用夯实方法增大膨胀土地基的干密度，减小地基土含水率，从而使其凝聚力和内摩擦角增大，膨胀系数减小，地基承载力增加。

（二）物理改良法

即在膨胀土中按一定的比例掺入无机料（如风积土、粉煤灰、矿渣、砂砾石和水泥等或其混合物）改善膨胀土的胀缩特性。

（三）化学改良方法

是用有机化学灌浆剂抑制膨胀土的胀缩性，改善膨胀土的工程性质。化学改良方法从理论上讲可以根本解决膨胀土的胀缩性，但目前仍处于试验阶段，需通过实践检验才能推广。

（四）保湿法

即通过保持膨胀土地基中的水分不变来抑制地基的胀缩变形。目前比较成功的保湿方法有：暗沟保湿、预湿和帷幕保湿等。

（五）换土法

即用普通土或灰土来替换膨胀土，这一方法对膨胀土层较薄的地区较为可靠，可以彻底根治其危害；对膨胀土层较厚的地基可采用部分挖除，铺设砂、碎石垫层的方法抑制膨胀土的升降变形引起的危害。

总之，各种方法的采用，应根据本地区的实际情况，以安全经济为出发点，对膨胀土进行改良。

二、岩溶区灌浆加固技术

（一）充填灌浆技术

充填灌浆是一种传统的灌浆方法，利用液压作用，通过注浆管将水泥浆液、黏土浆液或其他化学浆均匀地注入地层中，浆液以填充、渗透和挤密等方式，填充土颗粒间或岩石裂隙中的空隙，排挤出空隙中存在的自由水和气体，而基本上不改变原状土的结构和体积，经一定时间凝固后，浆液将原来松散的土粒或裂隙胶结成一个整体，形成一个结构新、强度大、防渗性能高和化学稳定性良好的“凝结体”。

(二)远喷距旋喷灌浆技术

远喷距旋喷灌浆是一种灌浆加固新技术，在基岩上覆土层内进行远喷距旋喷灌浆，形成水泥土凝固体，将各旋喷体相连，形成一个完整的水泥土盖板。远喷距旋喷灌浆只是射流上进行了改进，减少了喷射孔数量，增大喷射能量，增加喷射距离，其原理与高压旋喷灌浆相同。

高喷灌浆技术，是用压缩空气包裹高压喷射水流冲击破坏搅动土体，同时用低压灌浆泵灌入浆液，浆液被高压水、气射流卷吸带入与被搅动土体混合形成固结体。在基岩上覆土层内进行远喷距旋喷灌浆，可形成水泥土凝固体，将各旋喷体相连，可接成一个完整的水泥土盖板(托底)，利用水泥土盖板来承受上部荷载产生的应力。其加固机理如下。

1. 置换作用

三重管高喷法又称置换法，高速水射流切割土体的同时，由于通入压缩空气而把一部分切割下的土粒排出灌浆孔，土粒排出后所空下的体积由灌入的浆液补入。

2. 充填、渗透固结作用

高压浆液充填冲开的和原有的土体空隙，析水固结，还可渗入一定厚度的砂层而形成固结体。

3. 压密作用

高压喷射流在切割破碎土体的过程中，在破碎带边缘还有剩余压力，这种压力对土层可产生一定的压密作用，使高喷桩体边缘部分的抗压强度高于中心部分。

高压旋喷灌浆按喷射介质及其管路多少可分为单管法、二管法、三管法等。

在适宜的地层中，高喷灌浆一般喷射半径在 0.9～1.2m，如对喷管的喷头进行改进，喷射半径可达 1.5～1.7m，即可形成半径为 1.5～1.7m 的盖板。

(三)托底灌浆技术

1. 简介

托底灌浆技术是一项工程防渗新技术，还处在开发阶段。如图 4-37 所示，该技术利用阻流与扩散原理，分为两道工序进行，先进行阻流止漏托底，然后进行加压扩散固结。先采用稠浆和砂砾料，因砂砾石阻力大，扩散半径小，堵漏效果好，材料便宜，稠浆流动速度慢，仍有一定

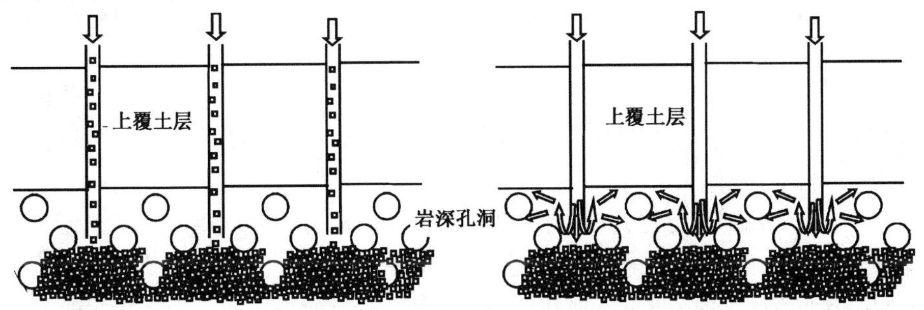

图 4-37　托底灌浆技术示意图

流动速度和扩散半径。当遇大的空洞和裂隙时，投入适量的砂砾和稠浆后，能在有限的深度内，将通往底部的大空隙通道堵塞，阻止浆液向底部流失，形成托底帷幕。当托底稳定后，利用浆液的流动性，使用标准浆液，附加灌浆压力，向上部介质水平扩散，形成悬挂式的水平帷幕，达到阻渗防塌目的。

该技术研究和发展的方向是工艺的改进和理论体系的建立，该技术与传统充填灌浆技术相比具有费用低、污染轻、工期短、效果好等优点。

2. 施工工艺

固结灌浆是由不同材料和多道工序完成的。岩溶空隙和溶洞大小及充填物不同，吃浆量也各不相同。需要先进行试探性灌浆，然后进行间歇式和交替式灌浆，最后进行加压灌浆。

(1)试探性灌浆。一般先配制两种浓度的浆液，一种是标准浆，一种是稠浆。当地基空隙不大时，采用标准浆；当空隙较大时采用稠浆。当采用标准浆，随灌入量的增加，若浆液在同步上升，即用一般标准浆灌浆；若不能同步上升，说明空隙直径偏大，使用稠浆灌入。

(2)间歇式灌浆。当空隙直径过大，采用稠浆还不同步上升时，此时可采用间歇式复灌，在灌入一定的浆液后，间歇一段时间待浆液初凝后，再灌入一定量的浆，直到托底为止。

(3)交替式灌浆。间歇式灌浆用时较长时，可改用交替式灌浆，即先灌浆液，再灌砂砾，然后再灌浆液，如此反复，直到托底为止。

(4)加压灌浆。最后用标准浆加压灌浆，灌浆时严格控制灌浆压力，最后到压力稳定，托底固结灌浆终孔。

3. 灌浆技术要求

(1)在进行灌浆时，要及时测量孔深和浆液面高度。投入的砂料应为中粗砂，剔除砾石；下料要均匀，防止堵塞钻孔，用量要控制；及时测量孔深，切忌灌入的砂料超过托底深度。同时掌握浆液面上升速度，以此确认是否已经托底。

(2)灌浆技术由托底灌浆和静压灌浆组成。钻孔若要进行托底时，先不能下注浆管封孔，待托底完成后，方可下注浆管封孔进行静压灌浆。当钻孔不需要托底时，可直接下注浆管封孔，进行间歇式静压灌浆。

(3)间歇式静压灌浆。第一次灌浆采用稠浆，灌浆时间控制在 20min，间歇 12h 后再灌第二次，第二次灌浆可采用标准浆。若 20min 内仍不起压，停止灌浆，间歇 6h 后再灌第三次，依次类推，直到终孔为止。为防止浆液向路基两侧流失，路基两侧边界孔注浆压力适当降低，适当增加间歇灌浆次数。

(4)稠浆和标准浆的标准。稠浆的水料比为 0.5，标准浆为 0.55。为了便于检测，两种水料比可换成比重，进行量化控制。

(5)灌浆的厚度。基岩钻孔灌浆段为 5m，灌浆段控制在 2m 厚度，即从孔底算起上升至 2m 处。如遇特殊情况，2m 内不能控制托底时，可适当增加，但不得超过 3m。静压灌浆段应保证 3m 厚度，以保证灌浆质量。

(6)灌浆时，灌浆孔都应分序进行，浆液压力采用 0.3～2MPa，根据上覆土层厚度调整灌浆压力，上覆土层薄时浆液压力采用小值，上覆土层厚时浆液压力采用较大值。如果个别路段上覆路基荷载小于该压力时，灌浆压力相应降低。

(7)加固施工路段进行沉降变形观测，掌握施工中沉降变化过程，及时监测灌浆对路面的影响。地面要埋设变形观测点。防止在灌浆过程中，地面产生过量变形，防止对路面的破坏，变形量不宜超过±(5～10)mm。

(8)灌浆压力保持一定值，稳定30min，可以终孔。

4.质量验收标准

(1)钻孔。提供钻孔孔位布置图、孔深、钻孔地质柱状图以及钻孔过程中返浆的资料。钻孔位置误差不超过5cm、钻孔垂直度小于0.01、孔内沉渣厚度不大于20cm的孔为合格。

(2)检查孔的取法。托底灌浆技术处理的岩溶由于是隐蔽工程，所以需要钻孔检验(为检查质量而钻的孔称为检查孔)，检查孔的取法如图4-38所示。

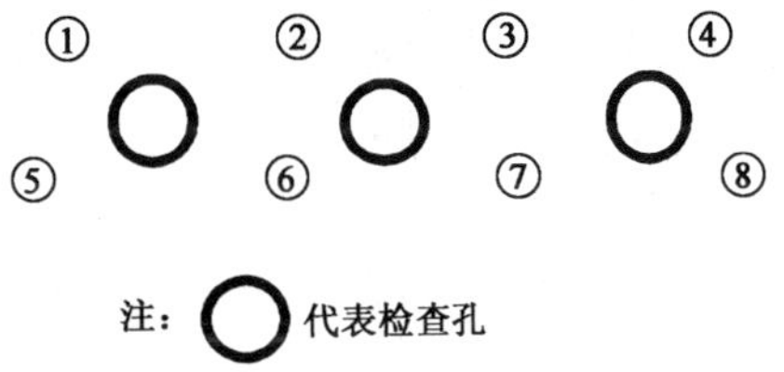

①　②　③　④

⑤　⑥　⑦　⑧

注：○代表检查孔

图4-38　检查孔位置图

(3)托底灌浆。提供每孔灌浆量、灌浆次数、浆液稠度、灌浆压力以及托底情况记录。

(4)沉降观测。提供托底灌浆前后沉降观测资料，托底灌浆前后沉降不超过2cm。

(5)物探分析。提供灌浆前后物探分析成果报告。

(6)钻孔取芯。按要求对灌浆体进行钻孔取芯，每段钻孔数按4%计取。每段钻孔10～15个，取芯深度至周边孔平均基岩面以下3m，在钻孔内检查灌浆后浆液扩散情况。

(7)实验室检测。从钻孔中取出的灌浆体试块抗压强度要求不小于4MPa，试样渗透系数小于1×10^{-5}cm/s。

(8)注浆试验。利用取样孔进行注浆试验，注浆压力采用周边孔的平均压力，浆液采用标准浆，灌浆压力稳定时间30min，吃浆量小于周边孔平均灌浆量的25%为合格。

(9)采用物探和钻孔取芯方法检查灌浆质量效果。物探要求每段钻孔10～15个，在钻孔内检测灌浆前岩溶发育情况，灌浆后仍用此孔进行物探检测灌浆后的施工质量，及时了解灌浆过程中浆液扩散程度。钻孔取芯，取芯仍在此检查孔中取样，当遇无浆体的钻孔，另行安排取样钻孔。取出的灌浆体强度要求达到4～8MPa，并利用此钻孔进行注浆试验，吃浆量小于相邻孔平均灌浆量的25%时，满足要求，渗透系数小于1×10^{-5}cm/s。

(10)检查孔合格率达到90%以上为合格，100%为优良。

三、软土地带路基病害处治方法

对软土、泥沼地带路基产生的病害，可采取如下处治方法。

(一)置换法

对软土路基沉降等病害可采用换填土层法，即将路基一定深度范围的湿软土层挖去，换以强度较大的砂、碎(砾)石、灰土或素土，以及其他性能稳定、无侵蚀性的土类，并予以压实，填至路基高程。

(二)挡墙、木排桩反压护道法

软土路基沉陷，可采取先在坡脚处修筑块、片石挡土墙或木排桩，然后填土，恢复到路基高程，这样可以限制基底软土的挤动，从而保持基底的稳定。或在路堤两侧填筑一定宽度和高度的土石反压护道，使路堤下的淤泥或泥炭向两侧隆起的趋势得到平衡，然后填土，恢复到路基高程。

(三)挤密法

在软土路基中采取冲击或振动等方法造成一定直径的钻孔,在孔中灌以砂、石、灰土或石灰等材料,捣实而成直径较大的桩体,利用横向挤紧作用,使路基土粒彼此靠紧,空隙减少,而且孔被填满和压紧,形成桩体。

桩体具有较高的承载能力,群桩的面积约占松散土加固面积的20%,以致桩和原土组成复合地基,达到加固的作用。

砂桩与石灰桩的布置与尺寸如下。

1. *砂桩*

一般砂桩直径为20~30cm,桩的间距为桩径的3~5倍,桩长一般直通地下水位,布置按等距离梅花形布置,纵横方向均不少于3排,顶部应设有砂砾垫层,厚30~40cm,连成一片,砂桩灌填材料为中砂、粗砂,含泥量不大于3%,灌砂必须分层夯实。

2. *生石灰桩*

布置及尺寸与砂桩同,孔中以生石灰掺粗砂(混合体积比为1∶1~2∶1)灌入,分层夯实,桩顶用黏土夯实封闭。石灰桩施工的基本要求,一是生石灰必须密封贮存,最好选用新鲜块灰;二是灰块必须粉碎至一定要求。

(四)抛石挤淤法

当泥沼及软土厚度小于3.0m,表面无硬壳,呈流动状态,排水困难,采集石料方便时,可采用抛石挤淤。抛的片石,应采用不易风化的大石块,其尺寸一般不宜小于0.3m。

(五)化学加固法

利用化学溶液或胶结剂采用压力灌注或搅拌混合等措施,使土颗粒胶结起来,达到对土基加固的目的。常用化学溶液和胶结剂如下。

(1)以水玻璃溶液为主的浆液,其配方较多,常用的是水玻璃浆液和氯化钙浆液配合使用,但价格较贵。

(2)以丙烯酸氨为主的浆液,我国研制的丙强是其中一种,但价格较贵。

(3)水泥浆液,由高强度等级的硅酸盐水泥,配以速凝剂而组成的常用浆液。

(4)以纸浆溶液为主的浆液,如重铬酸盐木质素和木铵,加固效果好,但有毒性,易污染地下水。

以上四类以水泥浆液使用较多。

(六)土工布法

土工布在高压下具有较大的孔隙率,透水性能好,有优越的垂直、水平排水能力,很高的抗拉强度及隔水作用,能提高路基整体强度,重新分布土基压力,增强路基稳定性。

采用土工布处理软土路基时,通常应包括如下工序。

(1)开挖排水沟。当施工路段有积水时,根据设计要求在路基边缘先开挖排水沟,排除淤泥软土层的积水。

(2)清理场地待积水排除后,人工清除淤泥软土层上的石块、树枝等杂物,并将场地整平,做好不小于2%的横坡路拱。

(3)铺设土工布。在整平好的松软地面上,以人工滚动的方法,把布卷材按需要长度从路基的一侧逐渐向路基的另一侧摊铺开来、拉平,不能有皱折,然后拼幅连接,使土工布在整个覆盖区内形成一个整体。土工布拼幅的连接,视土基强度的差异,可采用搭接、缝合或用黏合剂黏合连接的方式将拼幅连接在一起。缝合时缝合线应使用抗拉强度不低于土工布原材料的化学纤维线,搭接的宽度一般应不小于25～30cm,土工布四周应宽出覆盖面2m,用以包住排水沟中填的片石或用片石挤压在内边坡上。

(4)固定土工布。将大块土工布的四周用片石压在已挖好的路基排水沟内,填压片石时要注意轻放,并使片石的大面与土工布接触,以防土工布撕裂或被顶破。如有破损,应及时修补。

(5)按设计要求填筑路堤时,为隔断可能上升的毛细水,一般在土工布上层先铺筑一层透水性好的砂砾层。土工布本身良好的竖向与横向的排水性能与土工布上部的砂砾层,在路基与排水沟之间构成了一个统一的排水系统,有利于将固结水顺利地排出路基之外。

填筑路基时应分层填筑,每层填筑长度应不小于20m;先用轻型压路机碾压,然后用重型压路机碾压成形。

(七)塑料排水板法

塑料排水板是一种利用塑料板排水,以达到加固软土地基和防止公路翻浆等的新型材料。

塑料排水板,可以代替常用的砂井法,应用插板机将塑料排水板插入土中,然后在上面加载预压,土中水即可沿塑料通道逸出,地基得以加固。排水板具有一定的强度和延伸度,适应地基变形的能力强,材料截面尺寸不大,插放时对路基扰动小,并能保持排水板条竖立,施工效率高,材料质量轻,运输方便,插板质量也容易控制和检查。

四、湿陷性黄土路基病害处治

(一)预浸水消除湿陷性

预浸水能消除湿陷土层的大部分湿陷,但上部4～5m,因土体自重小,不足以消除湿陷,需采取其他处理措施。

预浸水需要一定的浸水时间和停水时间,才好施工,一般认为需要1年时间。

在已建工程附近,在有可能形成地下陷穴的地段,均不可采用预浸水方法。

(二)强夯法消除湿陷性

一般采用100～200kN重锤、10～20m落距夯击湿陷性黄土,可消除4～8m深度内黄土的湿陷性。强夯不仅能消除湿陷性,还可提高地基承载力。

强夯的设计加固深度,应根据路段和构造物的重要性确定。强夯的有效加固深度,可用梅纳公式估算。

$$h = k\sqrt{M \cdot H/g} \tag{4-101}$$

式中:h——强夯的有效加固深度,m;

M——夯锤重,kN;

H——落距,m;

k——修正系数,0.3～0.5;

g——重力加速度,m/s^2。

(三)灰土桩挤密消除湿陷性

通常采用直径D为30cm、间距为$3D$的灰土桩挤密黄土,以消除其湿陷性并提高承载力。桩长视加固路段和构造物的重要性以及所需提高的承载力而定。

五、盐渍土病害防治措施

盐渍土在干旱季节和干旱地区,因盐类的胶结和吸湿保湿作用,有利于路基稳定。但一旦受到雨水、冰雪融化的淋溶,含水率急增,则会出现湿化坍塌、溶陷、路基发软,致使强度降低,丧失稳定,甚至失去承载力,导致路基容易出现下列病害:道路泥泞;加重路基翻浆及冻胀病害;受水浸时,强度显著下降,发生沉陷;硫酸盐发生盐胀作用,使土体表面结构破坏和疏松,以至发生路面被拱裂及路肩、边坡被剥蚀等。盐胀病害处治技术主要包括以下几点。

(一)设隔离层

在路基内设隔离层,防止水分和盐分进入路基上部。如果只是隔断毛细水,可用粗粒渗水材料修筑;如果同时要求隔断毛细水和汽态水,则可用沥青、土工布等不透水材料修筑。隔断层的埋置深度,对高等级公路要满足减少盐胀、冻胀的要求,同时考虑经济和耐久性,一般以不小于1.0～1.5m为宜。

隔离层是防治路基盐胀最有效、最简便的措施,在新建公路时应优先考虑。

(二)提高路基

提高路基以减少进入路基上部的水分和盐分,因为施工简便,是最常用的措施。但高度不足时效果多不显著,需要很大的高度才有较好的效果。这是因为硫酸盐渍土在很低的含水率时即可产生盐胀,而盐胀的深度远较当地冻深为大。根据公路、铁路的经验,当冻深大于1m时,粉质亚黏土硫酸盐渍土路基,要高出地下水位6～7m才能有效防治盐胀。如果使路基产生盐胀的水分中汽态水占有较大比重,则不宜单纯采用提高路基的方法。

(三)降低地下水位

降低地下水位以减少进入路基上部的水分和盐分,其效果与提高路基类似,需把地下水位降低到一定深度才有较好的效果。同样,如果产生盐胀的水分中汽态水占有较大比重,则不宜单纯采用降低地下水位的方法。

(四)化学处理盐渍土

对路基上层的硫酸盐渍土进行化学处理,使土中的易溶盐成分和性质发生变化,从而不再产生盐胀或减轻盐胀。

目前使用的化学掺加剂效果明显的有$CaCl_2$、$BaCl_2$两种,其化学反应式如下:

$$Na_2SO_4+CaCl_2=CaSO_4+2NaCl$$

$$Na_2SO_4+BaCl_2=BaSO_4+2NaCl$$

为使化学处理的盐渍土不受下层水分和盐分的影响，其底部应设置隔离层。

由于施工较复杂，费用也较高，化学处理盐渍土在公路上目前尚处于试验阶段。

（五）加强路面

这种措施适用于一般公路老路轻度盐胀的防治。

目前较多采用的是加铺厚层（大于和等于 60cm）砂砾垫层。其作用是：减少路基盐胀深度；加大路基上覆荷载；吸收、缓和一部分路基的不均匀盐胀。

也有加铺半刚性基层的。其作用是：减少路基盐胀深度；加大路基上覆荷载；利用半刚性基层整体性强的特点抑制盐胀。

六、高速公路下伏采空区处治技术

采空区是指地下矿产被采出后留下的空洞区，按矿产被开采的时间，可分为老采区、现采区和未来采区。矿体被采出后，自顶板岩层向上形成“三带”：垮落带、导水裂隙带和弯曲带。地表沉陷，产生连续或非连续变形，由此带来一系列环境岩土工程问题，给矿区工程建设留下很大隐患。

采空区地基处理措施，预防和控制地表残余沉陷的发生。此类方法可细分为 4 种。

（1）全部充填采空区支撑覆岩，以彻底消除地基沉陷隐患，采用注浆充填、水力充填和风力充填等。其中，以注浆法应用最广泛、效果最好。

（2）局部支撑覆岩或地面构筑物，减小采空区空间跨度，防止顶板的垮落。常用的方法有注浆柱、井下砌墩柱和大直径钻孔桩柱或直接采用桩基法等。

（3）注浆加固和强化采空区围岩结构，充填采动覆岩断裂带和弯曲带岩土体离层、裂缝，使之形成一个刚度大、整体性好的岩板结构，有效抵抗老采空区塌陷的向上发展，使地表只产生相对均衡的沉陷，以保证地表构筑物的安全。

（4）采取措施释放老采空区的沉降潜力法，在采空区地表未利用前，采取强制措施加速老采空区活化和覆岩沉陷过程，消除对地表安全有较大威胁的地下空洞，在沉陷基本稳定后再开发利用地表土地。常用方法有堆载预压法、高能级强夯法和水诱导沉降法等。

七、路基冻胀与翻浆处治技术

（一）做好路基排水

良好的路基排水可防止地面水或地下水侵入路基，使土基保持干燥，减少冻结过程中水分聚流的来源。

路基范围内的地面水、地下水都应通过顺畅的途径迅速引离路基，以防水分停滞浸湿路基。为此，应重视排水沟渠的设计，注意沟渠排水纵坡和出水口的设计；在一个路段内重视排水系统的设计，使排水沟渠与桥涵组成一个完整的通畅的排水系统。

为降低路基附近的地下水位，可采用有管渗沟；为拦截并排除流向路基的地下水，可采用截水渗沟。渗沟的设计可参照本书有关章节，但应考虑冰冻的影响。

（二）提高路基填土高度

提高路基填土高度是一种简便易行、效果显著且比较经济的常用措施。同时也是保证路基路面强度和稳定性，减薄路面，降低造价的重要途径。

提高路基填土高度，增大了路基边缘至地下水或地面水水位间的距离，从而减小了冻结过程中水分向路基上部迁移的数量，使冻胀减弱，使翻浆的程度和可能性变小。

路线通过农田地区，为了少占农田，应与路面设计综合考虑，以确定合理的填土高度。在潮湿的重冻区内粉性土地段，不能单靠提高路基填土高度来保证路基路面的稳定性，要和其他措施，如砂垫层、石灰土基层等配合使用。

(三)设置隔离层

隔离层设在路基中一定深度处，其目的在于防止水分进入路基上部，从而保持土基干燥，起防治冻胀与翻浆的作用。

隔离层按使用材料可分为以下两类。

1. 透水性隔离层

透水性隔离层用碎石、砾石或粗砂等做成，其厚度一般为 10～20cm；为了防止淤塞，应在隔离层上面和下面设置防淤层，隔离层底部应高出地面水 20cm 以上，并向路基两侧做成 3% 的横坡，如图 4-39 所示。

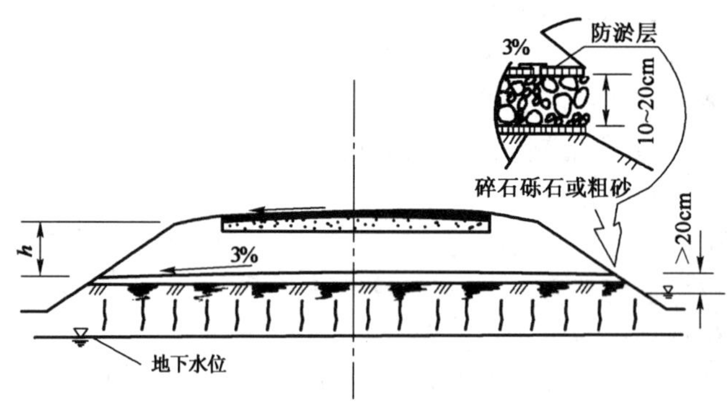

图 4-39　粗粒料透水隔离层

2. 不透水隔离层

不透水隔离层分不封闭式(隔断毛细水)和封闭式(隔断毛细水和横向渗水)两种。

1)不封闭式

当路基宽度较窄时，可横穿全路基，称为贯通式[图 4-40a)]；在路基较宽时，隔离层须稍延出路面边缘外 50～80cm，此种形式称为不贯通式[图 4-40b)]。

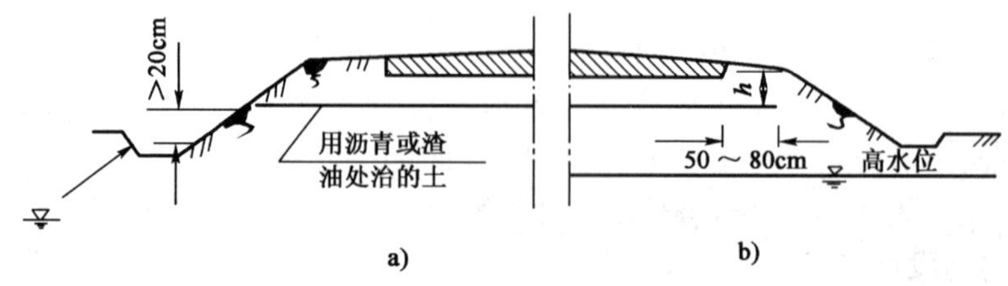

图 4-40　不透水隔离层

a)贯通式；b)不贯通式

2)封闭式

在地面排水困难或地下水位高的路段，隔离层宜采用封闭式。封闭式隔离层可做成垂直封闭式及外斜封闭式(图 4-41)两种。

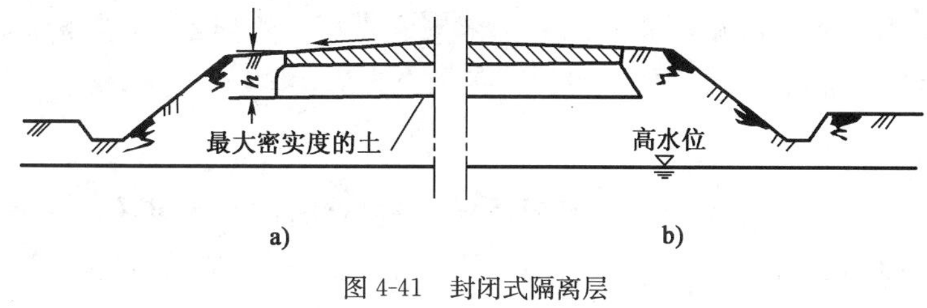

图 4-41　封闭式隔离层

a)垂直封闭式；b)外斜封闭式

(四)换土

采用水稳性好、冰冻稳定性好、强度高的粗颗粒土换填路基上部，可以提高土基的强度和稳定性。一般可根据地区情况、公路等级、行车要求以及换填材料等因素确定换土厚度。一些地区的经验认为，在路基上部换填 60～80cm 厚的粗粒土，路基可以基本稳定。换土厚度也可以根据强度要求，按路面结构层厚度的计算方法计算确定。

(五)注意路槽排水

在冻胀与翻浆严重地段，应注意做好路槽排水，通常采用砂垫层和横向盲沟等措施。

1. 铺设砂垫层

砂垫层的作用包括以下几方面。

(1)春融期可起蓄水、排水作用。

(2)能隔断毛细水上升。

(3)春融期可防止路基泥浆上挤污染路面结构层。

(4)冬季对路基冻胀可起缓冲作用，从而减轻路面冻胀。

2. 加设横向盲沟

道路纵坡大于 3%的坡腰翻浆路段，当中级路面基层采用透水性材料时，为了及时排出透水层内的纵向水流和春融期土基化冻时的多余水分，可在路槽下设置横向盲沟，如图 4-42 所示。横向盲沟可设成人字形，纵向间距 10m 左右，深度 20～40cm，宽 40cm 左右，填以砂砾等透水性良好的材料，出口按一般盲沟处理。

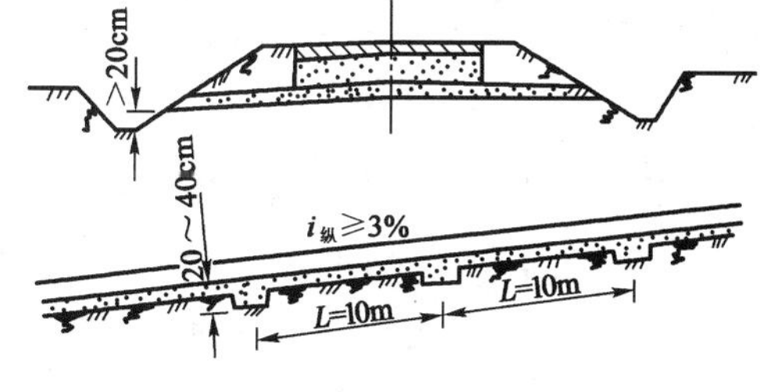

图 4-42　横向盲沟布置图

(六)加强路面结构

在冻胀与翻浆地段，常使用整体性好的石灰土、煤渣石灰土、水泥稳定砂砾等半刚性结构层，以加强路面结构。

(七)加设防冻层

在中、重季节冻结区和多年冻土区的高级、次高级路面，在有可能冻胀的路段，加设防冻层可防止不均匀冻胀。如按强度计算的路面厚度小于规定时,应用冰冻稳定性良好的材料加设防冻层补足。

防冻层材料应选用冰冻稳定性良好的砂砾、粗砂、矿渣、煤渣等粒料,也可采用水泥或石灰煤渣稳定粗粒土、石灰粉煤灰稳定粗粒土等。采用砂砾和粗砂时,小于 0.074mm 的颗粒含量不应大于 5%;采用煤渣时,小于 2mm 的颗粒含量不宜大于 20%。

(八)铺设隔温层

在重冻区,有条件时也可采用铺设高效隔温层的方法,减小土基冻结深度或使土基不冻结,以防治冻胀,从而也防治翻浆。隔温层采用导温性能差的材料,铺在土基内、土基顶面或路面结构层内。

第七节　小桥涵病害防治技术

公路旧桥加固、改造和维修工程,可以提高旧有桥梁承载能力和改善其行车性能,延长其服务年限,适应社会经济发展的需要。它是一项繁杂的系统工程,因桥、因地各不相同,桥梁病害类型不同,加固、维修的方式也不同。

一、桥头跳车防治技术

从引起桥头跳车的原因分析看,要想将桥头跳车病害减低到最低程度,必须从产生跳车原因的根源着手,只有将根源上的问题解决了,才能真正解决桥头跳车的病害问题。针对以上常规设计和施工上的不足,为使桥头跳车病害减低到最低限度,在高速公路设计和施工中提出以下措施。

(一)合理设置桥涵结构物

设置桥涵构造物应充分考虑台背填方路基的地质情况、填方高度、路堤长度、填料来源及路堤沉降等问题,选择恰当的桥涵位置、跨径及桥台后部防护工程,尽量避免大河面小跨径桥涵。

(二)针对地基下沉,对地基处理采取的措施

对软基处理目前国内已有换土法、超载预压法、减少附加应力法、排水固结法、深层搅拌和高压喷射注浆法、振动碎石桩法等,都是行之有效的方法。在此提出压实级区过渡控制处理的方法。

(1)位于 V 形沟内的涵洞、通道台背及高填方段填筑,为使台背填土与原状土结合紧密,预先把沟壁开凿成适当台阶。

(2)对于长年积水或受地表、地下水浸泡而形成淤泥质的地基,在沉降影响范围内采用与台背回填相同的材料置换。

(3)一般无特殊地质情况的台后基底处理采取换填 30cm 砂砾石的方法,换填后砂砾石顶面压实度要求达到 93%。

(4)无论采取何种材料回填或加固措施,均需采取强夯、冲击压实等手段,对地基基础进一

步进行加密处理，最大限度地减少地基的沉降量。

(三)改善桥头搭板设计

针对结构物与路堤间刚柔突变引起的沉陷，对台后搭板设计、施工采取的措施考虑桥台与台背路面在结构、材料、刚柔、胀缩等方面存在的差异，在桥头设置搭板要依据实际设计行车速度、路堤填土高度及预计的桥台与台后填土的工后沉降差的大小来确定搭板的形式。搭板的受力形式及配筋形式多种多样，提出以下三点构想。

1. 搭板的长度

搭板的长度确定至关重要。一般采用大于 8 m 长搭板为佳，且其长度与路堤填高成正比，并与土基状况有关。另外，当搭板设计长度大于 8 m 时，考虑到搭板的纵横比增大，为尽量沿纵向扩散搭板所受的行车冲击荷载，我们考虑应采用二级搭板设置。二级搭板的设置同时也避免了钢筋混凝土因温差产生的伸缩徐变应力无处释放而造成混凝土表面横向开裂的危害。

2. 搭板的配筋

搭板按简支板进行内力优化并配筋，面层按构造钢筋配筋。

3. 搭扳的端头

搭板设置变厚式端头。在搭板与基层连接处设置变厚式端头，有利于基层及面层的衔接铺筑，提高该部位的整体受荷和抗冲能力，利于减小错台幅度，调整不均匀沉陷。

4. 搭板下加筋的措施

为增强土体间的连接，提高土体的承载能力，应用土工合成材料进行台背填筑能够有效降低土体受荷压缩变形，减少塑性变形积累，在一定程度上起到了缩小桥头差异沉降的作用。采用这样的处理措施可以达到双重目的：利用锚固的土工格网一端的张拉作用，在台背局部范围，分层阻止填料顺台背的沉降；利用土工格网与填料之间良好的界面摩擦作用，改善局部荷载作用下土体内部的受力状态，扩大荷载沿土体深度方向的扩散范围，从而达到减少外部荷载对土体的压缩沉降作用，即相当于提高土体的抵抗变形的能力，起到刚性桥台和柔性路堤间过渡结构层的作用。

(四)台背排水及填筑

桥台台背填土的质量控制尤为重要，填土控制不好，常会出现桥头跳车这一现象。为控制这一病害，可采用如下新工艺进行控制。

1. 设置横向泄水管或盲沟

台背路基填筑前，在原地基土拱上设置泄水管或盲沟。在基底上，先对基底作必要的处理，然后填筑横坡为 3%～4%的夯实黏土拱，再在土拱上挖一条成双向坡的地沟，然后在台背后全宽范围内满铺一层隔水材料(可用油毡或下垫尼龙薄膜上盖油毡)。在地沟内四周铺设有小孔的硬塑料管(管径一般不小于 10cm)，塑料泄水管的出口应伸至路基外，然后在硬塑料管四周填筑透水性好、粒径较大的砂石材料，再分层填筑台后透水性材料，直到路基顶面。横向盲沟的设置与上相同，取消泄水管，以渗透系数较大的透水性材料填筑地沟。用土工布包裹盲沟出口处，并对其作必要的处理。

2. 台背填筑材料的选择与施工

桥头跳车产生的原因，主要是路基压缩沉降和地基沉降引起的，台背处填筑内摩擦角较小的材料，加之压实质量影响，路基的压缩沉降量一般较大。为保证台背处路堤的稳定，其填土应选用内摩擦角较大的透水性材料，如碎石等就能较好地减少路基的压缩沉降，另一方面也有利于台背缝隙中渗入的雨水沿盲沟或泄水管顺利排出路堤外。台背后填筑透水性材料，应满足一定的长度、宽度和高度要求。在通常情况下，台背填料顺路线方向，顶部距翼墙尾端不小于台高加 2m，底部距基础内缘控制长度不小于 2m，拱桥台背填土长度不应小于台高的 3～4 倍。台背与路基接壤处，为保证连接质量，一般路基留一斜坡，斜坡坡度不大于 1∶1(也可用台阶形式连接)。

(五)桥头跳车的注浆防治技术

1. 注浆法加固桥头路基的机理

注浆法是通过钻孔和利用注浆设备，运用液压、气压或电化学原理，通过注浆管将浆液分层均匀地注入地层中，浆液以填充、渗透和挤密等方式排出土颗粒间裂隙中的水分和空气，并占据土颗粒间的空间，使路基孔隙比减少，强度提高。经过一段时间后，浆液将原来松散的土颗粒或裂隙胶结成一个整体，形成一个结构新、强度大、防水性能高和化学稳定性好的结合体，从而达到加固路基的目的。

2. 影响被灌土体强度的因素

1)浆液与界面的结合形式

化学胶结作用对被灌土体的强度增长具有重要作用，因而注浆时除了要采用强度较高的浆材外，还要求与介质接触面有良好的接触条件。

2)浆液的饱和度

孔隙被浆液填满的程度，称为浆液饱和度。一般饱和度越大，被灌土的强度越高。

3)时间效应

时间效应对强度也有重要影响，主要表现在以下几方面。

(1)许多浆液的凝结时间较长，被灌土体的力学强度将随时间而增长。

(2)许多浆材都具有明显的蠕变性质，浆材和被灌土体的强度将受加荷率和外力作用时间的影响，进行注浆设计、施工和试验研究时，都应考虑这一不利因素。

(3)浆液的搅拌时间过长或同一批浆液的灌浆时间太久，都将使加固体的强度削弱。

3. 压力注浆设计内容

1)压力注浆方案选择

注浆方案选择一般应遵循以下原则。

(1)高等级公路下伏软弱地基的加固注浆，一般采用水泥浆液或水泥粉煤灰浆液。

(2)当软弱土层上部有硬壳存在时，要将它作为封压层；当无这种硬壳或不发育时，可在地表做一黏土垫层，厚约 0.5m，以此垫层作封压层，或在地基碾压后形成封压层。

(3)对于上部砂砾层较多的软弱土层，一般宜用分段式自上而下注浆；对于上部砂砾层少或没有的软弱土层，一般宜用分段式自下而上注浆。

(4)注浆采用直接打入式，即采用钢花管直接打入，孔口采用三角形止浆塞止浆。

2)注浆标准和注浆范围

注浆标准,是指设计者要求注浆后应达到的质量指标。由于不同注浆工程的性质和工程地质条件千差万别,对各自的注浆目的和要求又不尽相同,因而很难规定一个比较具体和统一的准则,而只能根据具体情况作出具体的规定。确定注浆范围包括在平面上确定注浆处理的长度和宽度,在纵向上确定注浆深度。注浆深度的确定应结合软弱地基的特点、路基或构造物的荷载或沉降要求诸因素综合确定。对于桥头过渡段填料加固注浆,路面不发生跳车需要路线纵坡变化率不大于 1/200。根据现行公路桥台背填筑体沉降检测标准,工后沉降不超过 10cm,换算桥台过渡段范围应在 20m 左右。如工后沉降按 5cm 控制,过渡段范围应为 10m。

3)压力注浆材料

可用于注浆的材料有很多,应根据注浆的目的和受注体的地质条件来选择。一般说来,注浆材料通常分为粒状浆材和化学浆材两大类,然后再按浆材的特点、物化性能进一步分为稳定的粒状浆材、不稳定的粒状浆材、无机化学浆材和有机化学浆材。公路工程软弱地基注浆处理一般宜采用粒状浆材。桥头过渡段填料的注浆加固一般采用水泥粉煤灰浆,水泥粉煤灰浆主要材料由水泥和粉煤灰组成。粉煤灰掺入普通水泥中作为注浆材料使用,其主要作用在于节约水泥、降低成本。水泥粉煤灰浆材的突出优点还在于粉煤灰能使浆液中的酸性氧化物含量增加,它们能与水泥水化析出的部分氢氧化钙发生二次反应而生成水化硅酸钙和水化铝酸钙等较稳定的低钙水化物,从而使浆液结合的抗溶蚀能力和防渗帷幕的耐久性提高。

4)压力注浆参数的确定

(1)浆液扩散半径。注浆孔的布置中,浆液扩散半径 r 是一个重要的参数,r 值可进行理论公式估算。如选用参数合理,则计算值具有一定的参考价值。当地质条件较复杂或计算参数不易选准时,就应通过现场试验来确定。对于黏性土层,由于地层孔隙很小,浆液无法渗入,只能通过劈裂作用注放浆液,浆液扩散具有规则性,注浆设计施工可用"浆液有效半径"来表示交流扩散范围。对于砂性土层,由于地层孔隙较大,浆液以填充固结为主,其扩散半径远大于黏土中的扩散半径。

(2)注浆压力。注浆压力是给予浆液扩散充填、压实的能量。保证注浆质量的前提下,压力大,扩散的距离大,有助于提高土体强度;但当压力超过受注土层的自重和强度时,可能导致路基及其上部构造物的破坏。所以在施工中,一般都以不使地层破坏或仅发生局部和少量破坏作为确定容许注浆压力的基本原则。

(3)注浆量的确定。在正常情况下理论注入的耗浆量,应填充到颗粒之间的空隙中,或劈裂式注入层理或裂隙。

(4)注浆孔的布置方式。注浆压力、浆液扩散半径 r 确定后,注浆孔距取值范围也就确定了。桥头过渡段注浆设计一般为多排注浆孔,不同排上注浆孔设计一般有两种布置方式:一种为矩形排列,即前排孔与后排孔沿公路轴线方向上平行;另一种为三角形排列,即前排孔的位置与后排孔的位置沿公路轴线方向上错开 1/2 的孔距,平面上呈梅花形。

二、套拱加固法

套拱加固法是指当拱式桥梁的主拱圈为等截面或变截面的砖、石或混凝土等实体板时,且下部构造无病害,同时桥下净空与泄水面积容许部分缩小时,可在原主拱圈腹面下增设一层新拱圈，即紧贴原拱圈底面上，浇筑或锚喷混凝土新拱圈，外形上就像是在原拱圈下套做了一个新拱圈。套拱加固的施工程序及方法如下。

(一)挖基、现浇混凝土基础

在开挖基坑之前须用草袋围堰，并把水抽干，严格控制超深开挖，新基础基底低于老基础基底不能超过 50cm，防止老桥基底被淘空坍塌，导致桥台基础下沉，应特别引起重视。每次基础的施工应尽量缩短开挖后的暴露时间，必须做到速战速决，基础开挖达到要求后要及时浇筑混凝土出地面，以保证老桥基础的安全稳定。

(二)现浇混凝土台身桥台

浇筑前，必须对老桥台钻好连接钢筋的预留孔，预留孔径不小于 25mm，以便桥台混凝土浇筑时能插入砂浆锚固连接筋。预留孔设置为 50cm×50cm 品字形状，连接钢筋采用螺纹筋，直径 14mm，长度 80cm。浇筑混凝土时须按混凝土施工规范进行施工，并及时养生。

(三)现浇混凝土拱圈

现浇混凝土拱圈的关键技术就是要处理好新老拱圈之间的间隙问题，使之联成一体，起到共同受力的目的。浇筑前先将旧拱圈底面的剥落、风化及松散部分凿除并清洗干净。对于较宽的裂缝还应先行处理，如用高强度等级砂浆灌缝。搭好支架及拱套后开始浇筑混凝土，浇筑混凝土时可由两个拱脚开始，向拱顶合拢，拱顶合拢部分可由侧墙位置灌浇混凝土，在施工过程中须注意混凝土的振捣、密实。浇筑混凝土完成后还须注意混凝土的养生工作。

采用套拱加固法加固拱桥，其显著的作用是有效地加厚了原拱圈截面和增强了原拱圈的横向联系，既增强了主拱圈的承载能力，又有效地封闭和处理了原主拱圈的纵、横向裂缝等病害，同时也防止其进一步风化。

三、单板受力处治方法

单板受力形成的主因是梁板之间的铰缝破坏，破坏了梁板之间的横向联系，使每块梁板单独承受力，整体承受冲击力的能力不能满足设计要求。对单板受力情况进行处治时，可采用粘贴碳纤维布与桥面补强加固相结合的方法进行加固，提高其承载能力。前者可以提高梁板的强度和刚度，后者可以增大主梁有效高度和抗弯能力、抗压截面，改善桥梁横向分布荷载能力。

(一)粘贴碳纤维法

碳纤维是一种新型建材，因其质轻、耐腐蚀、片材很薄、抗拉强度高而被广泛应用，碳纤维加固法亦被视为梁式桥加固补强、提高承载能力，尤其是当高度受限制时首选加固方法，其施工工艺也比较简单。

1. 碳纤维加固旧桥涵特点

不增加恒载及断面尺寸可适应不同构件形状，成型很方便，施工简便。采用碳纤维加固补强，对原结构不产生新的损伤，能有效地封闭混凝土的裂缝。碳纤维具有优良的耐化学腐蚀性，不影响结构的外观。

2. 粘贴碳纤维法的一般施工工艺

施工前的准备作业如下。

1)基面处理

(1)混凝土表面的劣化层(如浮浆、风化层等)要用砂轮机进行清除和打磨。

(2)基面的错位与凸面部分要磨平,转角部位要进行倒角处理。

(3)裂缝部分要注入环氧树脂浆进行修补。

2)基面的清洗

(1)先用钢丝刷将表面松散浮渣刷去,然后用压缩空气除去粉尘。

(2)用丙醇和无水酒精擦拭表面,也可用清水冲洗,但必须保证其充分干燥后才能进行下一道工序的施工。

3)涂刷底胶

(1)按比例准确配制好底胶并搅拌均匀,注意一次调和量在可使用时间内用完,超过时间的绝对不能使用,以确保粘贴质量。

(2)用滚筒或刷子均匀地涂抹在基面上,注意直横均匀涂抹,自然风干,如在冬季施工,胶的黏度较高,不能涂得太厚。

(3)底胶硬化后,在表面有凸起部分时,要用磨光机或砂纸打光。

(4)待底胶指触干燥后,进入下道工序。

4)粘贴面的修补

(1)若发现粘贴面上有凹入部分,应用找平胶进行修补,保证粘贴面的平整,以确保加固效果。

(2)待底胶指触干燥后,进入下一道工序。

5)粘贴碳纤维布

(1)在待粘贴面上划出各层位置。

(2)依设计尺寸裁剪碳纤维布,应根据现场施工经验和作业空间确定下料长度,如需要进行接长时,接头的长度应根据实际情况而定,一般不得小于15cm。

(3)下料数量应以当天能用完为准。

(4)粘贴碳纤维时,应依设计位置由上而下、由左至右有秩序地粘贴,并以滚筒压挤贴片,使碳纤维布与浸渍树脂充分结合,同时以压板去除起泡。

(5)即时观察贴片是否贴密实,若发现有间隙或气泡,应及时处理。

6)罩面防护处理

(1)粘贴完碳纤维布后,及时在其表面再均匀涂抹一层浸渍树脂,自然风干。

(2)确保贴片表面已充分风干结合后,在其表面涂抹罩面胶或采取其他措施处理,保证各层胶的耐久性。

3.粘贴施工要求

1)对被加固构件的基面要求

因为用碳纤维加固混凝土构件是依赖于碳纤维布与构件表面的粘贴效率,所以要求基面的混凝土强度等级不低于C15。同时要求被加固构件应具有良好的保护层,即基面平整且具有一定强度。对于构件有剥落、起伏、腐蚀、裂缝及严重碳化等表面缺损,必须先进行修复,并应将粘贴基面打磨平整、清理干净,且不应存在尖锐棱角和浮灰粉尘,防止碳纤维布的局部剥断破坏和粘贴失效。

2)碳纤维布的粘贴

用碳纤维布加固混凝土构件宜采用薄布多层的方法,使其与黏结材料充分浸润,确保黏结效率。

对于受弯构件宜在受拉区沿轴向平直粘贴碳纤维布进行加固补强,并在主纤维方向的断面部位进行附加锚固处理。

3)碳纤维布的搭接与截断

加固用的碳纤维布一般不宜采取沿主纤维方向的搭接,尤其是对受拉构件或受弯构件受拉区的加固。根据国内外对碳纤维布与混凝土黏结锚固的试验结果,黏结应力主要集中于端部100mm范围内,黏结破坏是脆性的,且黏结应力一般不会产生扩展。因此,若碳纤维布确需搭接时,其搭接部位应避开构件应力最大区段,搭接长度不应小于100mm,且搭接端部应平整无翘曲。多层搭接的各层接口位置不应在同一截面,每层接口位置的净距宜大于200mm。

4)施工时其他应注意的事项

(1)现场气温低于5℃及雨天时,应停止施工。

(2)在施工现场,应做好防火等安全措施。

(3)各种胶黏附在皮肤上时,要用肥皂水冲洗,特别是进入眼内,要立即用水冲洗,或接受医生治疗。

5)所用碳纤维及其配套黏结材料均应有厂家所提供的材料检验证明和合格证。

(二)桥面补强层加固法(桥面铺装法)

桥面补强加固法是在桥面经过一定的处理后(一般先凿除原桥的沥青混凝土和普通混凝土),重新浇筑一层钢筋混凝土补强层,使其与原桥跨结构形成组合结构。利用梁体截面的加高,达到增大主梁有效高度和抗弯能力、拉压截面,以及改善行车条件、桥梁横向分布荷载能力的目的,从而提高桥梁的承载能力。

1.桥面补强层加固法对处治单板受力的作用

桥涵的行车道板和铺装层,都直接承受车辆荷载的作用,应力集中显著,加上小桥涵行车道板计算跨径较小,所受的应力变化和冲击影响较大。

由于桥梁承载能力不可避免地取决于横向分布荷载的能力,而桥面沿宽度分布荷载的能力,取决于纵、横向的相对抗弯刚度和抗扭强度,而单板受力病害的存在使横向刚度变差,当桥梁超载时,桥面板由于挠曲开裂而首先损坏。另外,对于桥梁的承载能力来说,荷载的位置也是重要的,最佳的分布为荷载对称于纵向中心线。然而,由于横向联系不是无限的,直接位于车辆作用下的纵向杆件较边杆件承受较大比例的荷载。

桥面板是小桥涵的主要构件中承受荷载和应力最大的构件,因而也是最早和最容易出现破坏的结构。在旧桥面板上,或是在凿除了原桥面铺装层后,重新加铺一层钢筋混凝土补强层,既能修补已出现的裂缝、破碎等病害,又能增强梁板的抗弯能力,改变铰接梁板的荷载横向分布,从而提高桥梁的承载能力。

2.施工要求

(1)将桥面和铰缝混凝土清理干净。

(2)采用适当措施将顶板和铰缝混凝土面彻底凿毛。

(3)用水将混凝土面冲洗干净。

(4)布设铰缝和桥面钢筋,注意将铰缝钢筋与桥面钢筋网绑扎在一起。

(5)拆掉铰缝底模板,用砂浆处理铰缝底部,保证铰缝混凝土浇筑时不漏浆(时间应在铰缝混凝土浇筑前一天)。

(6)混凝土浇筑前,应用水对混凝土板表面进行湿润。

(7)铰缝混凝土与桥面混凝土一起浇筑,先浇铰缝混凝土,再浇筑桥面混凝土。铰缝混凝土要用插入式振捣密实,桥面采用平板,插入组合振捣方式,确保混凝土振捣密实。桥面混凝土浇筑纵向一次成型,横向分次成型,接缝尽量避开铰缝,接缝处钢筋网要保证有不少于50cm的搭接长度。

(8)可采用笆横向拉毛。

(9)养生应采用草袋等保湿性好的物品覆盖并洒水养生7d以上。

(10)对板底因车辆撞击等造成的露筋,可采用环氧树脂等破坏面涂刷两遍,再用环氧树脂砂浆修补。

3.施工工艺措施

(1)清凿原路面沥青混凝土及路面、铰缝钢筋混凝土,割除锈蚀钢筋。

(2)对个别塌陷的梁板进行修复。

(3)顺行车方向布设ϕ12mm螺纹钢筋,间隔12cm;横向布设ϕ12mm螺纹钢筋,间隔16cm。布设成钢筋网,并在上部用ϕ6mm的钢筋再布一层钢筋网,间距10cm×16cm。

(4)梁板铰缝处采用ϕ12mm螺纹钢筋设“X”形混凝土骨筋。

(5)梁板上部钻孔,用环氧树脂植筋(ϕ12mm螺纹钢筋与钢筋网焊接,确保新筑钢筋混凝土与梁板形成一整体)。

(6)铰缝两侧及梁板顶端凿毛,清理干净,并用空压机吹净,洒水湿润后浇筑C40钢纤维水泥混凝土,14cm厚,养生7d,上部铺装沥青混凝土。

(7)全部施工过程均采用半幅施工,半幅通车的方法,严格按国家有关规定摆放交通安全标志,全部施工人员穿戴反光服帽,工作区附近设专人手持指挥旗指挥车辆通行。

四、桥头搭板底脱空处治方法

(一)冲击式注浆

冲击式注浆加固桥头地基的原理是利用振冲成孔法使注浆管插入稳定地层,通过对浆液质量的控制,使得浆液在预定地层预定范围内与土颗粒固结,逐层加固土体形成均匀的复合地基,借此提高地基的承载力,降低沉降量。其主要参数为:注浆泵流量20～60L/min;材料胶凝时间45～120s;浆液扩散范围0.7～1.5m,注浆量100～300m^{3}土体;孔距0.8～2m;材料为双浆液;静力触探P_s值为1.0～2.5MPa。

(二)振冲挤密法

振冲挤密法加固桥头地基的原理是:一方面依靠振冲器的强力振动使土层加密;另一方面利用振动器产生的水平向振动力和高压水流在桥头地基中成孔,再在孔中间填碎石等坚硬材料使土层挤压加密制成一根根桩体,桩体和原来的黏土构成所谓的复合地基。

当黏土层不太厚，柱体可以贯穿整个土层，直达相对硬层。此时复合土层中的桩体在荷载作用下主要起应力集中作用，即由于桩体的压缩模量远比软弱土大，故而通过基础传给地基的外加压力随着桩、土的等量变形会逐渐集中到桩上去，从而使软土负担压力相对减小，复合地基的承载力得到提高，压缩性也相应降低。

当土层比较厚，桩体也可以不贯穿整个土层，土层只有部分厚度转变为复合土层，其余部分仍处于天然状态。此时复合土层主要起垫层作用，即复合土层将荷载引起的应力向周围横向扩散，压应力分布趋于均匀，从而可提高地基整体的承载力，减少沉降量。

(三)侧面注浆

对于桥头搭板下的悬空，采用路基两侧注浆的方法进行填充。施工步骤为：首先根据现场情况确定注浆孔数，用成孔设备进行钻孔，将所有的注浆管插入到指定的注浆孔中，然后将注浆孔封闭，最后进行注浆。注浆管的放置顺序为从两侧向中间逐次递减，两侧最长，中间最短。注浆顺序为从两侧向中间依次进行。注浆材料以水泥为主，化学材料为辅。注浆压力应根据现场注浆试验确定，一般为 0.7～0.8MPa。施工时应以不吃浆为止。

五、桥台裂缝处治方法

对于桥台裂缝程度轻微的，及桥台竖向裂缝，采用灌缝处理，即用环氧树脂直接灌入桥台裂缝内。

对于桥台裂缝程度严重的，尤其是桥台台身相对于台帽有明显横向位移及出现凸肚的和桥台边角位置的斜向裂缝，采用锚杆加固法。具体施工工艺为：首先对裂缝灌环氧树脂，用锚杆钻机对桥台进行钻孔，孔径为 127mm，长度为 20m，植入 ϕ28 的 II 级钢筋，对钻孔进行注浆，待所有的钻孔都完工后对桥台表面打磨，清理干净后涂抹环氧树脂，贴上 4mm 厚的锰钢板，最后将各个锚杆进行锚固。

六、涵洞的维修加固技术

(1)涵洞进、出水口处如已严重冲刷，可采用下列方法维修。

①位于陡坡上的涵洞或直接受水流冲击的涵洞，其入口处应采取适当的防护措施。

②用浆砌块石铺底，并用水泥砂浆勾缝。铺砌长度视土质和流速而定，铺砌的末端应设置混凝土或浆砌块石挡水墙。

③流速特别大的涵洞，应在出水口加设消力设施，如消力坎、消力池等。消力坎的末端应设置混凝土或浆砌块石抑水墙，或设置三级挑坎。

(2)涵洞经常发生泥砂淤积时，可在进水口设沉砂井，以沉淀泥砂、杂物。

(3)管涵的管节因基础沉陷而发生严重错裂时，应挖开填土处理地基，再重建基础。也可直接采用对地基及基础压浆的方法处理。有铰涵管如变形大于直径的 1/20 时，应查明原因进行处理。

(4)波纹管涵发生管涵沉陷、变形，应挖开填土进行修理。管底应按土质情况做好垫层，管上加铺一层防水层，并注意对回填土分层夯实。

(5)涵洞的侧墙和翼墙，如有倾斜变形发生，应查明原因后加以处理，如因填土未夯实发生沉落，或填土中水分过多土压力增大而引起的，应更换透水性好的填土并夯实；如属基础变形引起的，则需要修理或加固基础。

(6)因加宽或加高路基导致涵洞长度不足时，应接长处理。一般可将原涵洞洞身接长，两端新建洞口端墙和路基护坡；当路基加高、加宽不多时，也可采用只加高两端洞口端墙或加高加长洞口翼墙的方法。

(7)承载力不足的涵洞应进行加固或改建，可分别采用下列方法。

①挖开填土，用混凝土或钢筋混凝土加大原涵洞断面。

②涵内用混凝土或钢筋混凝土预制块衬砌加固或用现浇衬砌进行加固。

③挖开填土，用新构件分段进行更换改建。

(8)当涵洞位置不当，过水能力不足时应进行改建。改建施工宜分段进行，并做好接缝的防水处理。

第五章 路基维修加固技术应用及工程实例

第一节 概 述

由于地质条件的不同，路基病害千差万别，路基处理方法也很多，但每种处理方法都有一定的适用范围、局限性和优缺点。对每一具体工程都要进行细致的分析，应从病害特征、地质条件、水文条件、处理要求、经济性等各方面进行综合考虑，确定合适的路基处理方法，力求做到安全适用、确保质量、经济合理、技术先进。本章通过介绍近年来山东省公路路基维修加固的典型工程实例，进一步阐述路基维修加固技术的具体灵活应用，以供设计和公路养护人员参考。为了合理、经济地制订路基维修加固方案，提出如下加固技术选用原则。

(1)充分掌握病害路段路基及地基土层力学特性、病害成因的基础上，运用科学的方法和技术，预防为主，防治结合，标本兼治，达到消除和减轻病害，保持良好路面质量的目的。

(2)充分考虑边坡岩土地层力学特性和周边环境条件，使工程技术措施、加固治理手段做到科学、安全、可靠，消除滑坡隐患，达到边坡长久、安全、稳定之目的。

(3)加固治理措施要在保证消除病害的前提下尽量节省工程投资，降低工程造价。

(4)加固治理要保护周边生态环境、优化施工、缩短工期。

第二节 软弱地基加固处理工程实例

工程实例一 泰莱高速软基加固处理

一、工程概况

泰莱一级公路K5～K24段路堤，1992年冬季施工。1993年3月完工。道路运行十多年来，由于发生过大的工后不均匀沉降，其中最大沉降达到30cm左右，导致路面不平整，纵横向裂缝交叉，桥台与相邻路堤出现错位，影响公路的正常运行。

二、工程地质条件

泰莱一级公路K5～K24段，地处冲洪积平原中部，地势低洼，地下水位一般埋藏深度为5～15m，局部地段为鱼塘。地层主要为第四系冲洪积层，总厚度约30m，除地表低洼积水处底部有零星淤泥分布外，其余地层大部分为黏性土及砂土，局部为膨胀岩土。

根据勘探资料，综合确定各填方材料如下：主要由含砂粉质黏土、含砂黏土组成，局部路堤为中细砂，土质不均，孔与孔之间差异性较大。各桥台台背处填土主要为中粗砂、混黏性土团块，团块直径一般为5～10cm，最大20cm。

根据勘探，本处地层共揭露七层岩土，分别为填筑土、粉质黏土素填土、黏土素填土、素填土、黏土、粉质黏土、中粗砂。

1. 填筑土

黑色，黄色夹白色，顶部0.15m为沥青面，其下以中粗砂为主，混10%～15%碎石，直径2～3cm，孔隙充填石灰，呈半固结-团结状。

2. 粉质黏土素填土

棕褐色-棕灰色，湿，可塑，含10%～20%砂质，少量铁锰氧化物，土质不均。标贯击数4～12击。

3. 黏土素填土

红褐色，可塑-硬塑，局部软塑，含5%～20%砂质，土质不均，混少量棕灰色粉质黏土和黑灰色的软塑的淤泥质粉土，具混杂结构，少量碎砖块，压实效果较差。较差的路段标贯击数2～4击，压实较好的路段标贯击数5～9击。

4. 素填土

棕色，可塑，湿，为原耕填土，由粉土混黏性土组成，含少量腐殖质和植物碎片，少量碎砖块，土质不均，混有中粗砂和中细砂素填土层，湿，松散-稍密，分选中等。标贯击数4～6击。

5. 黏土

红褐色，可塑-硬塑，湿，含5%砂质，切面光滑，韧性好，干强度较高。标贯击数9～13击。

6. 粉质黏土

棕褐色，可塑-硬塑，湿，土质较均匀，韧性中等，干强度较高。标贯击数6～8击。

7. 中粗砂

黄色，湿，稍密-中密，成分以长石石英为主，分选较差，磨圆中等，含10%～20%黏性土，土质不均。标贯击数7～14击。

三、病害成因分析

根据勘探资料，道路病害的主要原因是存在软弱地基、地基强度不足以及填方路基压实度达不到设计要求所致。

四、加固治理设计

(一)加固治理方案的选择

针对不同路段病害特征，分别确定采用袖管注浆技术、碎石桩技术、盖板微型桩技术、旱桥过渡技术、锚杆微型梁技术方案进行加固治理。

1. 袖管注浆

此加固方法主要加固欠密实的填土路基，以提高路基强度和密实度，其施工速度快，但施工质量较难控制。

2. 碎石桩技术

此加固方法主要加固软弱地基，以提高地基的承载力，其施工较复杂。

3. 盖板微型桩技术

此加固方法主要是加固欠密实的较高填土路基，通过微型桩和盖板联合承担车辆荷载，其施工速度较慢，但加固效果好。

4. 旱桥过渡技术

此加固方法主要是加固欠密实的高填土路基，通过桩和盖板联合承担车辆荷载，其施工速度较慢，但加固效果好。

5. 锚杆微型梁技术

此加固方法主要是用路基两侧有重力式挡土墙的高填土路基，其施工速度较快，但施工质量较难控制。

根据勘察资料，K20＋952.00 处塘北禅铁路立交桥引道，根据不同的部位分别采用盖板微型桩方案、旱桥方案和锚杆微型梁方案，加固范围 K20＋506.508～K21＋367.996。

对于 K5～K24 段路基缺陷，采用碎石桩和袖管灌浆技术进行处理。

（二）袖管注浆技术应用工程实例及技术参数

1. K11＋356.65 侯家店桥右侧桥头路基

本段为欠密实的填土路基，加固范围 20m，为提高路基强度和密实度，采用袖管灌浆技术进行处治。

钻孔孔径 75～90mm，均采用垂直孔。钻孔间距为 3.0m，排距 3.0m，设计钻孔深平均 7.0m，梅花形布置，桥两侧各布置 4 排袖管灌浆孔。共布置袖管灌浆孔 28 个，钻孔布置如图 5-1 所示。

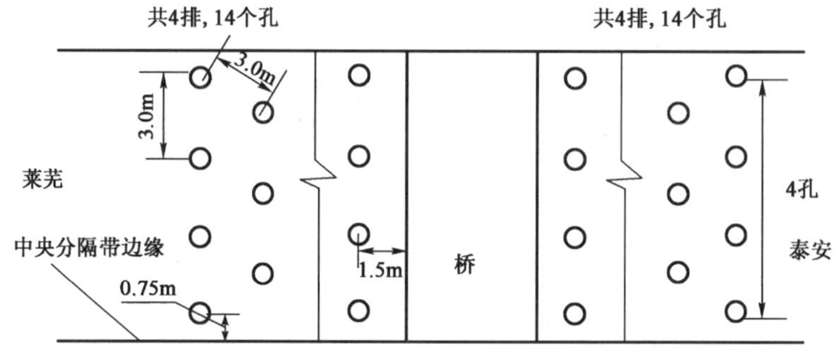

图 5-1　K11＋365.65 侯家店桥右侧桥头袖管灌浆孔位布置图

袖阀管灌浆采用水泥浆液，浆液水灰比为 0.5～0.55，水泥为 R32.5 复合硅酸盐水泥。浆液压力采用 0.2～0.5MPa。灌浆封口深度不小于 1.0m。

灌浆终止时间：灌浆压力稳定 30min 后即可终止灌浆。

2. K11＋450.00～K11＋500.00 左右两侧路基

本段为欠密实的填土路基，加固范围 50m，为提高路基强度和密实度，采用袖管灌浆技术进行处治。

钻孔孔径 75～90mm，均采用垂直孔。钻孔间距为 3.0m，排距 3.0m，梅花形布置，左侧路基碎石桩深度为 7.0m，右侧路基袖管桩深度为 4.5m，路基左右两侧对称布置孔位，共布置袖管灌浆孔 140 个。钻孔布置如图 5-2 所示。

袖阀管灌浆采用水泥浆液，浆液水灰比为 0.5～0.55，水泥为 R32.5 复合硅酸盐水泥。浆液压力采用 0.2～0.5MPa。灌浆封口深度不小于 1.0m。

灌浆终止时间：灌浆压力稳定 30min 后即可终止灌浆。

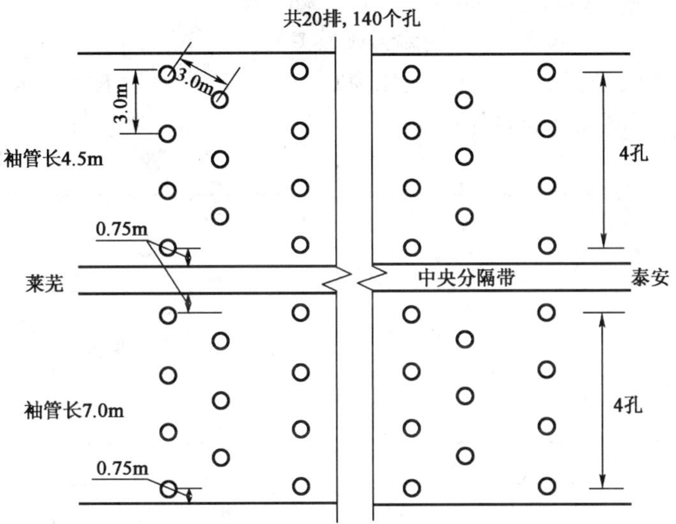

图 5-2 K11＋450.00～K11＋500.00 路段两侧路基袖管灌浆孔位布置图

3. K12＋994.765(1×4m)通道左右两侧挡墙路基

本段为欠密实的填土路基，加固范围为 K12＋994.765(1×4m)通道左右两侧挡墙路基向西 25m 范围内，为提高路基强度和密实度，两侧路基均采用袖管灌浆技术进行处治。

钻孔孔径 75～90mm，均采用垂直孔。钻孔间距为 3.0m，排距 3.0m，设计钻孔深平均 4.0m，梅花形布置，路基左右两侧对称布置孔位，共布置袖管灌浆孔 78 个。钻孔布置如图 5-3 所示。

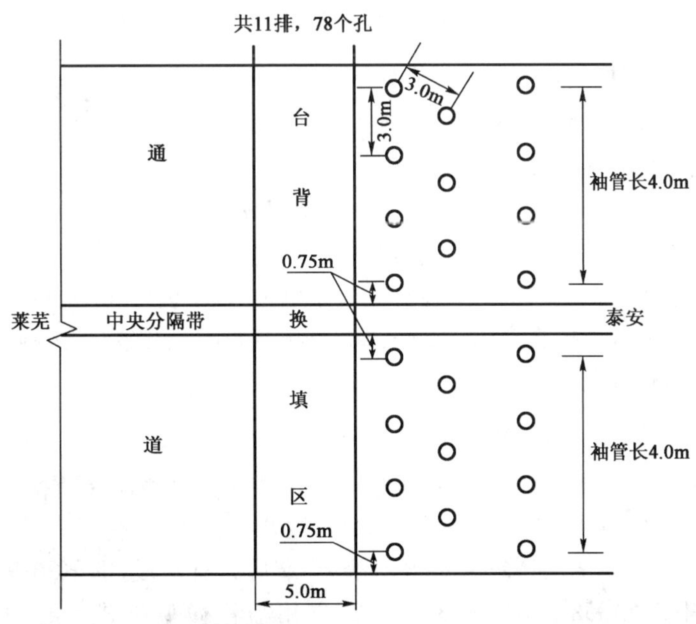

图 5-3 K12＋994.765(1×4m)通道两侧挡墙路基袖管灌浆孔位布置图

袖阀管灌浆采用水泥浆液，浆液水灰比为0.5～0.55，水泥为R32.5复合硅酸盐水泥。浆液压力采用0.2～0.5MPa。灌浆封口深度不小于1.0m。

灌浆终止时间：灌浆压力稳定30min后即可终止灌浆。

4. K16＋020.00～K16＋072.00 *左右两侧路基*

袖阀管灌浆采用水泥浆液，浆液水灰比为0.5～0.55，水泥为R32.5复合硅酸盐水泥。浆液压力采用0.2～0.5MPa。灌浆封口深度不小于1.0m。钻孔布置如图5-4所示。

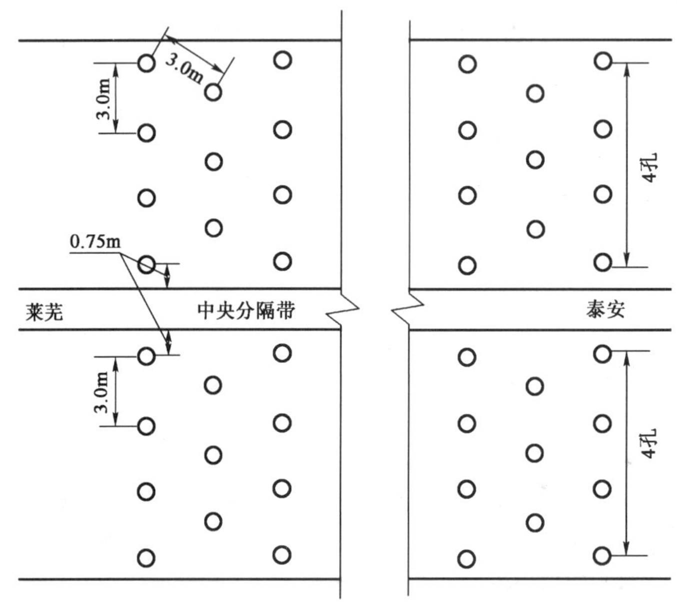

图5-4　K16＋020.00～K16＋072.00路段两侧路基袖管灌浆孔位布置图

灌浆终止时间：灌浆压力稳定30min后即可终止灌浆。

(三)碎石桩技术应用工程实例及技术参数

K14＋300.00～K14＋700.00左右两侧地基软弱，强度较低，地基含水率较大，为提高地基的承载力，两侧路基均采用碎石桩进行处理。

碎石桩的桩径为500mm，桩距150cm，呈梅花形排列，加固深度3.0m，路基左右两侧对称布置孔位。碎石桩材料采用20～50mm的级配碎石，最大粒径不宜大于80mm，含泥量应小于10％，每1m桩长的填料量0.24m^3/m，设计充盈系数为1.3，每1.5m反插0.5m。采用圆锥动力触探进行检测，其承载力提高应大于2倍，或每10cm重II型触探击数≥5击，共布置308排4 004根碎石桩。布孔方式如图5-5所示。

(四)盖板微型桩技术应用工程实例及技术参数

K20＋952.00塘北禅铁路立交桥引道为高填土路基，本段加固范围为K20＋584.352～K21＋354.352，共计770m(其中铁路桥72.2m)，是本次加固的重点。

本段位置在跨铁路桥的引桥较高填方路基上，前后共有两段，即K20＋584.352～K20＋704.352和K21＋216.352～K21＋354.352，采用盖板微型桩进行处理，两段加固长度为258m。

整个盖板采用连续配筋混凝土板，连续配筋混凝土板为 C25 混凝土。在 C25 连续配筋混凝土盖板下路基中设计微型桩，竖向微型桩桩径为 168mm，钢管直径 108mm，钢管内采用袖

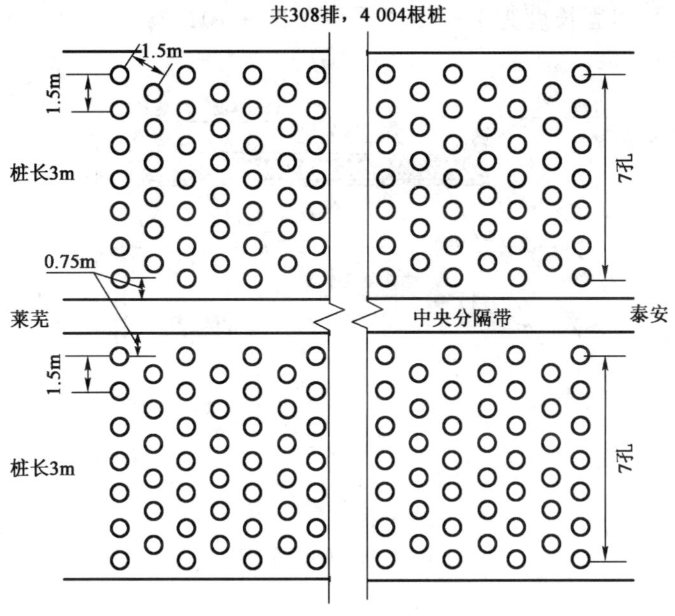

图 5-5　K14＋300.00～K14＋700.00 两侧路基碎石桩孔位布置图

管注浆，水泥浆液水灰比为 0.5～0.55，水泥为 R32.5 复合硅酸盐水泥。孔口浆液压力采用 0.2～0.4MPa。分段注浆，每段长度 0.5m。

桩长根据路基高度不同有所变化。K20＋584.352～K20＋623.352 段桩长为 6.0m，K20＋623.352 ～K20＋704.352 段桩长为 7.0m，K21＋216.352～K21＋306.352 段桩长为 7.0m，K21＋306.352～K21＋354.352 段桩长为 6.0m。每半幅路基设计三排微型桩，排距为 3m，孔距为 6m，呈梅花形排列。斜角处和锚杆微型梁加固技术方案加固范围内的微型桩补接到现设计高程。盖板微型桩布置如图 5-6 所示。

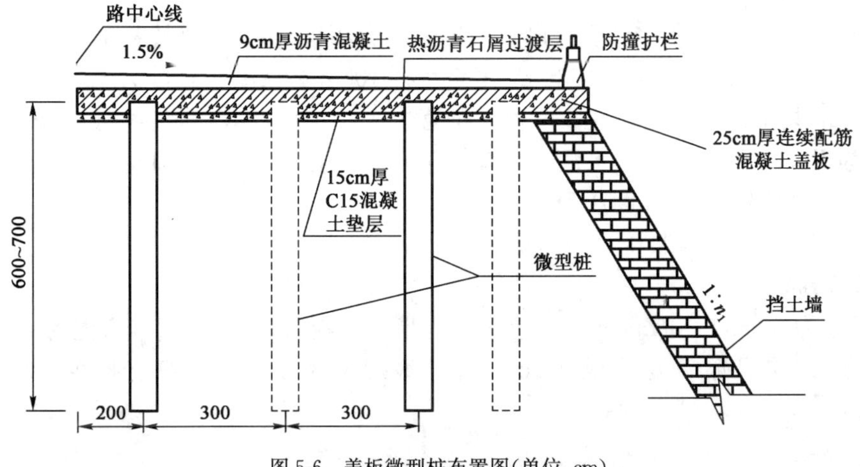

图 5-6　盖板微型桩布置图(单位：cm)

(五)锚杆微型梁技术应用工程实例及技术参数

本立交桥引道为高填方路堤，路基两侧为重力式挡土墙，故设计采用锚杆微型梁加固技术方案，如图5-7所示，加固长度为290m，桩号为K20＋704.352～K20＋841.152和K21＋063.152～K21＋216.352。

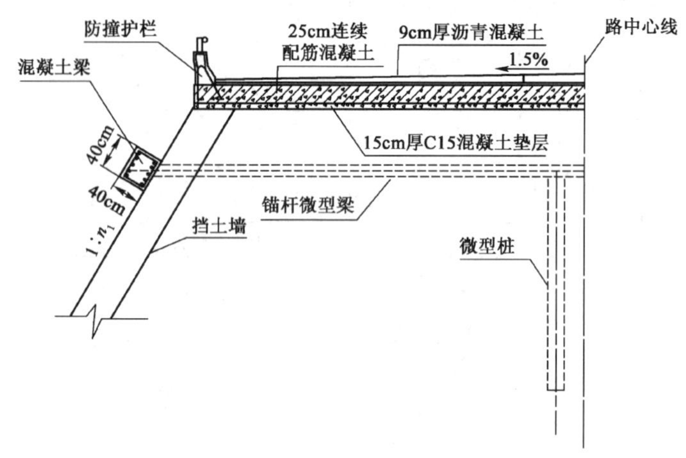

图5-7 锚杆微型梁图

1.预应力水平锚杆

在挡土墙上布置一排水平锚杆。采用ϕ32mm的II级螺纹钢，锚杆水平间距1.5m。锚杆距路面顶部1.5m，锚杆平均长度为24m，锚杆施加拉力60kN。在锚杆处设置锚墩，共布置锚杆185根。

锚杆成孔直径100mm，采用水泥浆，浆液水灰比0.45～0.5，水泥为R32.5普通硅酸盐水泥，注浆压力锚杆为0.2～0.4MPa。施工时需进行二次注浆，水泥浆液的水灰比为0.5～0.55，水泥为R32.5复合硅酸盐水泥。孔口浆液压力采用0.2～0.4MPa。

灌浆终止时间：瞬时灌浆压力达到0.5MPa即可终止灌浆。

锚杆应沿杆身每隔1.0m设置对中定位支架，以保证钢筋有足够的保护层厚度。

2.竖向微型桩

沿路线方向原中央分割带两侧各设置一排竖向微型桩，作为水平锚杆的竖向支撑。竖向微型桩桩间距1.5m，钻孔直径为168mm，钢管直径108mm，微型桩长度为8m，深度从路面以下1.5～9.5m，共布置竖向微型桩370根。钢管内采用袖管注浆，水泥浆液水灰比为0.5～0.55，水泥为R32.5复合硅酸盐水泥。孔口浆液压力采用0.2～0.4MPa。袖管注浆深度为1.5～9.5m，分段注浆，每段长度0.5m。

灌浆终止时间：瞬时灌浆压力达到0.5MPa即可终止灌浆。

3.混凝土锚墩

锚墩尺寸为50cm×50cm×40cm，置于挡土墙上。混凝土采用C25，水泥为R32.5普通硅酸盐水泥。双层钢筋，每层6根ϕ20mm的II级螺纹钢，钢筋与锚杆绑扎在一起，如图5-8所示。

4.混凝土梁

尺寸为40cm×40cm，置于挡土墙上。混凝土采用C25，水泥为R32.5普通硅酸盐水泥。

双筋布置，每层 5 根 ϕ20mm 的 II 级螺纹钢，钢筋与锚杆绑扎在一起。

5. 路面盖板

原设计路基结构层中的 16cm 厚水泥砂砾底基层、18cm 厚水泥碎石和 10cm 厚大粒径碎石沥青层更改为 25cm 厚的连续配筋混凝土板，结构同盖板微型桩方案。

(六)旱桥过渡技术应用工程实例及技术参数

本立交桥引道为高填方路堤，采用此方案的加固范围为铁路桥头路堤的两侧，总长度为 150m，前后各 75m，桩号为 K20＋841.152～K20＋916.152 和 K20＋988.152～K21＋063.152。

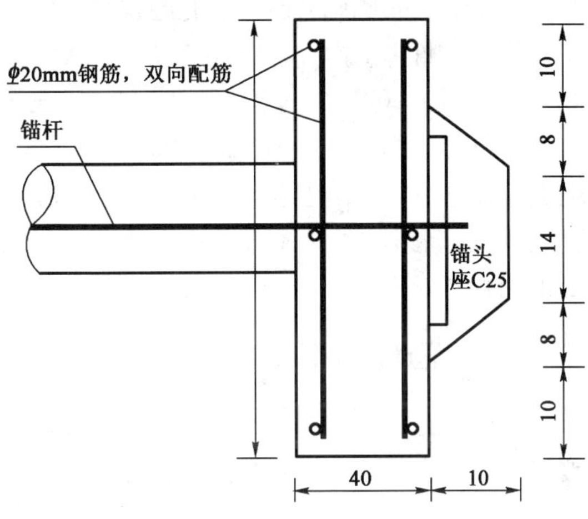

图 5-8　锚杆锚头大样图(单位：cm)

1. 桩基础

在路面两侧各布置一根灌注桩，桩径 600mm，桩长 15m，桩沿路方向间距 15m，横向垂直间距 6.35m。钢筋笼直径 50cm，主筋为 11 根 ϕ20mm 的 II 级钢，架立钢筋为 ϕ14mm@200mm 的 II 级钢，绕筋为 ϕ6.5mm@250mm 的 I 级钢。

2. 盖梁

用盖梁将各桩连成整体，盖梁的尺寸为 60cm×80cm，现浇 C25 钢筋混凝土结构。盖梁配筋按双筋布置，上下两侧各布置 6 根 ϕ32mm 的 II 级钢筋，中间加 2 根腰筋，腰筋 ϕ12mm 的 II 级钢，箍筋为 ϕ6.5mm@250mm 的 I 级钢。

3. 桥面板

桥面板尺寸为 20.477cm(斜长)×7 500cm×25cm，现浇 C25 钢筋混凝土结构。桥面板配筋下层为直径 ϕ20mm@350mm 的 II 级钢筋，上层布置 ϕ16mm@350mm 的 II 级钢筋。桥面板下铺设厚 15cm 的 C15 素混凝土垫层。每跨间不再设缝，采用连续配筋混凝土面板。

五、加固效果评价

本工程自加固完成后，运营良好，未出现明显的路基沉陷等病害，达到了加固目的。

工程实例二　烟台市滨海东路软基处理

一、工程概况

烟台市滨海东路为滨海南路至养马岛一条沿海旅游观光路，是烟台市重点工程项目，全长 11.5km，双向六车道，路面宽 32m，边坡 1∶1.5，路两侧为 70m 绿化带，填土高度距离路堤顶面 1m。

其中 K19＋000.00～K21＋500.00 段为软土地基段，根据野外钻探揭露表明，该段土层自上而下为填筑土、第四系全新统新近海积泻湖相沉积淤泥质亚黏土、粉砂、海积的细砂、海积泻湖相沉积淤泥及海陆交互沉积的亚黏土。该区地面高程平均海拔 1.9m，受潮汐影响较大，两侧大部分为养虾池，土质为滨海相沉积土，承载力低，沉降变形大，路堤不稳定，需要进行加固处理。

原设计方案为全断面打设砂桩。砂桩施工时间为 2002 年 6～8 月，砂桩直径为 60cm，间距为1.65m,处理深度穿透淤泥层,桩长7～10m不等,处理宽度为37m,采用梅花形布置。由于路堤稳定性差,淤泥层厚,在路基填筑过程中,出现了路堤侧向滑移破坏和较大的沉降等问题:其中K19+000.00～K20+200.00段出现较均匀下沉,半年观测沉降值在20cm左右,最大26cm;K20+200.00～K20+500.00及K20+600.00～K21+400.00段边坡出现侧滑,路堤坡角隆起(隆起最高达1.5m左右),路堤出现纵向裂缝,最宽达7～8cm。为解决出现的工程问题,在该路段两侧又进行了强夯碎石桩处理,夯锤重12t,落距为10m,夯锤直径为1.2m,处理深度7～10m。

二、工程地质条件

其中K19+000.00～K21+500.00段为软土地基段,该区地面海拔高程1.9m,大部分为养虾池,该段从上到下土层分别为填土、粉细砂、淤泥层、亚黏土。

1. 填土

厚2～4m,主要为风化料。

2. 粉细砂

层厚0.3～1.0m。

3. 淤泥层

厚5～8m,该软土层为滨海相沉积土,平均含水率为75%,最大孔隙比e为2.032,呈流塑状态,富含有机质,属高压缩性土。

4. 亚黏土

厚2.6m,陆相土,含水率为32%,e为0.87,可塑,标贯击数8击,未揭露。

钻孔深度为11.5m,未钻到岩层。

三、病害成因分析

本路段的地质钻探结果表明,地基中含有深厚淤泥质土层,其孔隙比大,压缩性高,承载力低,有机质含量高。若处理措施不当或施工组织不科学,易造成较大的地基不均匀沉降及路堤边坡失稳现象。经分析,本路段原设计采用挤密砂桩处理,由于土质软弱,砂桩施工中的挤密作用非常有限,只能依靠排水固结作用对软土层进行加固。但由于桩顶未设置水平排水层(利用填筑的透水风化土替代其排水性能满足不了要求),而且路堤填筑时速率未严格控制,造成目前路堤侧滑和沉降速率过大。经强夯碎石桩处理后路堤侧滑问题得到解决,但因强夯加固深度一般在8m左右,考虑地面以上2m范围内填土作用后实际影响深度只有5m左右,深层软土未得到加固,工后沉降过大问题仍然未得到解决,必须进行加固处理。

四、加固治理方案

(一)加固治理原则

经济:已投入砂桩和碎石桩处理费用为705万元,受资金限制,所选用方案要经济。

合理:充分利用已作的处理措施,选用效果好、工期短、施工快的方案,满足设计要求。

科学:结合工程地质情况,因地制宜,科学设计,优化设计参数。

(二)方案选择

针对本路段的实际情况,考虑以上原则,宜分段采取不同方案进行加固处理。

(1)K19+528.00~K20+200.00 段,该段软土层相对较薄,从沉降观测资料看,该段沉降比较均匀,沉降速率较小,因此可采用等载预压法进行处理。

(2)K20+200.00~K20+400.00 段,该段路堤出现侧滑现象、沉降量较大情况后,已经采用强夯碎石桩加反压护道方案进行处理,该段需解决工后沉降量大的问题,建议采用等超载预压法进行处理。

(3)K20+400.00~K21+540.00 段,该段淤泥层厚,稳定性差,固结时间长,沉降量大,该段需重点处理。结合监测情况,视沉降速率大小选择处理方案。若沉降速率较小,工后沉降满足规范要求,采用"等超载预压加反压护道"方案处理;若沉降速率较大,固结较慢,采用"真空堆载联合预压法"进行处理,加快地基的固结,快速施工,确保路堤稳定。

结合路两侧 70m 绿化带填土要求,可提前填筑绿化带,利用绿化带作反压护道,作为增加路堤稳定措施之一。反压护道可起到防止浅层坡角滑动破坏的作用,但对于软土层厚、滑动力大、滑坡角远的路堤边坡不能完全达到抗滑要求。同时,反压护道荷载会增加地基附加应力,致使路基沉降加大。因此也需要精心设计,科学施工,减小其负面影响。

由于软土地基固结较慢,路基沉降变形大,易产生路面病害,因此宜结合加固处理措施,统筹考虑,采用新型路面结构,减少路面病害,降低养护费用。

(三)真空堆载联合预压法方案

1.沉降量与固结度计算

1)计算条件

(1)计算荷载:路面高程与原地面的高程差为基本荷载,加上沉降变形所需的补填高度及超载的高度,合成为总荷载,填料重度取 20kN/m^3,地下水位(1.5m)以下取浮重度。

(2)计算工期:路基填筑及预压完成,时间为 150d,其中,填筑时间 120d,抽真空 150d。

(3)其他参数:砂桩直径为 0.6m,间距 1.65m,梅花形布置;计算参数见表 5-1。

K20+475.00 断面土层参数 表 5-1

地层名称	γ (kN/m^3)	e	I_p (%)	$a_{1\text{-}2}$ (MPa^{-1})	C_v (10^{-3}cm^2/s)
填筑土	20.0	0.5	7.0	0.3	2.0
淤泥	16.6	1.9	32.6	1.9	0.2
亚黏土	19.0	0.85	12.6	0.5	0.9

2)沉降量计算

路基的总沉降 S 由瞬时沉降 S_d、主固结沉降 S_c 和次固结沉降 S_s 三部分组成,即:

$$S = S_d + S_c + S_s \tag{5-1}$$

由于瞬时沉降和次固结沉降的影响因素较复杂,在实际计算中,路基的总沉降一般采用沉降系数 m_s 与主固结沉降 S_c 计算,即:

$$S = m_s S_c \tag{5-2}$$

沉降系数 m_s 为一经验系数，与地基条件、荷载强度、加荷速率等因素有关。对于单纯堆载情况，其值范围为1.1～1.7；而对于真空预压，一般认为取值应小于1.0；对于真空联合堆载预压，则根据实测地基侧向变形结果来确定。

地基沉降按压缩系数法进行计算，压缩土层计算深度按《公路软土地基路堤设计与施工技术规范》确定。

为保证路面的设计高程，预压期间的沉降量应包含在填土厚度内。经反复多次计算，真空预压处理段各控制断面的计算填土厚度和计算沉降量见表5-2。

断面计算沉降量　　表5-2

计算断面	间距(m)	设计填土厚度(m)	堆载预压		堆载加真空80kPa		
			实际填土厚度(m)	最终沉降量(cm)	实际填土厚度(m)	填土3.85m的最终沉降量(cm)	停真空时沉降量(cm)
K20+475.00	1.65	3.0	3.45	79.1	3.85	89.8	84.7

3)固结度计算

固结度采用改进的高木俊介法计算。曾国熙(1975)对高木俊介方法作了改进，把竖向排水固结度 U_z 和径向排水固结度 U_r 两者联合起来得出平均固结度 U_{rz}，并且固结度理论解用以下的普遍式来表示：

$$\overline{U} = 1 - \alpha e^{-\beta t} \tag{5-3}$$

对于竖向排水固结($U_z>30\%$)：

$$\overline{U}_z = 1 - \frac{8}{\pi^2} e^{-\frac{\pi^2 C_v}{4H^2} t} \tag{5-4}$$

对于向内径向排水固结：

$$\overline{U}_r = 1 - e^{-\frac{8C_h}{F(n) d_e^2} t} \tag{5-5}$$

对于竖向和向内径向排水固结：

$$\overline{U}_{rz} = 1 - \frac{8}{\pi^2} e^{-\left(\frac{8C_h}{F(n) d_e^2} + \frac{\pi^2 C_v}{4H^2}\right) t} \tag{5-6}$$

式中：$F(n) = \frac{n^2}{n^2-1}\ln(n) - \frac{3n^2-1}{4n^2}$；

C_h——径向固结系数；

C_v——竖向固结系数；

n——井径比($n=d_e/d_w$)；

d_e——砂井影响范围的直径；

d_w——砂井直径；

H——土层的竖向排水间距。

当砂井未贯穿整个压缩土层时，整个压缩土层的平均固结度按下式计算：

$$\overline{U} = \frac{1}{H_1 + H_2}(H_1 \overline{U}_{rz} + H_2 \overline{U}_z) \tag{5-7}$$

式中：U_{rz}——打砂井部分土层的平均固结度；

U_z——砂井以下部分土层的平均固结度；

H_1——打砂井部分土层厚度；

H_2——砂井以下部分土层厚度。

对于多级等速加荷情况，各级荷载为 $p_1, p_2, \cdots, p_m$，时刻为 $T_1, T_2, \cdots, T_m$，加荷速率为 $q_1, q_2, \cdots, q_m$，m 为加荷级数。当 $T_{n-1} < t < T_n$ 时，对上述理论解进行积分可得出对总荷载而言的固结度：

$$\overline{U}_t = \frac{1}{p_m}\left\{\sum_{i=1}^{n-1} q_i\left[T_i - T_{i-1} - \frac{\alpha}{\beta}e^{-\beta t}(e^{-\beta t_i} - e^{-\beta t_{i-1}})\right] + q_n\left[t - T_{n-1} - \frac{\alpha}{\beta}e^{-\beta t}(e^{\beta t} - e^{\beta t_{n-1}})\right]\right\} \tag{5-8}$$

真空加路堤预压固结度计算结果见表 5-3。

试验段施工期及预压期地基固结度计算　　表 5-3

序号	计算断面	30d	50d	70d	90d	120d	150d
1	K20+325	32.6	45.7	56.3	65.3	77.0	87.5

通过计算，停止抽真空(150d)时，地基固结度达到 87.5%，此时地基总沉降量已接近不加真空的计算总沉降量，可以停止施工。即使考虑卸压后地基轻微的反弹，其工后沉降量也相当微小。

上述数据表明，采用路堤荷载加真空的处理方法加固路基，既可以缩短工期，又能大幅降低工后沉降量。

根据固结度和沉降的计算，可以确定路堤填筑时间为 120d，抽真空的时间为 150d，停止抽真空后路基的沉降已很小。

2. 加固方案

真空联合堆载预压处理剖面如图 5-9 所示。

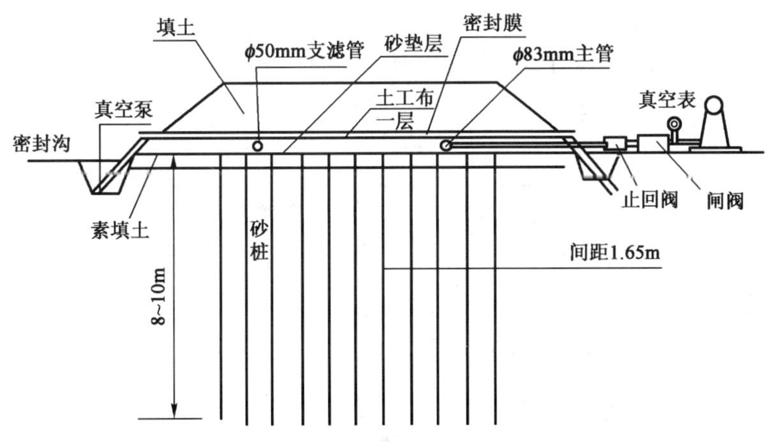

图 5-9　真空联合堆载预压处理剖面示意图

施工步骤包括以下几点。

(1)检查已打设砂桩的完整性。

(2)在砂桩顶部开挖设置砂沟(宽 70cm、60cm)并埋设真空预压用塑料滤管。

(3)埋设测试仪器。

(4)在真空预压路段四周挖截水沟,铺设密封薄膜。

(5)抽真空,当真空度稳定10d时间后可分级快速填筑路堤剩余土方。

3.现场监测方案

对填筑在软基上的道路工程,现场安全监测显得尤为重要。其理由包括以下几点。

(1)施工控制是工程成败的关键,因此,应根据现场监测的结果,决定填筑速率和施工进度,以确保路堤安全填筑到设计高程。

(2)设置典型断面进行系统监测,取得完整的监测资料,为整个烟台附近类似填筑工程的设计、施工积累经验,必将为后续类似工程起到示范作用。

(3)提高本工程的施工质量,为本项目创优质工程打下基础。

(4)验证设计,提高理论计算及设计水平。

基于上述考虑,在烟台市滨海东路软基处理段选择3个断面进行现场监测,观测项目包括以下几方面。

(1)地表沉降:地表沉降是地基的总沉降,其大小决定填筑速率及工程量,每一断面埋设地表沉降标3处。

(2)深层沉降:深层沉降可以确定软基的分层压缩量,其结果关系到沉降计算深度及地基处理的深度,以及工后沉降量分析判断等。每一断面埋设深层土体沉降观测管2根(路中心和路肩各1根)。

(3)深层水平位移:深层水平位移观测可以测得地表以下一定深度范围内土体的侧向水平位移,确定地基的稳定性,进而进行施工控制,每一断面埋设测斜管1根。

(4)孔隙水压力:根据孔隙水压力的监测结果,可以计算地基的固结度,控制施工进度,每一断面埋设孔隙水压力计1处3只。

根据各项目的观测结果进行综合分析,提出合理的施工参数,各项目的控制指标应依据规范及类似工程的成功经验确定。

典型监测断面观测仪器示意图如图5-10所示。

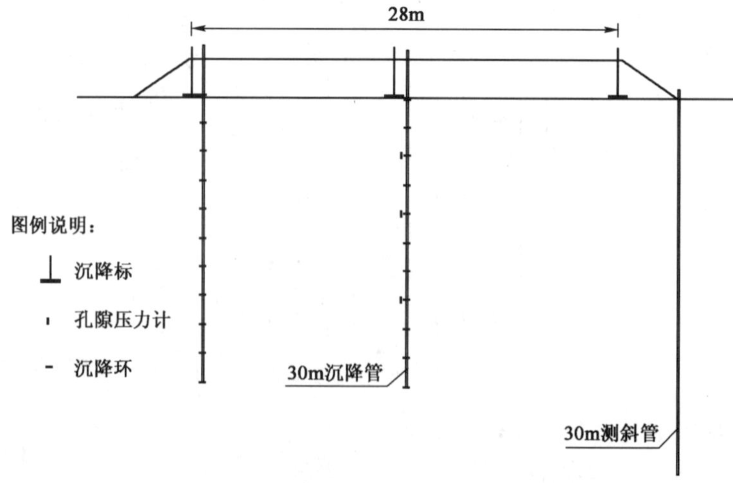

图5-10 控制断面原位观测仪器埋设示意图

(四)堆载预压法方案

K19+528.00~K20+200.00 和 K20+200.00~K20+400.00 段，选取堆载预压和反压护道相结合的方法作为本工程的地基处理方案。

其中 K19+528.00~K20+200.00 段采用等载预压法进行处理，K20+200.00~K20+400.00 段采用超载预压法进行处理。

1.沉降量与稳定性计算

1)沉降计算

(1)计算荷载：路面高程与原地面的高程差为基本荷载，加上沉降变形所需的补填高度及超载的高度，合成为总荷载，填料重度取 19.6kN/m^3，地下水位(1.5m)以下取浮重度。

(2)计算工期：考虑实际工期的限制，初拟路基填筑及预压完成时间为 210d，其中，填筑时间 30d。

(3)其他参数：砂桩直径为 0.6m，间距 1.65m，梅花形布置。

计算参数见表 5-4。

K20+325.00 断面土层参数 表 5-4

地层名称	γ (kN/m^3)	e	I_p (%)	$a_{1\text{-}2}$ (MPa^{-1})	C_v (10^{-3}cm^2/s)
填筑土	19.6	0.5	7.0	0.3	2.0
淤泥	16.6	1.9	32.6	1.9	0.2
亚黏土	19.0	0.85	12.6	0.5	0.9

(4)地基沉降按压缩系数采用分层总和法计算。

路基的总沉降 S 由瞬时沉降 S_d、主固结沉降 S_c 和次固结沉降 S_s 三部分组成，即：

$$S = S_d + S_c + S_s \tag{5-9}$$

由于瞬时沉降和次固结沉降的影响因素较复杂，在实际计算中，路基的总沉降一般采用沉降系数 m_s 与主固结沉降 S_c 计算，即：

$$S = m_s S_c \tag{5-10}$$

沉降系数 m_s 为一经验系数，与地基条件、荷载强度、加荷速率等因素有关。本次沉降计算没有考虑沉降系数 m_s 的影响。为保证路面的设计高程，预压期间的沉降量应包含在填土厚度内，经反复多次计算，填土堆载预压高度定为 4m。

由计算看出，地基在正常使用荷载(路基填土和路面荷载)作用下总沉降为 49.286cm；而在 4m 填土堆载预压作用下总沉降为 63.17cm，预压 210d 地基发生的沉降为 33.74cm，此时地基固结度为 68.5%，剩余沉降 15.546cm，故满足工后沉降不大于 30cm 的要求。

2)稳定性验算

计算简图如图 5-11 所示。

计算参数如下：

填筑土：$\gamma_d = 16$kN/m^3　$\gamma_{sat} = 20$kN/m^3　$c = 2$kPa　$\varphi = 40°$

砂垫层：$\gamma_d = 16$kN/m^3　$\gamma_{sat} = 19$kN/m^3　$c = 0$　$\varphi = 45°$

淤泥：$\gamma_d = 14$kN/m^3　$\gamma_{sat} = 18$kN/m^3　$c = 4$kPa　$\varphi = 60°$

其中考虑砂井对稳定性的影响内摩擦角由30°增大到60°。

3)地基稳定系数采用瑞典圆弧法计算,由计算得出$F_S=1.3$,满足稳定性要求。

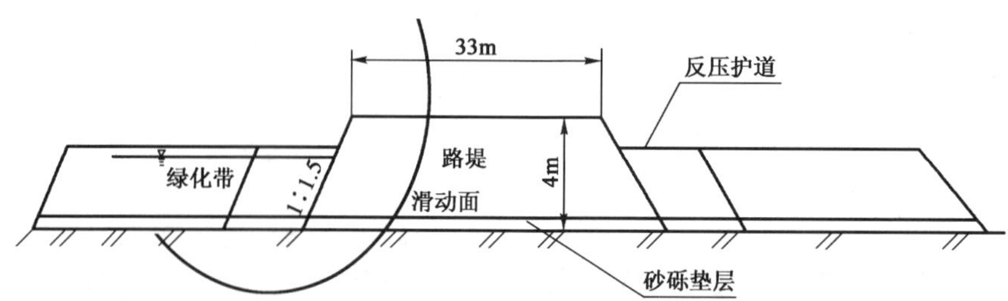

图5-11　计算简图及滑动面示意图

2.加固方案

1)施工步骤

(1)检查已打设砂桩的完整性,补打砂桩或排水板。

(2)在砂桩顶部开挖设置砂沟(宽70cm、深60cm)。

(3)埋设测试仪器。

(4)分层同时填筑预压土方和反压护道。

(5)卸预压填土荷载。

2)预压荷载和填土要求

由以上计算,结合监测资料分析,K19+528.00~K20+200.00段预压荷载10kPa,K20+200.00~K20+400.00段预压荷载36kPa。

预压填土要分层填筑,每层松铺厚度为30cm,压实后20cm,下一层土填筑时间视沉降速率而定。

预压过程中,应加强监测和计算工作,预压荷载和预压时间视沉降速率和超静孔隙水压力消散情况而定。

3)填土速率控制标准

为防止填土过程中路堤失稳,要设断面认真观测,以此严格控制填土速率,控制标准至少要满足以下3条中的2条。

(1)竖向沉降速率小于10mm/d。

(2)水平位移小于5mm/d。

(3)超静孔隙水压力与填土荷载比:$\Delta u/p_s<0.6$。

3.现场监测方案

该段选择1个断面进行现场监测,观测项目包括以下两方面。

(1)地表沉降:地表沉降是地基的总沉降,其大小决定填筑速率及工程量,每一断面埋设地表沉降标3处。

(2)侧向位移:在路两侧坡角埋设边桩观测侧向位移变化情况。

五、加固效果评价

根据现场监测数据,采用反压护道或真空预压之后,烟台市滨海东路软基沉降及侧向滑移得到了有效控制，工后沉降量满足使用要求，且未再出现纵裂、不均匀沉陷等病害特征，运营效果良好。

工程实例三　济南绕城高速公路东线软土地基粉喷桩加固工程

一、工程概况

“济南绕城高速公路”东线工程是山东省的重点建设工程项目之一。该工程位于济南市城东，南起 309 国道潘家庄，北至济南国际机场，上跨胶济铁路、济青高速公路、106 省道及小清河，全长 19.54km。虽然路程短，但沿线地质条件较复杂，从南部低山丘岭区到北部平原区，穿越了低山丘岭及山间断陷盆地区、山前冲积平原区及黄河冲积平原三个不同的地貌单元。地质勘察报告表明，从裴家庄至终点这一路段，为黄河近代泛滥形成的新近堆积土，地下水位埋深较浅，土质以软塑亚黏土为主，其天然承载力低，在动荷载作用下可发生砂土液化，需经过加固处理方可作为路基持力层。由于该工程工期紧，质量要求高，结合工程地质条件设计采用粉喷桩技术加固处理。此段长约 9.7km，需打桩约 110 万延米。

二、工程地质条件

试验区在 K52＋010.00～K52＋110.00 区间，该区土质以褐黄色亚黏土和粉土为主，夹有亚砂土。另外在部分钻孔中可见到深灰色亚黏土。亚黏土状态软-硬塑，N_{10} 为 20～30 击，亚砂土，中密，湿-饱和，轻探击数离散性较大，但一般大于 13 击。其承载力为：亚黏土 $[f_0]$＝120kPa，亚砂土$[f_0]$＝80～120kPa。土层划为六层，土层的物理力学指标见表 5-5。

原状土层物理力学特性指标　　表 5-5

层号	土层名称	层厚 h_m	含水率 w(%)	重度 γ (kN/m³)	孔隙比 e_0	塑性指数 I_1	压缩系数 a_v	摩擦角 φ (°)	凝聚力 c (kPa)	地基承载力 f_k (kPa)
1	亚黏土	1.5	23.8	19.4	0.717	9.3	0.246	23.9	41	100
2	黏土	3.0	42.5	17.8	1.198	23.49	1.147	0.8	48	85
3	亚黏土	1.5	21.5	19.8	0.751	7.4	0.679	2.5	45	90
4	黏土	1.5	26.3	19.4	0.784	18.9	0.807	5.1	9	100
5	亚黏土	11.0	20.3	20.6	0.584	10.9	0.106	9.9	25.5	150
6	亚黏土	12.0	23.9	20.3	0.666	18.4	0.089	7.1	47	200

该区地下水埋深较浅，为第四系潜水，水质较好，对混凝土基本无侵蚀性。

三、病害成因分析

首先，从原状土力学指标看出，2、4 层土质较差，为高压缩性土，在上覆荷载作用下将产生较大的沉降变形。其次，由于该区域土质以黏性土为主，渗透系数低，固结沉降慢，采用堆载预压需较长的预压期，不能满足工程进度要求。第三，地基土的地基承载力较低，若不进行特殊处理，在填土荷载作用下地基承载力不能满足使用要求。因此，经多种方案对比分析，设计采用粉喷桩加固方案。

四、加固治理方案及效果分析

(一)粉喷桩加固参数

自地表向下打设水泥粉喷桩,桩径 50cm,间距为 1.75m,正方形布置。

(二)加固前后土质试验对比

为便于粉喷桩的理论研究并指导施工,在工程现场设立了试验区,埋设相关仪器进行现场跟踪观测。

粉喷桩施工时,桩间土受到的扰动较大,再加上桩体材料的挤压以及和周边土产生的物理化学反应等原因,所以加固后桩间土的性质和力学参数发生了很大的变化。试验时取不同位置桩间土进行对比分析,取土位置及编号如图 5-12 所示。1 号、2 号、3 号为桩间土取土孔位置,原状土取自试验区打桩前期。

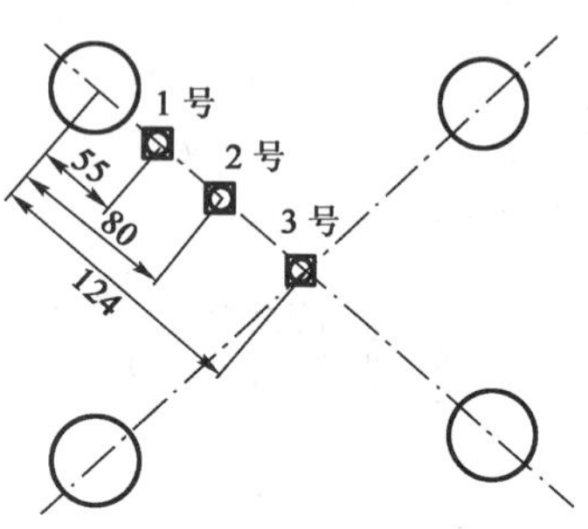

图 5-12 取土位置及编号(单位:cm)

桩间土样常规试验结果汇总见表 5-6。其中压缩试验采用低压固结仪进行,分四级加荷,加荷等级为 50kPa、100kPa、200kPa、400kPa,每级荷载持载 24h。摩擦角、黏聚力采用等应变直剪仪进行快剪试验得到。

桩间土土样物理性质指标 表 5-6

土样编号	取土深度(m)	含水率 w(%)	重度 γ (kN/m³)	孔隙比 e_0	塑性指数 I_1	压缩系数 a_v	摩擦角 φ(°)	凝聚力 c(kPa)	压缩模量 E_s(MPa)
1号	2.0~2.2	31.2	1.96	0.814	12	—	19	13.0	—
	3.0~3.2	34.6	1.85	0.986	21	—	16	42.2	—
	4.3~4.5	46.1	1.75	1.271	19	—	—	—	—
	6.8~7.0	35.8	1.86	0.986	19	—	13	39.5	—
	9.8~10.0	25.5	1.96	0.729	10	0.37	10	18.7	4.7
2号	2.0~2.2	27.4	2.01	0.711	9	—	—	—	—
	3.0~3.2	29.3	1.93	0.809	10	—	18	9.3	—
	4.3~4.5	34.7	1.89	0.941	26	—	—	—	—
	6.8~7.0	40.8	1.85	1.07	20	—	—	—	—
	9.8~10.0	21.0	2.07	0.578	9	0.26	11	16.4	6.1
3号	2.0~2.2	33.7	1.89	0.917	15	—	—	—	—
	3.0~3.2	41.2	1.79	1.138	17	—	20	6.3	—
	4.3~4.5	51.9	1.74	1.365	15	—	—	—	—
	6.8~7.0	32.6	1.93	0.869	18	—	—	—	—
	9.8~10.0	21.0	2.05	0.594	8	0.24	18	5	6.6

从表 5-6 与表 5-5 对比可以发现,桩间土与原状土的含水率、重度等变化不大,说明粉喷桩打设后的吸水作用及对密度的影响是较小的。比较其他参数,变化的规律性不强,估计是由

于取样扰动和运输等原因造成的。但同等深度处桩间土强度指标对比表明，不同距离处桩间土的强度有所变化。从现场取样及室内制样时1号孔土样中皆发现有细小水泥颗粒，也可直观说明粉喷桩施工时对桩间土是有影响的。

（三）粉喷桩复合地基的现场试验

1. 试验方案

试验区断面底宽43.5m，边坡1∶1.5，K52+050.00处地面高程为21.130m，设计路面高程26.600m；K52+100.00处地面高程为21.210m，设计路面高程26.668m，填土高为5.17m，断面图如图5-13所示。

具体观测内容包括以下几方面。

(1)深层沉降，2孔，孔深18m。其中路基中心线四桩中心土中一孔，桩身一孔，如图5-14所示。

(2)水平位移，2孔，孔深18m，布置在路基坡脚处。

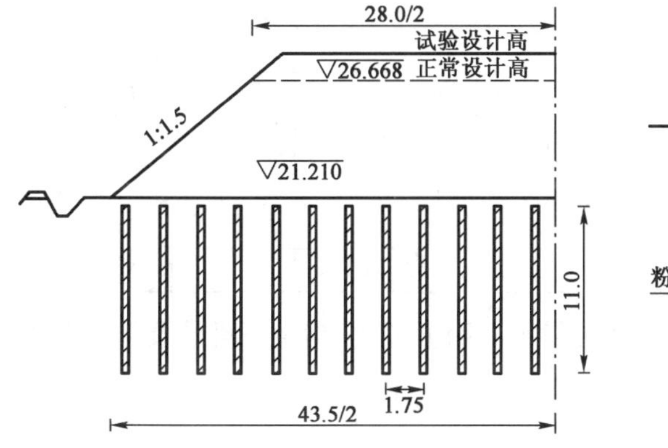

图5-13　试验断面图(单位:m)

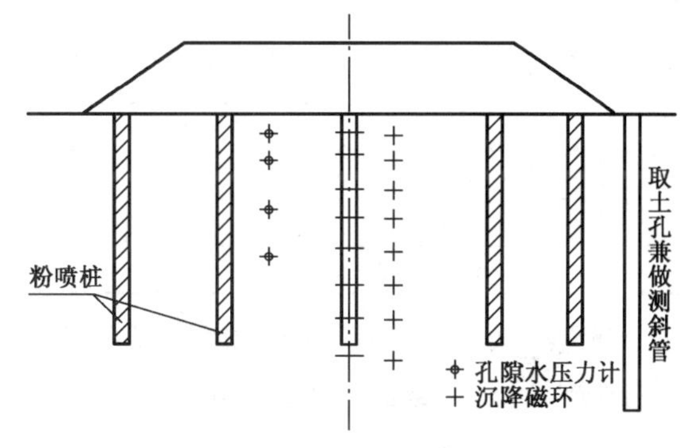

图5-14　仪器埋设及测点布置图

(3)土压力盒，8只，布置在路基中心桩顶及桩周土，如图5-15所示。

(4)孔隙水压力仪，4只，布置在路基范围桩周土内，深度分别为：1.5m、3.0m、4.5m、6.0m。

2. 填土荷载

本区段粉喷桩施工日期为1998年3月1日，填土自1998年6月至1998年11月，填土历时为160d。填土过程线如图5-16所示。

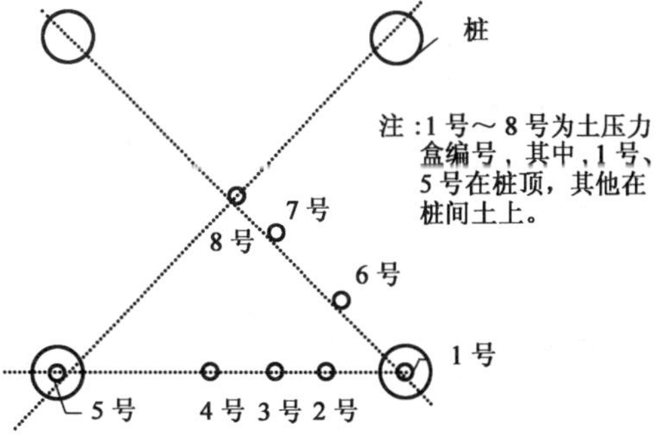

图5-15　土压力盒布置图

3. 路基沉降观测成果

1)地表沉降

K52+050.00断面桩间土和路中心处桩顶沉降环实测获得的地表沉降过程值见表5-7。从表中可以看出，填土初期桩及桩间土沉降大致呈线性变化，且沉降量较接近，随着填土荷载的增加，其沉降量加大，桩顶及桩间土的沉降量出现差异，桩间土的沉降量要大一些，即表现为二者沉降并不同步发展。填土完成后，继续产生工后沉降，在开始时较大，然后沉降曲线逐渐

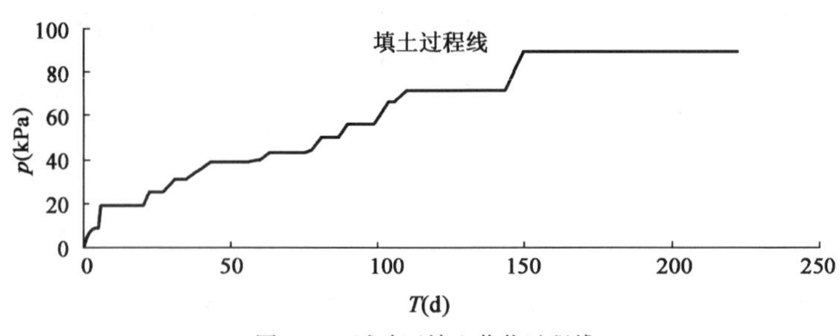

图 5-16 试验区填土荷载过程线

趋缓，由此可以利用实测沉降值与指数拟合法推算路基中心最终沉降量为 15.4cm，工后沉降为 4.1cm，满足工程要求。

两沉降观测孔观测值 表 5-7

填土天数(d)	填土荷载(kPa)	桩顶沉降值(cm)	桩间土沉降值(cm)
17	8.75	0.63	0.65
49	39.02	1.11	1.65
88	66.71	1.6	2.65
107	71.93	2.96	4.75
146	89.87	5.8	9.25
167	107.15	7.19	10.5
188	109.92	8.26	11.1
222	109.92	10.32	13.02

观测结果表明，经粉喷桩加固处理后，路基变形量得到明显控制，满足了设计及施工要求，说明加固处理方案是有效的。

2)分层沉降观测

桩及桩间土两孔深层沉降从填土时起开始观测直到填土竣工后持续观测 3 个月，桩与桩间土对比如图 5-17、图 5-18 所示。

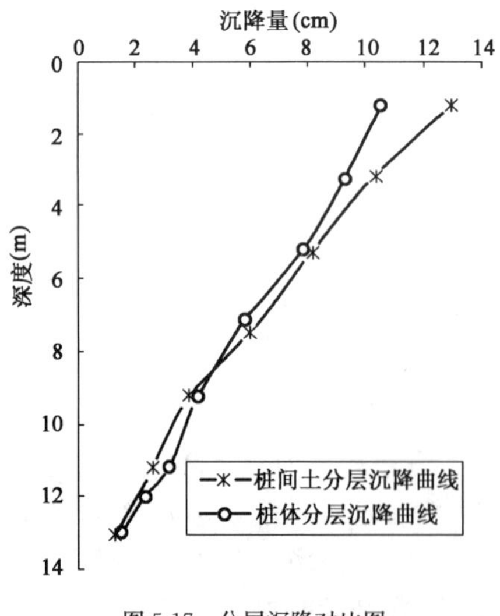

图 5-17 分层沉降对比图

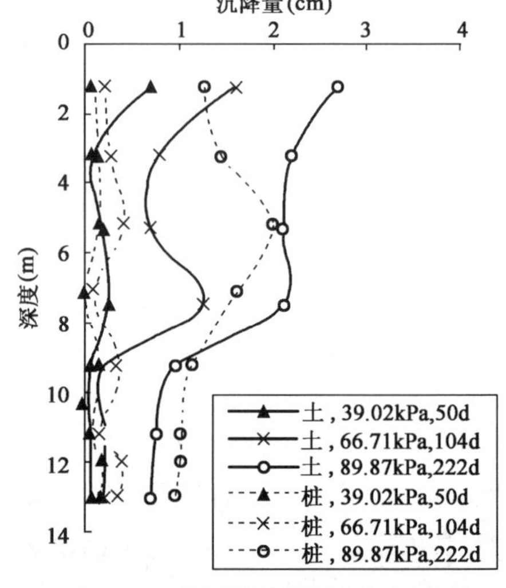

图 5-18 不同时期分层沉降量对比曲线

从图 5-17 可以看出以下几点规律。

(1)桩与桩间土的沉降并不是同步的,在桩体范围内桩上沉降量比桩间土的要小。

(2)从各层沉降量来看,桩上最大沉降量发生在 3～5m 之间,这说明桩体范围内沉降主要发生在上部,而桩间土各层沉降量则与土层性质及深度有关。

(3)分层沉降曲线显示,桩端以下土层中的沉降量较桩间土中的沉降量大,说明桩端以下一定区域内的附加应力较大。

从图 5-18 可以看出以下几点规律。

(1)在填土结束后桩身压缩量约为 7.19cm,每米桩身压缩量为 0.65cm,此时桩体范围内的压缩量基本完成。

(2)在加固区范围内桩间土的沉降量比桩体要大,而在下卧层区域内,桩端以下土体的沉降量要比桩间土的大一些,这说明桩端以下土的附加应力比同层桩间土的大,即同深度处的附加应力场并非均匀分布。

(3)从分层沉降来看,在 2～4m 之间,6～8m 之间相对沉降量较大,说明这两层土质较差,是稳定和变形的控制土层,应重视施工质量。

从桩体及桩间土的沉降变形规律可以看出,由于粉喷桩的打设,加固区范围内的土质得到改善,附加应力场在加固区及下卧层内的分布规律有所不同,从下卧层沉降量较小可以推断,下卧层内附加应力场比未加固前有所衰减,这有利于减小总沉降量。

4. 孔隙水压力观测

填土过程中产生的超静孔压消散情况,反映了土层的固结度。试验区在不同深度埋设孔隙水压力测头四只,孔隙水压力从打桩后就开始监测,孔压随填土荷载消散过程线如图 5-19 所示。

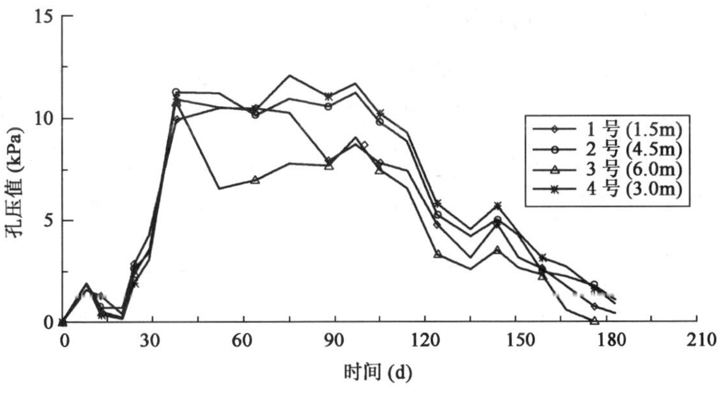

图 5-19　孔压消散过程线

从图 5-19 中可以看出,随填土荷载的增加、停歇,孔隙水压力呈有规律的增长和消散,反应较灵敏,不同深度处的 4 只孔隙水压力变化规律大体一致,在填土荷载最大时达到极大值,随着填土荷载的停歇孔压逐渐消散,大约在填土竣工后 120d 消散基本完成。最大孔压值依次为:孔深 6m 处,u_{max}＝11.0kPa;孔深 4.5m 处,u_{max}＝10.8kPa;孔深 3m 处,u_{max}＝12.16kPa;孔深 1.5m 处,u_{max}＝12.1kPa。从最大孔压值看,相差不是很大,分析认为是由于粉喷桩与桩间土的协调作用,使得附加荷载集中在桩周围传递。这样,桩间土中的附加荷载相对较小且在加固范围内相差不大。粉喷桩承担大部分填土荷载,在较快的加荷速率情况下,对土体稳定性是有利的。

5. 侧向位移观测

侧向位移观测是为了监测在填土过程中路基是否稳定，以便提供适宜的加荷速率，指导施工。侧向位移变化过程线如图5-20、图5-21所示。

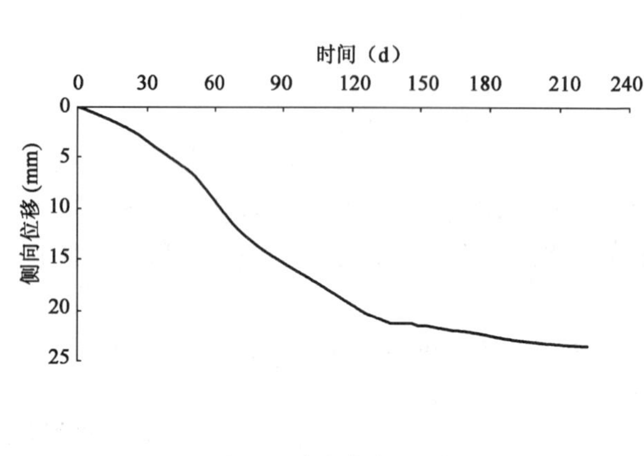

图5-20　侧向位移过程线

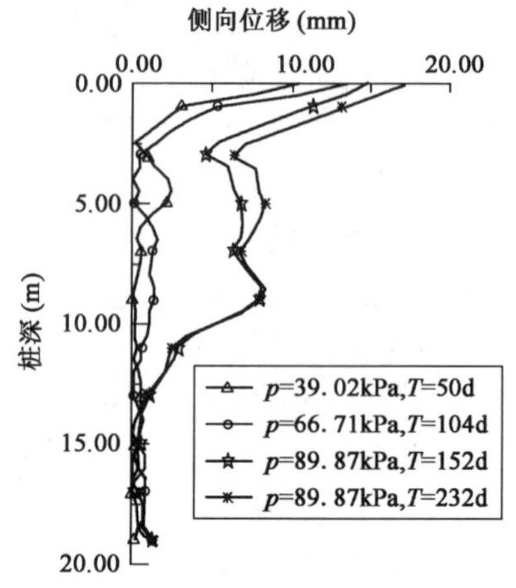

图5-21　侧向位移

从图5-21可以看出，经粉喷桩处理后，侧向位移比较小，说明粉喷桩加固法不仅可有效减少竖向沉降，而且可大大减少侧向位移，这对于路堤稳定及快速施工是十分有利的。从侧向位移产生的范围看，以11m深度为分界线，在加固区范围内侧向位移较大，而在下卧层内相对较小。这也说明附加应力在下卧层内有一定的衰减，而在加固区内则较大。

(四)单桩及复合地基承载力测试

五根试验桩中，2号、3号桩做单桩承载力试验，1号、4号桩做单桩复合地基承载力试验，5号桩进行反复加卸载复合地基承载力试验，试验桩参数见表5-8。试验按《建筑地基基础设计规范》和国家行业标准《公路软土地基路堤设计与施工技术规范》中有关垂直静载试验的规定进行，试验采用慢速维持荷载法进行。各桩承载力见表5-9，Q—S曲线如图5-22所示。

试验桩参数　　表5-8

桩　号	桩长(m)	桩径(mm)	水泥掺和量(kg/m)	测　点　数
1号(复合地基)	5	500	50	4
2号(单桩)	8	500	50	5
3号(单桩)	11	500	50	7
4号(复合地基)	11	500	50	7
5号(复合地基)	12	500	50	7

试验桩承载力　　表5-9

桩　号	1号	2号	3号	4号	5号
设计承载力(kN)	177	235	235	222	241.5
压板面积(m^2)	1.5×1.5	—	—	1.5×1.5	1.14×1.14

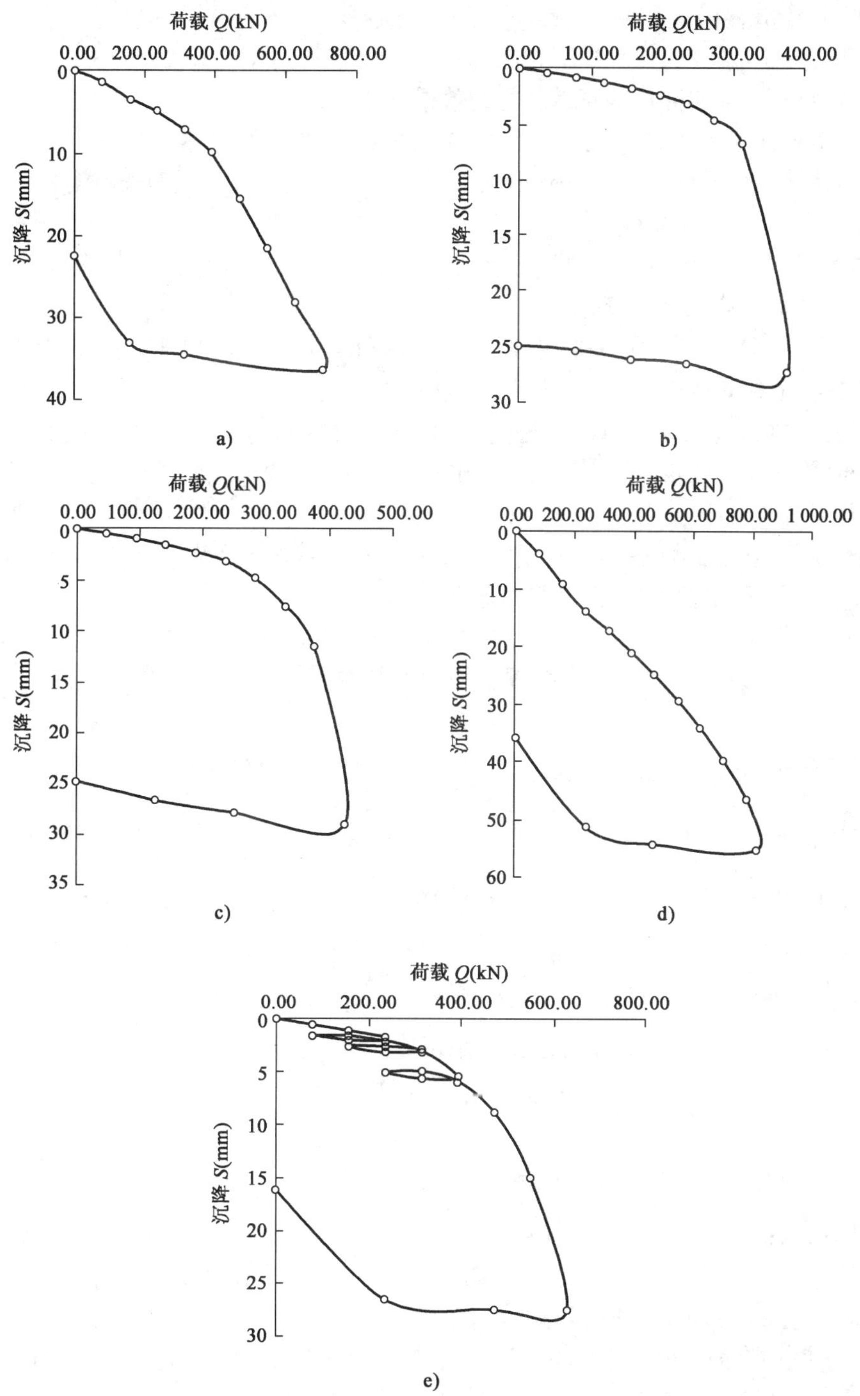

图 5-22　荷载试验 Q—S 曲线

a)1 号试验桩 Q—S 曲线；b)2 号试验桩 Q—S 曲线；c)3 号试验桩 Q—S 曲线；d)4 号试验桩 Q—S 曲线；e)5 号试验桩 Q—S 曲线

从 Q—S 曲线可以看出以下几点规律。

(1)单桩 2 号、3 号静载试验所测得的 Q—S 曲线类似，均存在较为明显的直线段和曲线段，拐弯点也较明显，两桩的长度虽不相同，但承载力相差较小，即承载力的大小不随桩长线性增加。由此说明采用增加桩长提高承载力的效果不是明显的。

(2)1 号、4 号、5 号单桩复合地基试验所测得的 Q—S 曲线也基本类似，但其 Q—S 曲线的变化较缓。从沉降曲线及承载力大小看，其他桩要好于 5m 短桩。说明长桩对减小地基总沉降量还是有益的。

(3)单桩及单桩复合地基沉降曲线显示出：单桩 Q—S 曲线在达到极限承载力时，变形急剧加大，有一陡降段，其形状类似受压混凝土杆件的变化形式；而对于复合地基桩静载试验(1 号、4 号、5 号桩)其 Q—S 曲线的变化较缓，不像单桩那样，破坏是突然性的。说明粉喷桩复合地基是通过桩与土共同承担上部荷载，且有互相协调的过程。

(4)4 号桩为加设垫层情况下的单桩复合地基沉降曲线，它没有较明显的拐点，其极限承载力较大。但总沉降量也相对较大，观测看出在加载初期主要产生的是垫层沉降，因为垫层密度不够，铺设范围较小，因此沉降量大也是符合实际的。可以认为垫层的存在增加了复合地基承载力。5 号桩重复加卸载试验表明，在加载初始阶段内基本不产生塑性变形，而当荷载较大时将产生塑性变形，可定性看出，加载模量小于回弹模量。

第三节　路基病害加固处理工程实例

工程实例一　S327 锦绣川水库上下游路基侧滑失稳加固

一、工程概况

S327 线，自改建以来，有两处发生较严重的路基沉陷、裂缝、滑移等病害问题。

(一)S327 线锦绣川水库大坝上游段

S327 线在勘探区内走向与锦绣川水库岸坡走向基本一致，公路一面靠山，一面临水，靠水库一侧临空离水面高约 6m。路面沿公路走向出现了严重的沉陷裂缝，裂缝位于靠山一侧约三分之一路面处，宽 5～10cm，长约 150m。公路靠水库一侧明显下陷，最大沉陷差 5cm，并向水库方向位移。

(二)S327 线锦绣川水库大坝下游段

S327 线在勘探区内走向与锦绣川河谷走向基本一致，勘探区内公路一面靠山，一面临水，靠河谷一侧临空面高 10～20m；勘探区内锦绣川通道桥附近两面临空，北侧临空面高 10～20m，南侧临空面高 5～10m。桥面有横缝，北侧桥墩下沉，产生裂缝，裂缝宽约 2cm。路面沿公路走向出现了较严重的沉陷裂缝，裂缝穿越桥面，裂缝长约 200m，宽 10～20cm。公路靠河谷一侧明显下陷，并向河谷方向位移。

二、工程地质条件

根据钻探揭示，勘探区地层组成及岩土特性、特征如下。

(一)S327 线锦绣川水库大坝上游段

该处地层共揭露三层岩土，分别为素填土、强-全风化泥灰岩、中风化泥灰岩。

1. 素填土

土黄色，由块石、碎石、砂砾、粉质和黏质土混杂而成，无明显韵律。顶部 50cm 为路基二合土。该层在勘探区中广泛分布，厚 2.7～11m，差异较大。

2. 强-全风化泥灰岩

紫红色，强-全风化，大部已风化成土，手可捏碎，但仍可辨认出原岩构造。该层厚 0～1.0m，在勘探区被广泛分布。

3. 中风化泥灰岩

紫红色，中风化，泥晶结构，薄层状构造，岩芯多呈薄片，局部夹灰色薄-中层状灰岩。

(二)S327 线锦绣川水库大坝下游段

该处地层共揭露六层岩土，分别为素填土、砂卵石、强-全风化花岗片麻岩、中-弱风化花岗片麻岩、弱风化花岗岩、泥质灰岩。

1. 素填土

土黄色，由含大量块石、碎石和砂砾的粉质和黏质土混杂而成，无明显韵律，该层下部稍湿，以冲洪积为主，含腐殖质，此地层较软，标贯击数低。顶部 50cm 为路基二合土。该层在勘探区中广泛分布，厚 1.6～12.3m，差异较大。

2. 砂卵石

中密状态。

3. 强-全风化花岗片麻岩

褐绿色，强-全风化，暗色矿物基本已风化成土，部分成块，可辨认出原岩结构，岩芯多呈粉状，本层在工区内广泛分布，厚 0.7～3.8m，比较均匀。

4. 中-弱风化花岗片麻岩

灰红、灰绿色，中-弱风化，中粗粒变晶结构，花岗片麻状构造，混合岩化强烈，致密坚硬，钻进非常困难。该层在区内分布广泛，厚 1.5m 左右(未穿)。

5. 花岗岩

弱风化，灰红色，中粒变晶结构，花岗构造，致密坚硬，钻进异常困难。该层仅在 ZK8 号孔中出露。

6. 泥质灰岩

在 ZK9～ZK14 号孔中钻探发现顶部基岩为泥质灰岩，强-中风化，泥晶结构，千层饼状，结构松散。

三、病害成因分析

(一)S327 线锦绣川水库大坝上游段

据现场调查及勘察情况推断，沉陷裂缝原因有以下几个。

(1)填土路基孔隙率较大，雨水浸湿后易造成路基不均匀沉降。

(2)填土路基坡度较陡,路堤稳定性较差,土体浸湿后抗剪强度降低,沿水库方向路基边坡又受水库水位涨落影响,诱使边坡失稳滑动。

(3)向水库方向倾斜的界面,使水库一侧本就应力集中的高临空面承受不住滑动力而发生位移,导致公路裂陷。

(二)S327线锦绣川水库大坝下游段

据现场调查及勘察情况推断,沉陷裂缝原因有以下几个。

(1)填土路基坡度较陡,路堤稳定系数较小。

(2)回填路基与基岩接触面有一定倾角,雨水浸湿使回填路基密实度降低,造成路基不均匀沉降。

(3)向河谷方向倾斜的界面,使河谷一侧本就应力集中的高临空面承受不住滑动力发生位移,导致公路裂陷。

四、加固治理设计

(一)S327线锦绣川水库大坝上游段

采用钻孔灌浆、抗滑钢管桩、锚杆的联合加固技术进行治理。

1. 钻孔灌浆

钻孔孔径75～90mm,均采用垂直孔。设计钻孔深至基岩面,钻孔间距为4.0m,排距4.0m,梅花形布置。布孔路面中间布置2个钻孔,在靠水库路边缘处布置一个孔,从路边缘开始向库侧按间距2.5～3.0m再布一个孔,共布置钻孔164个。钻孔布置如图5-23所示。

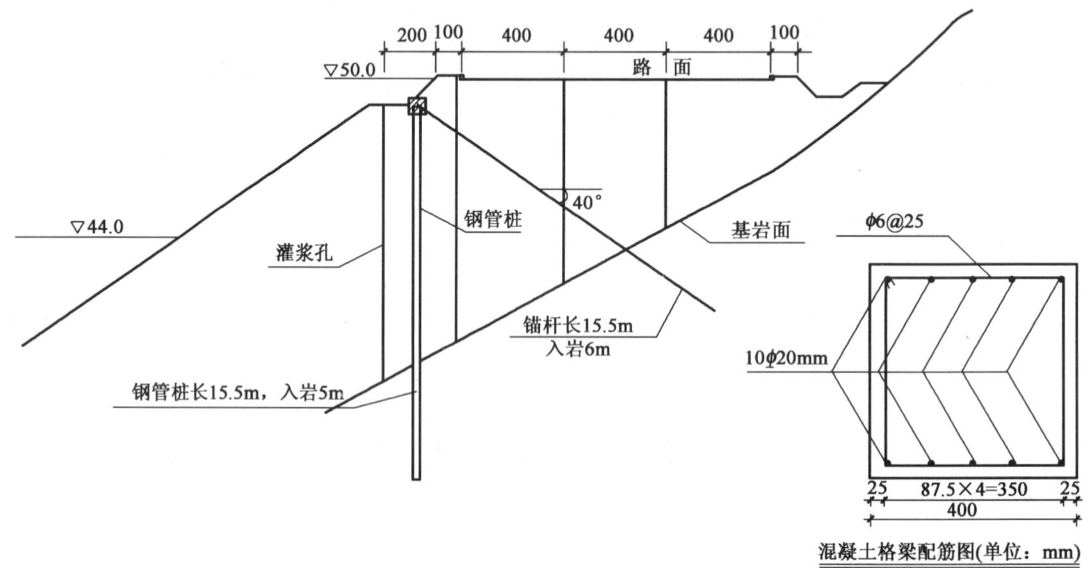

图5-23　典型路基加固锚杆、钢管桩灌浆孔布置图(尺寸单位:cm;高程单位:m)

灌浆采用水泥粉煤灰浆液,浆液中水泥与粉煤灰配比为4:1,水灰比为0.5～0.55,扩散度为15～20cm,水泥为R32.5复合硅酸盐水泥。浆液压力采用0.2～1.0MPa。灌浆封口深度不小于1.5m。

灌浆终止时间:灌浆压力稳定 30min 后即可终止灌浆。

2. 钢管桩

为防止库水对路基与基岩接触带的冲刷,在路基边坡顶部设置一排钢管桩。钢管桩间距 1.0m,钻孔直径为 260mm,钢管直径 200mm,壁厚 6mm。顶部设置一道联系梁,联系梁采用 C20 混凝土,水泥为 R32.5 普通硅酸盐水泥,截面积为 40cm×40cm,配置双层钢筋,每层 5 根 Φ 20mm 的钢筋,箍筋为 ϕ6mm@250mm,钢筋与钢管焊接在一起。钢管内灌注 C20 混凝土,外部采用泵送 M30 水泥砂浆,水泥为 R32.5 普通硅酸盐水泥,注浆压力为 0.6～1.0MPa,共布置钢管桩 163 根。

3. 锚杆

在靠水库一侧为减小钢管桩的内力,在钢管桩的顶部设计一排锚杆,锚杆设置在钢管桩联系梁中,钢管桩、锚杆外露头与联系梁混凝土浇筑在一起。锚杆采用 ϕ25mm 的 II 级螺纹钢,锚杆间距 1.2m,长度为 15.5m,与水平夹角为 40°,锚杆必须保证入岩 6m,共布置锚杆 136 根。

锚杆成孔直径不小于 100mm,采用泵送 M30 水泥砂浆,水泥为 R32.5 普通硅酸盐水泥,注浆压力锚杆为 0.5～1.0MPa。

锚杆应沿杆身每隔 1.5m 设置对中定位支架,以保证钢筋有足够的混凝土保护层厚度。

具体布置如图 5-24 所示。

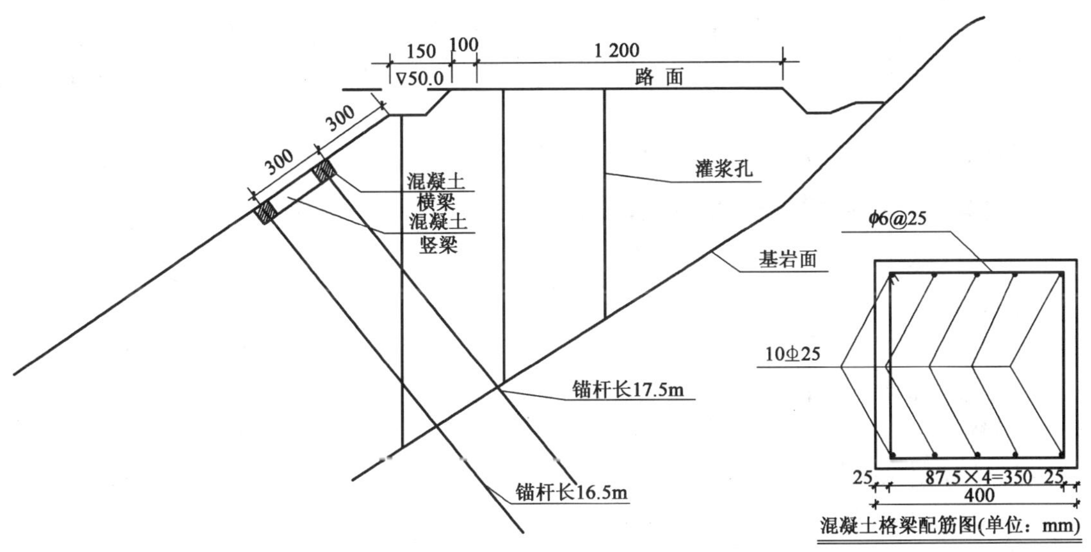

图 5-24　典型路基加固灌浆、锚杆混凝土格梁布置图(尺寸单位:cm;高程单位:m)

(二)S327 线锦绣川水库大坝下游段

处在山体附近的一段(250m 长),公路靠河谷一侧的坡面上,采用路基灌浆和混凝土格梁加锚杆的联合加固技术进行施工。处在高填方的一段(桥西长 102m,桥东长 53m,计 155m)采用对拉锚杆和路基压力灌浆技术进行处治,在路基中滑动面范围内进行压力灌浆,增强路基的强度,提高路基的整体稳定性。

1. 钻孔灌浆(加固段长 225m)

钻孔孔径 75～90mm,均采用垂直孔。设计钻孔深至基岩面,钻孔间距为 4.0m,排距

3.0m，梅花形布置。路中间处设计一排孔，路临空侧路边缘处布置一排孔，距路边缘 3.0m 处边坡上布一排孔，共布置钻孔 183 个。钻孔布置如图 5-24 所示。

灌浆采用水泥粉煤灰浆液，浆液中水泥与粉煤灰配比为 4∶1，水灰比为 0.5～0.55，扩散度 15～20cm，水泥为 R32.5 复合硅酸盐水泥。浆液压力采用 1.0～1.5MPa。灌浆封口深度不小于 1.5m。

灌浆终止时间：灌浆压力稳定 30min 后即可终止灌浆。

2. 混凝土格梁（加固段长 225m）

在靠近河谷一侧，路面下 3m（坡面长）处设计第一道横梁，与第一道相距 3.0m 处设计第二道横梁，两道横梁之间每隔 25m，设置一道竖梁，竖梁之间设置伸缩缝，混凝土梁在坡面上形成网格状。共分成 9 段，每段宽 25m，加固长度共计 225m。混凝土采用 C20，水泥为 R32.5 普通硅酸盐水泥。格梁断面积为 40cm×40cm，双层钢筋，每层 5 根 ϕ 20mm 的钢筋，箍筋为 ϕ6mm@250mm。钢筋与锚杆绑扎在一起。

3. 锚杆（加固段长 225m）

在靠河谷一侧设计两排锚杆，锚杆设置在横梁中，锚杆外露头与格梁混凝土浇筑在一起。锚杆采用 ϕ25mm 的 II 级螺纹钢，锚杆间距 2.0m，排距 3.0m。第一排在路面下 3m（坡面长度）处，锚杆长度为 17.5m，与水平夹角为 50°，第二排距第一排 3.0m（坡面长度），长度为 16.5m，与水平夹角为 50°。锚杆入岩 6m，共布置锚杆 220 根。

锚杆成孔直径不小于 100mm，采用泵送 M30 水泥砂浆，水泥为 R32.5 普通硅酸盐水泥，注浆压力锚杆为 0.5～1.0MPa。

锚杆应沿杆身每隔 1.5m 设置对中定位支架，以保证钢筋有足够的混凝土保护层厚度。

（三）高填方路基加固设计（加固段长 135m）

采用对拉锚杆和路基压力灌浆技术进行处治。

1. 钻孔灌浆

钻孔孔径 75～90mm，均采用垂直孔。设计钻孔深至基岩面，钻孔间距为 4.0m，排距 3.0m，梅花形布置。路中间处设计一排孔，路两边侧路边缘处各布置一排孔，从路边缘开始向两侧按间距 3.0m 各布一排孔，共布置钻孔 210 个。

灌浆采用水泥粉煤灰浆液，浆液中水泥与粉煤灰配比为 4∶1，水灰比为 0.5～0.55，扩散度 15～20cm，水泥为 R32.5 复合硅酸盐水泥。浆液压力采用 1.0～1.5MPa。灌浆封口深度不小于 1.5m。

灌浆终止时间：灌浆压力稳定 30min 后即可终止灌浆。

2. 锚杆

在距路面深 2.5m 处布置第一层水平对拉预应力锚杆，距路面深 5m 处布置第二层水平对拉预应力锚杆。锚杆采用 ϕ25mm 的 II 级螺纹钢，锚杆间距 2.0m，梅花形布置。施加拉力 40kN，施加应力后进行压力注浆。锚杆张拉如图 5-25 所示。

在坡脚附近靠山的一侧距第二层锚杆 2.5 处布置一排斜锚杆，锚杆长度为 13m，与水平夹角为 15°，另一侧布置两排斜锚杆，锚杆层间距为 2.5m，锚杆长度为 13m 和 15m，与水平夹角为 15°。锚杆采用 ϕ25mm 的 II 级螺纹钢，锚杆间距 2.0m，梅花形布置。两侧共布置水平锚杆

38 根，斜锚杆 57 根。

锚杆成孔直径不小于 100mm，采用泵送 M30 水泥砂浆，水泥为 R32.5 普通硅酸盐水泥，注浆压力锚杆为 0.5～1.0MPa。

锚杆应沿杆身每隔 1.5m 设置对中定位支架，以保证钢筋有足够的混凝土保护层厚度。

3. 混凝土联系梁

在两侧边坡的水平锚杆处，各设置一道水平向联系梁，联系梁每隔 25m 设置一道竖梁，竖梁之间设置伸缩缝，混凝土梁在坡面上形成网格状。混凝土采用 C20，水泥为 R32.5 普通硅酸盐水泥。格梁断面积为 40cm×40cm，双层钢筋，每层 5 根Φ 20mm 的钢筋，箍筋为 ϕ6mm@250mm。钢筋与锚杆绑扎在一起。混凝土联系梁与锚杆布置如图 5-26 所示。

图 5-25　锚杆张拉施工照片

图 5-26　混凝土联系梁与锚杆布置图

（四）拱桥加固设计（加固段长 32m）

拱桥桥北侧墩下沉，造成桥墩、桥台、桥背裂缝，本次加固采用基础灌浆加固技术进行处理，桥背设置排水孔。

本区加固长度为 32.0m，第一排孔离墙间距 1.2m，第二排孔距第一排孔 1.5m，沿墩基础周围布孔，并加固锥台。

钻孔孔径 75～90mm，均采用垂直孔。设计钻孔深至基岩面，钻孔间距为 3.0m，梅花形布置。桥背排水孔，直径 50mm，层间距 2.0m，水平向间距 2.0m，共布置排水孔 90 个。

灌浆采用水泥粉煤灰浆液，浆液中水泥与粉煤灰配比为 4∶1，水灰比为 0.5～0.55，扩散度 15～20cm，水泥为 R32.5 复合硅酸盐水泥。浆液压力采用 1.0～1.5MPa。灌浆封口深度不小于 1.5m。

灌浆终止时间：灌浆压力稳定 30min 后即可终止灌浆。具体布置如图 5-24 所示。

工程实例二　济南绕城南线高速公路路基侧滑失稳加固

一、工程概况

济南绕城高速公路外环南线 K25+490.00，该段长 148m，路面施工竣工时曾出现较严重的裂缝，进行过路基灌浆处理，严重的部分曾进行路面铣刨罩面。工程初期在 K25+490.00 处行车道上出现一条纵向裂缝（图 5-27、图 5-28），长度约 50m。随着主汛期到来，路基裂缝进一步发展，从开始的 50m 扩延到 120m 左右，裂缝从 1 条发展到 3 条，裂缝的宽度达到了 5cm，范围从行车道发展到超车道，在行车道上出现路面开裂下陷区，下陷深度约 15cm，路基及边坡已发生滑移，滑移面延伸至隔离栅以外，而且有继续向前发展趋势。

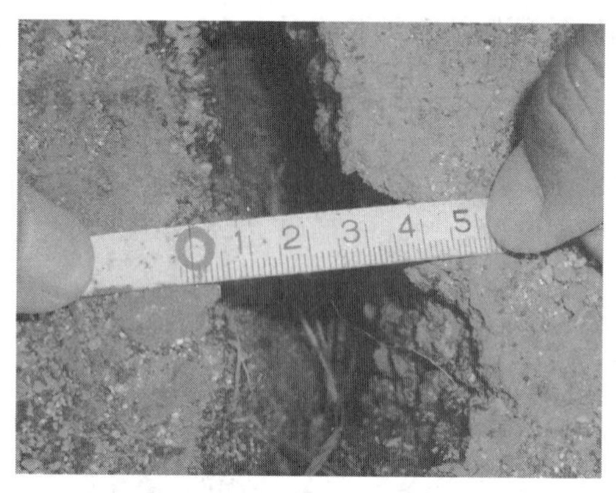

图 5-27 路面纵向裂缝照片

图 5-28 路面纵裂现场照片

二、工程地质条件

根据钻探揭示，勘探区地层组成及岩土特性、特征如下。

该处地层共揭露三层岩土，分别为路基填土、粉质黏土、石灰岩。

1. *路基填土*

粉质黏土，棕色，可塑状态，土质不均匀，含植物根系，夹裹大量的大砾石，砾石粒径大小不均一，最大粒径 5cm，厚度约 7.6m，标准贯入击数 3～7 击。

2. *粉质黏土*

棕色，呈软塑状态，较均匀，夹少量姜石，压缩性较大，标准贯入击数 6 击，厚度约 19.4m。

3. *石灰岩*

中风化块状，青灰色。

三、病害成因分析

据现场调查及勘察情况，南线 K25＋490.00 沉陷裂缝原因主要为路基坐落在压缩性较高的深厚软弱黏土层上，路基填土较高，当年降雨较多，地基土浸泡湿陷，路基及挡土墙地基在水压力和土压力作用下，产生深层滑动，滑动面从行车道沿路基、挡土墙底至隔离栅外侧，出逸点处产生隆起和裂缝，裂缝隆起厚度达到 20cm，致使路基产生沉降变形和纵向裂缝。

四、加固治理设计

该处路基填土及覆盖层达 28m 深，且为湿陷性黏土。本段加固原则是稳定边坡和挡土墙，同时必须加固地基，防止地基发生侧移。

稳定边坡和挡土墙采用混凝土横梁加预应力锚杆的联合加固技术进行处理，增强路基边坡的稳定性。

加固路基基础，防止地基发生侧移，若采用压力灌浆技术效果较差，经分析研究采用抗滑钢管桩和锚杆联合加固技术进行处理。

(一)滑弧稳定分析

根据现有滑动面及室内试验资料，选取了3个典型的滑动面进行稳定分析，其安全系数分别为1.14、1.02、1.045，计算时没有考虑地下水的影响，若挡土墙上排水失效，其安全系数将更低。为此，考虑预应力锚杆的抗滑和拉力的作用，安全系数按1.25考虑，锚杆间距1.5m，设计四排锚杆，每根锚杆需施加的预应力为90kN。

(二)预应力锚杆

在路基北侧边坡上布置两排锚杆，在下部挡土墙上布置两排锚杆。锚杆采用ϕ32mm的II级螺纹钢，锚杆水平间距1.5m，排距3.0m，梅花形布置。边坡上第一排距顶部3.0m(斜坡向)，第二排距第一排3.0m(斜坡向)，锚杆与水平夹角为30°，锚杆长度为25m，自由段长度为5.5m，锚杆施加拉力90kN，在锚杆处设置锚墩。挡土墙上第一排锚杆距墙顶1.5m，第二排距第一排2.0m，长度为23m，锚杆与水平夹角为30°，锚杆长度为23m，自由段长度为5.0m，锚杆施加拉力90kN，在锚杆处设置混凝土横梁，共布置锚杆400根。

锚杆成孔直径不小于100mm，采用泵送M30水泥砂浆，水灰比0.45～0.50，水泥为R32.5普通硅酸盐水泥。注浆压力锚杆为0.4～0.6MPa。

锚杆应沿杆身每隔1.5m设置对中定位支架，以保证钢筋有足够的混凝土保护层厚度。

锚杆布设如图5-29所示，锚杆张拉如图5-30所示，挡土墙施工如图5-31所示。

图5-29　锚杆布设现场照片

图5-30　锚杆张拉施工照片

钻孔布置见路基加固锚杆、抗滑钢管桩剖面图，如图5-32所示。

(三)抗滑钢管桩

在挡土墙底部设置一排钢管桩。钢管桩间距1.5m，钻孔直径为25cm，钢管直径175～180mm，壁厚10mm，深度为10m。顶部设置一道联系梁和一排预应力锚杆。预应力锚杆水平间距1.0m，锚杆采用ϕ32mm的II级螺纹钢，锚杆与水平夹角为30°，锚杆长度为25m，自由段长度为5.0m，锚杆施加拉力

图5-31　挡土墙施工照片图

90kN。联系梁采用C20混凝土，水泥为R32.5普通硅酸盐水泥，截面积为40cm×40cm，配置双层钢筋，每层5根Φ 20mm的钢筋，箍筋为ϕ6.5mm@250mm，钢筋与钢管焊接在一起。钢管内灌注C20混凝土，外部采用泵送M30水泥砂浆，水泥为R32.5普通硅酸盐水泥，注浆压力为0.6～1.0MPa。共布置钢管桩100根，预应力锚杆149根。

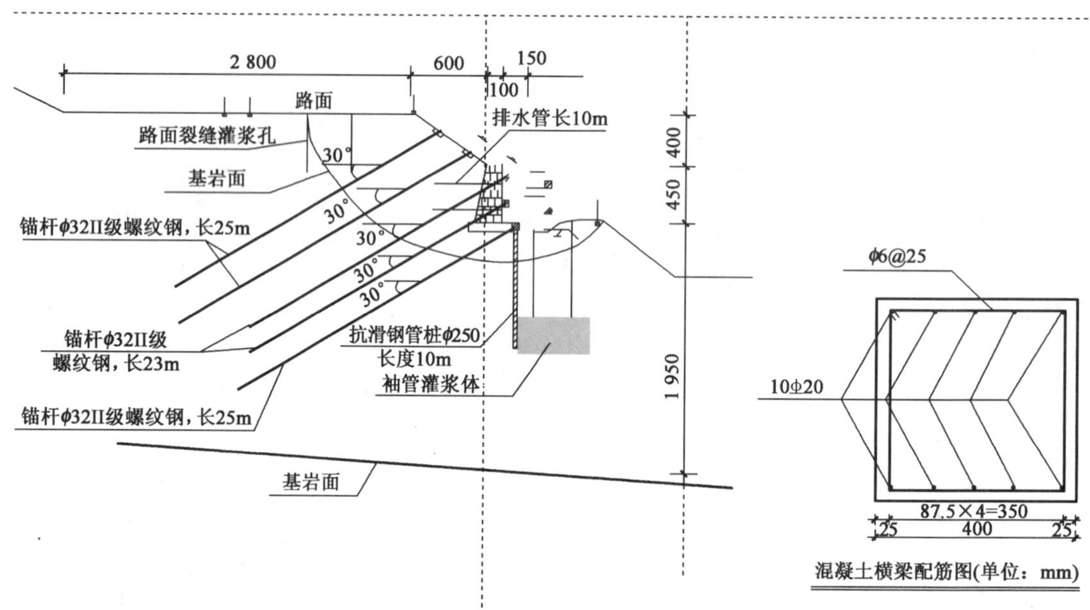

图5-32 典型路基加固锚杆、抗滑钢管桩剖面图(单位:cm)

(四)袖管注浆

钢管桩没有深入基岩，为确保它的抗滑性，在钢管桩后面1.5m处设计两排袖管高压劈裂注浆孔，袖管注浆钻孔间距2.5m，排距2.0m，梅花形布置，钻孔深度为10.5m，袖管注浆从深度7.5m注到深度为10.5m，即每孔袖管注浆深度为3.0m。在地基中进行强行水平或垂直向劈裂，压力灌浆，增强钢管抗滑桩后土体的强度，保持钢管抗滑桩的稳定性。共布置60个孔，钻孔深度为1 260m，袖管注浆360m。

1.钻孔

钻孔孔径75～90mm，均采用垂直孔。设计钻孔深10.5m，钻孔间距为2.5m。

2.袖管劈裂注浆

采用水泥浆液，水灰比为0.5～0.55，水泥为R32.5复合硅酸盐水泥。孔口浆液压力采用0.2～0.4MPa。袖管注浆深度为7.5～10.5m，每孔袖管注浆长度为3.0m，分段注浆，每段长度0.6m。

灌浆终止时间：瞬时灌浆压力达到0.5MPa即可终止灌浆。灌浆施工如图5-33所示。

图5-33 灌浆施工照片

(五)路基裂缝灌浆

为保证路基完整性,在路面裂缝处进行钻孔灌浆,钻孔间距3.0m,钻孔深度为5.0m,封孔深度为1.0m。采用水泥浆液,水灰比为0.5～0.55,水泥为R32.5复合硅酸盐水泥。孔口浆液压力采用0.2～0.3MPa。钻孔总长度约525m,灌浆总长度为420m。

(六)混凝土横梁

路基边坡挡土墙上两排锚杆处分别布置一道混凝土横梁。横梁之间每隔25m,设置一道竖梁,竖梁之间设置伸缩缝。横梁混凝土采用C20,水泥为R32.5普通硅酸盐水泥。格梁断面积为40cm×40cm,双层钢筋,每层5根ϕ20mm的II级螺纹钢,箍筋为ϕ6mm@250mm。钢筋与锚杆绑扎在一起。

(七)混凝土锚墩

路基边坡上两排锚杆处分别布置一个混凝土锚墩。锚墩尺寸为70cm×70cm,置于斜坡内。混凝土采用C20,水泥为R32.5普通硅酸盐水泥。双层钢筋,每层6根ϕ20mm的II级螺纹钢。钢筋与锚杆绑扎在一起。

(八)排水孔

现有挡土墙排水孔已基本失效,挡土墙背面路基以下的地下水没有通道排泄,为减小挡土墙后的水压力,在挡土墙上设置排水孔,排水管采用笼式排水管,排水孔长10.0m,间距5.0m,设置两排,第一排距墙顶2.0m,第二排距底部1.0m。共布置排水孔62个。

五、路基变形监测及效果评价

为监测路基施工后变形情况,在挡土墙顶部布置三个垂直多点位移测斜仪,在路基及挡土墙上布置六个固定变形观测点,并跟踪观测一年。观测结果表明,路基变形量均在规定范围内,未再出现明显的纵裂等路基病害,加固效果良好。

第四节　欠密实路基加固处理工程实例

工程实例一　G105平阴段欠密实路基劈裂注浆技术

一、工程段概况

G105线平阴县城西南济南市公路局工程处拌和料场附近,有两处(上坡处和通道处)路基产生沉陷,最大沉陷深度10cm,路面破损严重,车辆路经该处明显出现跳车现象,而且路基有继续下沉的迹象。

该段缺陷路基长度分别为167.5m和111.5m,宽度皆为10.5m。

二、工程地质条件

根据钻探揭示,路基沉陷区地层组成及岩性特性、特征如下。

该处地层共揭露两层岩土，分别为粉质黏土、石灰岩。

1. 路面结构层

上面 15～17cm 沥青混凝土面层，下面为 43～45cm 的二灰碎石层，钻探取芯较难，取出的是松散的碎石，即水稳层基本破碎。

2. 粉质黏土

棕色，较均匀，结构较松散。含砾石、砂砾及少量姜石，填土有明显韵律。该层顶部 1.5～2.0m 范围内，含水率小，土质较硬，标准贯入击数为 11～14 击。2.0～0.0m 范围内，地下水位在该层 4.4m 处，含水率较大～饱和，土质呈软塑状态，标准贯入击数为 3～5 击，强度明显偏低，该软弱层厚度为 9.0～9.5m。下部为原始地层粉质黏土，土质较硬，钻进困难，标准贯入击数为 11～18 击，强度较高，该硬层厚度为 4.0m 左右。

3. 石灰岩

褐绿色。钻探深度到基岩面，钻孔深入岩石较小，没有探明该层结构。

三、病害成因分析

据现场调查及勘察情况推断，该段路基沉陷原因主要是因为填土较高，粉质黏土层填土路基压实度不够；雨季暴雨不断，地下水位较高，路基黏土长期被水浸泡，土质饱和，软塑，土体强度很低，标准贯入击数只有 3～5 击；在重载作用下路基下沉，上部水稳结构层遭破碎，加上重载损害，致使路面损坏严重。

四、加固治理设计

G105 线路面破损严重，路基强度偏低，必须尽快加固处理。

G105 线路基加固指导思想是以加固路基软弱层为主，兼以处理上部结构层。

基于上述指导思想，路基采用袖管高压劈裂注浆法进行加固；路面水稳结构层处理方案是重做上部水稳结构层。

(一)路基加固

路基软弱层为黏土或粉质黏土，常规方法较难达到要求，设计采用袖管高压劈裂注浆进行处治。在路基中进行强行水平或垂直向劈裂，压力灌浆，增强路基的强度，提高路基的整体稳定性。

1. 钻孔

如图 5-34 所示，钻孔孔径 75～90mm，均采用垂直孔。设计钻孔深 11.5m，钻孔间距为 3.5m，排距 3.5m，梅花形布置。布孔路面上布置 3 个钻孔，加固长度约 279(167.5＋111.5)m，两段共布置 92(49＋43)排，设计钻孔数量为 276 个，钻孔深度为 3 174m。

2. 袖管劈裂注浆

采用水泥浆液，水灰比为 0.5～0.55，水泥为 R32.5 复合硅酸盐水泥。孔口浆液压力采用 0.2～0.4MPa。袖管注浆深度为 1.0～11.5m，袖管注浆长度为 2 898m，分段注浆，每段长度 0.6m。

灌浆终止时间：瞬时灌浆压力达到 0.5MPa 即可终止灌浆。

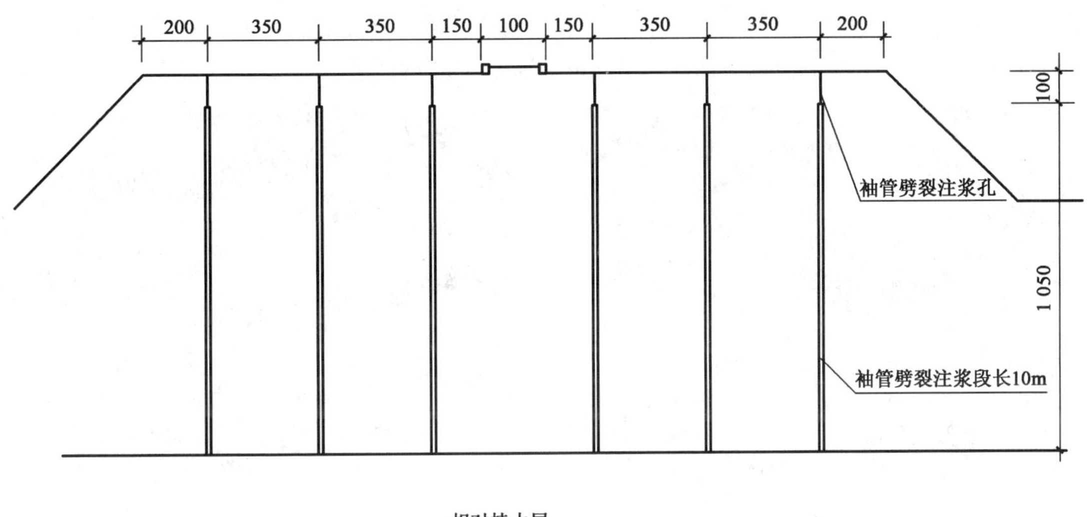

图 5-34 典型路基加固袖管劈裂灌浆孔剖面图(单位:cm)

(二)水稳结构层加固

路面水稳结构层处理方案为重做上部水稳结构层。底基层采用 30cm 厚的石灰土,基层为二层水泥碎石层,每层厚度为 16cm,上部面层采用现路面结构厚度。

(三)设计图纸(图 5-34)

五、加固效果评价

G105 线平阴段欠密实路基经加固处理后,未再出现明显的路基沉陷、桥头跳车等病害特征,路面结构完整,取得了良好的运营效果。

工程实例二 S103 欠固结路基加固处理

一、工程概况

S103 济南段自改建以来,先后有四处发生较严重的路基病害问题,曾多次进行加固,仍存在工程问题。较为典型的重大病害路段有以下四处。

(一)S103 线 K19+500.00(台背回填段)

该段长约 15m,路面出现不同程度的沉降,路面开裂严重,已填补过多次,仍有沉降继续发生的趋势(图 5-35)。

(二)S103 线 K20+300.00(并渡口)

该段长约 150m,两侧为高填方路堤,边坡为 1∶1.5,西侧有一水塘,该侧填土高约 20m,

填料为砂砾料。该路段出现侧滑现象，路面滑裂面主要有两条（图5-36），且都作过不同程度的修补，沥青填补层厚约30cm，裂缝采用稀浆封层技术进行处理。

图5-35　路面裂缝之一图

图5-36　路面裂缝之二图

（三）S103线K29+300.00（柳埠桥南）

该段长约100m，出现较大的沉降变形和侧滑现象，该处路基高约3m，填料为泥灰岩，进行过沥青灌缝处理，仍存在沉降侧滑的隐患。

（四）S103线K33+500.00（槲疃南）

该路段右侧出现较大沉陷，最深约50cm，严重影响了行车性能和安全，已进行过填补处理，但仍有较大的沉陷变形。

二、工程地质条件

根据钻探揭示，勘探区地层组成及岩土特性、特征如下。

（一）S103线K19+500.00（台背回填段）

该处地层共揭露三层岩土，分别为素填土、粉质黏土、石灰岩。

1. 素填土

以黏土为主，含2%的碎石，碎石粒径大小不均一，最大粒径5cm。该层土干密度为1.53～1.66g/cm^3，湿密度1.90～1.96g/cm^3，压缩系数0.425～0.618MPa^{-1}。

2. 粉质黏土

呈软塑状态，以坡积土为主，含少量角砾。

3. 灰岩

中风化块状，青灰色。

（二）S103线K20+300.00（并渡口）

该处地层共揭露四层岩土，分别为素填土、粉质黏土、砂卵石、花岗岩。

1. 素填土

以黏土为主，含块石和卵砾石，占3%～5%，块石最大粒径5cm。该层土干密度为1.63g/cm^3，湿密度1.94g/cm^3，压缩系数0.417MPa^{-1}。

2. 粉质黏土

呈软塑状态，以坡积土为主，含少量角砾。该层土干密度为 1.73g/cm^3，湿密度 2.03g/cm^3，压缩系数 0.281MPa^{-1}。

3. 砂卵石

呈中密状态，勘探区内分布不均。

4. 花岗岩

呈块状，中风化，岩面坡度陡。

（三）S103 线 K29＋300.00（柳埠桥南）

该处地层共揭露五层岩土，分别为素填土、黏土、砂卵石、粉质黏土、石灰岩。

1. 素填土

以黏土为主，含少量块石，约占 5%。该层土分布比较均匀，层厚为 4.0～6.1m，干密度为 1.45～1.66g/cm^3，湿密度 1.85～2.00g/cm^3，压缩系数 0.405～0.688MPa^{-1}。

2. 黏土

呈软塑状态，土质松软，含植物根系。该层土干密度为 1.44～1.67g/cm^3，湿密度 1.87～2.04g/cm^3，压缩系数 0.249～0.599MPa^{-1}。

3. 砂卵石

呈中密状态，勘探区内分布不均。

4. 粉质黏土

呈软塑状态，以坡积土为主，含少量卵石。

5. 石灰岩

呈碎块状，强风化。

（四）S103 线 K33＋500.00（槲疃南）

该处地层共揭露三层岩土，分别为素填土、粉质黏土、花岗岩。

1. 素填土

以黏土为主，含少量块石，约占 1%。该层土分布比较均匀，层厚为 3.2～4.0m，干密度为 1.58g/m^3，湿密度 1.90g/m^3，压缩系数 0.485MPa^{-1}。

2. 粉质黏土

呈软塑状态，以坡积土为主，含少量卵石。该层土分布比较均匀，层厚为 2.0～2.7m，干密度为 1.57g/cm^3，湿密度 1.90g/cm^3，压缩系数 0.488MPa^{-1}。

3. 花岗岩

呈中风化，块状。

三、病害成因分析

（一）S103 线 K19＋500.00（台背回填段）

据现场调查及勘察情况推断，沉陷裂缝原因主要为填土压实不够，因此出现回填路基出现不同程度的不均匀沉降，造成跳车和纵横裂缝现象。

（二）S103 线 K20+300.00（并渡口）

据现场调查及勘察情况推断，该段出现侧滑沉陷裂缝主要是由于填土较高，粉质黏土层软弱，岩面坡度较陡引起的。

（三）S103 线 K29+300.00（柳埠桥南）

据现场调查及勘察情况推断，沉陷裂缝原因为该段路基填料为泥灰岩，呈千层饼状，遇水易软化，失水易脆裂，物理力学性质受水的影响较大，因此较难压实；当雨水较大时，易出现沉降和侧滑现象；下部粉质黏土层分布不均匀，土质软弱，承载力低，引起不均匀沉降。

（四）S103 线 K33+500.00（槲疃南）

该处路基为素填土和粉质黏土，干密度为 1.57～1.58g/cm^3，分布均匀，两层埋深 6.0m 左右，下部为花岗岩，沉陷区周围有涵洞通过。根据现场勘察情况推断，沉陷裂缝原因为路基填土压实问题。

四、加固治理设计

（一）S103 线 K19+500.00（台背回填段）

该处采取压力灌浆技术进行处理，提高填土的密实度，减小路基沉降变形。现场施工照片如图 5-37 所示。

图 5-37　现场施工照片

1. 钻孔

孔径 75～90mm，均采用垂直孔。设计钻孔深至基岩面，钻孔间距为 3.0m，排距 3.0m，梅花形布置。布孔路面中间布置 3 个钻孔，在路边缘处各布置一个孔，从路边缘开始向两侧按间距 3.0m 各布一个孔，共布置钻孔 45 个。布孔时避开下面的管涵。钻孔布置见路基加固钻孔布置图（图 5-38）。

2. 灌浆

采用水泥粉煤灰浆液，浆液中水泥与粉煤灰配比为 4∶1，水灰比为 0.5～0.55，扩散度 15～20cm，水泥为 R32.5 复合硅酸盐水泥。浆液压力采用 1～2MPa。灌浆封口深度不小于 1.5m。

灌浆终止时间：灌浆压力稳定 30min 后即可终止灌浆。

（二）S103 线 K20+300.00（并渡口）

采取锚杆和灌浆综合处理技术进行处治，在坡角附近打设两排锚杆，防止坡角滑移。在路基中滑动面范围内进行压力灌浆，增强路基的强度，提高路基的整体稳定性。

1. 钻孔

孔径 75～90mm，以直孔为主，斜孔与垂直面夹角皆为 20°。设计钻孔深至基岩面，原加固范围（61m）内钻孔间距为 2.5m，排距 2.5m，梅花形布置钻孔。在路面中心处布置一个垂直孔，路肩处设计两个钻孔，一个为直孔，一个为斜孔，斜孔与垂直面夹角皆为 20°，从路边缘开始向两侧按间距 2.5m 布垂直孔，布置 2 个。

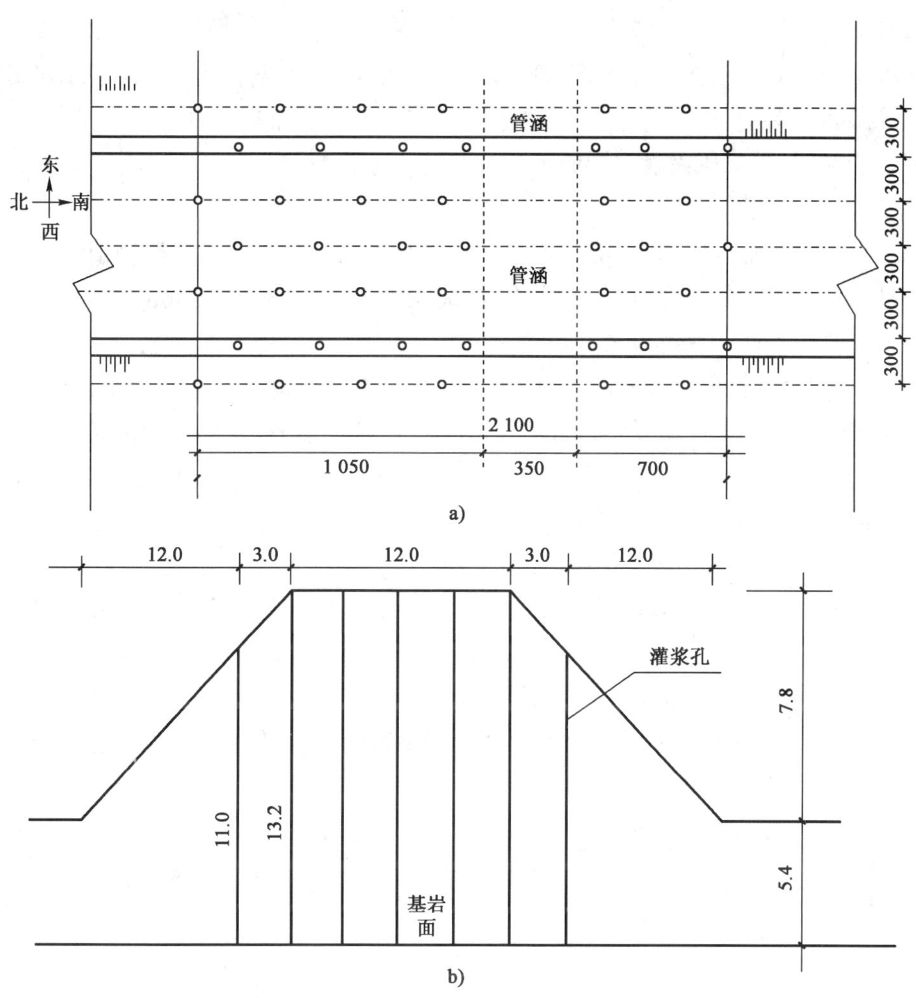

图 5-38　典型路基加固钻孔布置图(单位:m)

a)钻孔布置平面图;b)钻孔布置剖面图

(1)在加固长度 61～124m 范围内,设计钻孔深至基岩面,钻孔间距为 3.0m,排距 3.0m,梅花形布置钻孔。在路面中心处布置一个垂直孔,路肩处设计两个钻孔,一个为直孔,一个为斜孔,斜孔与垂直面夹角皆为 20°。路东侧,从边缘开始向东侧按间距 3.0m 布垂直孔 2 个;路西侧,从边缘开始向西侧按间距 3.0m 布垂直孔 1 个。

(2)在加固长度 124～150m 范围内,设计钻孔深至基岩面,钻孔间距为 3.0m,排距 3.0m,梅花形布置钻孔。在路面中心处布置一个垂直孔,路肩处设计两个钻孔,一个为直孔,一个为斜孔,斜孔与垂直面夹角皆为 20°。路东侧,从边缘开始向东侧按间距 3.0m 布垂直孔 2 个;路西侧,路基边缘以外不再布置钻孔。

(3)在加固长度 150～173m 范围内,设计钻孔深至基岩面,钻孔间距为 3.0m,排距 3.0m,梅花形布置钻孔。在路面中心处布置一个垂直孔,路肩处设计两个钻孔,一个为直孔,一个为斜孔,斜孔与垂直面夹角皆为 20°。路东侧,从边缘开始向东侧按间距 3.0m 布垂直孔 2 个;路西侧,路基边缘以外不再布置钻孔。该段加固工程视合同工程量进行调整、取舍。

2. 灌浆

采用水泥粉煤灰浆液，浆液中水泥与粉煤灰配比为 4∶1，水灰比为 0.5～0.55，扩散度 15～20cm，水泥为 R32.5 复合硅酸盐水泥。浆液压力采用 1～2MPa。灌浆封口深度不小于 1.5m。

灌浆终止时间：灌浆压力稳定 30min 后即可终止灌浆。

3. 锚杆

(1)在原加固范围 74m 内，西侧边坡锚杆加固长度为 34.5m，东侧锚杆加固长度 48.3m，两侧各设计两排锚杆。锚杆采用 ϕ25mm 的 II 级螺纹钢，锚杆间距 1.5m，排距 2.0m，梅花形布置。第一排距底脚高 1.5m，锚杆长度为 12m，与竖直向夹角为 30°，入岩 3m；第二排距第一排2.0m，长度为 14m，与竖直向夹角为 30°，入岩 3m。锚杆布置如图 5-39a)所示。

(2)在加固长度 74～150m 范围内，西侧边坡不再设置锚杆，东侧设计两排锚杆。锚杆技术要求同上。锚杆采用 ϕ25mm 的 II 级螺纹钢，锚杆间距 2.0m，排距 2.0m，梅花形布置。第一排距底脚高 1.5m，锚杆长度为 10m，与竖直向夹角为 30°，入岩 3m；第二排距第一排 2.0m，长度为 10.5m，与竖直向夹角为 30°，入岩 3m。锚杆布置如图 5-39b)所示。

(3)在加固长度 150～173m 范围内，西侧边坡不再设置锚杆，东侧设计两排锚杆。锚杆技术要求同上。锚杆采用 ϕ25mm 的 II 级螺纹钢，锚杆间距 2.0m，排距 2.0m，梅花形布置。第一排距底脚高 1.5m，锚杆长度为 10m，与竖直向夹角为 30°，入岩 3m；第二排距第一排2.0m，长度为 10.5m，与竖直向夹角为 30°，入岩 3m。该段加固工程视合同工程量进行调整、取舍。锚杆布置如图 5-39c)所示。

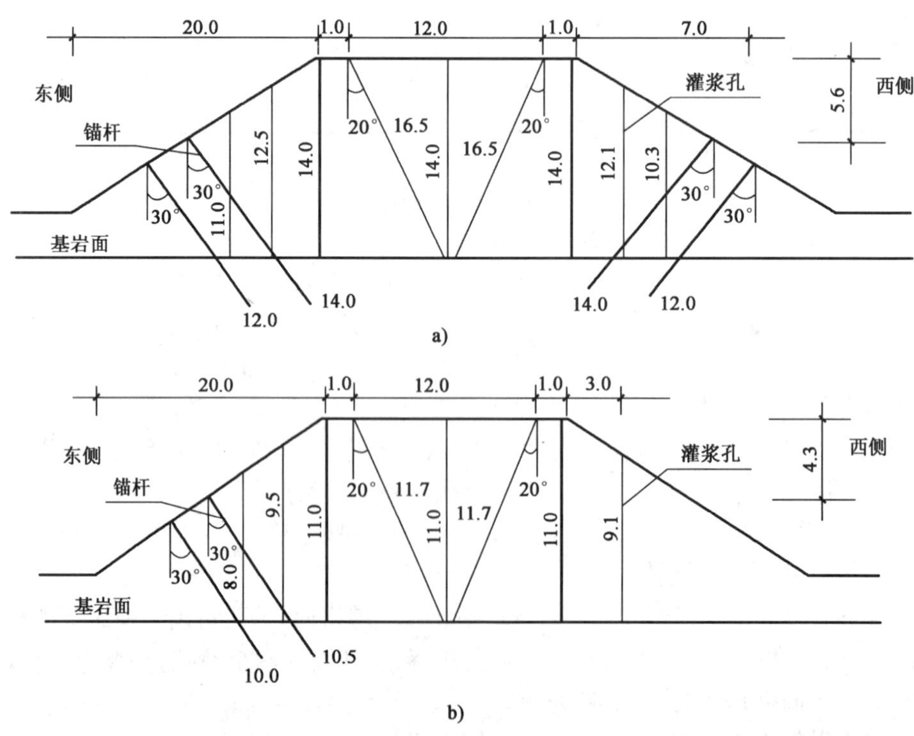

图 5-39

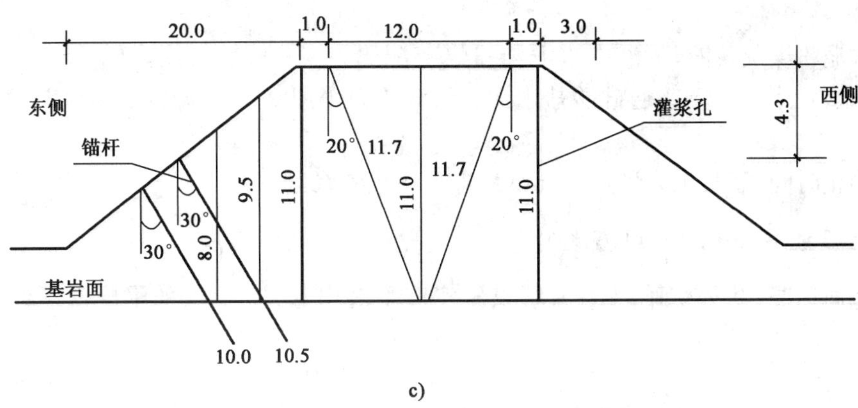

图 5-39 路基加固钻孔锚杆布置图(单位:m)

a)0～74m 范围内典型路基加固钻孔锚杆布置图;b)74～124m 范围内典型路基加固钻孔锚杆布置图;c)124～173m 范围内典型路基加固钻孔锚杆布置图

锚杆成孔直径不小于 100mm,采用泵送 M30 水泥砂浆,水泥为 R32.5 普通硅酸盐水泥,注浆压力锚杆为 0.4～0.6MPa。

锚杆应沿杆身每隔 1.5m 设置对中定位支架,以保证钢筋有足够的混凝土保护层厚度。

4. 路基稳定层加固

施工中发现路基稳定层有裂缝疏松层,需进行钻孔灌浆。施工中在路面上以间距和排距各 5m 进行布孔,并灌浆,浆液采用纯水泥注浆,水灰比 0.45～0.50,水泥为 R32.5 普通硅酸盐水泥。注浆压力锚杆为 0.1～0.2MPa。

(三)S103 线 K29+300.00(柳埠桥南)

该处采取灌浆技术进行处治。灌浆的目的是提高路基的整体强度,消除侵水滑移,减小遇水沉陷现象。

1. 钻孔

孔径 75～90mm。设计钻孔深至基岩面,钻孔间距为 3.0m,排距 3.0m,梅花形布置。布孔路面中间布置 3 个钻孔,在路边缘处各布置一个孔,从路边缘开始向两侧按间距 3.0m 各布一个孔,同时在路边缘处布置一个斜孔,与垂直面夹角为 25°,共布置钻孔 307 个。与路面高程接近的边坡上不再布置钻孔。钻孔布置如图 5-40 所示。

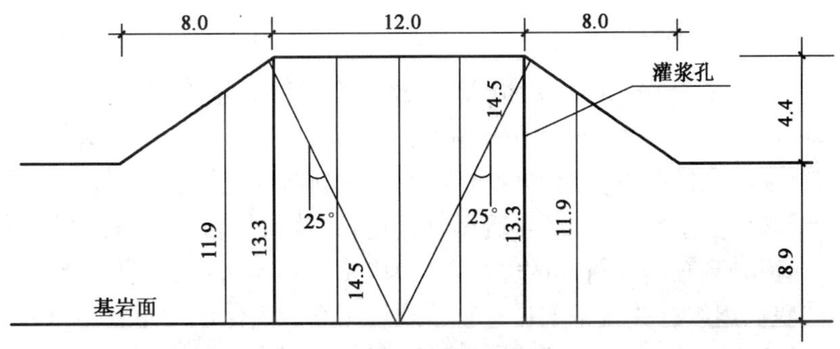

图 5-40 典型路基加固钻孔布置图(单位:m)

2. 灌浆

采用水泥粉煤灰浆液，浆液中水泥与粉煤灰配比为 4∶1，水灰比为 0.5～0.55，扩散度 15～20cm，水泥为 R32.5 普通硅酸盐水泥。浆液压力采用 0.5～1MPa。灌浆封口深度不小于 1.0m。

灌浆终止时间：灌浆压力稳定 30min 后即可终止灌浆。

(四)S103 线 K33＋500.00(榭疃南)

根据地质情况，此处沉陷是因为填土压实度不够引起的沉降，采用压力灌浆技术进行处理。

1. 钻孔

孔径 75～90mm，采用垂直孔。设计钻孔深至基岩面，钻孔间距为 3.0m，排距分别采用 2.5m和 3.0m，其中沉陷严重的地方排距为 2.5m，其他地方采用排距 3.0m，梅花形布置。布孔路面中间布置 3 个孔，路边缘布置一个孔，共布置钻孔 108 个。钻孔布置如图 5-41 所示。

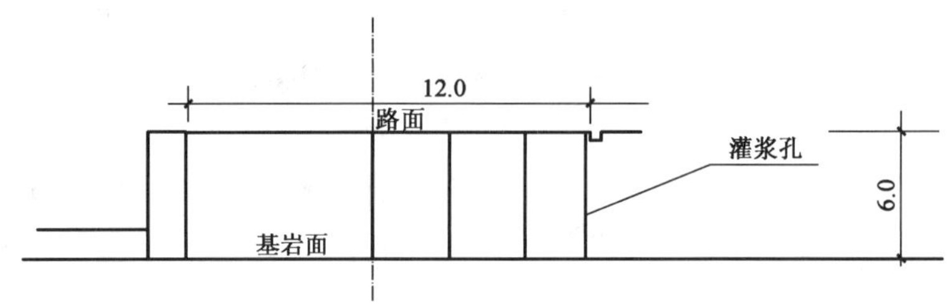

图 5-41　典型路基加固钻孔布置图(单位：m)

2. 灌浆

采用水泥粉煤灰浆液，浆液中水泥与粉煤灰配比为 4∶1，水灰比为 0.5～0.55，扩散度 15～20cm，水泥为 R32.5 普通硅酸盐水泥。浆液压力采用 0.5～1MPa。灌浆封口深度不小于 1.0m。

灌浆终止时间：灌浆压力稳定 30min 后即可终止灌浆。

工程实例三　S331 路基沉陷袖管注浆法

一、工程概况

S331 公路 K61＋870.00～K61＋980.00 段路基大面积沉陷，路基滑移。北侧路基最大沉陷深度达 5cm，平均沉陷深度为 3cm；南侧路基沉陷深度平均为 2cm。路基平均滑移裂缝宽度达 1.5cm，路基挡土墙已经严重变形、失稳，浆砌挡土墙砌筑质量较差。勾缝砂浆剥蚀老化，砌体脱落。经调查，南侧挡土墙于 2002 年倒塌，后重新砌筑，目前挡土墙已严重倾斜，存在随时倒塌的可能，直接影响到车辆与行人的安全，也加快了车辆本身的损坏，影响了公路的使用寿命和社会效益。我们组织有关技术人员进行了现场调查。为保证行车安全，预防病害发展，经综合分析论证，采用静压注浆(袖阀管式)技术进行处理路基。

二、病害产生的原因分析

该段为填方路段，最大填土深度 6m，平均 4m 左右，填土为杂填土。经分析，产生路基沉陷、边坡失稳的原因主要有以下三个方面。

(1)由于 2003 年高强度长历时降雨，在降雨过程中，大量雨水渗入路基，造成路基土含水率增大。在高强度降雨及车辆荷载作用下，土中产生反复的拉压应力，破坏土的结构，使其强度(特别是抗剪强度)降低，促使路基失稳破坏，产生路基沉降及滑移。

(2)由于该路段填土厚度较大，侧向约束能力较差，当抗剪强度降低时，在车辆及自重荷载作用下，产生土颗粒侧向移动及软黏土的徐变，造成路基侧移及路基沉降，同时对挡土墙的主动土压力增加，造成挡土墙的失稳。

(3)北侧道路上行驶的多为大型超重车辆，在车辆荷载的作用下，相对南侧道路破坏严重。

三、路基加固处理方案

根据现场调查的地质条件及病害成因，处理方案以提高路基土的承载力、提高土体压缩模量、增加土体抗剪强度、增强路基土的整体性为原则，采用袖阀管式静压注浆处理方案对该段路基进行加固处理。

(一)袖阀管式静压注浆方案工艺简介及其加固机理

1. 工艺简介

袖阀管式注浆是在路基中按某一角度施设一定深度的钻孔，灌套壳料，设置注浆外管，注浆外管将永久留在土体中。注浆外管每隔一定间距预留出浆口，在出浆口处加设截止阀。注浆时，将带封堵装置的注浆内管置入注浆外管内，对需要注浆部分进行注浆。这样在土体中产生以钻孔为核心的桩体，且在桩体外围土体裂隙中形成抗剪能力强的树根网状浆脉复合体。

2. 加固处理

由于黏性土的孔隙小，且不连通，在软黏性土地层中进行静压灌浆实为劈裂灌浆。浆液在压力作用下进入土层后，浆液周围土体的孔隙水压力急剧增高，当其大于地层的初始应力时，引起局部土体的剪切破坏，浆液沿着地层的结构面及小主应力作用面产生劈裂，使土体的可灌性增大。浆液沿结构面及小应力面向外向上形成劈裂、延伸和扩散。在平面上，浆脉是树根状及网络状分布。在纵向由于分段灌注，形成上下连续的不规则的板状凝结体。在软黏性土中，浆液是靠劈裂效应将浆脉结构固结在土体中的，因此，土体的加固效果取决于浆脉的密度和凝结体的强度。随着复灌次数、灌浆量及压力的增加，主浆脉和分支浆脉的厚度将会增加，凝结体在土体中形成密度较大，并有一定刚度的骨架结构，与被注浆脉分割、互相围封、相互约束的土体形成复合地基。浆液在劈裂、延伸及扩散过程中对周围土体产生挤密及充填作用，从而改善和根本改变地基的物理力学性质及承受荷载的作用机制，提高土体的强度和减少变形，达到加固土体的目的。

另外，由浆液的水化凝固与地基土排水固结变形不协调，致使水泥凝结体与地基土之间界面的透水性远大于土体本身的透水性。形成纵横交错的排水通道，有利于由灌浆引起的超孔隙水压力消散及浆脉与土体的固结。因此，又进一步提高复合地基的强度，降低土的压缩变形。

3. 方案的特点

因该路基土为杂填土，局部含水率较高、土体软弱，因此采用袖阀管式静压灌浆，使土体强度在多次注浆中得到提高，土体与凝结体结合在一起，具有"加筋土"及"树根桩"的双重优点，增强了整体抗滑能力。另外，因袖阀管注浆中截止阀的单向性，可以多次人为地控制注浆量，从而减少注浆对土体的扰动破坏程度，使路面抬升控制在合理的范围。

工艺流程如图 5-42 所示。

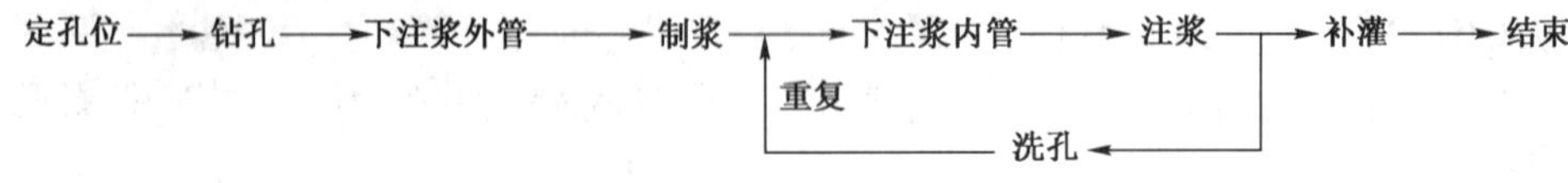

图 5-42　工艺流程图

(二)袖阀管注浆工艺流程与方法

1. 定孔位

按设计要求放线、定孔位，并严格按图纸施工。

2. 钻孔

按放线孔位，把钻机安置在所钻孔位置，经检测垂直度、倾斜角度后方可开钻。钻进过程中，要详细记录地层情况，孔位移动距离、方向、异常情况及其处理措施，经现场技术人员验收合格后，方可移孔。孔位偏差不得大于 10cm。

3. 下注浆外管

将制作好的注浆外管平稳地置入孔内，其连接要牢固，各截止阀一定要可靠。

4. 制浆

按设计配合比或浆液比重搅拌浆液。搅拌浆液时间不得小于 3min，制备好的浆液放置时间不得超过 2h。每孔每段注浆结束后，要计量水泥用量。

5. 洗孔

为保证重复注浆的效果，在每次注浆完成后，要对注浆孔进行洗孔，用优质泥浆完成，确保下次注浆顺利进行。

6. 补灌

在注浆量及压力达到要求后，对注浆外管进行封口补灌，使管内填满灰浆。

(三)灌浆技术要求

1. 灌浆材料

1)水泥

(1)根据施工图纸或监理人员指令，选用灌浆用的水泥品种，采用 R32.5 普通硅酸盐水泥。

(2)水泥细度要通过 80μm 方孔筛，其筛余量不大于 5%。

(3)灌浆用的水泥必须符合规定的质量标准，不得使用受潮结块的水泥。水泥不应存放过久，出厂期超过3个月的水泥不应使用。

2)水

灌浆用水应符合规范规定，拌浆水的温度不得高于40℃。

2. 设备

1)钻孔设备

钻机和钻头应根据工程地质条件选用，宜采用回旋式钻机和冲击式钻机。

2)灌浆设备

(1)灌浆泵性能应与灌浆浆液浓度相适应，容许工作压力应大于最大灌浆压力的1.5倍。搅拌机应保证均匀连续地拌制浆液，灌浆前应试运行。

(2)灌浆管路应畅通，并能承受1.5倍的最大灌浆压力。灌浆泵和灌浆孔口处均安装压力表。

3. 钻孔要求

钻孔采用回旋钻机合金钻头，孔位偏差不大于10cm。

4. 制浆

(1)制浆材料必须称量，称量误差小于5%。水泥等固相材料采用质量称量法；各类浆液必须搅拌均匀并测量浆液密度。

(2)纯水泥浆液的搅拌时间，使用普通搅拌机时，不少于3min；使用高速搅拌机时，不少于30s，浆液在使用前过筛，自制备至用完的时间少于3h。

(3)拌制细水泥浆液和稳定浆液加入减水剂和采用高速搅拌机。搅拌时间通过试验确定。细水泥浆液自制备至用完的时间少于2h。

(4)集中制浆站制备水灰比0.5∶1的纯水泥浆液。输送浆液流速为1.4～2.0m/s。各灌浆地点应测定来浆密度，调制使用。

(5)浆液温度保持在5℃～40℃，超过此标准视为废浆。

5. 灌浆压力和灌浆方法

注浆压力暂定0.3MPa，根据上覆土层厚度及路面高程监测情况进行调整。每孔自下而上分段进行灌浆，每段0.75m。

6. 浆液水灰比和浆液变换

灌浆采用纯水泥浆液，水泥为R32.5普通硅酸盐水泥。

灌浆浆液按水灰比分为三级：3∶1、1∶1、0.5∶1，由稀到稠按灌浆设计要求变换浆液和终止。

灌浆中，当某一级浆液灌入量已达300L以上或灌注时间大于1h，而灌浆压力及吸浆量均无改变或改变不显著时，应改为浓浆液灌注。

7. 灌浆结束标准

在规定的设计压力下，如果吸浆量不大于0.4L/min，应继续灌注30min；或吸浆量不大于1L/min，应继续灌注60min，灌浆工作方可结束。

当长期达不到结束标准时，应报监理人员共同研究处理措施。

8. 灌浆孔封孔

每个灌浆孔全孔灌浆结束后，承包人应会同监理人员及时验收，合格的孔才能进行封孔。

灌浆孔应采用"分段压力灌浆封孔法"。

四、应用效果

由于精心组织，措施得力，该路段施工取得满意效果，重新开放交通至今，未出现路基下沉现象。

工程实例四　威乳高速公路强夯加固旧路堤工程实例

一、工程概况

威乳高速公路是国家重点公路威海—乌海线威海—青岛支线的重要组成部分，是山东省公路网主框架"五纵、四横、一环"之"一环"和威海市"三纵、三横"之"一纵"的重要路段。威乳高速的线位大部分与老的威乳汽车专用路重合。威乳汽车专用路路堤宽度为18m，高度一般为1～6m。老路堤的土质较复杂，且施工时未经充分碾压，压实度较低。原设计方案将老路堤全部清除后重新填筑碾压形成新路堤。这一方案尽管可有效保证路堤的施工质量，但却会形成对旧路资源和新的土地资源的浪费，并且增加路堤土石方工程量，延长工期，增加工程造价。威乳高速公路的建设可否利用老路堤，如何利用老路堤，这将成为该项工程关键的技术问题之一。

二、工程地质条件

(一)地形地势

道路沿线地形起伏不大，但地质情况复杂，地貌单元属山间河流冲积平原地带，微型地貌不发育。该试验段北边临山，东部为高地，西侧也为低山，为一典型的汇水盆地。

(二)地下水

K59＋500.00～K59＋532.00段地下水稳定埋深约0.3m(图5-43)，K59＋632.00～K60＋100.00地下水稳定埋深约1.7m，为第四系孔隙潜水，主要受大气降水补给。对地下水位较高试验段挖沟降水后地下水位降至1.0m。

(三)地基土质

根据取芯和开挖判断，试验段地基面2～3m以上为含砂砾的黏性土(图5-44)，2～3m以下普遍存在古河道砂沉积，5～8m为片麻岩风化壳，裂隙发育。对试验段内的地基土进行室内试验，土样A、B分别取自K59＋500.00～K59＋532.00段地下0.4m[图5-44a)]和1.3m[图5-44b)]，C取自K59＋632.00～K60＋100.00段[图5-44c)]，试验结果见表5-10和图5-45。

图5-43　K59＋500.00～K59＋532.00段地下水位

a)

b)

c)

图 5-44　地基土质

a)K59+500.00～K59+532.00 段地下 0.4m；b)K59+500.00～K59+532.00 段地下 1.3m；c)K59+632.00～K60+100.00 段

土样试验结果　　表 5-10

土样	渗透系数（cm/s）	干密度（g/cm^3）	烧失量（%）	最大干密度（g/cm^3）	最佳含水率（%）	液限 w_L	塑限 w_p	塑性指数 I_p
A	7.75×10^{-6}	1.72	4.29	1.99	11.3	31.2	19.5	11.7
B	7.34×10^{-8}	1.75	6.94	—	—	33	20.4	12.6
C	5.6×10^{-9}	—	—	—	—	39	18.6	20.4

由表 5-10、图 5-45 可见，*A*、*B* 两类土的细粒组含量大于 50%，为细粒土。*A* 类土中粗粒组质量大于 25%，且主要为砂，为含砂的细粒土；*B* 类土中粗粒质量小于 25%，为细粒土。由于两类土 $I_p>10$，液限 $w_L<50$，均为低液限黏土，*A* 类土定名为含砂低液限细粒土，*B* 类土定名为低液限细粒土。两类土的渗透系数分别接近和小于黏性土的渗透系数（1×10^{-7}），渗透性较差。

细粒土为山前冲淤积土，K59+632.00～K60+100.00 段大多以黏土颗粒形式存在，亲水性强，土颗粒中的水分难以排除。土的烧失量高，说明有机质含量高，过多的有机质会增加土的黏性、塑性和吸水性。

综上所述，试验段土质以黏土为主，地下水位高，含水率大，土中水分难以排除，压实困难。

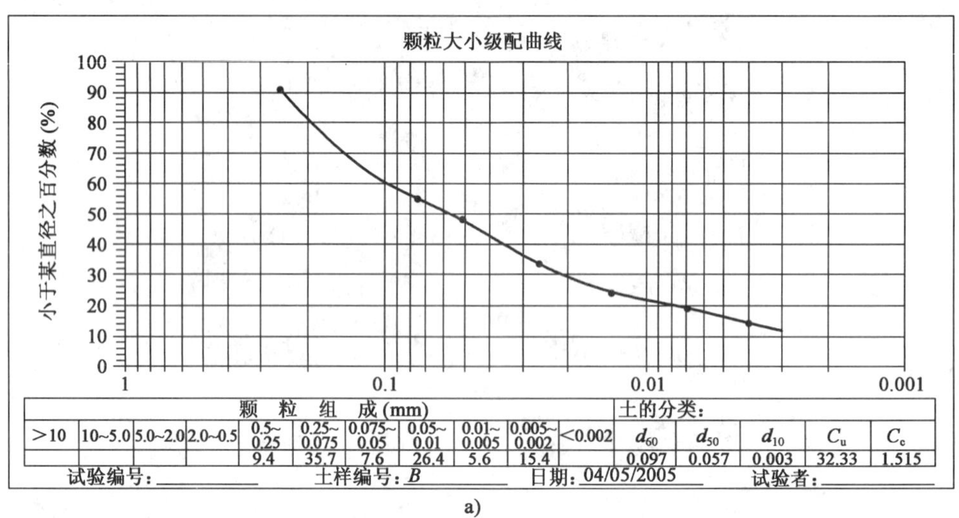

颗粒组成(mm)											土的分类:				
>10	10~5.0	5.0~2.0	2.0~0.5	0.5~0.25	0.25~0.075	0.075~0.05	0.05~0.01	0.01~0.005	0.005~0.002	<0.002	d_{60}	d_{50}	d_{10}	C_u	C_c
				9.4	35.7	7.6	26.4	5.6	15.4		0.097	0.057	0.003	32.33	1.515

试验编号:______ 土样编号: *B* ______ 日期: 04/05/2005 试验者:______

a)

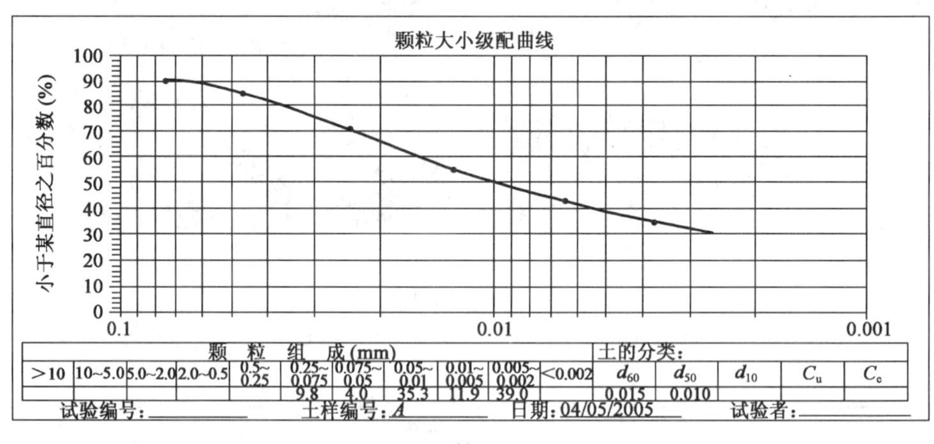

颗粒组成(mm)											土的分类:				
>10	10~5.0	5.0~2.0	2.0~0.5	0.5~0.25	0.25~0.075	0.075~0.05	0.05~0.01	0.01~0.005	0.005~0.002	<0.002	d_{60}	d_{50}	d_{10}	C_u	C_c
					9.8	4.0	35.3	11.9	39.0		0.015	0.010			

试验编号:______ 土样编号: *A* ______ 日期: 04/05/2005 试验者:______

b)

图 5-45　级配曲线

a)土样 A;b)土样 B

(四)旧路堤土质

旧路堤土质复杂,土质在水平和竖向分布不均匀。路堤上部为分选较差、级配较好的、混有大量黏性土的砾砂;路堤中下部普遍有一层灰黑色有腥臭味的有机质淤泥质土(图 5-46),部分路段还夹杂有 30～50cm 的中粗砂层。黏性土由风化角闪斜长片麻岩和变质花岗岩风化而成,矿物成分以高岭石、伊利石为主,膨胀性差,属于风化黏性土。

三、存在的工程问题

老路堤路床区的密实度一般在 80%左右,路床以下一般在 73%～75%,个别路段在 68%左右,高于天然地基。因此,进行道路拓宽时将存在土的压缩性不均的特点,具体表现为以下几点。

(1)老路堤土的压缩量小于老地基的压缩量,老路堤顶面土的压缩量最小,新路堤的压缩量最大。

图 5-46　某断面老路堤土质

a)老路堤边缘 0.4～0.8m 土质；b)老路堤边缘 2.8～3.2m 土质；c)老路堤中部 0.4～0.8m 土质；d)老路堤中部 1.2～1.6m 土质；e)老路堤中部 2.0～2.4m 土质；f)老路堤中部 2.8～3.2m 土质

(2)新地基压缩曲线的斜率大，老路堤顶面和老地基顶部土的压缩曲线斜率小，曲线平缓，即新地基压缩性大，老路堤除顶部外压缩性较大。

(3)风化料属于中低压缩性土。

(4)老地基中的砂砾层压缩性小，黏性土压缩性大。

(5)随深度增加，老路堤压缩系数 a_{1-2} 由 0.1 变化到 0.13～0.15，压缩性逐步增大。

(6)老路堤土压缩模量随着深度的增加总体上逐渐降低。

因此，关于老路堤的利用，有三个关键问题需要解决。

1. 新老地基不均匀沉降问题

在老路堤自重荷载作用下，老路堤下的地基经过多年的固结变形，在目前路堤高度下沉降已基本结束，而新加宽侧地基则不然。这样，不同高度旧路基上填筑不同高度的土层时，将出现新老路堤下地基的不均匀沉降。而且，无论是否采用旧路堤利用方案，采用何种方案，地基都需要进行处理。

2. 新老路堤密度不均匀问题

老路堤的压实度受当时施工条件和压实标准的制约，低于现行高速公路路基压实标准。若老路堤不经压实处理就利用，老路堤与新填筑的路堤会存在差异沉降变形。

3. 新老路堤结合部薄弱带的处理问题

新老路堤接茬部位既是压实不足的薄弱区，又是新老路堤变形不均引起拉裂的薄弱带。如何加强这一区域内新老路堤的结合，使得处理后仍不可避免的沉降差得以均匀过渡十分关键。

四、强夯方案与工艺

试验段自 K59＋500.00 到 K60＋100.00，全长 600m。

(一)地基强夯试验

1. 第一试验段　K59＋500.00～K59＋532.00 段(图 5-47)

由于该段地基地势低，属山间河流冲积汇水带，地下水位高，地下水稳定埋深约 0.3m。土质为低液限黏土，渗透性差。采用挖沟降水后地下水位降至 1.0m 左右，常规碾压弹簧现象严重。对该试验段仅进行地基强夯试验，试验方案如图 5-48 所示。首先用拆除老桥涵的块石回填排水沟和原有的天然河沟，对地基清表整平，老路基边坡清表，然后用老路基基层料(灰土碎石)铺在新地基上，松铺厚度约 80cm，东侧部分点夯 3 击，西侧部分点夯 2 击，点夯间距都为 3.2m×3.2m，待 20d 孔压消散后再满夯 2 击，夯后测压实度。

图 5-47　K59＋500.00～K59＋532.00 试验段

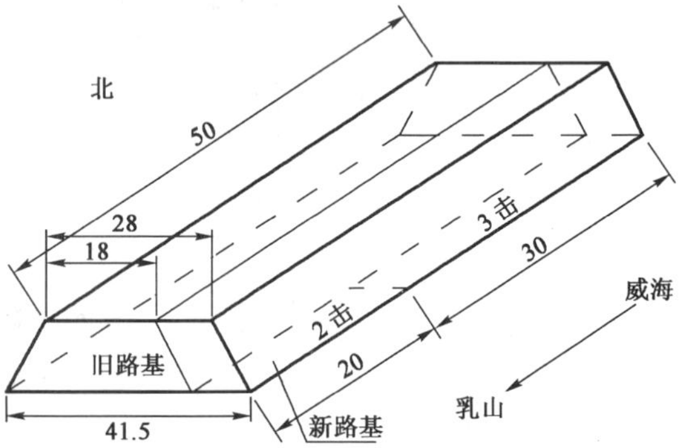

北
50
28
18
3击
30
威海
2击
旧路基
20
41.5
新路基
乳山

图 5-48　第一试验段试夯方案(单位:m)

2. 第二试验段　K59＋632.00～K60＋100.00 段(图 5-49)

因试验开始前一天区域内降大暴雨，拟订了以下试验方案。

先采用不同的点数铺底夯，10d 后再满夯两击。对新地基用 600kN · m 的夯击能进行铺底夯，夯击时锤径互切。为了确定最佳夯击数，分五个试夯区进行试夯，前四个试夯区长度为 20m，同时为了避免各试夯区之间的影响，每试夯区间隔 10m。这四个试夯区分别为 K59＋680.00～K59＋700.00、K59＋710.00～K59＋730.00、K59＋740.00～K59＋760.00 和 K59＋

770.00～K59＋790.00。夯前将老路边坡清表，将新地基整平，为保证新老地基的衔接，用挖掘机向老路边坡内挖了 1m×1.5m(宽×高)的台阶。对四个试夯区分别进行了 1、2、3、4 击铺底夯，另外在新老路基结合部多打一击，夯后测不同夯区的压实度。放置 10d 后，待孔隙水压力消散后，满夯两击，夯后测压实度。试夯方案如图 5-50 所示。

图 5-49　K59＋632.00～K60＋100.00 试验段

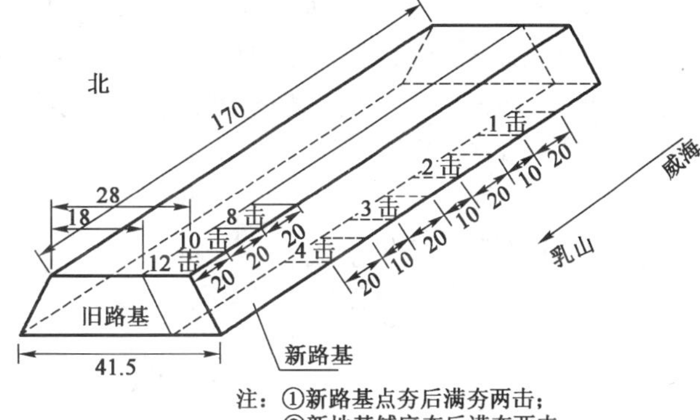

图 5-50　第二试验段试夯方案(单位：m)

暴雨后 10d 直接铺底夯两击。对 K59＋700.00～K59＋710.00、K59＋730.00～K59＋740.00、K59＋760.00～K59＋770.00 段暴雨后 10d 直接进行了铺底夯两击，夯击能为 600kN·m。夯后测试压实度。

在新地基上松铺老路面基层灰土碎石 50cm 后，分别采用不同的强夯方案。K59＋800.00～K59＋823.00 段点夯 5 击，能量为 1 000kN·m；K59＋823.00～K59＋846.00 段满夯 5 击，夯击能为 600kN·m；K59＋975～K60＋040 段点夯 3 击，能量为 1 000kN·m；K600＋040～K600＋100 段点夯 4 击，能量为 1 000kN·m。

3. 试夯结果

第一试验段　因为水位较高，3 击后孔压不能立即消散，所以大部分点处的压实度未达到要求，需要待孔压消散后再补夯。

第二试验段　强夯 10d 后统一补夯 2 击，以原铺底夯 1 击的路段压实度最高，其压实度均在 95%以上。

(二)路堤强夯试验

1. 旧路堤试验方案

K59＋975.00～K60＋100.00 段，老路堤点夯后，新路堤分层碾压。在该段进行老路堤强夯试验，试验方案如图 5-51 所示。本试验段旧路堤高度为 3.9m，新路堤路床高度为 4.4m，将旧路堤挖除 0.4m 后整平。在旧路堤上靠北侧半幅对老路堤试夯，从西往东划分三个试夯区，击数分别为 12、10、8，夯击能

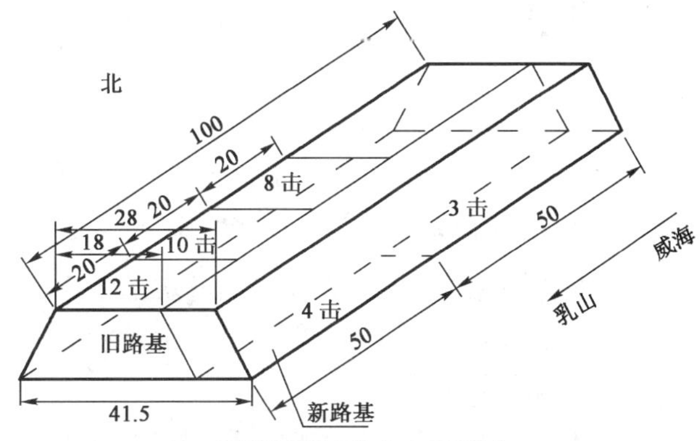

图 5-51　第三试验段试夯方案(单位：m)

为 1 000kN・m,在每个试夯区内设 6 排夯点,如图 5-52 所示。三区试夯全部结束后用推土机整平,最后满夯一遍(两击),夯击能为 600kN・m。满夯结束后再用推土机整平。

2. 新路堤强夯试验

K59+632.00～K59+840.00 段,地基处理完后,填筑新路堤土与旧路堤同高,然后统一强夯。本试验段旧路堤高度为 3.6m,新路堤高度为 4.4m。将新路堤填高 4m,在新路堤上从西往东划分三个试夯区,击数分别为 12、10、8,夯击能为 1 000kN・m,在每个试夯区内设 6 排夯点,如图 5-53 所示。三区试夯全部结束后用推土机整平,最后满夯一遍(两击),夯击能为 600kN・m。满夯结束后再用推土机整平。

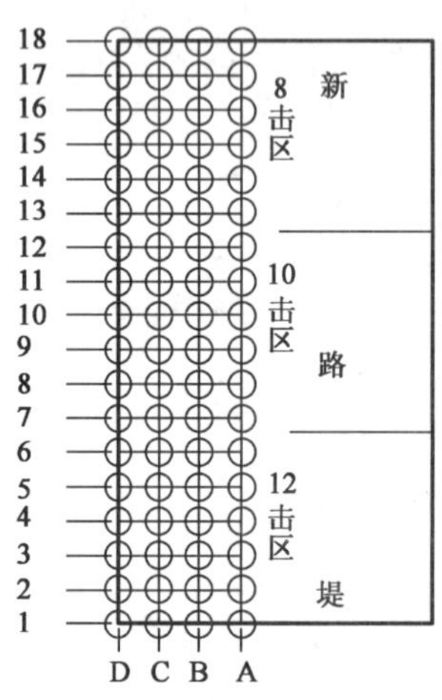

图 5-52　老路堤夯点布置图

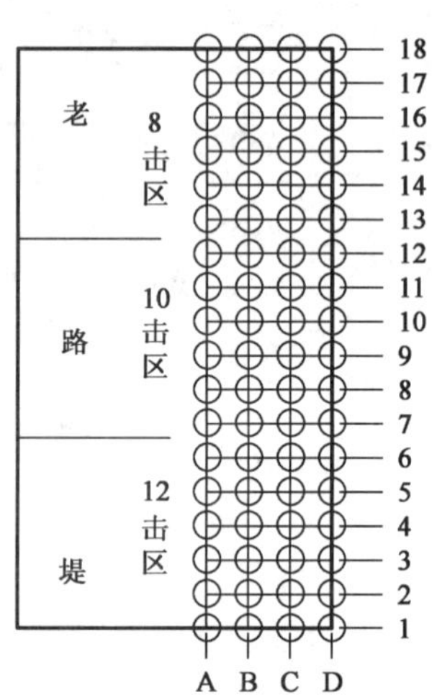

图 5-53　新路堤夯区内夯点布置图

3. 试夯结果

由于旧路堤土质复杂,含水率变异性较大,压实度检测数据离散性较大。无论采用那个方案,表层 30cm 的扰动层压实度普遍偏低。受土质、含水率及侧限的影响,路基边缘压实度一般低于路基中部的压实度;含水率高的部位,一般黏粒含量高,压实度也低。从强夯效果来看,点夯 10 击的压实度最高,除边缘个别层位外,均达到了相应层位压实标准的要求。尽管 10 击时贯入度略大于 5cm,但鉴于公路路基施工的控制指标为压实度,建议此段老路堤点夯 10 击。由于边缘部位压实度偏低,7～10d 后应补夯 2 击。

随点夯击数的增加,新路堤的压实度增加。新路堤强夯 8 击,新路堤下部达不到相应压实度的要求;点夯 10 击、12 击均满足路堤压实标准要求。考虑新老路堤的均匀性,建议此段新路堤点夯 10 击。由于边缘部位压实度略低,7d 左右应补夯 2 击。

(三)强夯后路堤表层“弹簧土”的石灰土处理工艺

生石灰处理“弹簧土”的具体实施方案如下。

1. 第二试验段

分两次对该试验段路堤表层进行生石灰处理,每次处理厚度为 20cm,灰剂含量均为 8%。具体的施工过程如下。

先将夯后路堤表层 20cm 土翻起并推到处理范围以外,然后整平。在其上用石灰打方格,方格规格为 4m×5m。为达设计要求，每方格撒生石灰粉 495kg。摊铺均匀后，用路拌机连续拌和两遍（图 5-54），拌和过程中严格控制拌和深度。

图 5-54　路拌机正在拌和

拌和完毕后将石灰土整平，测量石灰土的含水率。如果小于最优含水率，需在整平后洒水，因为石灰土需放置 24h，洒水后的含水率应根据当时气温、风力等外在因素而高出最优含水率 2%～4%。

将石灰土闷料 24h。闷料后用压路机碾压，因下层路基支撑作用小，碾压时不能开强振，至少要碾压两遍。下层石灰土仅要求碾压成型，对压实度不作要求，碾压完毕后也不需测压实度。养生 7d，养生期间注意洒水，以防石灰土表层产生裂缝。

下层石灰土养生期满后，将上层土运回并整平，按上述方法摊铺石灰并拌和，拌和时一定要与下层石灰土有 1～2cm 的搭接深度，控制好含水率，闷料 24h。因有下层石灰土的支撑作用，上层石灰土碾压后要求达到 93%的压实度。碾压时要一气呵成，期间要不时地用灌砂法测量压实度，直至达到压实度要求碾压才能停止，养生 7d。

2. 第三试验段

本试验段内新路堤为分层碾压法填筑，老路堤为强夯法施工，老路堤的左右两侧高度不同。该试验段老路堤上铺三层石灰土，下面两层灰剂含量为 8%，上面一层为 4%；新路堤上铺一层石灰土，灰剂含量为 4%。老路堤上下两层石灰土施工方法和第二试验段相同，压实度要求也和第二试验段相同，只是需要在中间接茬处开挖两级台阶以使其结合更紧密。这两层石灰土完成后，将低的一侧用分层碾压法铺筑至与另一侧同高，然后在整个路基表面铺筑一层 4%的石灰土层，该层石灰土要达到路基相应层位的压实度要求。

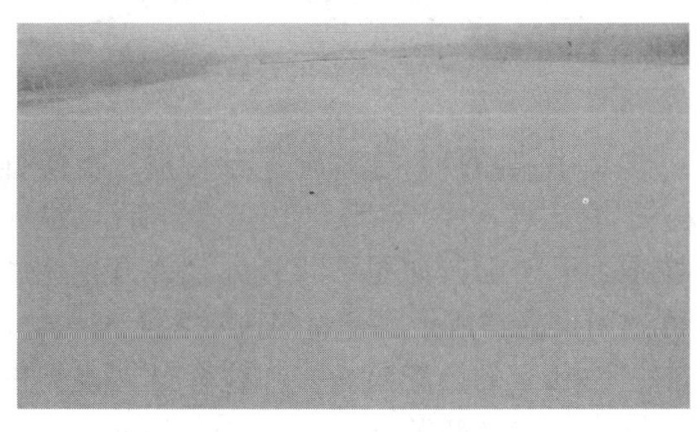

图 5-55　石灰土处理完毕后路堤表面

五、加固效果评价

图 5-55 为石灰土处理完毕后路堤表面照片。自道路建成通车后，在新旧路搭接处未出现明显的裂缝、不均匀沉陷等病害，运营效果良好。

工程实例五　高速公路渗水防治施工措施

一、工程背景

有关资料表明：水是引起沥青路面破坏的重要因素。科研单位、设计部门为此做了大量的研究工作，采取强有力的措施，如优化结构形式，加强级配设计，使用性能良好的材料，控制施工工艺，加强检测手段等方法阻止水的渗透，使路面因渗水引起的破坏得到了有效地控制，延长了路面的寿命，保证了工程质量。但这些措施只能减小渗水量，不能杜绝路面渗水。因此需要考虑渗入路面中的水如何才能尽快排出，以免在路面中储存时间过长造成路面破坏。下面从地下水反渗、地表水下渗破坏路面两个方面来说明防治措施。

二、地下水反渗防治措施

在沿海丘陵地区，由于海拔高度低，地下水位高，丘陵岩石纹理成为地下水的走廊。当路线穿越丘陵并进行一定深度的开挖时，就切断了丘陵岩石纹理，同时也破坏了内部水系的平衡。地下水在内部压力的作用下，通过岩石纹理趵突到路基和路面基层的接触面上，储存在由于开挖石方而造成路槽凸凹不平的坑槽中。首先侵蚀软化破坏路面基层，再破坏路面面层，挖方路段沥青路面出现坑槽并有水溢出，严重者沥青路面大面积被破坏。

为了排除这部分水，保证路面工程质量，在挖方路段设置渗水路基，其作用是将地下水隔离在路槽表面以下并排到路基外，起到找平路槽的作用。具体施工方法是在挖方路段设置碎石反渗层和纵横向排水管，其布置如图 5-56 所示。

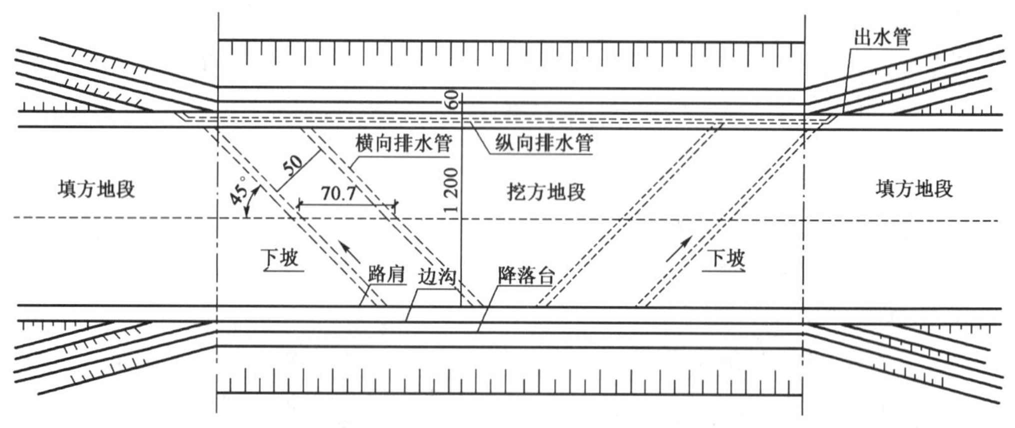

图 5-56　平面示意图(超高图)(单位:cm)

纵横向排水管渗沟断面积为 35～50cm，其上用 15cm 厚的 75 号浆砌片石封顶。横向排水管为带槽孔聚氯乙烯(PVC)或聚乙烯(PE)塑料管，横向坡不小于 2%，如图 5-57 所示；纵向排水管为不带槽孔聚氯乙烯或聚乙烯塑料管，纵坡不小于 0.5%，如图 5-58 所示。在开挖完成的纵横向排水渗沟内铺一层反滤织物，反滤织物可选用聚酯类或聚丙烯材料制成的无纺织物，能透水，但细粒土不能随水一起透过，填一层粒径 5～40mm 的级配碎石。细粒含量不得大于 5%，铺纵横向排水管并按要求的坡度调整，处理好接头。严禁脱节，继续填入级配碎石，找平后用浆砌片石封顶。在挖方路段的全长全宽范围内，在纵横向排水管渗沟上面，设置一层 15cm 厚的级配碎石反渗层，暂时储存横向排水管之间的趵突地下水；然后通过槽孔渗流到横向排水管内，通过横向排水管排到纵向排水管内；再由纵向排水管排到路基边沟内排出。在日(山东省日照市)新(河南省新乡市)高速公路山东段内，在挖方路段使用了这种处理方法，排出了大量的地下反渗水，夏天雨季更为明显，有力地保证了工程质量，实践证明效果很好。

三、沥青路面渗水防治措施

沥青路面上的雨水借助于路面纵横坡排到路基外面，但受以下因素的影响。

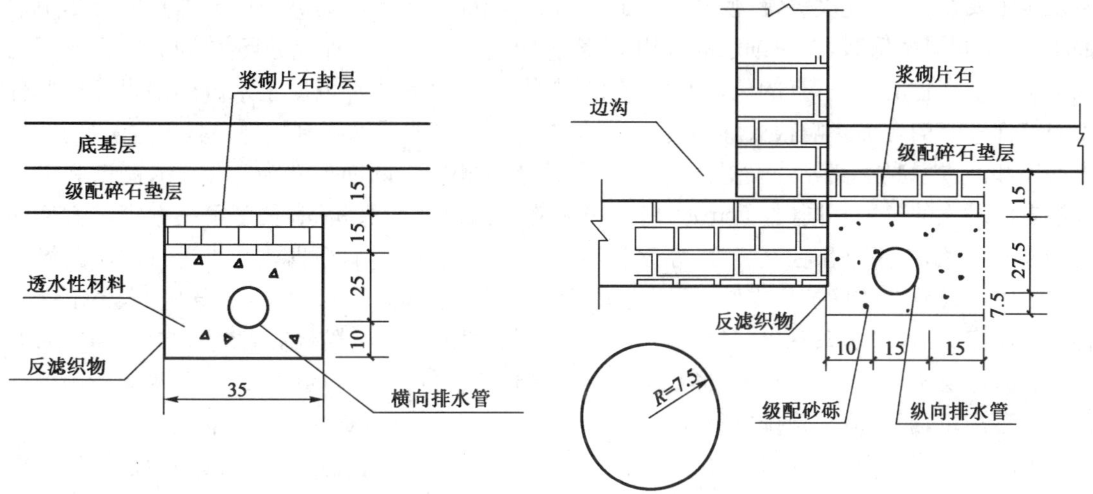

图 5-57　横向排水管渗沟示意图(单位:cm)　　　图 5-58　纵向排水管渗沟示意图(单位:cm)

(1)当纵坡较小或没有纵坡时,其排泄速度缓慢,延长了雨水下渗时间。

(2)个别泄水槽位置不恰当,将部分雨水滞留在路面上。

(3)安装平路缘石时,由于施工误差,部分平路缘石高于沥青层,形成堵水。

(4)由于沥青混凝土配合比、孔隙率、施工质量等自身原因,有部分雨水渗到路面中。因整个沥青层施工是分层进行,每一层的表面相对光滑而密实,所以渗水滞留在沥青层间的交界面上,甚至渗到基层和沥青层交界处,并且大部分的渗水滞留在沥青上面层和中面层的交界处。沥青路面中的这部分储藏水蒸发缓慢,滞留时间长。

为了将这部分水排掉,在优化路面结构和提高施工质量的同时,还要采取下面的措施:路缘石预制时,在其底部预留直径为 4cm 的半圆柱形小孔,路缘石砌筑时要在其底部先铺一层砂浆,在适当的位置放置直径大小合适的木棒,安上路缘石;砂浆初凝后将木棒抽出,形成排水孔;在路缘石勾缝时,将沥青层的最上层沥青以上部分进行勾缝,保留中层和最下层沥青厚度部分不勾缝,这样在两块路缘石之间就形成了一个小的排水孔,再加上底部的排水孔,无数个这样的小排水孔来排掉渗入沥青层中的水。之所以沥青层的最上层沥青部分要勾缝,而保留中层和最下层沥青部分不勾缝,为的是杜绝沥青路面上的表面水直接通过这些排水孔排泄,因为表面水流量大,流速快,冲走小排水孔处的泥土而掏空路缘石,从而破坏路缘石的砌筑平整度和线形,破坏路肩及路基边坡。

四、复合式桥面渗水防治措施

复合式桥面铺装是指钢筋混凝土桥面铺装之上有一层或多层沥青混凝土组成的桥面铺装,如 10cm 钢筋混凝土＋5cm 沥青混凝土＋4cm 沥青磨耗层。桥面上虽设有横坡排水,但由于沥青层混合料级配不良、施工时造成离析、碾压不密实等原因,造成沥青层有渗水现象,使部分水下渗到沥青混凝土和钢筋混凝土的交界上。在桥面伸缩缝施工时,切割桥面铺装整修伸缩缝安装位置,在切割的横断面上,渗入水在沥青混凝土和钢筋混凝土层的交界处流出。由于桥面横坡的作用,在护栏内侧流出的水相对较多。当降雨数日后,该现象更加明显。钢筋混凝土层以上的沥青层成了这部分水的储水池,只有靠桥面纵横坡及蒸发才能将这部分水排走。

蒸发是主要途径，但速度缓慢，使桥面大面积、长时间处于潮湿状态。在白天烈日的曝晒下表面干燥；夜间温度低时，在毛细水的作用下，表面出现潮湿现象。如此循环数日后，在沥青层的表面上出现白色的污垢，有的斑斑点点，有的成块成片，这是水泥混凝土水解的结果。这部分水对桥面铺装的寿命影响很大，因此应采取措施将下渗的水尽快排到桥外。具体方法是：在护栏底座和沥青混凝土交界处设置盲沟，盲沟和泄水管相通。断面尺寸为宽 10cm，高度和第一层沥青混凝土的厚度相同(如 5cm)。施工时应使断面尺寸与之相同，长度可根据携带方便而定的硬质木条，一字型排在交界处；厚度和沥青层厚相同，不影响沥青摊铺机运行和压路机的碾压。由于外侧有防撞护栏支撑，压路机碾压沥青混凝土时，可连木条一起碾压，木条不会外移。碾压完成后，将木条拿出，形成盲沟的几何形状。用 1～2cm 粒径碎石填入其中并整平，其上沥青磨耗层施工完成后盲沟就形成了。渗到沥青桥面的水，在重力的作用下，沿着桥面横坡汇集到盲沟里，通过泄水管排出桥外。

前几年使用的泄水管(图 5-59)，由于是一个整体且安装时和最上层沥青表面齐平，只能排表面雨水，而对渗入水没有作用。再者，在摊铺沥青层时，由于泄水管高出钢筋混凝土铺装层，影响摊铺机的行走和压路机的碾压，施工时往往将高出部分砸掉。这样做施工方便，但沥青料没有依托而坍塌入泄水管中，堵塞泄水管；其二是栅盖因不能焊接于泄水管上而无法固定，容易丢失。鉴于上述原因，将泄水管设计成两部分(图 5-60)，将下部分在钢筋混凝土桥面铺装时安装完毕，其顶面比钢筋混凝土桥面铺装层低 0.5cm，上部分直径比下部分直径小 4mm，底部有半圆形孔，周围有直径 8mm 的圆孔数个。沥青层施工完毕后，将上部分插入到下部分并稍加修整沥青层即可。表面雨水通过顶端上的栅孔流入泄水管；盲沟里的水通过泄水管上半部分周围圆孔、底部的栅孔流入泄水管；盲沟里的水通过泄水管上半部分周围圆孔、底部半圆形缺口水管排出桥外，完成桥面渗水的排除工作。

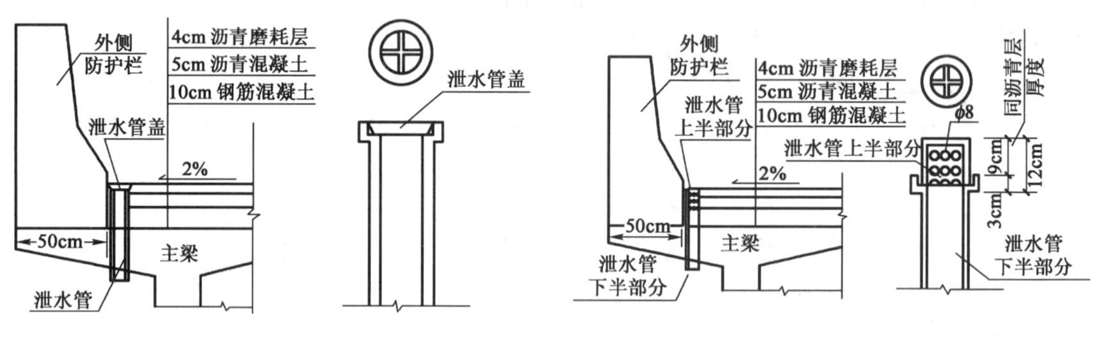

图 5-59 普通泄水管构造示意图

图 5-60 改进后泄水管构造示意图

第五节 路堑失稳加固处理工程实例

工程实例一 S103 线槲疃村公路段山体滑坡加固

一、工程概况

S103 线槲疃村公路段山体滑坡位于 S103 线仲宫—泰安公路槲疃村西郊，滑坡紧邻仲宫—泰安公路侧，滑坡体平面呈簸箕形态，滑坡体长度约 130m，厚度 6～18m，滑坡方量约 1.5 万 m^3。

二、工程地质条件

根据钻探揭示，滑坡区地层组成及岩土特性、特征如下。

1. 粉质黏土

棕黄色、稍湿、硬塑状，以粉质黏土为主，含15%～20%的角砾。

2. 灰岩

青灰色、层状结构、原生节理与风化溶蚀裂隙较发育，岩芯呈柱状—块状，溶蚀痕迹明显，溶蚀现象剧烈，溶洞内充填粉质黏土混角砾的溶洞泥，溶洞泥呈坚硬状态，棕黄色，岩芯遇水易软化、崩解。该层场地均匀分布。

3. 泥灰岩

棕红色—棕灰色、千层饼状结构、岩层倾角25°～30°、呈向斜状，岩芯水解性强、遇水膨胀，岩芯呈中强风化状态，失水后，轻击可散成角砾状物。该层场地均匀分布。

三、病害成因分析

顺坡缓倾的泥灰岩层及灰岩破碎带强度低，软弱易变形，且岩体内发育一组陡倾节理，这是滑坡赋存的内因；边坡临空面卸荷陡倾是滑坡产生的外因；雨水冲刷、坡面地表水下渗及临空面未进行及时防护是滑坡产生的诱因。

四、加固治理设计

(一)加固治理设计

根据边坡场地的工程地质与水文地质条件，考虑边坡周边环境、滑坡分布状况、施工技术规范以及类比工程经验，本着安全经济、周期短暂、技术可靠、施工可行并有利于保护周边生态环境的原则，通过了喷锚网、桩锚支护、毛石挡土墙和自然大放坡4种方案的技术经济分析比较，最后选择喷锚网支护形式对S103线槲疃村公路段大、小滑坡进行加固治理。具体设计说明如下。

(1)将大边坡坡底线往坡面回缩6m，并将坡底回缩后的大边坡分成I、II、III三个区域分别进行加固治理，具体划分详见大边坡加固治理平面图(图5-61)。其中I号区域由上而下分成3级坡，放坡坡度为1∶0.8，坡面预留2道宽度为2m的马道，坡体采用挂钢筋网(ϕ6.5mm@150mm×150mm)并喷射厚120mm的C20混凝土进行支护。II号区域由上而下分成3级坡，放坡坡度为1∶0.8，坡面预留两道宽度为2m的马道，坡体采用4排长锚杆(Φ25mm@3m、L=12～14m)、3排短锚杆(Φ25mm@3m、L=6m)和2排预应力锚索(4×7ϕ5mm@3m、L=22m，自由段长6m，设计抗拔力为320～350kN，预应力锁定值为224～245kN)并挂钢筋网(ϕ6.5mm@150mm×150mm)喷射厚120mm的C20混凝土进行支护。锚杆倾角为10°，锚索倾角为25°。III号区域清除坡面浮土、松石后采用挂钢筋网(ϕ6.5mm@150mm×150mm)、喷射厚100mm的C20混凝土进行支护。

(2)将小边坡分成I、II两个区域分别进行加固治理，具体划分详见小边坡加固治理平面图(图5-62)。其中I号区域清坡后坡体采用4～5排长锚杆(Φ25mm@3m、L=10～12m)、挂钢筋网(ϕ6.5mm@150mm×150mm)并喷射厚100mm的C20混凝土进行支护，锚杆倾角为

10°。Ⅱ号区域清坡后坡体采用4排短锚杆(ф25mm@3m、$L=4$m)挂钢筋网(ϕ6.5mm@150mm×150mm)并喷射厚100mm的C20混凝土进行支护,锚杆倾角为10°。

(3)大、小边坡坡面布设ф40mm@3m×3m、$L=3$m的PVC泄水管,坡顶布设800mm×800mm钢筋混凝土排水沟。

(二)施工技术保证措施

(1)支护前应自上而下按设计坡度进行清坡,清坡后布设锚杆(锚索)进行成孔、注浆、张拉、锁锚等工序作业。

(2)锚杆成孔直径不小于100mm,锚索成孔直径不小于130mm,采用纯水泥注浆,水灰比0.45~0.50,水泥为R32.5普通硅酸盐水泥。注浆压力锚杆为0.4~0.6MPa,锚索分两次注浆,第一次注浆压力0.4~0.6MPa,第二次注浆压力2.0~2.5MPa。

(3)锚杆(锚索)应沿杆(索)身每隔1.5m设置对中定位支架,以保证钢筋有足够的混凝土保护层厚度。

(4)预应力锚索和锚杆在使用前应进行防锈处理,锚索自由段应涂抹防腐材料后再套塑料管,并两端扎牢。

(5)锚索二次注浆管的出浆孔和端头应密封,保证第一次注浆时的浆液不进入二次注浆管内。

(6)锚索施工前应进行基本张拉试验,张拉根数为3根,锚索各项设计参数(如长度、抗拔力等)可根据试验结果作相应调整。

(7)锚索锚头应待锚固体强度达到20MPa,并达到设计强度70%后方可进行张拉。锚索张拉后现浇C25混凝土台形锚座将锚头包裹住以防锈蚀破坏。

(三)变形监测

为按照动态设计、信息反馈原则进行施工,边坡支护过程中应进行变形监测,沿大、小边坡坡顶分别均匀布设4个变形监测点,监测频率为施工过程中每3~4d一次,直至边坡支护完毕。发现异常应及时通知有关人员,并采取有效的加固处理措施。

(四)加固设计图纸

大边坡、小边坡加固治理平面图分别如图5-61、图5-62所示,并以大边坡3—3断面为例给出了支护剖面图及锚索大样图,如图5-63、图5-64所示。

五、加固效果评价

施工期及运营期监测结果表明,该滑坡体采用预应力锚索进行加固取得了良好的应用效果,有效防止了滑坡的发展,保证了公路的正常运营及邻近居民的生命财产安全。

工程实例二　S327枣林边坡加固

一、工程概况

S327线济南段仲宫至枣林段自2000年1月开始施工后,受雨水的影响,于2000年11月在枣林处开始发生山体滑坡,严重影响交通。为了使边坡加固处理方案设计合理、可靠,对该滑坡体进行了详细的地质调查及测绘。

控制点	Y(m)	X(m)	控制点	Y(m)	X(m)
1	958.939	1184.836	13	929.658	1058.050
2	950.676	1182.219	14	937.363	1054.352
3	948.611	1181.564	15	939.349	1054.114
4	940.348	1178.947	16	947.296	1053.162
5	928.282	1163.183	17	921.316	1077.238
6	925.963	1155.591	18	924.864	1117.370
7	921.380	1146.009	19	936.556	1136.063
8	913.927	1094.855	20	936.627	1136.860
9	908.199	1074.688	21	938.743	1160.794
10	908.629	1070.254	22	956.695	1159.457
11	920.028	1062.671	23	954.557	1135.275
12	927.732	1058.974	24	954.486	1134.478
			25	948.774	1069.796

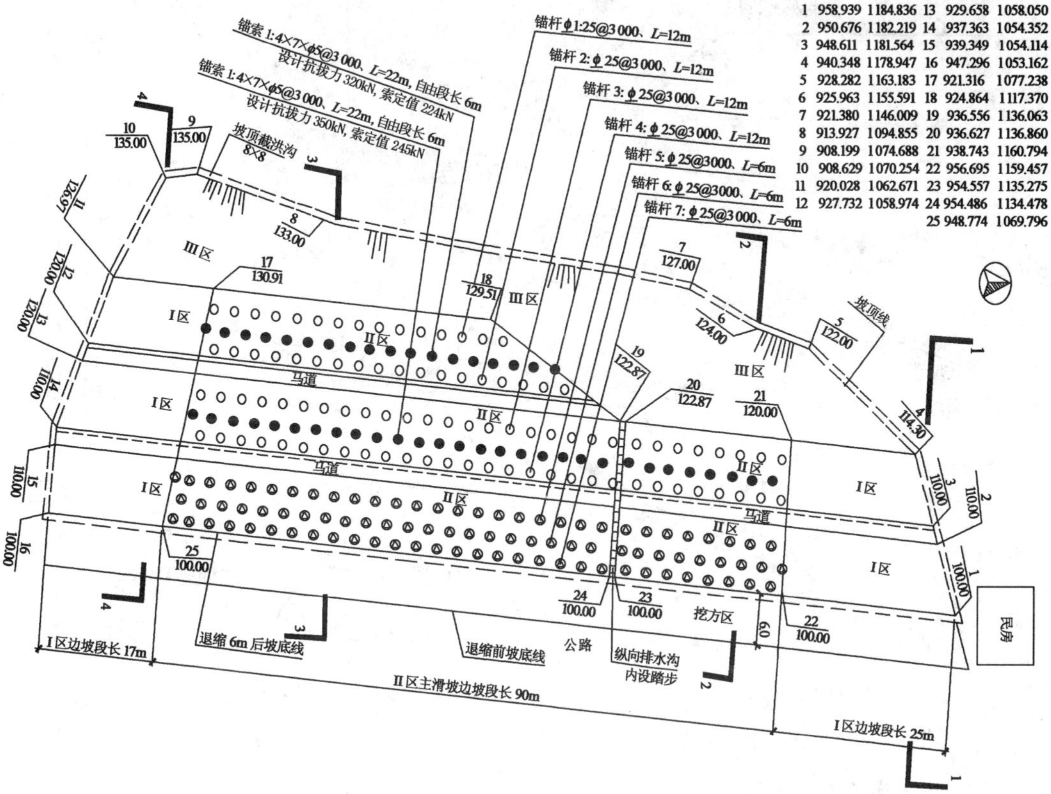

锚索 1:4×7×ϕ5@3 000、L=22m,自由段长 6m
设计抗拔力 320kN,索定值 224kN
锚索 1:4×7×ϕ5@3 000、L=22m,自由段长 6m
设计抗拔力 350kN,索定值 245kN
锚杆 ϕ1:25@3 000、L=12m
锚杆 2: ϕ 25@3 000、L=12m
锚杆 3: ϕ 25@3 000、L=12m
锚杆 4: ϕ 25@3 000、L=12m
锚杆 5: ϕ 25@3000、L=6m
锚杆 6: ϕ 25@3000、L=6m
锚杆 7: ϕ 25@3 000、L=6m
坡顶截洪沟
8×8
坡顶线
Ⅲ区
Ⅱ区
Ⅰ区
马道
挖方区
公路
民房
退缩 6m 后坡底线
退缩前坡底线
纵向排水沟
内设踏步
Ⅰ区边坡段长 17m
Ⅱ区主滑坡边坡段长 90m
Ⅰ区边坡段长 25m

图 5-61　大边坡加固治理平面图(尺寸单位:mm;高程单位:m)

控制点	X(m)	Y(m)
1	948.254	981.662
2	1082.781	979.702
3	1081.985	974.012
4	1070.362	974.347
5	1066.154	972.103
6	1014.934	974.196
7	988.483	972.606
8	951.392	977.018

锚杆 1: ϕ25@3 000、L=10m
锚杆 2: ϕ25@3 000、L=12m
锚杆 3: ϕ25@3 000、L=12m
锚杆 4: ϕ25@3 000、L=12m
锚杆 5: ϕ25@3 000、L=10m
锚杆 1: ϕ25@3 000、L=4m
锚杆 2: ϕ25@3 000、L=4m
锚杆 3: ϕ25@3 000、L=4m
锚杆 4: ϕ25@3 000、L=4m
坡底线
Ⅰ区土层段 84m
Ⅱ区岩层段 50m
Ⅰ区
Ⅱ区
坡顶线
坡顶排水沟

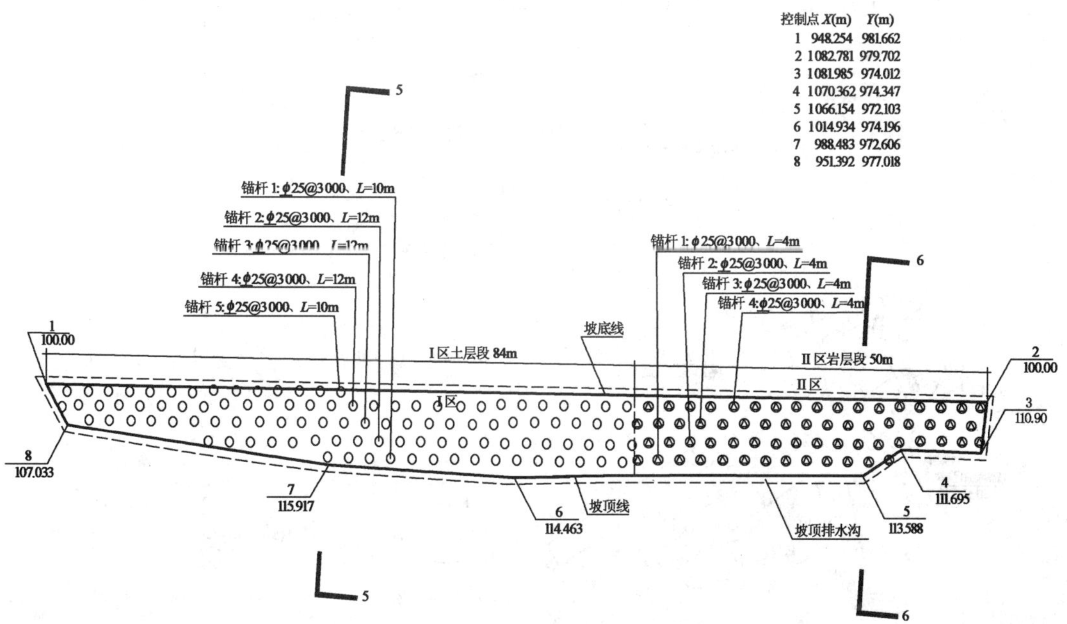

图 5-62　小边坡加固治理平面图(尺寸单位:mm;高程单位:m)

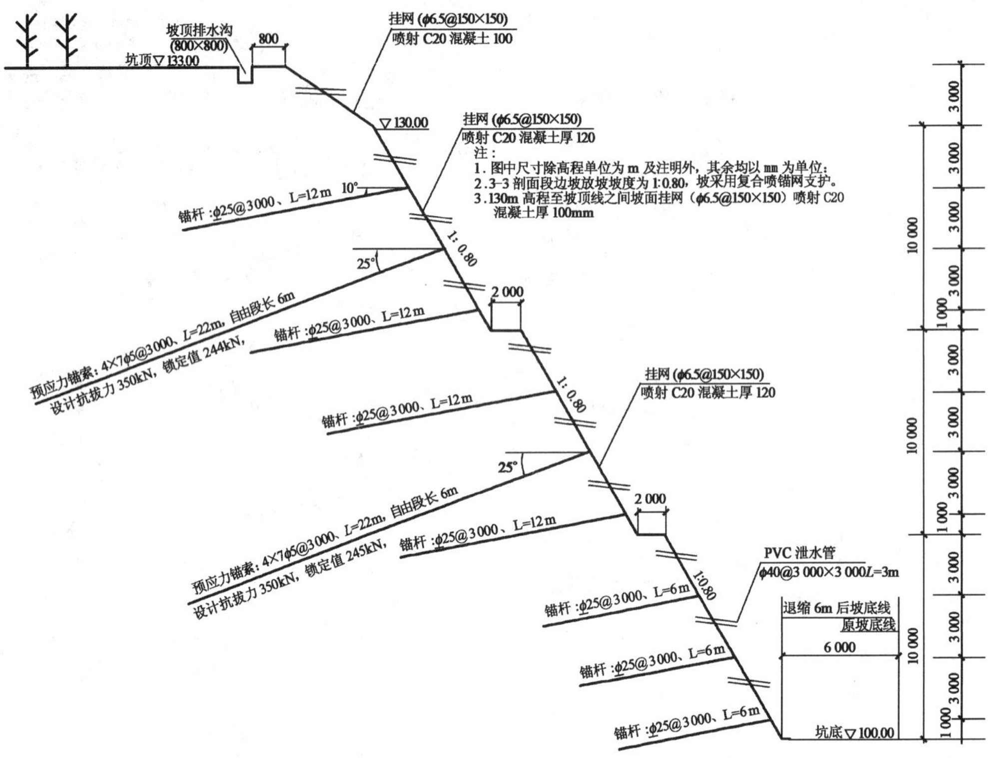

图5-63　大边坡3—3支护剖面图(尺寸单位:mm;高程单位:m)

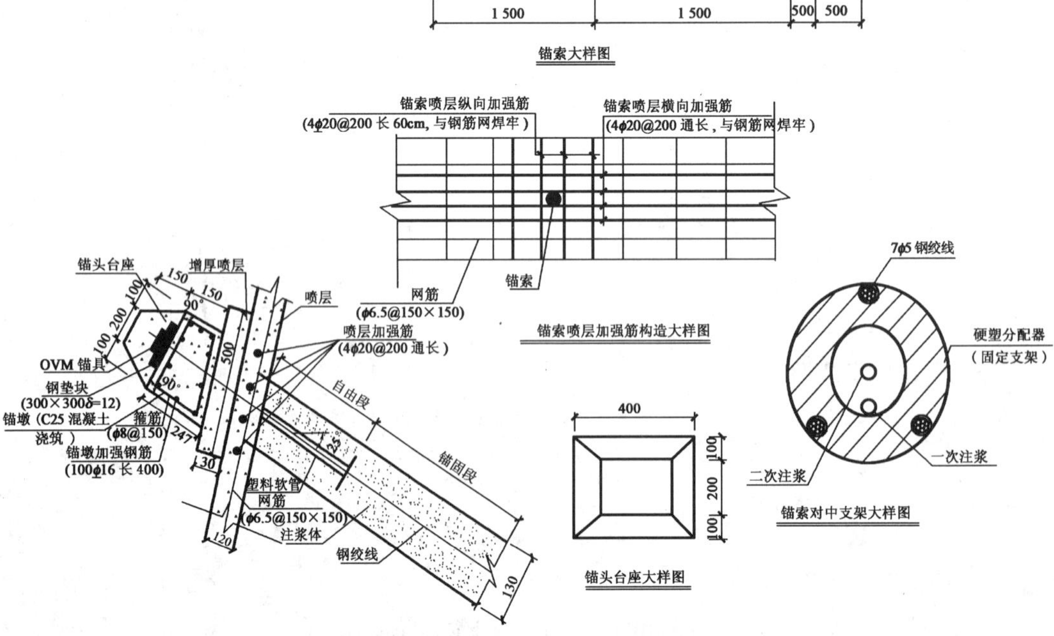

图5-64　预应力锚索大样图(尺寸单位:mm;高程单位:m)

二、工程地质条件

(一)场地地质条件

枣林滑坡小区域发育的地层为太古界泰山群,小区域构造不发育,滑坡是沿着全风化片岩及全风化花岗片麻岩和上部的崩塌堆积物之间的接触面滑动的。

(二)水文地质条件

地表水渗入地下后沿着破碎带流入到主滑动面沿着主滑动面流动,部分沿着破碎带流动,这几部分水在滑坡的前缘部分汇合起来后大部分沿着滑动面流出,少部分沿着节理裂隙流入地下。

(三)地层的物理力学性质

在揭露的滑坡面上,采用专门方法获取岩样,加工成标准试件后,在实验室测试其物理力学性质。试验结果见表5-11、表5-12。

岩样的密度和抗压强度　　表5-11

密　度(g/cm^3)				抗 压 强 度(MPa)			
1	2	3	平均	1	2	3	平均
2.56	2.61	2.59	2.59	36.1	24.1	27.7	29.3

岩样的内聚力和内摩擦角　　表5-12

完整岩样(变角剪法)		滑移面(直剪法)	
内聚力(MPa)	内摩擦角(°)	内聚力(MPa)	内摩擦角(°)
4.95	36.5	14.2	24
—	—	11.6	22.3
—	—	15.7	24.6

三、病害成因分析

(一)滑坡特征

(1)枣林滑坡体平面形状呈锥形、长舌形,枣林滑坡体后缘呈弧形。

(2)宽而深的上宽下窄的新鲜弧形拉张面发育。

(3)滑坡台阶不明显。

(4)滑坡体主要由碎石组成。

(二)滑坡的类型与规模

该滑坡类型为中层牵引式地表堆积物的斜坡移动。

滑坡体的平面面积为 3 019m²;滑动面的平均深度为 7.8m;滑坡体的横断面面积为 543m²。滑坡体的体积为 21 720m³,重量为 43 340t,属中型滑坡;滑坡床的埋藏深度为 6.50~8.90m。

(三)滑坡的形成与发展

由于枣林滑坡处于中低山的北侧靠山顶部位,地势较高,其次滑坍体界面利用了片麻理这一薄弱面,所以早期滑坡阶段,滑坡体顺后缘滑坡陡壁向下剪切运动,滑动擦痕清晰。滑坡形成后,滑坡体向北继续移动。大致北移 3.0m 以后因受北侧沟缘的阻挡,开始改变方向。处于滑坡体中部附近的强风化的残、坡积物在蠕动压密作用下滑动面开始形成,滑坡体随即向北东方向作大规模移动。

该滑坡滑动原因为坡体后部倾角大,坡体含有片麻理,其强度低极易滑动,这是滑坡赋存的基础地质条件;建造公路导致人工切坡,临空界面和临空高度的增大加剧了坡体的不稳定性,这是滑坡产生的地貌条件;大量地表水进入坡体进一步软化滑坡体,增大可塑流动性,并且极大地润滑了滑动面,加速了滑坡的形成和滑移速度,这是滑坡发生、发展的诱因。

四、加固治理设计

(一)综合治理基本原则

(1)在保证公路安全运行要求的前提下,提出符合实际、方便施工且经济合理的方案。

(2)滑坡体治理应考虑周围环境影响,选择全区系统的防排水及减重、支挡方案。

(3)贯穿动态设计思想,建立信息化施工机制,加强安全监测并及时调整优化设计。

(4)兼顾公路景观要求,采用技术先进可靠的防护治理措施。

(二)滑坡加固处理方案

1.排水系统

采用地面排水和地下排水方式。地面排水是沿暴露的滑动面修筑截水沟拦截滑坡体以外的地表水流入滑坡体内;地下排水采用疏水孔,在抗滑桩之间布置上下 2 个疏水孔,上下间距 3m,下疏水孔距地面以上 1m,共布置 14 个疏水孔,上疏水孔深 16m,下疏水孔深 8m。

2.抗滑桩

将抗滑桩设在公路边上,桩横断面为 1.5m×2m,桩长为 14m(路面以上 8m、路面以下 6m),桩间距为 6m,桩身混凝土为 C25。

3.预应力锚索

为了使抗滑桩的受力更合理、滑坡加固处理更可靠,本设计是每根抗滑桩配两根预应力锚索。

4.挂网锚喷

本设计采用挂网锚喷加固抗滑桩以上 8m 范围的坡体,以防止坡体从抗滑桩桩顶滑动。

注浆锚杆:锚杆为Φ 20mm 钢筋,锚杆间距 2m×2m、长 4m,注浆浆液采用 M30 水泥砂浆。

钢筋网:ϕ6.5mm 钢筋,网格为 200mm×200mm。

喷射混凝土:喷射混凝土为 C20、厚度为 120mm。

5. 护面墙

在抗滑桩之间修筑拱形块石墙，以防止坡体从桩间滑动。墙厚 0. 5m，基础深 0. 5m，墙高 6m。

(三)预应力锚索抗滑桩的设计

1. 滑坡稳定性分析

根据滑坡地质剖面图，该边坡为平面双滑块破坏模式。边坡滑动时，认为滑坡处于临界平衡状态，即边坡抗滑稳定系数 $F_s=1$。取 $F_s=1$，根据反演计算并结合实验室试验结果，滑坡体抗剪强度指标结果为：滑块 1、2 的黏聚力及内摩擦角分别为 $c_1=11.3$kPa、$f_1=12.2°$和 $c_2=8.5$kPa、$f_2=21.2°$。

引起滑体滑动的是滑体自重。锚索和抗滑桩的作用是共同阻止滑体沿滑面滑动，并具有安全系数的容许值[F_s]。锚索的作用认为是单独作用时使滑坡体具有安全系数[F_s]=1. 05。

2. 预应力锚索的设计

锚索的设计包括确定锚固力、锚固类型和长度、锚索长度及安设角度等内容。

1)锚索安装角度

为方便锚索装设以及尽量使锚索进入稳定岩层，取锚索安装角度 $d=25°$，即向水平方向下方倾斜 25°。

2)锚索锚固力及锚索类型

锚索使边坡稳定性安全系数达到容许值[F_s]=1. 05 时所需施加的锚固力为 1 600. 6kN。选用 2 根锚索，每根采用 7×7ϕ5 高强度钢绞线(ϕ15. 24，1 860MPa)。

3)锚索的布置

每根抗滑桩上布置 2 根锚索，2 根锚索之间的间距为 3m，其中上锚索距桩顶 0. 5m。

4)锚固体长度

锚固方法采用在锚索端部灌注水泥砂浆，锚固长度为 9m。

5)锚索张拉段长度

根据锚索张拉段长度不宜小于 5. 0m 及张拉段一般应超过破裂面 1. 0m，故取上锚索张拉段长 21m、下锚索张拉段长 16m。

这样，上锚索长为 30m、下锚索长为 25m。

6)锚索张拉力

锚索的张拉力取 800kN。

3. 抗滑桩的设计

1)抗滑桩设计应满足的要求

(1)整个抗滑桩具有足够的稳定性，即抗滑稳定安全系数满足设计要求值，保证滑体不越过桩顶，不从桩间挤出。

(2)桩深要有足够的强度和稳定性；桩的断面和配筋合理，能满足桩内应力和桩身变形的要求。

(3)桩周的地基抗力和滑体的变形在容许范围内。

抗滑桩的设计任务就是根据以上要求，合理确定抗滑桩的桩位、间距、尺寸、埋深、配筋、材料等内容。

2)设计资料

滑体重度:$\gamma_1=20.0\text{kN/m}^3$;

滑床重度:$\gamma_2=22.0\text{kN/m}^3$;

地基系数的比例系数:$m=100\text{MPa/m}^2$;

桩:全长14m,其中受荷段$H_1=6\text{m}$,锚固段$H_2=8\text{m}$;

桩间距(中至中):$S=6\text{m}$;

桩截面面积:$F=b\times a=1.5\times2.0=3.0\text{m}^2$;

桩的混凝土强度等级:C25;

桩承受的滑坡推力:$E_r=4\,478.4\text{kN}$;

安全系数:$[F_s]=1.25$;

锚索张拉力的水平分力:$E_t=725.0\text{kN}$。

将锚索的张拉力施加在抗滑桩上。抗滑桩为悬臂式弹性桩,桩底边界条件按自由端考虑。

3)桩身内力

在桩深8.3m处,桩身最大弯矩$M_{max}=1.19\times10^4\text{kN}\cdot\text{m}$。

4)抗滑桩配筋

按单筋矩形截面受最大弯矩进行配筋计算(采用二级钢筋)。

抗滑桩受拉钢筋选用30ϕ32钢筋(双排)。

(四)施工技术要求

1.削坡

边坡加固处理前应进行削坡工作,为预应力锚索抗滑桩的施工清理出工作场地。

2.抗滑桩

抗滑桩应符合《钢筋混凝土结构工程施工及验收规范》所规定的要求,对混凝土施工应定期取试样进行强度试验。

3.预应力锚索、全长黏结锚杆、挂网喷浆

(1)预应力锚索穿孔必须采用专用钻机以保证成孔质量。锚索孔孔径≥120mm,钻孔深度为锚索设计长度加200mm;全长黏结锚杆孔径≥50mm,钻孔深度为孔内锚杆长度加100mm。

(2)锚杆孔位、孔径、孔深及布置形式应符合设计要求,孔距误差不宜超过200mm,孔深误差不宜超过50mm。

(3)预应力锚索钻孔轴线与设计偏差不应大于3°,锚杆钻孔轴线与设计偏差不应大于5°。

(4)孔内积水及岩粉应吹干净,遇有塌孔情况应扫孔。

(5)锚索采用7ϕ5(ϕ15.24mm,1 860MPa)的高强度钢绞线,锚索体表面应没有损伤,按设计长度并考虑千斤顶张拉需要的长度,用砂轮锯切割,然后绑扎编束,保证每束钢绞线顺直,不扭不交叉。

(6)锚杆体入孔前应平直、除油。

(7)为保证锚索体居中,应焊接船形或环形支架。

(8)预应力锚索需准确控制锚固段注浆长度,锚固段浆体养护7d后方可实施预应力张拉。

(9)同一根抗滑桩的两根预应力锚索按设计拉力的50%、100%交替张拉,每级张拉应持荷 10min，稳定后可进行下一级张拉，最后一级应持荷 20min。

(10)挂网喷浆前应用高压风、水清洗坡面，并保持喷射作业前坡面潮湿。

(11)锚索与钢筋网需按设计要求由锚固筋牢固固定于坡面，喷射时不应晃动。

(12)喷射混凝土混合料组成及配合后应符合规范要求。

(13)应控制好水灰比，保持喷层表面平整，呈潮湿光泽，无麻窝、干斑或滑移流淌现象。

(14)喷射作业分片、分段进行，施喷顺序由下向上。喷射时喷头应垂直受喷面，并保持 0.6～1m 的距离。

(15)分层喷射时，后一喷层应在前一喷层终凝后进行。若终凝 1h 后再行喷射时，应先用高压水清洗喷层表面。

(16)喷射混凝土终凝 2h 后应喷水养护，养护时间应大于 7d。

(17)禁止下雨时喷射作业。

(18)预应力锚索抗滑桩施工顺序：定上锚索孔位⟶钻上锚索孔⟶编上锚索⟶清洗上锚索孔⟶安装上锚索⟶上锚索孔⟶一次注浆⟶定下锚索孔位⟶钻下锚索孔⟶编下锚索⟶清洗下锚索孔⟶安装下锚索⟶下锚索孔⟶二次注浆⟶挖抗滑桩孔⟶浇筑抗滑桩⟶上、下锚索交替张拉、锁定⟶封锚⟶回填桩前土。

(19)全长黏结锚杆(锚固筋)主要施工顺序：清坡⟶放孔位⟶穿孔⟶吹(洗)孔⟶锚杆处理⟶注浆⟶养护⟶锚杆端头处理。

(20)挂网喷射混凝土主要施工顺序：清坡⟶挂网⟶洗坡⟶喷射混凝土⟶养护。

4.锚索、锚杆注浆

(1)压力注浆浆液采用 M30 水泥砂浆或 C30 纯水泥浆，砂料宜采用中细砂，砂粒不宜大于 2.5mm，使用前应过筛，水泥采用不低于 R42.5 普通硅酸盐水泥。

(2)注浆用水应是可饮用的自来水、河水、井水及其他清洁水。

(3)根据注浆孔内的渗透效果，浆液的水灰比由大到小，最大为 0.8，最小为 0.4。

(4)正式注浆施工前，选择 2～3 孔进行压力注浆试验，调整注浆参数。

(5)浆体必须经过搅拌机充分搅拌均匀后，才能开始压注，并应在注浆过程中不停顿地缓慢搅拌，搅拌时间应不小于浆液初凝时间，浆体在泵送前应经过筛网过滤。

(五)动态设计与跟踪服务

边坡加固属隐蔽工程。通过地质调查和测绘只能知道边坡表面的情况，而通过地质勘察也只能知道边坡的局部情况。对一个自身不稳定而需要设防的边坡，会因其深部不利的地质条件和工程活动等因素，导致边坡不稳定，出现边坡破坏。

锚索钻孔的施工及抗滑桩的开挖可以揭露出更多、更具体的地质情况，利用监测可以及时掌握和分析各种综合因素对边坡稳定性的影响并作出边坡稳定性的预测和预报。

边坡动态设计正是基于边坡工程的特点，在施工过程中，建立实时监测体系，根据施工中所揭露的问题，及时准确预见性地提出调整与优化方案，为施工提供相关服务。

在施工过程中及施工后，边坡的变位与锚索受力情况等信息的采集是施工监测系统及边坡稳定性预报的最重要的依据。此外，利用监测数据，从理论上对该滑坡进行机理分析，能够获得具有较高水平的成果。

(六)设计图纸

相关设计图纸如图 5-65～图 5-67 所示。

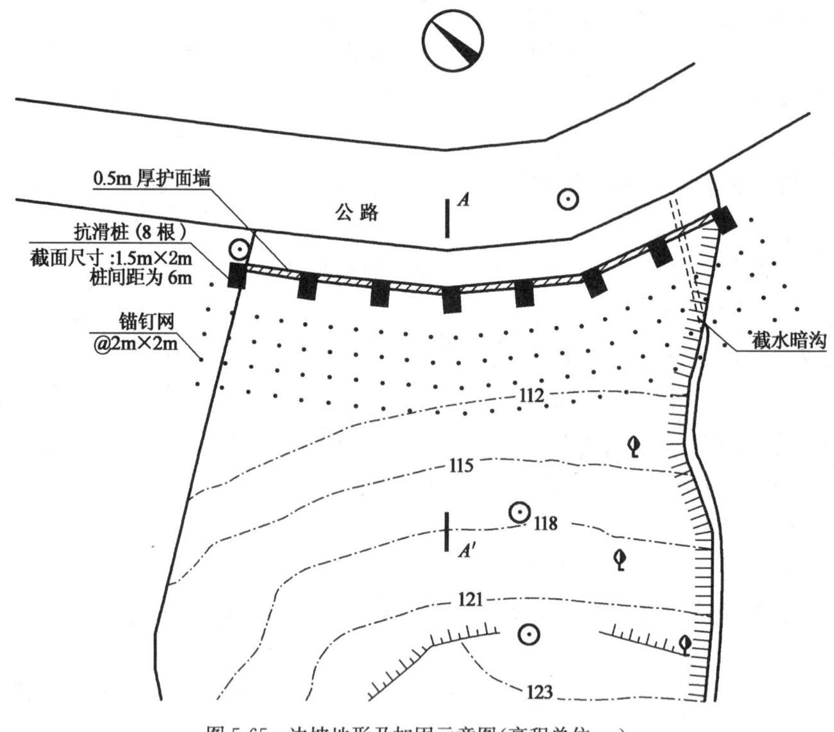

图 5-65 边坡地形及加固示意图(高程单位:m)

五、加固效果评价

该边坡加固完成通车至今,未出现明显的滑坡等病害现象,加固效果良好,有效保证了附近居民及行驶车辆的安全。

工程实例三 济南绕城高速南线工程 K24 高边坡滑坡加固

一、工程概述

济南绕城高速公路南线工程是国道主干线北京—上海、北京—福州和青岛—银川在济南外围联网形成的绕城高速公路,全长 39.892km,按重丘区双向四车道高速公路标准建设,全封闭、全立交,路基全宽 26m,设计行车速度 100km/h。在本工程 K23+990.00～K24+180.00 段右侧路堑发育滑坡,坡体内含有融蚀空洞及破碎带,构造交错部位常年持续潮湿。边坡上部岩石多为厚层与薄层灰岩互层,中下部为泥岩与泥质灰岩互层。受岩性的影响,泥质灰岩、泥岩风化作用强烈,完整性差,软弱易破碎。该路堑路线轴部最大开挖深度 85m,山体山顶高程 490～496m,边坡开口线后方自然坡度最大处超过 45°。滑坡体主轴方向长约 90m,轴向为 NE30°。滑坡舌出露高程在 356m 附近,滑坡体平面呈簸箕形态,滑坡前缘宽度 190m,厚度

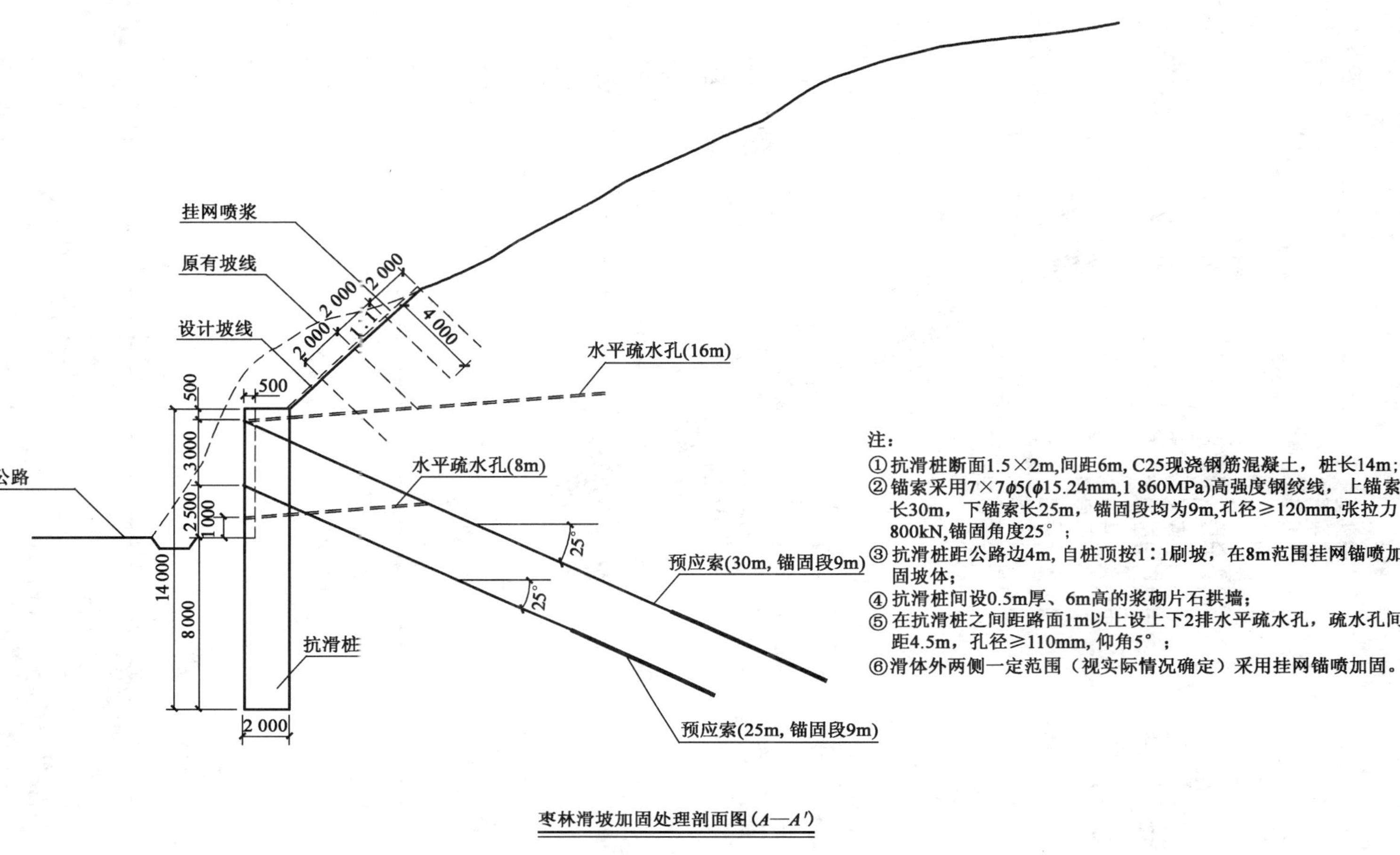

注：

①抗滑桩断面1.5×2m,间距6m, C25现浇钢筋混凝土，桩长14m；

②锚索采用7×7ϕ5(ϕ15.24mm,1 860MPa)高强度钢绞线，上锚索长30m，下锚索长25m，锚固段均为9m,孔径≥120mm,张拉力800kN,锚固角度25°；

③抗滑桩距公路边4m, 自桩顶按1∶1刷坡，在8m范围挂网锚喷加固坡体；

④抗滑桩间设0.5m厚、6m高的浆砌片石拱墙；

⑤在抗滑桩之间距路面1m以上设上下2排水平疏水孔，疏水孔间距4.5m，孔径≥110mm, 仰角5°；

⑥滑体外两侧一定范围（视实际情况确定）采用挂网锚喷加固。

枣林滑坡加固处理剖面图(A—A′)

图5-66　边坡加固处理剖面图(单位:mm)

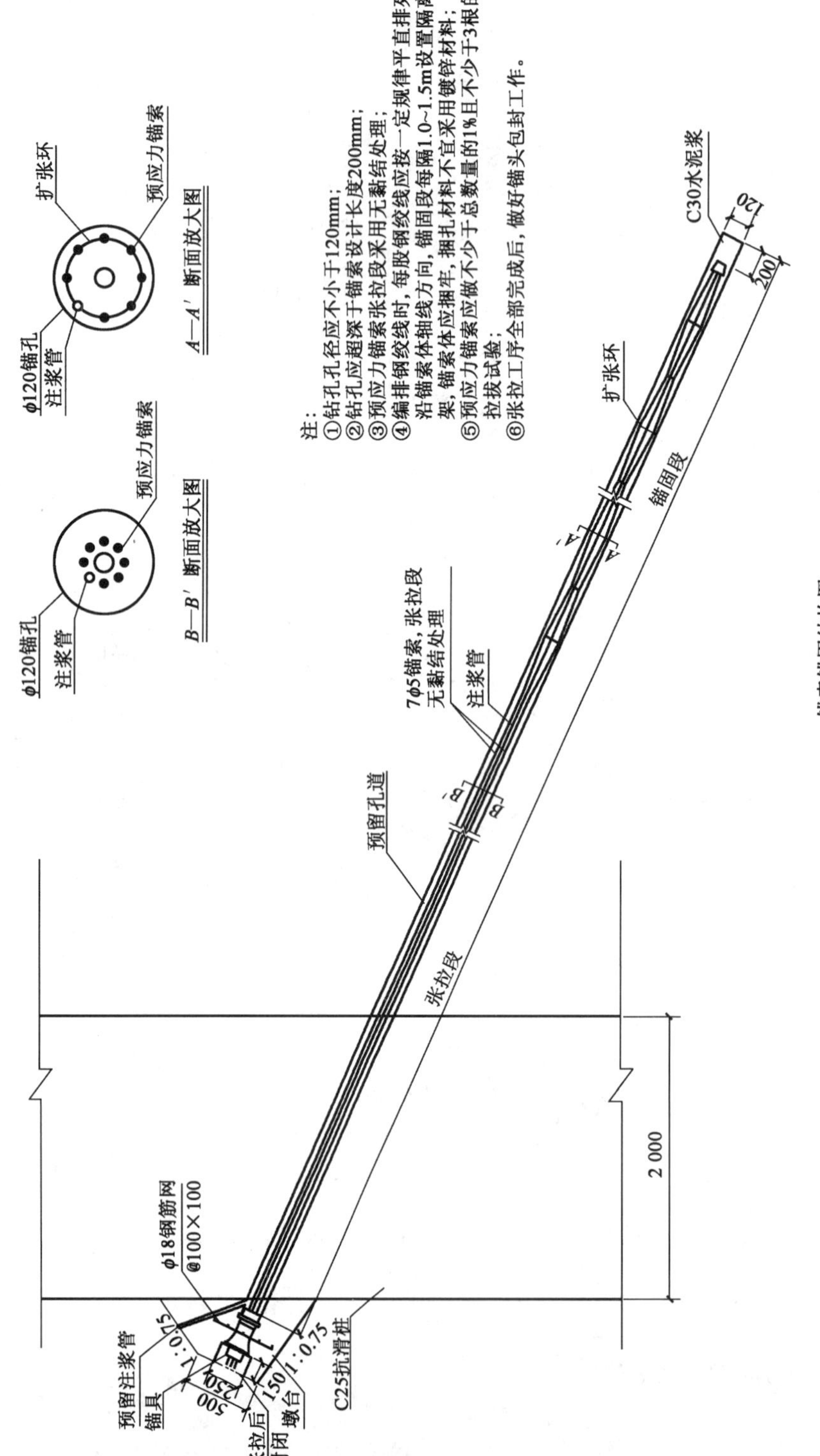

图5-67 锚索锚固结构图(单位：mm)

10～25m,滑坡方量约 15 万方。滑坡后缘陡壁高差一般为 10m,最大 14m。滑坡整治对象主要是滑坡体、后缘自然坡体和滑体周界陡壁区段,如图 5-68 所示。坡体采用 1∶1 削坡,主要采用预应力锚索加固,锚索长度 35～45m，一级坡采用抗滑桩加固。此边坡加固工程于 2001 年 4 月开始实施,2002 年 2 月份完工。

图 5-68　工程全貌

二、工程地质条件

(一)地形地貌及气象条件

该段路堑所处“涝坡”,位于济南市南部山区,山体海拔高度在 460m 以上,轴线最大开挖深度 40m,线路走向近东西向,山体下缓上陡,中下部为第四系坡积覆盖层,上部表面植被发育可见基岩露头。

研究区气候条件属暖温带大陆性半湿润季风气候。降水量多集中在 6～9 月份,最大月降水量 650mm,年平均降水量为 520mm。

(二)地层岩性

K24 路堑边坡地层为奥陶系马家沟灰岩岩组,岩性较为复杂,主要有深灰色中厚层灰岩、灰色薄层灰岩、褐黄色薄层泥质灰岩和泥岩,如图 5-69 所示。上述不同岩层一般呈互层产出。相对来说路堑上部岩石多为厚层与薄层灰岩互层,中下部为泥岩与泥岩夹层互层。受构造影响,不同区段,岩性差别较大。K23+990.00 以东岩层明显受风化、侵蚀严重,强度偏低。

出露岩层产状为近倾向路基,倾角为 10°～12°。山体自 390m 以下,多为第四系坡积、洪积物,以粉质黏土为主,厚度几米至几十米。

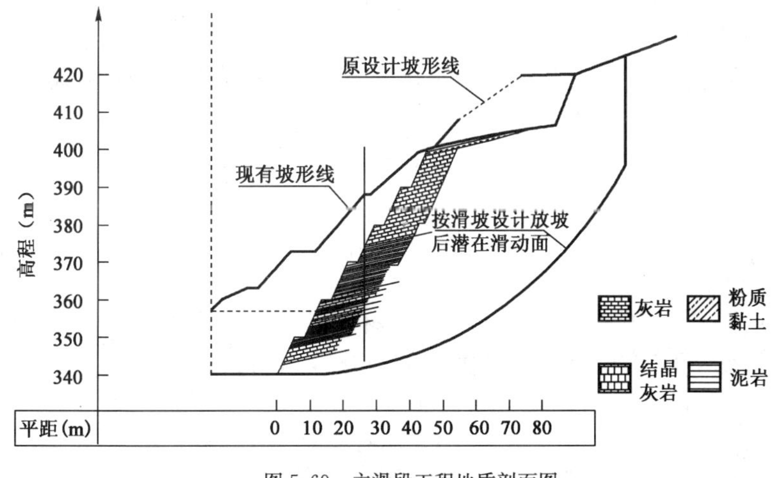

图 5-69　主滑段工程地质剖面图

(三)构造

区内主要构造为 F_1 断层破碎带,该破碎带产状不规则,平面延展方向呈弧形展布,倾角较陡,基本产状为 NE5°～40°/75°～85°。该断层破碎带控制了本段坡体的变形边界。

(四)物理地质现象

主要包括风化、融蚀、崩塌等。

由于岩性的差异,岩层风化程度较大,泥质灰岩、泥岩受风化作用强烈,完整性差、破碎软弱。灰岩融蚀现象明显,见融蚀沟槽、姜石,融蚀最为发育的层位为380m高程。崩塌主要指山体上部块状灰岩的倾倒塌落,由于厚层灰岩与薄层灰岩互层及两种岩性的风化差异,造成厚层灰岩在剖面上显探头状,易产生崩塌危害。

(五)水文地质条件

地下水补给主要来自大气降水。岩石渗水性较差,层理、节理、断层破碎带导水性强,特别是断层破碎带是该段地下水径流的主要通道。地下水的不利作用表现在岩层分层透水性差异大,局部泥岩隔水易形成上层赋水,长期浸润作用下的泥岩软化,致使抗压强度持续下降;其次地下水对灰岩融蚀作用形成坡体内部发育融槽、溶沟,对上部岩体的承载力降低。

该处山坡所处位置又称"涝坡",这可能与坡体内融蚀空洞富水及破碎带集中渗水形成有关。开挖边坡过程中,常见局部湿潮,其中几处较大构造交错部位如一级台阶K23+980.00处,持续渗水,水量较大。

三、病害成因分析

概括地说,滑体原因为顺坡缓倾的泥岩层和S_1断层,破碎带强度低,软弱易变形,岩体内发育一组陡倾节理,这是滑坡赋存的基础地质条件;边坡临空面已开挖40余米,临空面卸荷陡倾,是滑体产生的地貌条件;坡体在大量地表水渗入,开挖爆破震动影响和坡面临空条件下未及时进行防护是滑坡发生的诱因。

F断层破碎带使滑体失去侧约束,为边界控制因素。下部连续性较好的厚层泥岩在开挖成坡到一定程度后,因未得到及时的应力补偿,在重力侧向分力的作用下,向临空方向缓慢而持续塑性变形,为蠕动阶段。上覆灰岩为主的硬质岩层本身受陡倾节理切割,其下部为一层较厚的软弱泥岩层,坡顶岩石受拉而出现张裂。

四、加固治理设计

(一)削坡减载

根据滑坡区勘测成果,现有滑坡体以滑裂面以上厚度最大处在25～30m,滑坡体变形较大,考虑加固实施难度和过大削坡对周围坡体的不利影响,表层一定深度(10m左右)的坡体宜作清除,以减少滑体下滑力从而减小支挡工程量。

(二)预应力锚索

结构形式和参数,滑坡后方陡壁坡体采用6根ϕ15.24mm、1 860MPa高强度低松弛预应力钢绞线锚索体,设计张拉荷载1 000kN;滑坡区及III区采用5根ϕ15.24mm、1 860MPa高强度低松弛预应力钢绞线锚索体,设计张拉荷载850kN。锚索深入最终边坡潜在危险面以下不小于10m。端头采用肋柱式或墩台式,与挂网喷射混凝土层联系增强坡体整体抗滑能力。

(三)抗滑桩

设计采用预应力锚索抗滑桩,桩截面为矩形 1.5m×2m(宽×厚),使长轴方向与主滑方向平行,钢筋和混凝土的受力能较大发挥其作用;采用预应力锚索体系使抗滑桩抗力效果大大提高。

(四)砂浆锚杆

设计全长黏结锚杆,对不同区段采用不同长度,结合压力注浆,有效改变坡体浅层岩体整体强度,构筑“岩墙”,可减小锚索预应力损失。

(五)挂网喷射混凝土

与锚索、锚杆联合使浅表岩层与深层坡体形成稳固整体,并有效阻隔表水入渗。挂网钢筋铺设于肋柱、锚墩下,与锚杆钢筋焊接固定。喷射混凝土强度等级 C25,为减少回弹率,混凝土配合比中砂率宜为 50%~55%,并添加速凝剂。

(六)注浆

锚杆与锚索的注浆工艺至关重要,注浆管须插入孔底,锚索采用双管二次注浆工艺,二次注浆材料可采用纯水泥浆。锚杆注浆采用多序压力扩散注浆。锚杆与锚索应多次补浆使浆液充满整个钻孔。

(七)排水系统

分为地表排水和地下排水。地表排水为滑坡后缘设截排水沟,砂浆充填后缘裂隙,台阶及平台喷射混凝土,使地表水不易渗入坡体内以致软化泥岩软弱层而增加下滑力,二级平台以上喷射排水槽,一级台阶坡面设集中排水槽;地下排水则采用水平疏干孔和泄水孔将坡内地下水引出喷层外。

(八)分级坡形设计

1. I 区

滑坡区 K24+060.00 以西,削坡后坡形:一级 1:0.5,二级 1:0.75,三级以上 1:1.0;一级平台宽度 3m,二至四级平台宽度 5m。

2. II 区

现有陡壁 402.5m 高程以上,按 1:0.35 实施光面爆破修坡;402.5m 高程以下为滑坡体削坡减载后自然出露坡形。

3. III 区

坡形:一至五级台阶坡率 1:0.5,六级 1:0.75;台阶高度 10m,平台宽度 3m。

4. IV 区

削坡后坡形:一级 1:0.5,二至三级 1:1.0;平台宽度按 1:1 和自然地形控制衔接。

(九)分级防护设计

1. I 区

(1)一级采用预应力锚拉抗滑桩,桩位布置在一级平台,桩间距 4m,桩截面 2m×1.5m,桩长 16m；根据开挖地层状况，实施过程中可进行衬砌，采用现浇 C20 钢筋混凝土，衬砌厚度 10cm；距桩顶端 1m 设计预应力锚索，锚索体为 6 根 ϕ15.24mm 高强度低松弛预应力钢绞线，单个锚固单元设计张拉荷载 1 000kN。一级台阶开挖后，设浆砌片石护面墙，块石镶面。

(2)二至五级台阶肋柱预应力锚索、挂网锚喷，肋柱截面 50cm×60cm(厚×宽)；锚索体采用 5 根 ϕ15.24mm 高强度低松弛预应力钢绞线，单个锚固单元设计张拉荷载 850kN。

①K24+060.00 以西至 K23+956.00，肋柱间距 5m，预应力锚索间距 5m×5m，锚固角 30°。

②K24+060.00 以东：二级台阶坡 K24+060.00～K24+160.00，三级台阶坡 K24+060.00～K24+130.00，四级台阶坡 K24+060.00～K24+120.00，五级台阶坡 K24+060.00～K24+100.00，肋柱间距 7.5m，预应力锚索间距 5m×7.5m，锚固角 30°。

③全长黏结锚杆，二级以上台阶Φ 32mm 全长黏结锚杆，锚杆长度 9m；一级台阶锚杆长度 4m，每个台阶布置三排，锚固角 30°。

④坡面及眉线至截水沟范围，采用挂网喷射 C25 混凝土防护，喷射混凝土层厚 12cm，土层覆盖范围修成反坡态势。

2. 滑坡后方陡倾山体

(1)采用预应力锚索加固，402.5m 高程上部为墩台式，梅花形布置，402.5m 高程下部为肋柱式，间距为 5m×5m，锚固角度 30°～10°。选用索体为 6 根 ϕ15.24mm、1 860MPa 高强度低松弛预应力钢绞线，单个锚固单元设计张拉荷载 1 000kN。

(2)坡面及眉线至截水沟范围内，采用挂网喷射 C25 混凝土与联合防护，喷射混凝土层厚 12cm，土层覆盖范围修成反坡态势。

(3)全长黏结锚杆：Φ 32mm 全长黏结锚杆，锚杆长度 9m。陡壁坡面锚杆间距按 2.5m×2.5m交错布置；自然坡面较大凸岩随机布置锚杆支墩。同时结合静压(0.25～0.4MPa)注浆、改良岩体，构筑“岩墙”，使浅层防护与深层预应力锚固更好结合。

3. III 区

(1)西侧边坡设计采用预应力锚索与挂网锚喷联合支护方案，施工已在进行之中，与 I 区交界部位为滑坡侧向临空陡壁，设计挂网锚喷和全长黏结锚杆加固。Φ 32mm 全长黏结锚杆，锚杆长度 9m，间距按 2.5m×2.5m 交错布置，锚固角 30°。

(2)受侧滑影响，该区边坡稳定程度降低，故在 K23+956.00～K24+000.00 三级以上台阶原设计两排锚索间布设一排锚索提高边坡的稳定程度。增设的预应力锚索间距 5m，锚固角度 30°，锚索体采用 5 根 ϕ15.24mm、1 860MPa 高强度低松弛预应力钢绞线，设计张拉荷载 850kN。

4. IV 区(K24+160.00～K24+200.00 段)

(1)一级采用锚杆浆砌片石护面墙，块石镶面。Φ 32mm 全长黏结锚杆，锚杆长度 9m，间距按 2.5m×2.5m 交错布置，锚固角 30°。

(2)二级台阶平台挂网喷射 C25 混凝土，挂网钢筋采用 ϕ6(间距 20cm×20cm)，每 $1m^2$ 设一根 ϕ16mm 锚固筋固定，喷层厚 12cm。边坡眉线至截水沟间土层覆盖范围修坡，成反坡态势。

5. 防排水

(1) I～IV 区边坡排水措施：坡体内排水设置 ϕ110mm 疏干孔，深度 12～14m，间距 5.5m，

PVC 多孔渗水管长度 5.2m，深入孔内 5m，外露 20cm。一级挡墙及二级挂网喷射混凝土表面设置 ϕ75mm 泄水孔，间距 4×4m，泄水孔位置设碎石过滤层。

(2)I～Ⅳ区边坡防渗水措施：平台采用挂网喷射 C25 混凝土防止区内表水渗入。K23+980.00～K24+080.00 段设截水墙及截水沟，采用喷射混凝土筑成，裂隙部位采用 M5 砂浆充填密实；K24+080.00～K24+160.00 段片石砌筑截水沟，后方自然台地设排水沟、截水坝利于地表水径流。

6. 注浆

本次设计预应力锚索锚固段采用二次高压注浆，全长黏结锚杆采用多序压力扩散注浆。

(十)施工工序

(1)分区段施工顺序如下。

①II 区 402.5m 以上削坡、防排水、锚固(先加固坡体，后喷射混凝土)，III 区(包括陡壁)锚固和防排水同时进行。

②I 区五、四、三级平台以上依次削坡，II 区 402.5m 以下锚索加固坡体，后喷射混凝土同时进行。

③I 区分台阶自上而下先挂网喷射混凝土，随后抗滑桩、预应力锚索加固、疏干孔施工同时进行。

④I 区一级台阶开挖、防排水、锚固。

(2)同一区内锚杆、锚索、疏干孔、混凝土浇筑宜穿插交替施工。

(3)边坡削坡开挖至一级平台后，进行抗滑桩的成孔(衬砌)施工，视地层状况宜每成孔 1～1.5m进行一次砌衬。

(4)滑坡区边坡防排水设施应在雨季来临前进行完毕。

(5)IV 区削坡、防护不受其他区影响干扰。

(十一)施工技术要求

严格按照施工工序进行，施工须符合本次设计要求及相关施工技术规范，并支持为加快工期而采取可允许的新工艺新方法。

1. 清坡、撬毛

防护施工前应进行清坡撬毛工作。清坡即清除坡顶上的松散、不稳定岩块，撬毛即清除爆破后坡面上的不稳定岩块及松散浮石。

2. 锚喷支护(包括预应力锚索、全长黏结锚杆、挂网喷浆)

(1)预应力锚索穿孔必须采用专用锚杆钻机以保证成孔质量。预应力锚索孔径：6 根钢绞线锚索体孔径≥120mm，5 根钢绞线锚索体孔径≥110mm，全长黏结锚杆孔径≥90mm。

(2)施工排架须能承受 2.0t 的静荷载及 1.5t 的动荷载。

(3)锚杆孔位、孔径、孔深及布置形式应符合设计要求，孔距误差不宜超过 200mm，孔深误差不宜超过 50mm。

(4)预应力锚索钻孔轴线与设计偏差不应大于 3°，系统锚杆钻孔轴线与设计偏差不应大于 5°。

(5)孔内积水及岩粉应吹干净，遇有塌孔情况应扫孔。

(6)锚索体应选用表面没有损伤,经除锈去污的高强度钢绞线,按设计长度并考虑千斤顶张拉需要的长度,用砂轮锯切割,然后绑扎编束,保证每束钢绞线顺直,不扭不交叉。

(7)锚杆杆体入孔前应平直、除锈、除油。

(8)设计锚杆杆体尽量避免接长,必须接长时,应采用对焊连接,并应保证焊接质量。

(9)为保证锚杆体居中,锚杆应焊接船形或环形支架。

(10)锚杆插入孔内长度不小于设计规定的95%。

(11)预应力锚索须准确控制锚固段注浆长度。锚固段浆体养护7d后方可实施预应力张拉。

(12)预应力锚索施工前应按设计要求进行锚索抗拔试验,施工后应进行验收校核试验。

(13)预应力锚索正式张拉前,应取(0.1～0.2)设计轴向拉力预张拉1～2次,以使索体各部位接触紧密,索体完全平直。

(14)预应力锚索采用超荷张拉,即设计拉力的25%、50%、75%、110%,每级张拉应持荷10min,稳定后再进行下一级张拉,最后一级应持荷20min,最后卸荷至设计拉力进行锁定。

(15)挂网喷浆前应用高压风、水清洗坡面,并保持喷射作业前坡面潮湿。

(16)筋网须按设计要求由锚固筋牢固固定于坡面,喷射时不应晃动。

(17)喷射混凝土混合料组成及配合后应符合规范要求。

(18)应控制好水灰比,保持喷层表面平整,呈潮湿光泽,无麻窝、干斑或滑移流淌现象。

(19)喷射作业分片、分段进行,喷射顺序由下向上。喷射时喷头应垂直受喷面,并保持0.6～1m的距离。

(20)分层喷射时,后一喷层应在前一喷层终凝后进行。若终凝1h后再进行喷射时,应先用高压水清洗喷层表面。

(21)喷射混凝土终凝2h后应喷水养护,养护时间应大于7d。

(22)禁止在结冰季节和下雨时喷射作业。

(23)预应力锚索施工顺序:放孔位──→穿孔(编索)──→钻孔清孔(锚索运输)──→安装锚索──→全孔──→一次注浆──→内锚固段二次高压注浆──→浇筑锚墩、肋柱混凝土墙──→养护──→张拉──→补张拉、锁定──→补浆──→锚头包封。

(24)全长黏结锚杆(锚固筋)主要施工顺序:清坡──→放孔位──→穿孔──→吹(洗)孔──→锚杆处理──→注浆──→养护──→锚杆端头处理。

(25)挂网喷射混凝土主要施工顺序:清坡──→挂网──→洗坡──→喷射混凝土──→养护。

3.注浆

(1)压力注浆浆液采用M30水泥砂浆或C30纯水泥浆,砂料宜采用中细砂,粒径不宜大于2.5mm,使用前应过筛,水泥采用不低于R42.5的普通硅酸盐水泥。

(2)注浆用水应是可饮用的自来水、河水、井水及其他清洁水。

(3)预应力锚索孔采用二次注浆,第一次无压注M30水泥砂浆,压力不宜小于5MPa。全长黏结锚杆孔采用一次多序注M30水泥砂浆,根据注浆孔内的渗透效果,浆液的水灰比由大到小,最大为0.8,最小为0.4,注浆压力不宜小于2.5MPa

(4)正式注浆施工前,选择2～3孔进行压力注浆试验,调整注浆参数。

(5)浆体必须经过搅拌机充分搅拌均匀后,才能开始压注,并应在注浆过程中不停顿的缓慢搅拌,搅拌时间应小于浆液初凝时间,浆体在泵送前应经过筛网过滤。

(6)在夏季炎热条件下注浆时,用水温度不得超过 30℃～35℃;并应避免将盛浆桶和注浆管路在注浆体静止状态暴露于阳光下,以免加速浆体凝固。

根据专家建议,贯彻动态设计原则,施工时应根据现场具体条件,及时反馈信息,以便对设计参数作适宜调整。

(十二)滑坡监测与防护工程监控

按照滑坡综合整治工程的特殊性要求,为保证工程施工安全、监控危岩体稳定性动态,监测区内特殊的地下水状况,检验工程措施、治理效果,根据专家评审意见,对滑坡区监测系统的布置作出设计,与防护工程有机进行,在工程中全程实施、连续追踪监测。

1.监测目的、原则

根据滑坡区地质环境和工程地质结构特征,确定变形破坏关键要害部位,突出重点,布置完善监测网点、剖面,建立立体化的复合监测设施网络系统,充分满足工程需要和动态设计要求,为施工安全和滑坡区域边坡稳定性动态监控和趋势预测服务,并适时对防护工程效果进行监测,以保证施工质量达到设计要求。

2.监测内容

由位移变形监测、岩体应力动态监测监控、地质现象巡查、地下水监测、数据库管理等系统组成,汇总于施工安全预报发布机构(监理处、工程指挥部)。

1)位移变形监测

包括坡体危岩绝对位移监测和潜在滑裂面分隔的块体间相对位移监测两部分。

(1)绝对位移监测

由设立于滑坡区外的大地变形测量基准网(站)定期控制测量滑坡区内各典型部位的变形位移墩桩的空间坐标动态变化,使用激光测距仪及水准仪每周实测墩桩的水平位移和垂向沉降变形量,以掌握滑坡区内各部位绝对位移变形矢量、速率及趋势。施工期间可利用原观测点并新增 20～30 点,设置变形墩桩观测,水平监测标称精度(测点中误差)±(2～5)mm,水准测量标称精度(路线中误差)±(1～2)mm/km。

(2)相对位移监测

通过设置跨缝位移计、孔内测斜仪,直观量测破坏要害部位的变形位移量及变形速率。相对位移监测对已具滑坡趋势的岩体进行监测,一般每 12h 观测一次。一种普通的监测方法是锚固在张裂缝前面岩块上和穿过固定在张裂缝背后稳定岩块上的滑轮的一根钢丝,悬挂在钢丝末端的重锤的移动就指明了张裂缝的移动。

孔内测斜方法:孔内安装 ϕ75mm 专用异型铝合金测管,管外与孔壁间环状间隙以混凝土浇灌固结。采用手动提放测头电缆,手工记录读数,录入计算机,可靠精度为±2mm(位移)/10m(孔深)。经处理计算出孔内不同深度横向位移量及速率,从而掌握边坡灰岩及软岩沿倾向差异蠕滑动态。本次拟在Ⅰ区 392m 平台和第二级平台布设 3～4 个孔,孔深分别为 45m、20m。

2)地质现象巡查及位移计校核

在边坡防护施工阶段,坡体受工程措施触动,稳定性动态发生变化,特别是主要断层、软弱层、滑带关键部位，其位移变形可能发生较大突变。监测项目的工程地质专业人员定期（雨、汛期）及时对地带隐纹、错台、掉块、土陷等现象的观察、标记、拍照，与仪器监测结果对比、判断，宏观分析坡体稳定性，并对位移计进行校核。

3）岩体应力监测

主要应用预应力锚索测力计监测滑裂面以上岩体锚固工程施加的应力变化分析滑体趋势及锚固工程效果。钢弦式测力计的压力盒安装在锚环与锚具间，锚索张拉完成后的15d内连续、定时采集压力盒显示的频率数据，经计算处理分析预应力锚索工作锚固力的衰减变化，并可与工程竣工后的观测结果比较，为治理工程效果评价提供准确依据。本次拟采用1 000kN级钢弦锚索测力计，对I区二级台阶、II区陡壁和III区五级台阶施工的锚索进行监测监控，监测点确定12个。

4）地下水动态监测

地下水位的升降变化和地下水压的变化对边坡稳定性影响较大，K24滑坡所处地段俗称“涝坡”，滑坡中的水因素不言而喻。本次设计地下水监测包括水位与水压监测，监测方法为钻孔观测法。

(1)水压观测

水文地质钻孔内安装竖管式水压计，如利用岩移测斜钻孔点进行观测，水压计管则安装在铝合金异型管内，距孔底1/4孔深处，改充填混凝土为砾石粗砂滤层，做到一孔多用，孔口加装保护装置。

(2)水位观测

地下水位用仪表式水位仪观测，观测时，将接有井下电极的导线通过水压计管送入井下，另一根导线接铝合金异型管（地线），两根导线的另一端与万用表相连，当井下电极遇水，仪表指针摆动，读导线的长度，即测得水位埋深。

滑坡区域动态监测对影响边坡稳定的几个主要因素，作出适时监控，是滑坡综合治理中不可缺少的措施。掌握工程实施过程边坡的动态变化，捕捉特殊变异险情征兆，及时反馈设计、施工，有利于保障施工安全和调整、优化工程措施。

五、加固效果评价

济南绕城高速公路南线于2001年4月开始施工，2002年5月建成通车，经山东省交通工程质量监督站检查验收，以质量得分98.10的高分被评为优良级工程，并于同期开始通行运营。经过长达八年的边坡稳定性及锚索应力监测结果表明，边坡稳定性满足要求，没有发现整体稳定性问题，边坡景观较好，树立了良好的高速公路形象，同时也大大降低此方面的养护费用，降低了养护的难度。

工程实例四　日竹高速公路路堑段地下水的反渗防治措施

一、工程概况

实践证明，水是引起沥青路面破坏的重要因素。科研单位、设计部门为此做了大量的研究工作，采取强有力的措施，如优化结构形式、加强级配设计、使用性能良好的材料、控制施工工艺、加强检测手段等方法阻止水的渗透，使路面因渗水引起的破坏得到了有效控制。但这些方法只是对雨水垂直下渗采取的防范措施，而对路堑段地下水反渗破坏路面的防治，到目前为止还没有引起重视。下面就日（山东省日照市）新（河南省新乡市）高速公路日照至竹园段，将路堑挖方处设置渗水路基防止地下水反渗技术措施和施工工艺介绍如下。

二、工程地质条件及成因分析

日竹高速公路全长 114.3km，所经过区域为鲁东南丘陵区，地形比较复杂，山丘、平川此起彼伏，地貌形状多样。整个地势西北部和西部较高，东部和东南部较低。覆盖层以亚黏土混砂、碎石为主，其下为钾长石片麻岩。多年平均降水量 868.5mm，夏季约占 60.05%。地下水的类型多为孔隙水、上层滞水、裂隙水等，当地有一句俗语说"山多高水多高"。由于地下水位高，丘陵岩石纹理成为地下水的走廊。当路线穿越丘陵并进行一定深度的开挖时，就切断了岩石纹理，同时也破坏了内部水系的平衡。地下水在内部压力的作用下，通过岩石纹理（裂隙水）趵突到路基和路面基层的接触面上，储存在由于开挖石方而造成路槽凸凹不平的坑槽中。一方面地下水直接和路面底基层接触，浸泡软化底基层；另一方面在行车荷载的作用下，特别是在超载车辆的作用下，储存水就成为动力水，和路基中的细粒料、底基层被浸泡软化下来的细粒料混合形成混合液，一起冲刷底基层，部分底基层就被破坏，路面基层的总厚度将逐渐减少。随混合液的增多动力就逐渐增大，冲刷能力就逐渐增强，加快了路面由底部向上扩展的破坏速度。轻微者路面出现坑槽，严重者大面积被破坏，并有泥浆溢出，丧失了路面的服务功能。

三、治理方案

（一）防治措施

经过反复的论证，确定采用在路基顶面和底基层的底面之间，增设一层级配碎石反渗层，来解决这一技术难题。级配碎石反渗层厚 15cm，挖方段路基全宽范围内铺设，如图 5-70 所示。

横向排水沟间距 50m，与路线成 45°角设置，沟槽尺寸 35cm×50cm，渗水管直径 10cm，两侧有槽孔，尺寸 0.4cm×2cm，间距 4cm，沟槽内壁铺设反滤织物，内填级配碎石，其上用 15cm 厚 M7.5 浆砌片石封顶，接头用套管连接的方法连接，如图 5-71 所示。

纵向排水沟在石砌边沟内侧设置，沟槽尺寸 40cm×50cm，渗水管直径 15cm，无槽孔，用三通接头和横向渗水管相接，其他同横向排水沟，如图 5-72 所示。

设计原则是以裂隙水充满不了整个级配碎石反渗层（路面底基层接触不到裂隙水），来确定级配碎石反渗层的厚度和渗水沟的间距。

（二）材料要求

碎石的石质要坚硬无风化，扁平长条颗粒的总含量不超过 20%，碎石中不应有黏土块、植物等有害物质。石屑或其他细集料可以使用一般碎石场的细筛余料，也可以用天然砂砾或粗砂代替石屑。天然砂的颗粒尺寸应该合适，必要时应筛除其中的超尺寸颗粒，天然砂或粗砂应有较好的级配。级配碎石所用石料的集料压碎值：一级公路和高速公路不大于 30%，二级公路不大于 35%。规范要求的级配碎石混合料的颗粒组成范围见表 5-13。

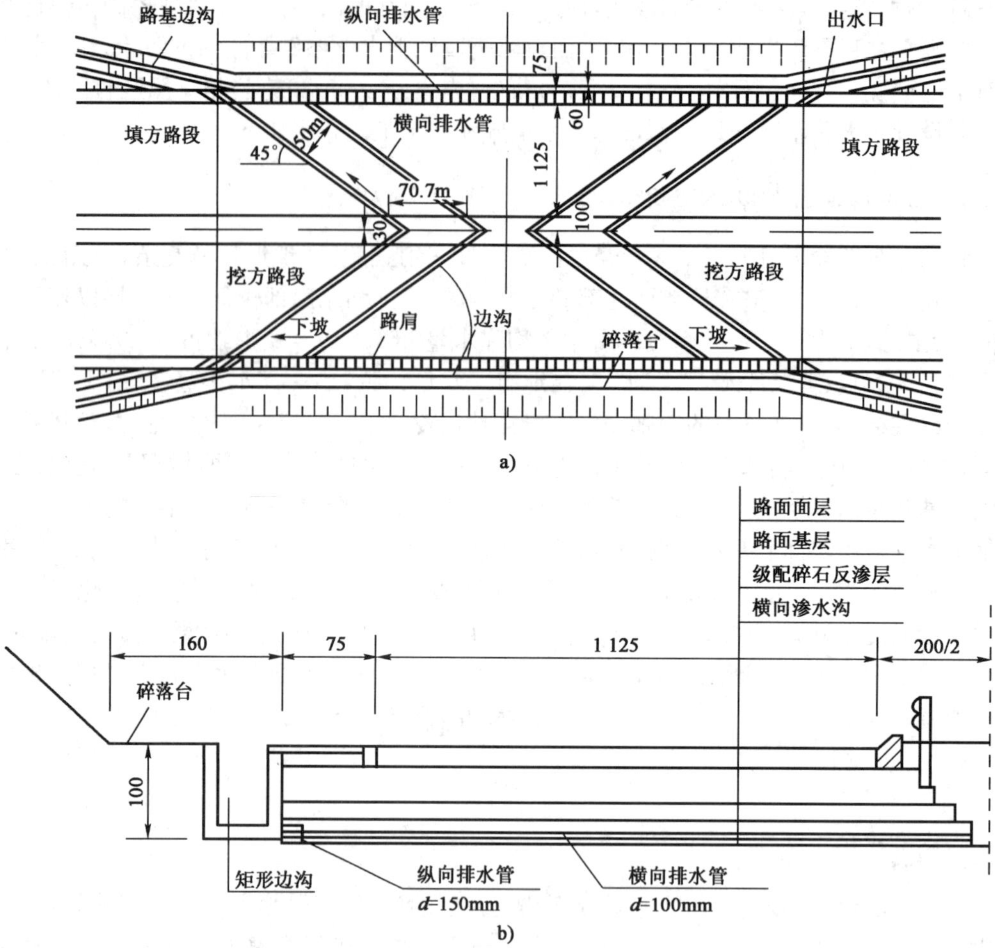

a)

b)

图 5-70　路堑横断面示意图(单位:cm)

a)平面示意图;b)级配碎石反渗示意图

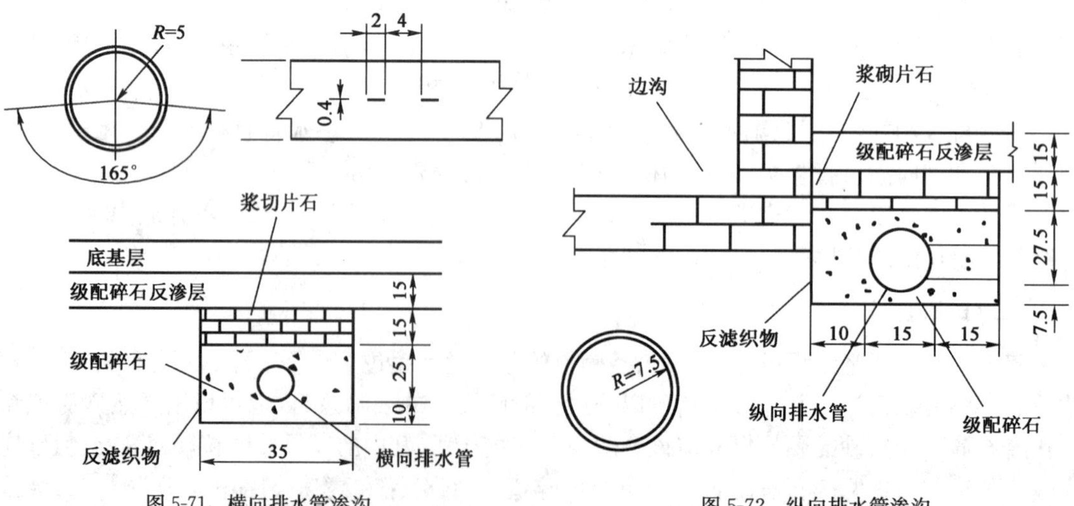

图 5-71　横向排水管渗沟

(说明:图中尺寸除注明者外均以 cm 计)

图 5-72　纵向排水管渗沟

(说明:图中尺寸除注明者外均以 cm 计)

级配碎石表　　表5-13

编　　号		1	2
通过右列筛孔的质量百分率(%)	40(mm)	100	—
	30(mm)	90～100	100
	20(mm)	75～90	85～100
	10(mm)	50～70	60～80
	5(mm)	30～55	30～50
	2(mm)	15～35	15～30
	0.5(mm)	10～20	10～20
	0.075(mm)	4～10	2～8
液限(%)		小于28	小于28
塑性指数		小于6或9	小于6或9

同时要求，在高速公路和一级公路上，将级配碎石用作基层以及半刚性路面的中间层时，其最大粒径宜控制在30mm以下，但根据反渗层的性能和作用及实际经验，级配碎石宜粗不宜细，5mm以下颗粒宜少不宜多，故应尽量按靠近上限的要求控制，特别是5mm以下筛孔更应如此要求。

纵横向排水管为聚氯乙烯(PVC)或聚乙烯(PE)塑料管，有厂家的合格产品即可，也可使用软式透水管。

反滤织物可选用聚酯类尼龙或聚丙烯材料制成的无纺织物，它能透水，但细粒土不能随水一起透过。

(三)原理

当地下水位升高至横向渗水沟高程时，裂隙水将通过纵横交错的岩石纹理，经过反滤织物的过滤，进入渗水沟级配碎石中，再通过横向排水管的槽孔，进入横向排水管中，在其重力和横向坡度的作用下，流向纵向排水管，由纵向排水管排到路基边沟中，完成了反渗水的排除。当地下水位继续升高时，因裂隙水通过岩石纹理进入渗水沟有一定的时间，特别是两横向排水管之间的中间部分，所需时间相对长一些，所以将有一部分水进入级配碎石反渗层中，储存在反渗层里，反渗层也就成了裂隙水的储水池。随着水位的升高，储存的水也就增多，纵横向排水管的排水速度也将加快，最终达到了平衡，使裂隙水接触不到底基层，从而保护了路面。一年四季的春、秋、冬是枯水季节，夏季是多雨季节。枯水季节地下水位相对较低，上层滞水也少，排出的水就少或没有水排出；多雨季节，地下水位相对较高，上层滞水也多，排出的水很多，且持续的时间长。

(四)施工工艺

当路基开挖到设计高程后，将路槽中较大的坑槽用开挖的碎石料填补找平，进行碾压，按要求的纵坡和路拱处理好路槽。

(1)根据图纸的要求对渗水沟开挖进行放样，并按照实际渗水量的大小，调整渗水沟的间距，以此加速渗水的排泄。

(2)开挖纵横向排水管渗沟时需进行爆破，采用小间距、小药量的爆破方法，基本满足其几何形状，清理碎石，略加整修。首先开挖路基边沟和纵向渗水沟，降低渗水的水位，利于施工。

(3)在铺设反渗织物时，应松弛一点，不要产生张力，以防被尖石刺破，影响反滤效果。

(4)铺第一层级配碎石，粒径5～40mm，细粒含量不得大于5%，级配碎石铺完后找平，坡度满足要求，用适当的工具进行稳压。

(5)横向排水管为带槽孔聚氯乙烯(PVC)或聚乙烯(PE)塑料管，横坡不小于2%；纵向排水管为不带槽孔聚氯乙烯(PVC)或聚乙烯(PE)塑料管，纵坡不小于0.5%。安装排水管时接头要严紧，不脱节。横向排水管的槽孔位置要和路线的纵坡坡面相符，纵向排水管的三通接头角度要合适，否则安装不上。检查纵横向排水管的坡度，杜绝反坡现象，使渗水顺利排出。

(6)铺设第二层级配碎石，达到高程后找平，用适当的工具进行稳压，但要注意不得损伤排水管。折叠反滤织物于渗水沟内，覆盖于级配碎石顶面上。

(7)用15cm厚的M7.5砂浆砌片石封顶，此时排水渗沟就形成了。根据实际情况进行养生，强度满足要求后，即可进行级配碎石反渗层施工。

(8)根据摊铺级配碎石反渗层的施工设备进行放样及高程控制。

(9)级配碎石拌和。应采用集中场拌法，拌和含水率可根据气温情况比实验室确定的最佳含水率大1%～2%。试配、调试生产配合比满足要求后，即可进行正常生产拌和。

(10)用摊铺机摊铺级配碎石，厚度15cm，有条件时，可用两台摊铺机阶梯形全幅摊铺，避免纵向接缝和离析现象的产生。应尽量不用平地机及其他机械进行摊铺，其原因如下：一是高程、路拱不宜精确控制，给底基层控制带来压力；二是宜产生离析，形成粗集料窝；三是工作面长，摊铺进度慢，水分蒸发多，不宜压实，表面不宜成型。

(11)用振动压路机压实，按振动轮在前的行走方向进行压实，不要稳压而直接压实，振2～3遍，静压一遍，用胶轮压路机静压1～2遍封面即可。普通压路机宜扒窝，故不用。如有纵向接缝时，应加强纵向接缝处的压实，压实度按95%控制，用水袋法测定。

(12)洒水养生，保持表面湿润，不可大水养生。施工车辆控制行驶速度，严禁在其上急刹车和掉头等损坏级配碎石的操作现象发生。渗水路基施工工艺流程如图5-73所示。

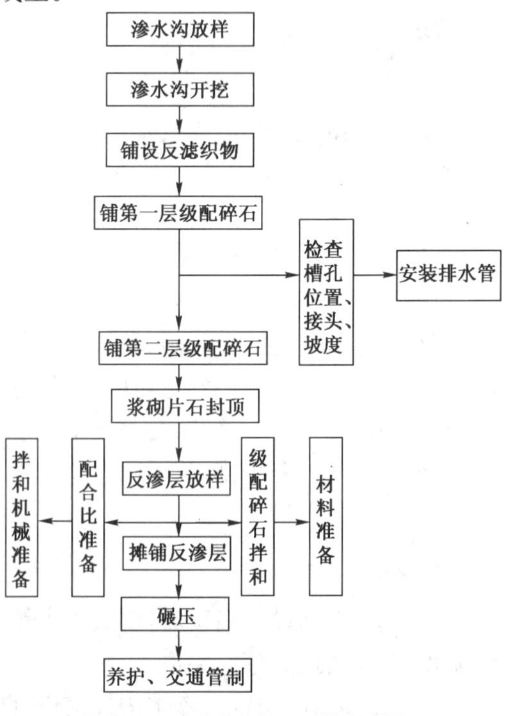

图5-73　渗水路基施工工艺流程图

四、效果评价

日新高速公路日竹段通车4年来，渗水路基的性能依然良好，没有堵塞或淤积现象，一直发挥着重要的作用，排出了大量的地下水，使得路面没有因地下水的影响而出现病害和损坏。同时，该工艺也得到了设计部门的认可，并在日新高速公路竹曲段(竹园至曲阜)、曲荷段(曲阜至菏泽)、同三高速公路日照段等高速公路上做了推广应用。过去在普通路网的新建或改建工程中,受路堑段石方强度高及密实性好等特点的影响,在挖方段不做级配碎石反渗层,并且还将底基层省掉,大部分挖方段路面在通车 1～2 年内就遭到地下水的破坏。现在通过日新高速公路日竹段对地下水反渗防治措施取得的良好效果,在普通路网的新建或改建工程中,也应用了这项技术,同样取得了很好的效果。

第六节　支挡建筑物加固处理工程实例

工程实例一　G104 界河立交桥加筋土挡土墙加固工程

一、工程概况

G104 界河立交桥两端接线采用加筋土挡土墙技术,建成于 1990 年 10 月,建成初期即发生轻微墙体外鼓现象。从 1997 年起,外鼓现象逐渐加剧,至 2000 年 6 月,最大位移量相对值达 100mm,绝对值超过 200mm,路面局部发生纵向开裂,两侧护栏内倾,顶部面板局部脱落,墙体整体失稳,并有进一步加剧的明显趋势,情况十分危急。

二、病害成因分析

挡土墙技术是国内外已广泛推广应用的成熟技术,我国已制定了详细的设计和施工规范,但为什么部分挡土墙特别是加筋土挡土墙在建成初期或运行一定时期后却相继发生了变形以至发展成严重失稳现象,经综合分析,其主要原因如下。

(1)我国大规模建设挡土墙时期,交通流量远不及现在大。例如 G104 界河立交桥建成初期(1990 年),日车流量为 2 168 辆,至 2000 年达到 7 645 辆;G205 高峪铺公铁立交桥,1990 年日车流量为 4 000 辆左右,到 2000 年上升至 14 000 辆,且大型运输车辆增多,超载严重,直接导致路面动荷载剧增,超过了原设计路基的承载能力。

(2)车辆动荷载所引起的侧压力沿垂直方向遵从布西涅斯克(Bossnisq)解,即在弹性半空间体上作用一侧压力,其应力分布是上大下小,而主动土压力是上小下大,二者作用的叠合,即在离地面高度的 2/3 处形成最大的外推力。而建设时对此没有充分考虑,因此,墙体外鼓是必然的。

(3)对于一般车流量很大,动荷载相对较高的路段,墙体变形一般主要受动荷载的影响,出现严重的外倾失稳。

(4)施工质量不高,尤其初期填方不实、拉筋松弛或拉筋材料选材不适当甚至不合格等,也是造成挡土墙失稳的不可忽视的外在原因。

三、加固治理方案

(一)加固治理原则

1. 必须满足的前提条件

对于失稳的加筋土挡土墙,最简单的处理方法是在墙体外侧压土或附加一个重力挡墙作为外支撑，但这将直接导致加筋土挡土墙的主要优越性的丧失，不但工程量巨大，又需要重新征地，除非紧急抢险，上述方案不能采用。任何拟采用的加固方案必须满足以下条件。

（1）不能破坏原工程的基本结构，所实施的加固方案既能完全保留加筋土挡土墙的既有优越性，又能保证不影响其使用功能。

（2）在不影响主路面安全运行的前提下能正常进行加固施工。

（3）施工工艺要相对简单，工程造价及施工工期不能高于其他加固方案。

2. 可采用的工程方案

经反复分析比较，能同时满足上述条件的方案其实范围很小：首先是其必须是常规技术；其二是它能有效抑制或减小墙体变形；其三是具有可靠的有效性和持久性。如何选择并确定这样一个由多项常规技术构成又非常规的有效技术组合，是解决失稳加筋土挡土墙加固问题的最大难题。

1）主要方案

（1）理想的方案是通过一种特殊的工艺，将墙体对应面板凿穿，穿上钢筋，对拉锁定，完全取代原有的拉筋[图 5-74a)]。

（2）由于国内目前凿孔设备及技术所限，对穿凿孔不易实现，可改由两侧分别凿孔，并安装预应力锚杆以代替对拉钢筋，这样凿孔问题易解决，同时又保持了前者的技术精髓，是可实施的技术方案[图 5-74b)]。

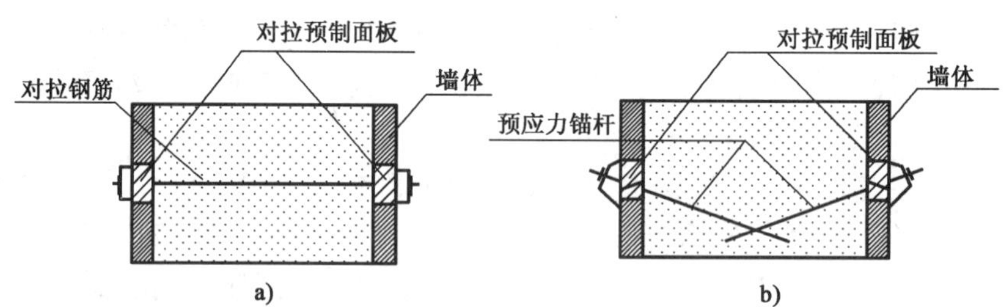

图 5-74　主要方案示意图

2）选定方案

由于加筋土挡土墙墙体是由单个面板构成的，面板预制块与块之间没有相应的结构联系，相对孤立存在，而上述方案的实施均是以单个面板为中心考虑的，实施起来很难保证施力均衡，而且工程量太大。欲解决该难题，可考虑在墙表面喷射一层混凝土（加锚网），使分散的面板预制块由单体变成整体，这样可保证在墙表面任何一点加力都能将力分布在“一片”而不是“一块”上，整个喷层相当于一个大承力垫板。

3. 需要克服的主要技术难题

1）凿孔问题

由于路基填土非原状土，而是由土石组成的杂填土，在这样的杂土层中钻孔十分困难，能否正常成孔是选定方案正常实施的关键和前提。

2）预应力锚杆

虽然在岩石层中或在原状土层中安装永久预应力锚杆在国内外已是常规技术，而在人工杂填土层中实施该项技术却有许多没有解决而又必须解决的技术难题。

(1)预应力锚杆预应力值的衰减特征如何，最终稳定的预应力值是多少。

(2)采用何种技术手段能提高并能永久保持设计预应力值。

(3)如何确定预应力锚杆的设计参数(如锚杆的长度、直径、密度等等)。

3)锚喷网

设计方案中，锚喷层是作为面板间的结合体而设计的，预期效果能否实现，如何实现?

(二)加固治理设计

加固方案如图 5-75 所示，具体技术细节如图 5-76 所示。

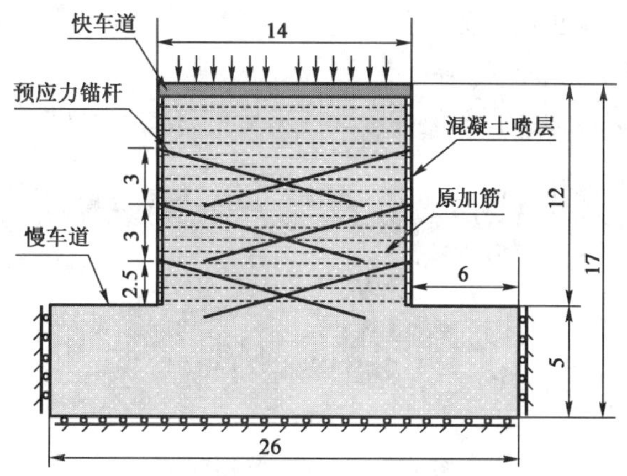

图 5-75　G104 界河立交桥加固方案图(单位:m)

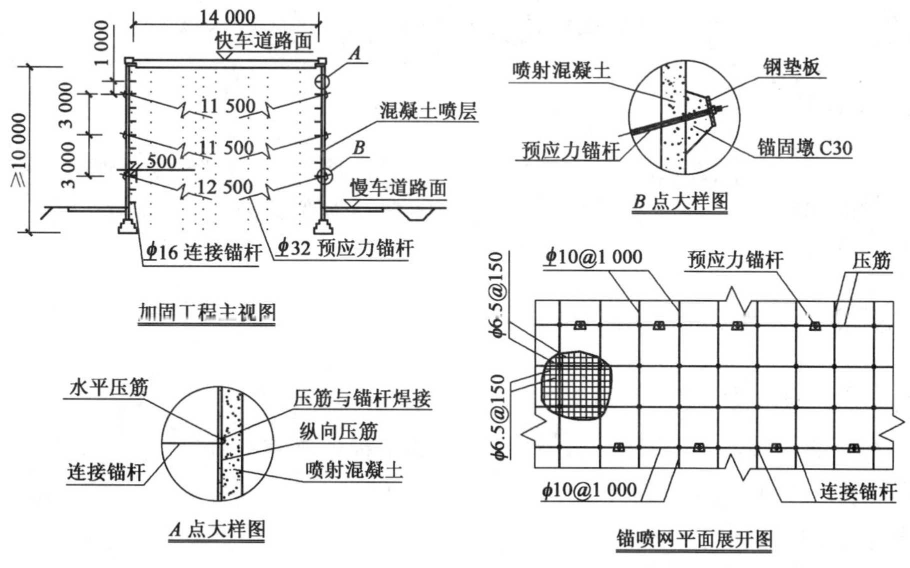

图 5-76　总体方案设计图(单位:mm)

(1)在墙体表面喷一层钢筋混凝土，喷层厚度为 80～120mm，混凝土强度等级为 C25。

(2)在两侧墙面对打 2～3 排预应力锚杆，锚杆深度为 11.5～12.5m，与水平夹角 20°，杆体为 ϕ32mm 螺纹钢，排间距 3m，水平间距 2～3m，设计预应力值为 145kN。

(3)锚杆安装过程中采用“分层多次高压注浆预应力锚固技术”,实施3～4次高压注浆,以提高锚杆的整体承载力,该项技术为本次加固工程中首创技术。

(4)在一次张拉完成7d后,所有锚杆均进行二次补偿张拉,并在个别锚杆上安装压力传感器,以便长期观察锚杆的预应力变化。

四、加固效果评价

以界河立交桥失稳加筋土挡土墙的成功加固为标志,先后采用这项技术加固了滨州黄河大桥、界河立交桥、淄博梧台立交桥三座大桥的加筋土挡土墙,加固后效果如图5-77所示,完全消除了挡墙失稳造成的重大交通隐患。

a)

b)

图5-77　加固后加筋土挡土墙

a)滨州黄河大桥北接线挡土墙;b)界河立交桥加筋土挡土墙

工程实例二　同三线栖莱高速公路坡间挡土墙“双锚”支护

一、工程简介

1998年11月,山东省公路局以同三线栖霞—莱西高速公路(简称栖莱高速)1B标段K59+470.00～K59+630.00半填半挖段坡间挡土墙的建造为研究对象,开发研究了挡墙双锚支护的设计理论、施工工艺。

二、加固治理设计

(一)先期工程地质调查

1999年5月,工程正式启动后,随即对该段的工程地质情况进行了全面调查:①地表测量;②打勘测孔,经取芯试验以对整个边坡的岩性及其结构特征进行科学判断;③详细研究拟填土石方的力学特性。

(二)理论计算

根据调查所取得的资料、数据及试验报告结果,采用FLAC2D(3.30)对研究对象进行了全面的模拟计算,比较彻底地掌握了该边坡稳定性的基本特征,从而为在此处建造坡间挡土墙的方案确定和参数选择等提供了可靠的理论依据。

(三)方案确定

(1)此处边坡为一水冲山谷型边坡，拟建挡土墙总长为160m，最高处达17m，墙外观类似梯形，设计外墙为肋柱式，现浇C25钢筋混凝土。

(2)采用“双锚”支挡结构，即墙内侧面离原坡面小于4m者，打下倾预应力锚杆；大于4m者采用锚定板，“双锚”的外端头均于墙外肋柱露出并锁定。

(3)利用“双锚”孔预埋注浆管(锚定板安装过程中，将注浆管与拉杆绑扎在一起)进行分层多次高压注浆以实现对加固岩土体的整体改性，进一步加固坡体并提高填方土体的承载能力。

(四)现场试验及监测

在整个施工过程中，几乎对每个重要工程环节都进行了现场试验。每一根预应力锚杆和锚定板从凿孔到安装都进行了全面记录，并有针对性地安装了20个测点，获得了20 000多个实测数据。

(1)采用钢弦式钢筋应力计测量了锚杆及拉杆的应力分布状况，为确定锚杆锚固段长度及选择拉杆的参数提供了可靠依据。

(2)采用锚杆测力计测量了锚杆预应力的变化情况，其结果可作为判别边坡稳定性的重要依据。

(3)采用钻孔取芯，经实验室试验，检验了高压注浆的实际效果，为理论计算提供了实测数据。

(4)设立了位移观测点，可对所建挡土墙的位移状况进行长期监测。

三、加固效果评价

经过两年多的实际观测，建成后的坡间挡土墙处于完全稳定状态，完全避免了可能的塌方。

(1)预应力锚杆的预应力值经初期短暂变化后，已趋于完全稳定。

(2)锚定板拉杆的内应力值稳定且适应于本身的承载能力。

(3)墙体变形值最大为10mm，已保持稳定两年以上。

(4)路面没有发现任何形式的开裂。

由此足以说明，该项工程取得了完全成功，图5-78为建成后的坡间挡土墙。

图5-78　建成后坡间挡土墙

工程实例三　G205 高峪铺公铁立交桥坡间挡土墙失稳机理及加固

一、工程简介

G205 高峪铺公铁立交桥位于山东省泰安市境内，挡土墙墙高为 3～9m，其基础坐落在土边坡上(图 5-79 和图 5-80)，边坡的下面有一条通往莱芜的铁路干线。大桥自 1990 年 6 月建成通车以来已经运行了 11 年。但是自 1999 年 5 月开始发现大桥一侧的挡土墙竖向变形比较严重，墙顶部分明显外移，裂缝较多。因此，必须对其进行加固以确保高峪铺公铁立交桥的安全运行。

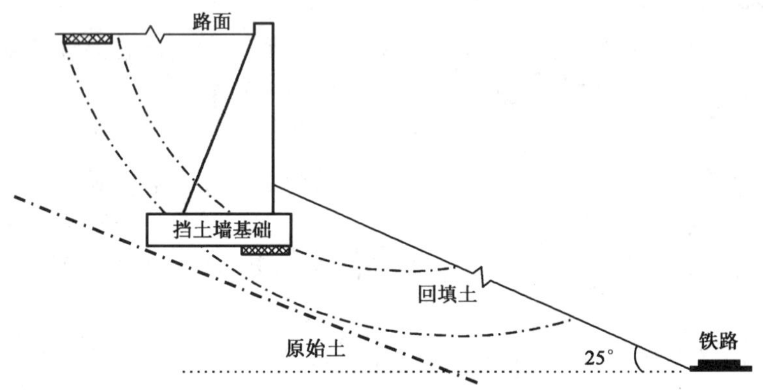

图 5-79　G205 高峪铺公铁立交桥坡间挡土墙

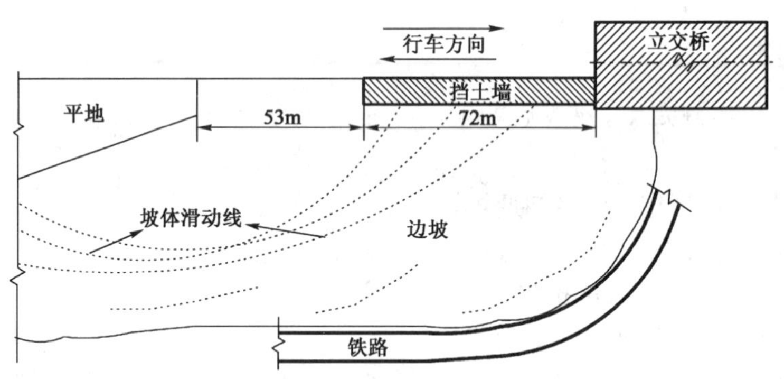

图 5-80　G205 高峪铺公铁立交桥边坡

二、失稳特征及原因分析

(一)失稳特征

1. 边坡滑移

G205 高峪铺公铁立交桥边坡在铁路振动和公路动载的双重作用下出现明显的滑移，其中有三条较大的滑移带平均宽度达 50mm，平均长度达 22m。

2. 挡土墙外移

2001 年 6 月以来，大桥两侧的挡土墙外移达 25mm 之多，桥面栏杆向内侧倾斜，挡土墙有多处裂缝呈迅速发展之势，裂缝的局部宽度达15mm，挡土墙的基础也出现明显外移。

3.路面开裂

所有出现失稳现象的挡土墙，一般都伴随着路面开裂，G205高峪铺公铁立交桥挡土墙也不例外。2001年6月以来，随着边坡和挡土墙的失稳，路面出现纵向开裂现象，长度达35m以上，距离挡土墙边缘的距离分别为2.5m和6.5m，裂缝的最大宽度达30mm。

(二)原因分析

(1)交通量增大是造成该立交桥坡间挡土墙失稳的主要原因之一。建成初期其交通流量约为3 000辆，而到2001年时，该立交桥日车流量约为14 000辆，而且重车载荷日益增大。所有这些都直接导致路面动荷载剧增，超过了原设计路基的承载能力。

(2)铁路振动和公路动载双源动载的作用也是该立交桥边坡与挡土墙失稳的关键因素。一般情况下，车辆动荷载所引起的侧压力沿垂直方向遵从布西涅斯克(Bossnisq)解，即在弹性半空间体上作用一压力，其应力分布是上大下小，而主动土压力是上小下大，二者作用的叠合，即在离地面高度的2/3处形成最大的外推力。因此，造成边坡和挡土墙墙体失稳是必然的。

(3)建成初期墙体内的填土以及边坡岩土体本身强度很低，建成之时存在着初始塑性变形区，动荷载剧增即可诱发原有塑性区的进一步扩大和发展，随着时间的积累和变形的叠加，即可能在挡土墙和边坡内部出现整体和永久性的破坏。

三、加固治理方案

(一)加固方案

(1)在墙体表面喷一层混凝土并布设钢筋网，喷层厚度为8～15mm，混凝土强度等级为C25。

(2)根据不同的墙高，在路基挡土墙布设3排预应力锚杆，锚杆长度12m，排间距2m，水平间距2m，设计预应力值为180kN。

(3)沿滑移边坡布设5排锚固抗滑桩，具体参数如图5-81所示。

(4)锚杆及抗滑桩安装过程中采用“分层多次高压注浆预应力锚固技术”，实施2～4次注浆，以提高锚杆及抗滑桩的整体承载力。平面布置如图5-82所示。

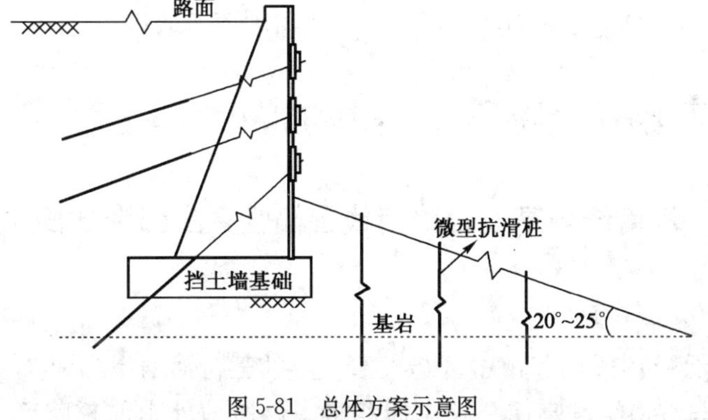

图5-81　总体方案示意图

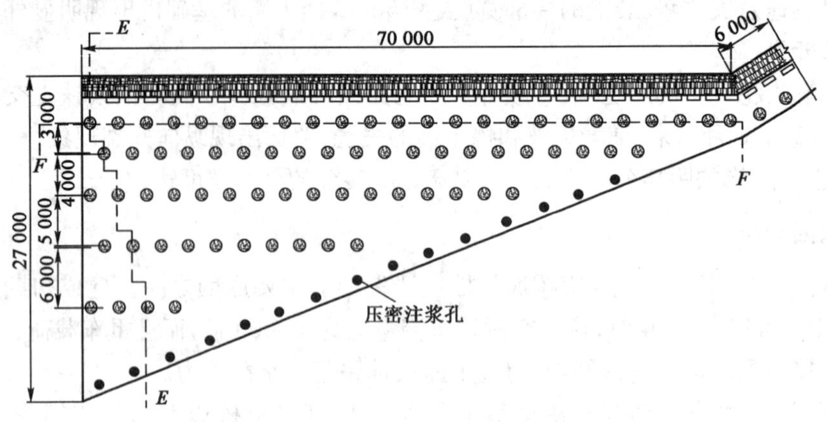

图 5-82　复合锚杆抗滑桩平面布置图(单位:mm)

(二)现场试验及监测

在 G205 高峪铺公铁立交桥坡间挡土墙加固过程中,几乎对每个工艺环节都进行了现场试验,每一根预应力锚杆及抗滑锚固桩从凿孔到安装都进行了全面记录,有针对性地安装测点 81 个,最终获得了 15 000 多个实测数据。

(1)采用 GPL—1 型混凝土喷层应力计测量单根锚杆的影响范围及对喷层稳定性的影响。

(2)采用 GJL—2 型钢弦式钢筋应力计测量了锚固桩、锚杆在锚固段的应力分布情况,为确定锚固段长度及锚杆的长度提供了依据。

(3)采用 GML—2A(250)型锚杆测力计测量了锚杆预应力的变化情况,其结果成为判别加固效果如何的重要依据。

(4)现场钻孔取芯,经实验室试验,检验了高压注浆的实际效果,并为理论计算提供了实测数据。

(5)设立了观测点,可长期对加固对象的预应力变化情况及墙面变形情况进行随时监测。

四、应用效果评价

经过对加固后的 G205 高峪铺公铁立交桥坡间挡土墙两年多的观测,加固后的失稳坡间挡土墙均处于完全稳定状态,边坡无进一步变形、锚杆预应力值处于稳定、墙面变形值为零;没有对工程原设计的使用功能造成任何不利影响,说明本项目取得了完全成功。

第七节　特殊土路基加固处理工程实例

工程实例一　济南绕城高速公路南线湿陷性黄土强夯加固

一、工程概况

济南绕城高速公路南段西起市中区与长清交界的玉符河西岸,并与济泰高速公路相连,东至潘庄在 G309 处与济南绕城高速公路东段相接。该段地处山前丘陵区,多为山间谷地堆积洪积物、坡洪积物及风化成因的黄土、亚黏土，大部分路段为黄土段，黄土湿陷性较严重，且土层较厚。

二、地质条件

为了合理设计重夯、强夯的技术参数，在第二、第三合同段选择了三个不同的试夯区，其中二合同A区采用重夯处理，二合同B区和三合同A区采用强夯处理。试夯资料见表5-14。

试夯区工程地质条件一览表　　表5-14

试夯区	位　　置	面积(m^2)	层厚(m)	地层特征	湿陷性
二合同A区	K6+473.68～K6+525	51.1×38.5	2.60～2.80	黄土(Q_3)：褐黄色，硬塑，湿，见植物根孔及针状孔隙，有白色网膜，局部含姜石5%～30%	d_s=0.018～0.045 具有湿陷性
			1.20～1.55（揭露）	黄土(Q_2)：棕黄色，硬塑-坚硬，湿，含铁锰结核，见孔隙及白色钙质网膜，属老黄土，固结性好	d_s=0.005～0.014 不具有湿陷性
二合同B区	K7+168.3～K7+195.5	27.2×26.16	4.00～4.60	黄土(Q_3)：黄褐色，硬塑，湿，断面见针状孔隙及虫孔，局部含姜石30%～40%	d_s=0.001～0.037 具有湿陷性
			0.4～2.55（揭露）	黄土(Q_2)：黄合褐色，硬塑-坚硬，湿，含铁锰结核，孔隙局部见湿姜石碎石，属老黄土，固结性好	d_s=0.001～0.003 不具有湿陷性
三合同A区	K13+806～K13+834	28.1×25.5	4.70～6.50	黄土(Q_3)：褐黄色，褐色，硬塑，湿，见植物根孔及针孔状孔隙，有白色网膜，局部含姜石2%～5%	d_s=0.013～0.045 具有湿陷性
			2.25～4.05（揭露）	亚黏土(Q_2)：红棕色，硬塑，湿，含铁锰结核，见孔隙及白色钙质网膜，含小姜石	不具有湿陷性

三、病害成因分析

根据勘察结果，该区域内黄土属于马兰期(Q_3)黄土，为非自重性湿陷性黄土，其湿陷量小于30cm，湿陷等级为一级。为了消除黄土地基的湿陷性对工程的影响，设计中采用强(重)夯施工方案对地基进行处理，以消除地基湿陷性，提高其承载能力。

四、工程加固治理

(一)强夯试验

试夯机具设备与试夯区设计施工技术参数见表5-15、表5-16，三个试夯区平均沉降量见表5-17～表5-19。

试夯机具设备表 表 5-15

试夯区 \ 项目	吊车	夯锤	落距	脱钩方式
二合同 A 区	履带吊	锤重:60kN 底面积:4.0m^2	5.00m	定高度索脱钩
二合同 B 区	履带吊	锤重:100kN 底面积:3.9m^2	10.00m	定高度索脱钩
三合同 A 区	履带吊	锤重:170kN 底面积:4.40m^2	13.20m	定高度索脱钩

试夯区设计施工技术参数表 表 5-16

试夯区 \ 项目	单击夯击能(kJ)	锤重(kN)	锤底面积(m^2)	锤底静压力(kPa)	夯点间距	夯点布置方式	沉降量控制	满夯击能	时间间隔	备注
二合同 A 区	300	60	4.0	≥16	2.25	三角形布点排与排之间错移1.2m	最后两击平均单击沉降量≤2cm	80		
二合同 B 区	1 000	100	3.9	≥25	3.20	梅花形,一遍、二遍强夯	最后两击平均单击沉降量≤5cm	400		
三合同 A 区	2 250	170	4.40	≥38	4.00	梅花形,排与排之间错移2.5m分一遍与二遍强夯	最后两击平均单击沉降量≤5cm	800		

(二)试夯结果

1.夯沉量

二合同 A 区夯点平均沉降量表 表 5-17

夯击次数	1	2	3	4	5	6	7	8	9	10
单击沉降量(cm)	20.00	12.70	9.40	8.20	6.90	5.60	5.20	4.20	3.80	3.00
累计沉降量(cm)	20.00	32.70	42.10	50.30	57.20	62.80	68.00	72.20	76.00	79.00

二合同 B 区夯点平均沉降量表 表 5-18

夯击次数	1	2	3	4	5	6	7	8	9
单击沉降量(cm)	19.57	13.07	10.36	8.43	7.57	6.85	4.92	4.55	3.56
累计沉降量(cm)	19.57	32.64	43.43	51.59	65.85	70.77	75.32	78.88	—

三合同 A 区夯点平均沉降量表 表 5-19

夯击次数	1	2	3	4	5	6	7	8
单击沉降量(cm)	37.37	24.25	19.41	16.41	15.37	13.67	15.81	15.27
累计沉降量(cm)	37.37	57.62	77.03	93.44	108.8	122.5	138.3	153.6

2.检测结果

1)二合同 A 区

夯后在 0～3m 范围内：干密度增加 4%～19%，达到 1.6g/cm^3 以上，孔隙比 e 显著降低 7.6%～31.8%，达到一般黏性土孔隙比指标范围，效果较为明显，湿陷系数 d_s 夯后远小于夯前，夯后 d_s=0.001～0.009，湿陷性消失；重夯后标贯击数不小于 7 击，增幅 18%～36%。按照土工试验指标及标贯原位试验综合分析，A 区容许承载力为：[s]=200～230kPa。综合分析比较，自夯后地面起实际加固深度 A 区为 2.5m。

2)二合同 B 区

夯后在 0～5m 范围内：干密度受姜石的影响，增幅为 0.6%～7.1%，检测效果不明显，干密度达到 1.55～1.60g/cm^3；孔隙比降低 0.1%～15.6%，顶部降低明显，中下部受姜石的影响降低较小，湿陷系数明显减小，夯后 d_s=0.001～0.003，湿陷性消失；强夯后标贯击数不小于 8 击，效果明显。综合分析比较，自夯后地面起实际加固深度 B 区为 4.0m，B 区容许承载力为：[s]=210～250kPa。

3)三合同 A 区

在 5.50m 范围内，夯后 ρ_d 大于夯前 ρ_d，增加 5.5%～13.2%，在强夯影响范围内，干密度提高效果明显，达到 1.6g/cm^3 以上，湿陷性消除。在 0～5.50m 深度范围内，夯后 e_0 小于夯前 e_0，孔隙比 e_0 降低，降幅为 1.7%～14.8%，在强夯影响范围内，孔隙比 e_0 显著降低，降低了土的孔隙，达到一般黏性土 e_0 指标范围，效果较明显。强夯影响范围 0～5.50m 内，湿陷系数(d_s)夯后远小于夯前 d_s，夯后 d_s=0.001～0.011，湿陷性消失，达到消除湿陷性的目的。夯后标准贯入击数增大，增加幅度 4.5%～33%，提高 1～3 击，强夯效果较明显，强夯后标贯击数不小于 6 击。对根据不同方法确定的影响深度进行综合分析比较，实际加固深度 A 区为 5.50m。按照土工试验指标及标贯原位试验综合分析，A 区容许承载力为：[s]=300～330kPa。

(三)施工工艺和控制参数

根据试夯工艺、检测数据和分析成果，最终取定了施工工艺和控制参数。

1. 强夯法

处理宽度为两侧护坡道外边缘之内，要求锤底静压力不小于 25～35kPa。

1)单击夯击能为 500kJ，采用 1.4 倍锤径左右的点距，三角形布点的方法夯击。如果黄土层稍湿没有自由水，可以在一个夯位上连续夯到所需击数，再移到次一个夯位上，依次一遍夯成，最后以低能量的满夯(250kJ)夯平，每点夯打两击，夯点以梅花形排布，夯痕间以 d/4 搭接。满夯与点夯之间时间间隔为 7d。

单点夯击满足下列(1)或(2)条件中的①、②两项时可以止夯。

(1)①同一夯位最后两击的平均夯沉量小于 5cm。

②单点夯击数不小于 7 击。

(2)①夯坑深度大于 60cm。

②单位面积累计夯击能大于 500kJ。

2)单击夯击能为 1 000kJ，采用 1.4 倍锤径左右的点距，三角形布点的方法夯击。如果黄土层稍湿没有自由水,可以在一个夯位上连续夯到所需击数,再移到次一个夯位上,依次一遍夯成,最后以低能量的满夯(500kJ)夯平,每点夯打两击,夯点以梅花形排布,夯痕间以 d/4 搭接。满夯与点夯之间时间间隔为 7d。

单点夯击满足下列(1)或(2)条件中的①、②两项时可以止夯。

(1)①同一夯位最后两击的平均夯沉量小于 5cm。

②单点夯击数不小于 7 击。

(2)①夯坑深度大于 80cm。

②单位面积累计夯击能大于 1 000kJ。

3)单击夯击能为 1 500kJ,采用 1.4 倍锤径左右的点距,三角形布点的方法夯击。要求夯击遍数为两遍,第一遍夯击偶数编号的主夯点,第二遍夯击奇数编号的主夯点,第二遍与第一遍的间隔时间为 5d。

最后以低能量的满夯(600kJ)夯平,每点夯打三击,夯点以梅花形排布,夯痕间以 d/4 搭接。满夯与点夯之间时间间隔为 7d。

单点夯击满足下列(1)或(2)条件中的①、②两项时可以止夯。

(1)①同一夯位最后两击的平均夯沉量小于 5cm。

②单点夯击数不小于 8 击。

(2)①夯坑深度大于 100cm。

②单位面积累计夯击能大于 1 500kJ。

4)单击夯击能为 2 000kJ,采用 1.7 倍锤径左右的点距,三角形布点的方法夯击。要求夯击遍数为二遍,第一遍夯击偶数编号的主夯点,第二遍夯击奇数编号的主夯点,第二遍与第一遍的间隔时间为 5d。

最后以低能量的满夯(700kJ)夯平,每点夯打三击,夯点以梅花形排布,夯痕间以 d/4 搭接。满夯与点夯之间时间间隔为 7d。

单点夯击满足下列(1)或(2)条件中的①、②两项时可以止夯。

(1)①同一夯位最后两击的平均夯沉量小于 5cm。

②单点夯击数不小于 9 击。

(2)①夯坑深度大于 120cm。

②单位面积累计夯击能大于 2 000kJ。

以上各夯能级的停夯标准首先采用条件(1),如果无法满足条件(1),方可根据条件(2)停夯。

2. 重夯法

处理宽度为两侧护坡道外边缘之内。单机夯击能为 250kN·m,要求锤底静压力不小于 15kPa,落距不小于 4.5m,采用一夯挨一夯的方法夯击,夯点采用三角形布置。

单点夯击满足下列(1)或(2)条件中的①、②两项时可以止夯。

(1)同一夯位最后两击的平均夯沉量小于 2cm。

(2)①单点夯击数不小于 7 击。

②夯坑深度大于 50cm。

五、加固效果评价

经检查验收，全路段消除湿陷性，地基承载力满足要求，全部达到黏性土标准。经过两年多对路基的跟踪观测和路基固结时间计算，路基基本稳定。济南绕城高速公路南线于2002年5月底建成通车，经山东省交通工程质量监督站检查验收，以质量得分98.10分的高分被评为优良级工程。

工程实例二　莱新高速公路岩溶塌陷托底灌浆技术

一、工程概况

莱新高速公路位于G205莱芜至新泰段，全长45.6km，路面宽26m，边坡1∶1.5，是山东交通基本建设规划"三纵、三横"重要的一段。其中青泥沟路段K10＋400.00～K13＋900.00段穿越莱芜盆地水源地岩溶地基段，路基、路面底基层试验段碾压完工后，出现了桥涵下沉、路基纵横向开裂现象。经地质补充勘察表明，该段地层岩性为中奥陶白云质灰岩，岩溶现象严重，岩溶裂隙、溶沟、溶洞发育，上覆土层较薄，有的剥蚀成为地表水入渗通道。路基周围地表可见多处塌陷坑，塌陷坑孔径一般2～3m。岩溶发育段埋深一般5～10m，发育厚度一般10～20m，溶洞高0.3～1.3m，充填物为砂土与亚黏土。该路段为岩溶塌陷易发地段，属地质灾害危险性中等区。若不进行处理及防治会存在严重的安全隐患。

二、莱新高速公路水源地岩溶发育特征与规律

莱新高速公路穿越莱芜盆地的地下水源区，属I4区燕山山地、胶辽山地环境地质亚区。本区大地构造单元属中朝地台的北、东边缘，基底隆起，NNE向的郯庐断裂带活动较强烈，平均滑动速率0.4mm/年，曾发生14次强震。地层裂隙发育区内广泛分布碳酸盐岩，地层以奥陶系马家沟组灰岩、白云质灰岩溶蚀最为发育，并受NWW向断层与NNE向断层构造影响，致使断层交汇地带和断层带两侧岩溶发育，地下水运动促使其溶蚀作用加强，为其塌陷提供位移空间。区内地形起伏较大，属于山前斜坡地，为中更新统（Q_2）黏土，亚黏土组成，厚度1～6m，土层结构致密。

（一）岩性与构造

据西安建材地质工程勘察院提供的资料，莱新高速公路K10＋400.00～K13＋900.00为岩溶地区发育段，上覆第四系冲洪积和残坡积物，岩性为亚黏土和中粗砂及砂砾，层厚2～11m；下部为中奥陶白云质灰岩。

场区大地构造位于郯庐断裂带和派生的北西向泰山、莲花山断裂之间，属莱芜盆地与新浦凸起的过渡带之中，场区北西向和北东向两组构造发育，岩溶也多沿两组构造发育。青泥沟断层（F_4）在里程K10＋430.00穿过本区，经物探探测，断层破碎带宽9m左右。

（二）水文地质条件

本区位于莱芜盆地，岩溶裂隙发育，四周为山地，地表入渗补给条件好，成为地下水埋藏丰富的地下水库，低洼地区为承压水，有众多的上升泉，成为莱钢的取水水源地，日均取水量

2.16 万 m^3，由于大量开采地下水，地下水位大幅度下降，本次勘探钻孔深 40.3m 处未见地下水位。据 1991 年至 1997 年的地下水观测资料记载，水位最大降幅达 42m，因此，影响和改变了原有的水文地质特征。

地下水水质为弱腐蚀，为分解类碳酸型腐蚀，含有较多的 CO_2，化学成分与地表水有较大的差别。虽然地表水补给条件较好，尚不足以改变地下水的化学特征，说明本区的地下岩溶水水量丰富。

(三)岩溶发育特征

岩溶的发育，与岩石的矿物化学成分、区域地质构造、地形地貌、地下水的补排条件和水的化学成分有着密切关系。本区地貌为盆地，地质构造受郯庐断裂构造和莱芜弧形断裂构造的控制，北西向和北东向两组节理发育。岩性为可溶性白云质灰岩，地下水含有较多的 CO_2，具有弱腐蚀性，为分解类碳酸型腐蚀。本区位于莱芜盆地，盆地四周山区地表水向盆地补给。当地表水沿两组节理裂隙渗入，水中的 CO_2 对白云质灰岩 $CaCO_3$ 具有溶蚀作用，在地下水补排过程中，沿着两组结构面发育成溶岩裂缝、溶槽、溶洞，形成目前岩溶发育特征。

(四)岩溶分布规律

经查明，在青泥沟路段 K10＋400.00～K13＋900.00，地层岩性为中奥陶白云质灰岩、岩溶裂隙、溶槽、溶洞发育，上覆土层较薄，有的剥蚀成为地表水直接入渗通道。经调查在地表多处发现塌陷坑，其规模不大，塌陷坑一般 2～3m，均为覆盖层塌陷。经地质勘探和物探查明，一般岩溶埋深 5～10m，岩溶发育厚度 10～20m，溶洞高 0.3～1.3m，充填为亚黏土和砂砾，该段为岩溶塌陷易发地段，应属岩溶土洞塌陷，为地质灾害危险性中等区。

三、岩溶塌陷成因分析

本区岩溶塌陷，经地质调查，未发现大面积的岩体塌陷，而是在岩溶地区覆土层上的岩溶土洞塌陷。在岩溶发育地段，覆盖层较薄，或已遭到破坏，地表水汇集，入渗条件好，就易发生岩溶土洞塌陷。除此之外，岩溶塌陷还与地下水活动有关。

在岩溶发育过程中，岩层表面为第四系覆盖，并充填岩溶空隙，在长期地表水入渗、地下水排泄活动中，在地下水活动区域内，一部分充填物被带走，形成渗流通道，逐渐向上发展。当上部土层较薄，地表水长期作用时，地表水沿岩溶通道产生渗流，使充填物在渗水作用下，土体发生潜蚀剥落，形成土洞，逐渐向地面发展。当土洞失去拱效应后，发生剪切破坏，地面土层将发生塌陷。与此同时受地下水活动影响，当地下水位波动较大，也会加剧这一变化过程。特别由于莱钢取水，地下水大幅度下降，岩溶空腔内产生负压，使土体产生吸蚀剥落，更进一步加剧了岩溶地区土洞塌陷。

本区位于莱芜盆地，岩溶裂隙发育，四周为山地，地表入渗补给条件好，成为地下水埋藏丰富的地下水库，低洼地区为承压水，有众多的上升泉，成为莱钢的取水水源地。而莱钢日均取水量 2.16 万 m^3，在地下水开采过程中，区域地下水大幅度下降。因此，该区地下水位变化比较剧烈。莱新高速公路水源地岩溶情况属盖层土体-薄顶板系统，且薄顶板破碎，溶洞埋深较大，地下水位剧烈波动，又受人工动静荷载作用(现已完成的路基)，土体中土洞发育，因此存在路基塌陷隐患。

四、岩溶塌陷防治加固方案研究

(一)路基防治加固指导思想

1. 加固依据

莱新高速公路水源地路段，路经岩溶地区，地表岩溶洞隙发育，并有岩溶塌陷反应；在莱钢水源地大量抽吸地下水，引起地下水位大幅度下降，地表沉降，加剧了岩溶发育，为岩溶易发地段，需要进行防预和加固。

2. 做好路基排水

在岩溶发育路段，为防止地表积水浸泡路基，形成入渗通道，产生潜蚀剥落，应做好路基排水设施，及早排除地表水。

3. 封闭岩溶入口

在岩溶土洞易发地段，进行加固处理，对岩溶入渗口进行封堵，防止地表水渗入引起潜蚀剥落，同时也防止地下水活动产生的吸蚀剥落。

(二)路基防治加固范围

1. 加固原则

岩溶路基加固是一项复杂的隐蔽工程，既费钱又费工，既要保证道路的安全运行，又要控制工程投资和加固工期，在研究方案和确定加固范围内，必须两者兼顾。依据其岩溶地区的地质条件，其加固的原则是：对岩溶洞隙发育、上覆土层较薄、其厚度小于 8m 的路段进行封闭加固处理，其余路段做好路基排水处理。

2. 加固范围

依据地质勘探资料，对下列 8 段进行加固处理。

(1)K10＋588.00～K10＋616.00 段覆盖土层厚 4m，强岩溶带厚 15m，其中有小溶洞发育，分布全路基。

(2)K10＋695.00～K10＋753.00 段岩溶上覆土层厚 3.5～4.5m，岩溶带厚 13～15m，分布于全路基内。

(3)K10＋808.00～K10＋828.00 段溶蚀带横跨路基，埋深 6m 左右，溶蚀带厚度 10m 左右。

(4)K10＋854.00～K10＋917.00 段溶蚀带横跨路基，埋深在 7.3～11m 之间，7.6～14.2m 溶孔、溶洞发育，在 8.5m 及 9.9m 深处各有一个溶洞，高 0.5m 及 0.3m，半充填，充填物为亚黏土和少量碎石，钻孔漏水。

(5)K11＋282.00～K11＋317.00 段溶蚀带横跨路基，埋深在 11m 左右，11.3m 深处有一个溶洞，高 0.3m 左右，半充填，充填物为亚黏土，钻孔漏水严重。

(6)K11＋589.00～K11＋601.00 段溶蚀带横跨路基，埋深在 9.5m 左右，9.5m 深处有一个溶洞，高 0.25m 左右，少量充填，充填物为亚黏土，钻孔漏水。

(7)K13＋360.00～K13＋370.00 段溶蚀带的上覆土层厚 8.5m，溶蚀、溶洞带厚 22.5m。

(8)K13＋433.00～K13＋468.00 段溶蚀带的上覆土层厚 6.0m，溶蚀、溶洞带厚 13m。

(三)路基加固方案

通过岩溶塌陷的机理分析，认为该区为岩溶土洞塌陷。岩溶土洞塌陷和路基沉降，均与地表水浸泡渗入和地下水活动有关。因此，只需对岩溶入渗口进行封闭处理，解决水平防渗问题，不需对整个岩溶带进行处理。在岩溶发育带或岩面上形成水平帷幕，加固体厚度 3～5m，加固强度要求大于 4MPa。

为了探索科学合理的加固处理方案，根据本地区岩溶发育特点和工程要求，从经济性和科学性考虑，进行了充填灌浆、托底灌浆和远喷距旋喷灌浆方案对比。

1. 远喷距高压旋喷灌浆试验

1)试验布置

在路基外侧布置一处地层状况与路基下覆地层情况相同的场地，孔位按梅花形布置，孔距 2m，孔深 2～3m，开孔直径 127mm。共分三组九孔布置。喷射的要求为：正常喷射一组；复喷一组；先用水割地层然后再正常喷射为一组。喷射过程中应按要求缓慢提升喷头以达到预定厚度。

2)试验参数(表 5-20)

远喷距旋喷灌浆试验技术参数 表 5-20

项目		单位	参数
孔距		m	2.0
高压水	压力	MPa	37～40
	流量	L/min	75
压缩气	压力	MPa	0.7～0.8
	流量	m^3/h	>60
浆液	相对密度	—	>1.6
	流量	L/min	80
提升速度		cm/min	4～8
摆动角度		°	360

3)试验流程

远喷距旋喷灌浆施工工艺流程如图 5-83 所示。

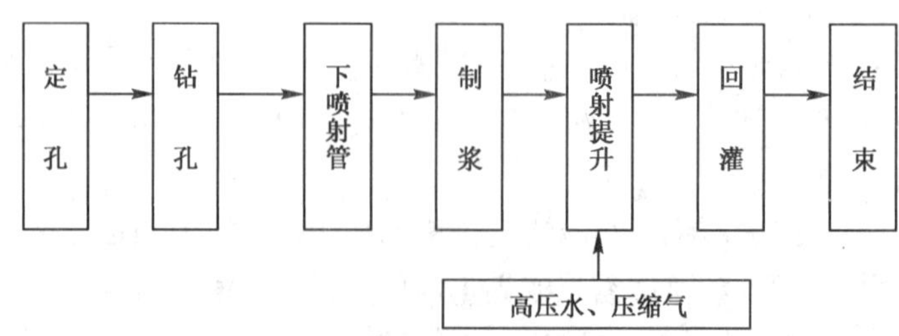

图 5-83 远喷距旋喷灌浆工艺流程图

检验方法如下。

(1)开挖检验：待浆液凝结具有一定的强度后，即可开挖检查固结体半径、形状和质量。

(2)岩芯检查:从固结体中钻取岩芯,进行室内物理力学性能试验。在钻孔中做压水试验,测定其抗渗能力。

4)试验结果

本试验按要求现场开挖,挖出桩头检测外观形态,同时测量桩径大小;旋喷体取样送实验室作有关抗压指标参数;在现场作压水试验取得旋喷体的渗透系数。

经过现场开挖检验,成桩桩径为 1.2~1.4m(各桩喷射工艺不同),桩身经取样观察,强度差别较大。试样的抗压强度、抗渗指标及弹性模量经实验室检测,数据基本满足要求。

远喷距旋喷灌浆能形成连续均匀的防渗体,强度可满足设计的地基承载力的要求;因土层强度高,喷射直径只有 1.2~1.4m,不能满足 2m 孔距的要求,需增加加固工程量。

2. 托底灌浆试验

在高速公路路基上选取 K10+695.00~K10+753.00 路段进行托底灌浆试验。所取试验段地基为岩溶发育的白云质灰岩,岩层中溶洞较多,且洞内填充物抗渗稳定性较差,上覆土层较薄并有吸蚀剥落且溶洞顶板和土层有塌陷。

1)试验布置

在本试验段,按梅花形布孔,一序孔间距采用 5.0m,二序孔间距采用 2.5m。

2)试验参数

(1)灌浆材料。R42.5 普通硅酸盐水泥,黏土,粉煤灰。

(2)浆液配比。灌入材料及其配合比需要根据具体钻孔的可灌性,由现场决定和改变。通常要综合考虑以下几个方面的因素:岩、土体裂隙发育程度;钻孔时土层、基岩的漏水情况;岩、土层的钻进速度,是否有掉钻等现象;发现溶洞、土洞时,它们尺寸的大小以及是否有充填物及其情况。

此次采用的注浆材料采用水泥、粉煤灰,其配合比为 3∶7,水料比为 0.5~0.55。

(3)灌浆压力。当灌浆压力超过地层的压重和强度时,将有可能导致地基及其上部结构的破坏。因此,一般都应以不使地层结构破坏或仅发生局部的和少量破坏的原则选定灌浆压力;同时也应考虑到灌浆压力也受浆液浓度的影响。

灌浆压力的一般经验公式为:

$$P_a = P + MD \tag{5-11}$$

式中:P_a——表示容许灌浆压力,MPa;

P——代表路面表面容许灌浆压力,MPa;

M——代表灌浆段每增加 1m 允许增加的压力,MPa;

D——表示试验所要灌浆的深度。

根据地质情况、灌浆方法和路基以碎石为主的实际情况,本次试验采用 0.3~2.0MPa。

(4)浆液扩散半径的估算。由于该路段的地质条件复杂,特别是基岩裂隙发育的无规律性,因此较难准确计算。影响扩散半径的因素有:岩溶洞隙的形状、大小以及它们的连通性;灌浆充填材料的性质(颗粒大小、浆液浓度、浆液的流变性等)、注浆压力、注浆流量以及注浆时间等。按孔序注浆量的大小来控制扩散半径,一序孔孔距 5m,二序孔 2.5m,检查孔 1.25m。

(5)钻孔深度由于本路基段回填土基本在 10m 左右,根据前部分应力分布理论,我们将钻孔深度定为基岩以下 4~5m,如果钻进时遇到岩溶洞可适量加深。

(6)灌浆结束标准。灌浆的全过程一般分为三阶段:首先是大吸浆阶段,该阶段流量大、压力平稳,是浆液运动、扩散阶段,也是注浆的主要阶段;第二阶段,岩溶、上覆土层空隙部分或全部被浆液所充填,进而浆液脱水、黏度加大、沉淀、凝结,此时裂隙不断充填,过浆断面不断缩小,压力不断上升;第三阶段是闭浆阶段,此时,所有裂隙基本充填,压力已达设计要求,应用小浆量保持到结束。根据资料和经验结束标准如下:达到设计灌浆压力,吸浆量小于 5L/min,并稳定 15min 视为结束。

3)试验流程

托底灌浆施工工艺流程如图 5-84 所示。

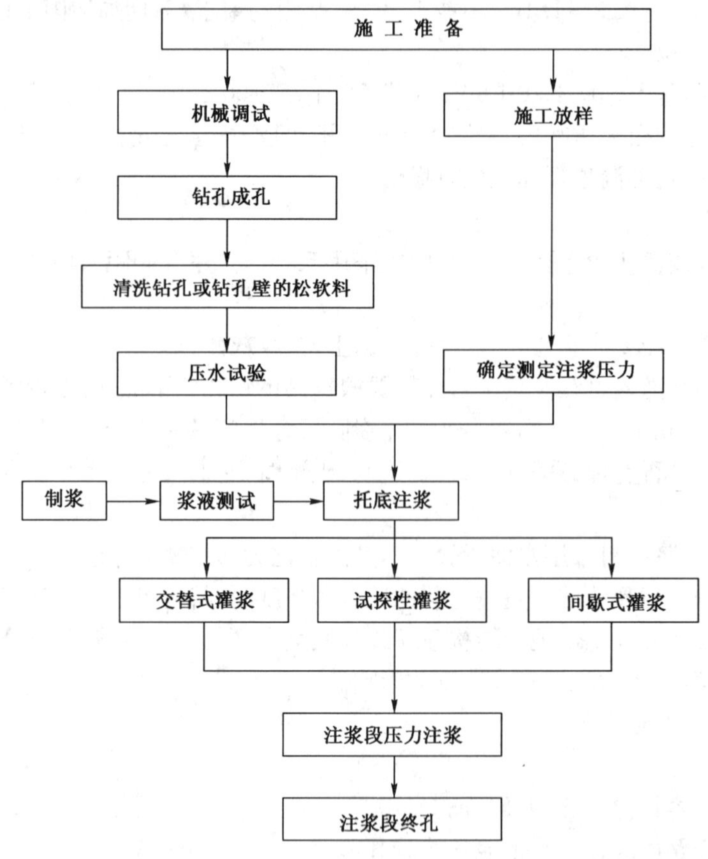

图 5-84 托底灌浆工艺流程图

4)试验工艺

托底固结灌浆是由不同材料和多道工序完成的。岩溶空隙和溶洞大小及充填物不同,吃浆量也各不相同。需要先进行试探性灌浆,然后进行间歇式和交替式灌浆,最后进行加压灌浆。

(1)试探性灌浆

一般先配制两种浓度的浆液,一种是标准浆,一种是稠浆。当地基孔隙不大时,采用标准浆;当孔隙较大时,采用稠浆。当采用标准浆,随灌入量的增加,若浆液在同步上升,即用一般标准浆灌浆,若不能同步上升,说明孔隙直径偏大,使用稠浆灌入。

(2)间歇式灌浆

当孔隙直径过大,采用稠浆还不同步上升时,此时可采用间歇式复灌,在灌入一定的浆液后,间歇一段时间待浆液初凝后,再灌入一定量的浆,直到托底为止。

(3)交替式灌浆

间歇式灌浆用时较长时,可改用交替式灌浆,即先灌浆液,再灌砂砾,然后再灌浆液,如此反复,直到托底为止。

(4)加压灌浆

最后用标准浆加压灌浆,灌浆时严格控制灌浆压力,最后到压力稳定,托底固结灌浆终孔。

5)试验要求

(1)材料要求

水泥:一般情况下采用 R42.5 普通硅酸盐水泥。应严格防潮和缩短存放时间,不得使用过期变质水泥;水泥必须出具有法定质量检测单位的试验报告书。

砂:以中粗砂为宜,有机含量不宜大于 3%,含泥量不应大于 10%。

粉煤灰:应用精选的二级粉煤灰,烧失量不宜大于 8%。

(2)浆液配方要求

浆液配比:应满足工程的抗压强度、渗透系数等的设计要求。

浆液在初凝前不沉淀、不离析,适合泵送。初凝时间不小于 4h,终凝时间不大于 24h。

(3)浆液配制要求

①配置浆液材料必须称量或体积折算。称量误差:水重不超过±2%,其他材料重量误差不超过±5%。

②因为拌和料中有粉煤灰,应延长拌和时间。

③浆液拌和要均匀,浆液要有良好的工作性状。

④制浆量应满足一批钻孔的浆量储备,以免灌注中间停止。

(4)灌浆要求

①在进行托底灌浆时,要及时量测孔深和浆液面高度。投入的砂料应为中粗砂,剔除砾石;下料要均匀,防止堵塞钻孔,用量要控制。及时测量孔深,切忌灌入的砂料超过托底深度。同时掌握浆液面上升速度,以此确认是否已经托底。

②托底灌浆技术由托底灌浆和静压灌浆组成。钻孔若要进行托底时,先不能下注浆管封孔,待托底完成后,方可下注浆管封孔进行静压灌浆。当钻孔不需要托底时,可直接下注浆管封孔,进行间歇式静压灌浆。

③间歇式静压灌浆。第一次灌浆采用稠浆,灌浆时间控制在 20min,间歇 12h 后再灌第二次,第二次灌浆可采用标准浆,若 20min 内仍不起压,停止灌浆,间歇 6h 后再灌第三次,依次类推,直到终孔为止。

④稠浆和标准浆的标准。稠浆的水料比(水与水泥加粉煤灰的重量比)为 0.5,标准浆为 0.55。为了便于检测,两种水料比可换成相对密度(经现场试验测定),进行量化控制。

⑤托底灌浆的厚度。基岩钻孔灌浆段为 5m,托底灌浆段控制在 2m 厚度,即从孔底算起上升至 2m 处,如遇特殊情况,2m 内不能控制托底时,可适当增加,但不得超过 3m。静压灌浆段应保证 3m 厚度,以保证灌浆质量。

⑥为防止浆液向路基两侧流失，路基两侧边界孔注浆压力适当降低，适当增加间歇灌浆次数。

(5)技术要求

①钻孔灌浆时，灌浆顶面上的钻孔要用黏土浆护壁，防止钻孔塌孔和灌浆浆液渗漏。钻孔位置误差不超过5cm，钻孔垂直度小于0.01，孔内沉渣厚度不大于20cm。

②钻孔确保入岩深度5m。如遇到较大的溶洞，应钻进溶洞下的岩石内0.5m。钻孔后，要求整理钻孔资料，绘制基岩面地形图。

③加固施工路段进行沉降变形观测，掌握施工中沉降变化过程，及时监测灌浆对路面的影响。地面要埋设变形观测点，防止在灌浆过程中，地面产生过量变形，防止对路面的破坏。变形量不宜超过5～10mm，不允许地表出现裂缝。

④托底灌浆时，灌浆孔都应分序进行，浆液压力采用0.3～2MPa，根据上覆土层厚度调整灌浆压力，上覆土层薄时浆液压力采用小值，上覆土层厚时浆液压力采用较大值。如果个别路段上覆路基荷载小于该压力时，灌浆压力相应降低。

⑤灌浆压力保持一定值，稳定30min，可以终孔。

⑥采用物探和钻孔取芯方法检查灌浆质量效果。灌浆体强度要求达到4～8MPa。利用钻孔进行注浆试验，吃浆量小于相邻孔平均灌浆量的25%时，满足要求，渗透系数小于1×10^{-5}cm/s。

3.加固方案的比选

通过充填灌浆试验、高喷灌浆试验、托底灌浆试验，根据本区岩溶地质特性和目前施工技术经验，进行综合分析比较。

(1)托底灌浆试验与充填灌浆试验相比，施工设备和工艺流程基本相同，工程质量一样，但托底灌浆能阻止浆液流失，节省工程投资，防止地下水污染。据试验统计分析，充填灌浆每孔平均达44.9m^3，而托底灌浆平均不到12m^3，用浆量仅为充填灌浆26.7%；原估计充填灌浆方案投资2 700万元，本次采用托底灌浆方案工程加固投资结算只花1 100万元，仅为原方案的40.7%。

(2)托底灌浆与高喷灌浆相比，当托底灌浆孔距2.5m，高喷灌浆孔距2m，其灌浆费用相当。要满足孔距2.0m的质量要求，高喷半径要达到1.7m，而试验结果只达到1.4m，则必须增加36%的高喷工作量，才能满足灌浆的要求。钻孔增加，路面破损大。该方法设备较笨重，工作量增加，工期延长，投资增加，见表5-21。

三种加固方案技术经济比较 表5-21

方案号	方案名称	优点	缺点
1	充填灌浆方案	1.技术成熟； 2.质量容易控制； 3.设备简单	1.灌浆用量大，工程造价高； 2.速度慢，相对工期长； 3.对地下水有污染
2	远喷距高压旋喷灌浆方案	1.质量容易控制； 2.加固体连接紧密； 3.与高喷灌浆相比，喷射半径大； 4.不污染地下水	1.设备较笨重，工艺要求高； 2.灌浆孔密度大，相对工程造价高； 3.相对工程施工速度慢，工期长

续上表

方案号	方案名称	优　点	缺　点
3	托底灌浆方案	1. 质量可靠； 2. 节省灌浆材料，造价低； 3. 施工速度快； 4. 不污染地下水	托底灌浆是一项新技术，掌握托底技术有一定难度

通过试验比较，托底灌浆方案优越于其他两个方案，投资省，不污染地下水，工期短，工程质量可靠，最后确定托底灌浆方案施工。

4. 改进施工方法

为了便于施工，防止浆液向路基两侧扩散，减少路基钻孔，由原来的地面梅花形布孔，调整为如下步骤。

（1）本工程应首先施工路基排水沟两侧的边孔。

（2）其次施工路基中间隔离带、路基中间一排孔及路基两边边孔。

（3）再次施工路基中间隔离带和路基两侧边孔增加倾角小的斜孔，确保路基间基岩的加固，斜孔倾角为：如路基 26m 宽时，与垂直倾角为 5°，若是加宽的路基部分，应采用倾角 8°（图 5-85）。

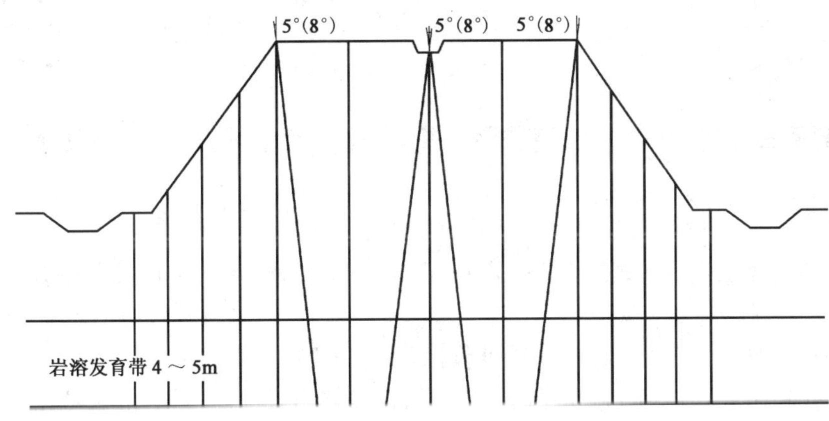

图 5-85　托底灌浆布孔示意图

（4）以上施工完成后进行路基边坡部分孔位的施工。

5. 优化工艺参数

根据试验结论和理论计算结果，确定莱新高速公路水源地岩溶地基处理各工序工艺参数如下。

（1）钻孔直径 89～127mm。

（2）一序孔孔距 5m，二序孔孔距 2.5m，按梅花形布孔。

（3）双塞袖阀管封闭法进行自下而上灌浆，注浆压力控制为 0.3～2.0MPa。

（4）注浆材料为水泥、粉煤灰，配比为 3∶7；水料比为 0.5～0.55。

6.改进托底灌浆工艺

(1)为了减少托底灌浆工序,提高工效,加强钻孔孔内情况分析,掌握岩溶发育程度和钻孔钻进返浆情况,采用相适应的灌浆工艺。将岩溶发育程度分为严重发育、比较发育和不发育三种,钻进时钻孔漏浆程度分为严重漏浆(不返浆)、较严重漏浆(部分返浆)、基本不漏浆(少量漏浆)三种。

(2)依据岩溶发育程度和钻孔返浆情况,选用相适应的灌浆工艺。当岩溶严重发育与比较发育、钻孔为严重漏浆和较严重漏浆时,必须先进行托底灌浆,然后进行静压灌浆;当岩溶不发育和基本不漏浆(或少量漏浆)时,不必进行托底灌浆,可直接进行充填灌浆。

五、加固效果评价

本工程试验段进行了充填灌浆、托底固结灌浆和高压旋喷灌浆试验对比,并进行了物探、取芯开挖等试验。通过试验段确定了施工工艺和灌浆参数。在工程施工中,严格按照规定的施工工艺和要求进行施工,施工机具简单,工艺先进,操作简单,便于大规模施工。经过紧张的工作,顺利完成了该路段的加固工作,保证了全线的顺利通车。通过物探、取芯、灌水试验、沉降观测等检测,各项指标均达到规定要求,加固效果良好。通车后对该路段进行了跟踪观测。到目前为止,路基未出现沉陷变形情况,路面质量优良,给驾乘人员留下了良好的高速公路形象。

托底灌浆新技术在高速公路岩溶塌陷地基处理中首次成功应用,解决了实际工程问题。该技术先进,质量可靠,投资省,施工设备简便,操作方便,加固效果好,施工速度快,不污染地下水。工程实践表明,该技术科学合理,可在类似工程中推广应用。

工程实例三　京沪高速公路蒙阴—青驼段岩溶地基加固治理设计

一、工程概况

京沪高速公路蒙阴—青驼 K138+000～K138+900 段位于临沂市沂南县双堠镇南龙口村东北 200～300m 处,地处丘陵地区,场区丘顶相对高差约 60m,坡降较缓为 6%～10%,长期受构造削蚀和侵蚀作用,场区内底部因冲蚀作用形成一条宽 25～35m、深度 3～5m 的冲沟。地表为第四系土所覆盖,冲沟两旁及冲沟底部偶有灰岩或石芽出露,冲沟周围地区以耕地和树林为主,南龙口村坐落在凹形地中间,处于冲沟的上游。

地表岩溶发育,落水洞、竖井、漏斗状低洼地及石芽随处可见,南龙口村附近曾多次发生岩溶地面塌陷。1984 年在村东 100m 的耕地内,陷坑呈不规则的圆状,面积 7～8m^2,深 7m 左右,已平整为耕地。2000 年 6 月中旬,大雨后在村东沟西 80m 处,连续塌陷 2 个坑,相隔 10 多米,陷坑深 3～5m,面积 4～7m^2。塌陷发生在村民房屋附近,导致房屋东山倾斜(后墙裂缝宽 5cm)。2001 年 5 月 26 日下午,雨后在村东沟中又发生塌陷,陷坑呈近圆形,直径 15m,陷坑深 5.5m,陷坑面积近 5m^2。2001 年 8 月 28 日,在村东沟西 90m 处发生塌陷,南北长 2m,东西长 1.5m,面积 4m^2,陷坑深 6～7m。2005 年 2 月初在村东侧街上出现塌坑,南北长 2m,东西长 2m,面积 4 m^2,陷坑深 7～8m。

京沪高速公路 K138+000.00～K138+900.00 位于 U 形山脊向斜底部,以北西向断裂与北东向断裂为主。南龙口村东冲沟为北西向断裂与北东向断裂的交汇部位，已发生的塌陷呈线形分布。

冲沟周边的岩层以冲沟底部附近为中心，约 10°～25°的倾角向冲沟底部方向倾斜。风化裂隙与原生节理呈 X 形相交，原生节理多呈闭合状态，少量的构造裂隙与岩层呈 Y 形相交，部分构造裂隙呈张开状态，在裂隙面含有铁锰质淋滤物，充填有少量的黏土与粉细砂及风化碎屑物颗粒。

二、工程地质水文地质条件

京沪高速公路 K138+000.00～K138+900.00 段属华北地层区、鲁西地层分区及泰安地层小区，根据钻探揭露，场区内岩土层的分布，从上往下依次为黏土、页岩、灰岩。

1. 黏土

棕褐红色，第四系冲洪积与坡积成因，可塑-硬塑状态，稍湿，含有 30%～40% 的块石或卵石，块石棱角分明，卵石磨圆度较低。该层整个场地均有分布，表层 1.0～2.0m 已压实。层厚 0.4～7.3m。在钻进过程中未发现土洞，地下水埋藏较深，不受地下水的影响。

2. 页岩

棕褐红色，岩芯呈千层饼状，层厚 1.0～5.0m，属寒武系沉积岩，近似水平层理，组织结构部分破坏，裂隙稍发育，原生层节理面绿泥石化物明显，节理面多呈闭合状态。岩芯在地表易散成碎块状，手可折断，断口处手捻有滑腻感，颜色较新鲜，钻孔区域内层厚 1.0～20.4m。该层渗透性较小，地表降水与地下水对本层基本上无影响，在整场地内呈尖灭状态，主要分布在西侧(K138+000.00)附近与东侧(K138+000.00～K138+475.00)附近，埋藏较浅。

3. 灰岩

青灰色～褐黄色，局部含褐黄色泥质条纹或条带，属寒武系沉积岩。南龙口村东冲沟底部近似水平理层，向斜坡面呈倾斜层理。岩层倾角变化较大，倾角 8°～30°。原生节理与风化裂隙发育，组织结构部分破坏，岩芯呈块状～柱状，岩芯断口处较新鲜，原生节理与风化裂隙多呈 X 形相交，裂隙面可见碳质淋滤物或褐红色铁锰质淋滤物，小部分张开裂隙内含有黏土颗粒。岩心蜂窝状溶蚀斑点及裂隙溶蚀痕迹明显较多，主要分布在孔深(地表下) 6.0～9.0m 与 19.0～23.0m 段。在成孔过程中地表下深 6～10m 段与 20～24m 段漏浆严重，拨钻声时有发生，岩心局部蜂窝现象严重，岩心破碎，以碎块状为主，并有溶浊空洞发生掉钻现象。

三、病害成因分析

(一)工程地质评价

根据地质钻孔资料与物探资料分析京沪高速公路蒙阴—青驼 K138+000.00～K138+900.00 段内西侧，K138+060.00～K138+110.00 与 K138+330.00～K138+580.00 段内岩溶现象较严重，孔深 6.0～9.0m 与 19.0～23.0m 段及 34.0～40.0m 段内溶蚀现象极剧烈，在钻孔过程中遇有岩溶空洞深达 12.17m，物探时电阻率低阻异常。地下水位升降变化较大，溶洞内充填物流失，负压增大，使上覆土层产生吸蚀剥落，导致土层塌陷。K138+000.00～

K138+900.00段内，东侧K138+010.00～K138+030.00、K138+400.00 ～K138+600.00段内岩溶现象严重，在钻孔过程中遇有岩溶空洞较多，物探时电阻率低阻异常。K138+000.00～K138+475.00段灰岩上覆页岩渗透性小，一般无水溶性，层厚1.0～20.4m，由于较厚导致地表塌陷现象的可能性极小。

京沪高速公路K138+000.00～K138+900.00路段属地质灾害危害性中等区。为防止岩溶塌陷造成路基破坏现象，对特别严重的路段(西侧K138+058.00～K138+114.00段、西侧K138+345.00～K138+601.00、东侧K138+005.00～K138+036.00段和东侧K138+395.00～K138+601.00段)需进行加固防治。

(二)岩溶塌陷可能性分析

经现场钻探和物探勘察，查明了区内的地层分布情况：第一层黏土，可塑-硬塑状态，含有30%～40%的碎石或卵石，较密实；第二层页岩，呈千层饼状，泥质胶结，隐晶质结构，比较稳定；第三层灰岩，裂隙局部非常发育，混有溶蚀空洞。

经勘探分析，该场区附近地表水匮乏，人为因素开采地下水集中，导致地下水位升降迅速。在地下水降落漏斗范围内，因水位的反复升降，以及大气降水垂直渗入的渗流破坏作用，易造成上覆土层的流失，形成空洞。溶洞溶蚀裂隙上部的土洞形成真空，负压增大，会加剧上部土层的流失速度，同时大大降低了上部土层的稳定性，将最终导致局部塌陷。

四、加固治理设计

(一)加固处理原则与目标

(1)在充分掌握病害路段路基及地基土层力学特性、病害成因的基础上，运用科学的方法和技术，标本兼治，达到消除和减轻病害，保持良好路面质量的目的。

(2)加固治理措施要在保证消除病害的前提下尽量节省工程投资，降低工程造价。

(3)加固治理要保护周边生态环境、优化施工、缩短工期。

(二)加固治理设计方案

本次设计方案重点加固四段，即西侧K138+058.00～K138+114.00段、西侧K138+345.00～ K138+601.00段和东侧K138+005.00～K138+036.00段、东侧K138+395.00～K138+601.00段。加固重点解决石灰岩和路基的结构稳定性。

基于上述四段路基的严重性和工程勘察资料，为保证工程安全和技术合理，根据专家论证会的精神，本设计采用暗拱袖管灌浆技术，进行技术经济比较。

上述四段加固方案，均采用暗拱袖管灌浆加固技术进行治理，即通过严格的袖管灌浆技术、工程措施和科学管理，在路基中构筑一系列的地下灌浆体暗拱桥，形成稳定的支撑结构，跨越拱下的岩洞、溶沟、溶槽、土洞和岩石破碎带，支撑拱上路基荷载和车辆载荷。

1.主拱圈确定

通过理论分析，地下暗拱主拱圈尺寸采用计算矢高 $f=6.7\text{m}$，$\frac{f}{l}=\frac{1}{3}$，拱圈厚度3m，计算跨度位20m，施工放样计算单元为25m。K138+005.00～K138+036.00段东侧设计1跨暗拱，两端设加强拱脚，计31m；K138+058.00～K138+114.00段西侧设计2跨暗拱，两端设加强拱脚，计 56m；K138＋345.00～K138＋601.00 段西侧设计 10 跨暗拱，两端设加强拱脚，计 256m；K138＋395.00～K138＋ 601.00 东侧设计 8 跨暗拱，两端设加强拱脚，计 206m。

2. 钻孔布置

钻孔孔径 93～105mm，采用垂直孔。设计钻孔深根据孔位不同各不相同，钻孔横向间距为 3.0m，纵向为 2.0m 和 2.5m，梅花形布置，梅花形布置后各设计钻孔深各不同，错排设计孔深采用桩号小的前排孔的设计深度。K138＋005.00～K138＋036.00 段东侧设计 1 跨暗拱，共布置钻孔 15×6＝90 个，计钻孔深土层为 1 185m，岩层为 252m；K138＋058.00～K138＋114.00 段西侧设计 2 跨暗拱，共布置钻孔 26×6＝156 个，计钻孔深土层为 2 034m，岩层为 384m；K138＋395.00～K138＋601.00 段东侧段设计 8 跨暗拱，共布置钻孔 92×6＝552 个，计钻孔深土层为 7 068m，岩层为 1 956m；K138＋345.00～K138＋601.00 段西侧设计 10 跨暗拱，共布置钻孔 114×6＝684 个，计钻孔深土层为 8 766m，岩层为 2 220m。钻孔布置如图 5-86～图 5-89 所示。

3. 袖管灌浆

袖管灌浆采用水泥浆液，水灰比为 0.5，水泥为 R32.5 复合硅酸盐水泥。浆液压力采用 2.0～3.0MPa，根据上覆土层厚度适当调整灌浆压力。

桩号 K138＋005.00～K138＋036.00 段东侧设计 1 跨暗拱，袖管灌浆共计 414m；K138＋058.00～ K138＋114.00 段西侧段西侧设计 2 跨暗拱，袖管灌浆共 708m；K138＋395.00～K138＋601.00 段东侧设计 8 跨暗拱，袖管灌浆共计 3 912m；K138＋345.00～K138＋601.00 段西侧设计 10 跨暗拱，袖管灌浆共计 3 756m。

灌浆终止时间：灌浆压力稳定 30min 后即可终止灌浆。

4. 技术要求

(1)钻孔灌浆时，钻孔位置误差不超过 5cm，钻孔垂直度小于 0.01，孔内沉渣厚度不大于 20cm。

(2)钻孔后，要求整理钻孔资料，绘制基岩面地形图。

(3)袖管灌浆可灌深度的岩体厚度不小于设计值。

(4)灌浆孔都应分序进行，地面要埋设变形观测点，防止在灌浆过程中，地面产生过量变形，破坏路基。变形量不宜超过±(5～10)mm。不允许地表出现裂缝。

(5)袖管灌浆前要求清水冲洗孔 5～10min。

(6)袖管灌浆时，浆液压力采用 1.5～2.0MPa，根据上覆土层厚度调整灌浆压力，上覆土层薄时浆液压力采用小值，上覆土层厚时浆液压力采用较大值。如果个别路段上覆路基荷载小于该压力时，灌浆压力相应降低。

(7)灌浆压力保持一定值，稳定 30min，可以终孔。

(8)采用物探和钻孔取芯方法检查灌浆质量效果。灌浆体强度要求达到 4～5MPa。利用钻孔进行注浆试验，吃浆量小于相邻孔平均灌浆量的 25％时，满足要求。

(9)在路面上做好防护工作，及时排放废浆，保持路面干净，做到文明施工。

5. 路面孔口处理

袖管灌浆完成后，将孔内水泥浆挖出，深度为 50cm，然后孔内灌注 M30 水泥砂浆，控制厚度为 35cm，上面 15cm 厚路面采用热沥青混凝土夯实填平。共需处理孔口 1 086 个。

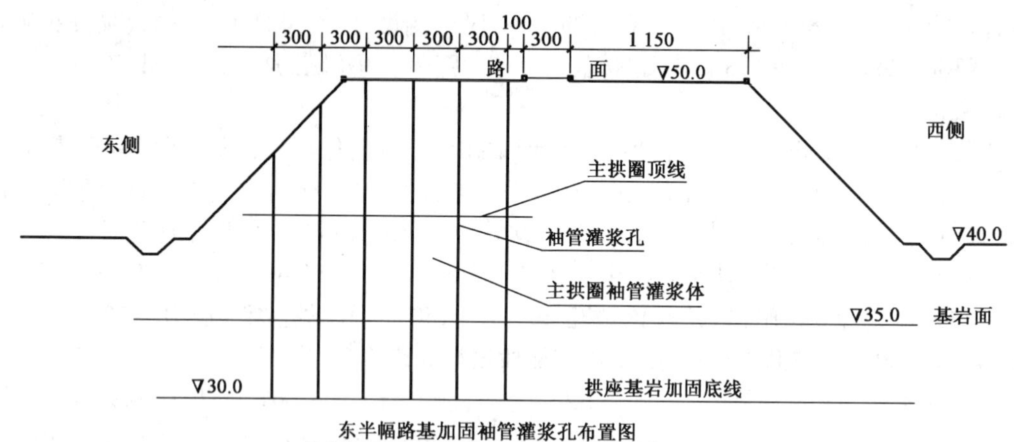

图 5-86　京沪高速公路 K138＋000.00～K138＋900.00 路基加固工程(尺寸单位:cm;高程单位:m)

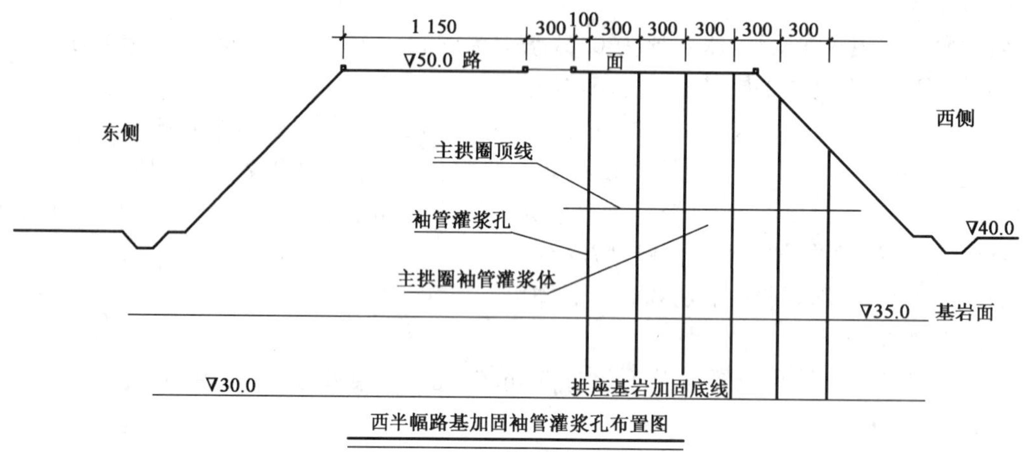

图 5-87　京沪高速公路 K138＋000.00～K138＋900.00 路基加固工程(尺寸单位:cm;高程单位:m)

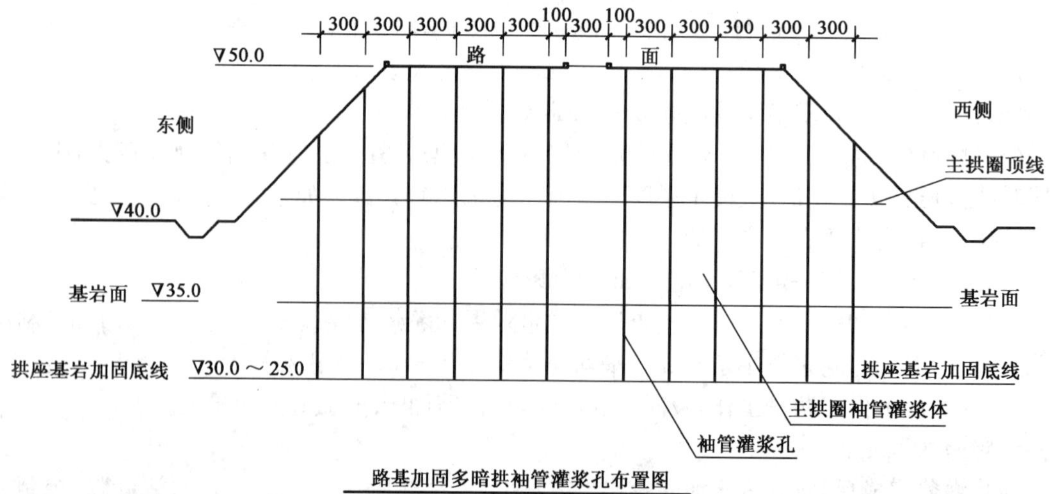

图 5-88　京沪高速公路 K138＋000.00～K138＋900.00 路基加固工程(尺寸单位:cm;高程单位:m)

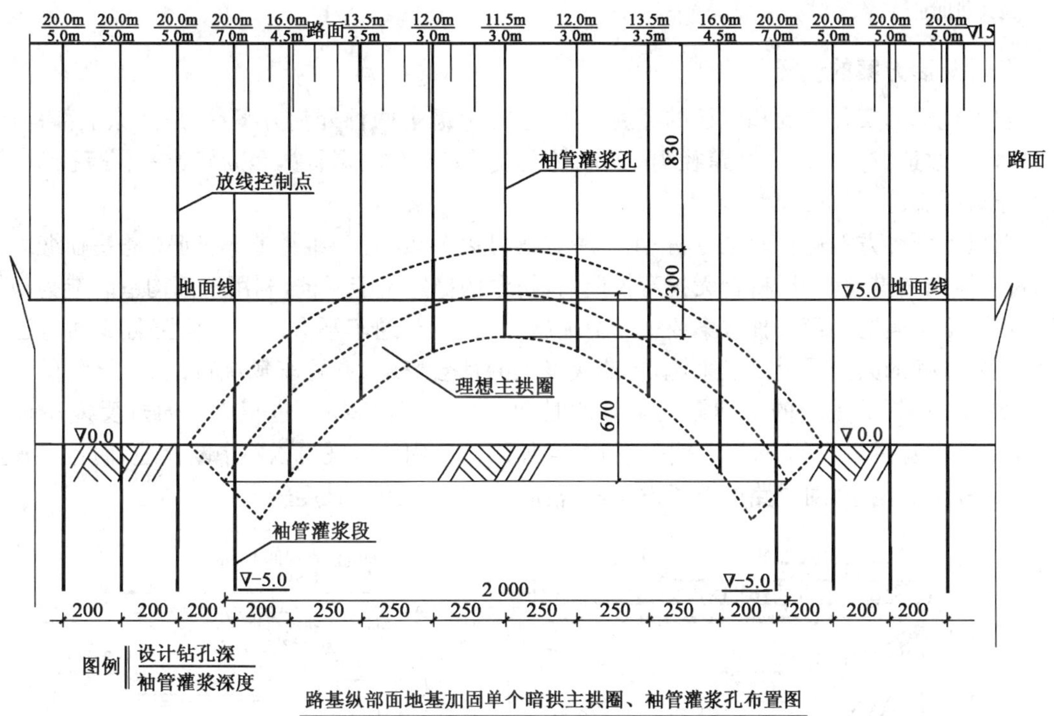

图 5-89　京沪高速公路 K138＋000.00～K138＋900.00 路基加固工程(尺寸单位:cm;高程单位:m)

第八节　小桥涵加固处理工程实例

工程实例一　套拱法加固石拱桥

一、工程概况及主要病害

长清县境内 G220 线于 1986 年改建,1988 年 10 月竣工通车。在 K180＋200 处建有一座一孔跨径 6m 的石拱桥(图 5-90)。桥宽 15m,桥高 5.7m,设计荷载为汽-20、挂-100 。在施工时,为防止产生不均匀下沉,将桥台横向分成三段砌筑,每段 5.0m,中间留 2cm 变形缝。

1990 年 10 月,在小桥涵例行检查时发现桥台下沉裂缝,并引起拱圈变形,l/4 拱圈处出现多道横向裂缝,缝宽 0.1～0.5cm。此后每周观测一次,到 1991 年 3 月底,左侧南桥台横向裂缝宽度达到 0.5cm,第一段南桥台与第二段南桥台高差 5.0cm,与第三段北桥台高差 8.0cm,第一段南桥台与第二段南桥台水平方向错台 4.2cm,拱圈顶部块石有两处松动,向下突出 5.0cm。通过观测的数据分析,该桥的主要问题是地基承载力不足,在动、恒载作用下,基础下沉,引起桥台及拱圈变形,并随着时间的增长,变形加剧,如果不及时处理后果将十分严重。

二、加固治理设计

(一)处治方案的选择

根据现场的实际情况和以往的经验做法,起初考虑了两种处治方案:一是拆除上部构造,加高桥台,改造成为一座一孔跨径 7m 的混凝土板桥;二是全部拆除,重新修建一孔跨径 6m 的混凝土板桥。

对以上两种方案进行论证分析,第一种方案可以分段施工,维持通车,问题是基础继续下沉,桥台横向的贯通断开,桥台无抗弯拉能力,桥台的稳定不能保证,利用下部构造改造为板桥解决不了根本问题。第二种方案要中断交通施工,这对于通车不久的二级公路且交通量已达 6 000 辆/昼夜的大交通量路段来说,将造成很大的社会影响,并且车辆绕行以后,行车里程要增加 20km,而拆除重建的工期需几个月的时间,造成的经济损失也很大。通过反复论证分析,决定采用隧道衬砌的方法对原桥进行套拱加固。采用该方案可以不中断交通,而且工程造价较低,社会影响小,对过路的车辆没有经济损失,问题是施工难度较大。

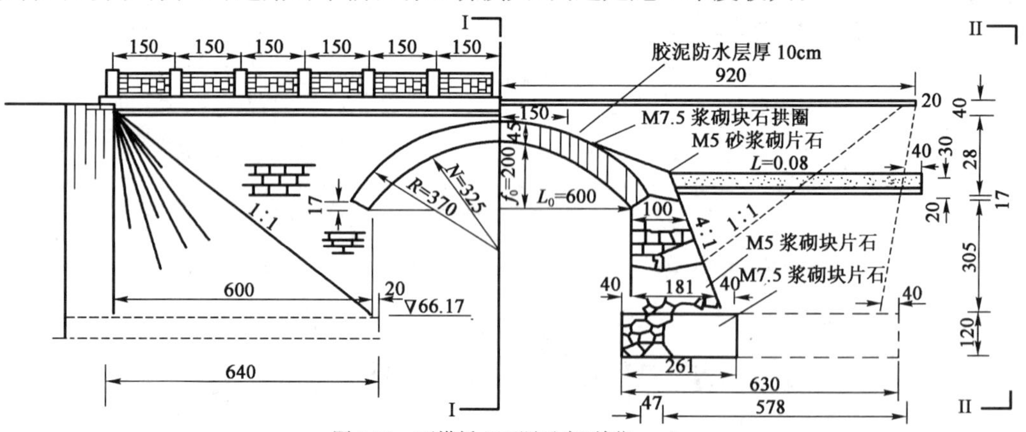

图 5-90 石拱桥立面图示意(单位:cm)

(二)套拱结构尺寸设计

套拱结构尺寸设计,主要考虑到既能满足承载能力要求,又要考虑到尽可能少地压缩孔径以满足排水要求和施工方便可行。实际上,作用在套拱上的荷载大小及状态是不十分清楚的,它和地质情况、跨径大小及原桥技术状况有关,加上活载因素只能根据经验,经过定性分析,参照有关技术资料来决定结构尺寸。

套拱的外型尺寸要和原桥断面尺寸相匹配,顶部为圆弧,两侧立墙与桥台身相连。为加强其整体性可增设锚杆,有条件也可采取压浆措施,因为该桥的主要问题是地基承载力不足,所以采取设仰拱的办法,并再做 40cm 厚的石灰土基层。套拱材料可采用素混凝土,该桥由于地质情况不良,为安全起见采用了钢筋混凝土。套拱设计厚度参照《日本山岭隧道技术规范及解释》推荐的混凝土衬砌设计厚度数值(表 5-22)。

混凝土衬砌设计厚度推荐值 表 5-22

净面宽度(m)	混凝土衬砌设计厚度(cm)	净面宽度(m)	混凝土衬砌设计厚度(cm)
3	20~40	30	40~70
5	30~50	—	—

本桥原跨径为6m，套拱加固后净断面在5.20～5.30m之间，确定套拱设计厚度采用40cm。套拱结构尺寸如图5-91所示。

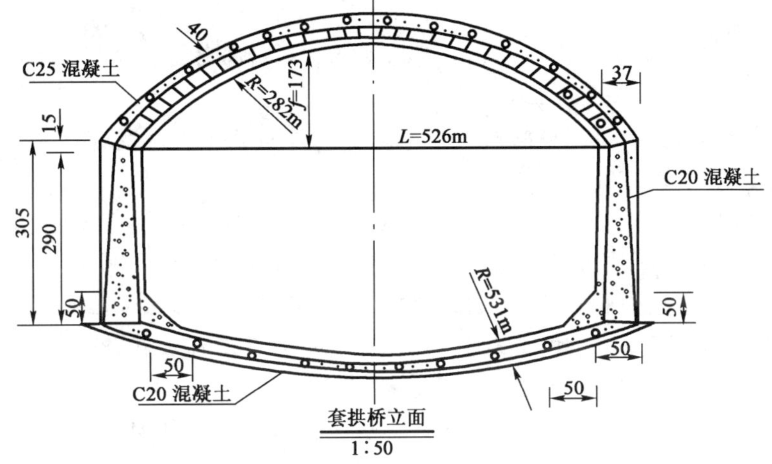

图5-91　套拱结构尺寸示意图(单位:cm)

(三)施工组织

1.施工准备

因为是旧桥加固工程，既要保证工程本身的质量和安全，又要保证边施工边通车，所以施工准备除常规的机械、材料、人工及施工组织设计外，还要加强对原桥技术状况的观测和桥上交通疏导工作的准备。

2.施工步骤

(1)挖出桥孔内填土，按设计高程在仰拱下做40cm厚的石灰土基层，分层填筑夯实。

(2)分三段(与原桥基础分段一致)现浇仰拱混凝土。为增强仰拱与墙身结合部的抗弯拉能力，将侧墙底部一同现浇上来，高度为50cm。

(3)现浇两侧墙身。为加强与原桥台台身的连接，按梅花形设置了锚杆，为增强拱脚处的抗弯拉能力，预留高度20cm，同拱圈一起浇筑。

(4)浇筑拱圈混凝土。拱圈混凝土厚度只有40cm，绑扎钢筋，填料及振捣较困难。因此，将每段分成五块拱盔，每块宽度1.0m，用五排木支架支撑，先支起一块拱盔，外侧钉上侧模板，采用人工填料，混凝土坍落度控制在0～1.0之间，填料顺序从两侧拱脚向拱顶延伸，并及时振捣夯实。即将浇完第一块时，再支撑起第二块拱盔，以此类推。第一段拱圈浇筑完毕后喷水养生，强度达到设计强度的80%以上时拆除模板。

(5)为防止套拱拱圈与原桥拱圈之间出现空隙而接触不牢，在拱顶位置每隔50cm预留压浆机，压注水泥浆，直至饱和为止。

三、加固效果评价

该桥自加固至今已有十余年，一直在大交通量下运营，未再出现裂缝及变形，桥梁技术状况一直处于良好状态。用套拱法加固石拱桥(跨径不超过10m为宜)，在技术上是可行的，又可不中断交通施工，节约工程造价，减少社会经济损失，值得推广应用。

参 考 文 献

[1] 张湧，杨广庆，吕鹏，张保俭. 高等级公路路基病害分析与防治技术. 北京:人民交通出版社，2007.

[2] 中华人民共和国行业标准. 公路软土地基路堤设计与施工技术规范(JTJ 017—96). 北京:人民交通出版社，1997.

[3] 中华人民共和国行业标准. 公路养护技术规范(JTJ 073—96). 北京:人民交通出版社，1996.

[4] 王松根. 山东公路养护技术应用与研究. 北京:人民交通出版社，2005.

[5] 李海光，等. 新型支挡结构设计与工程实例. 北京:人民交通出版社，2004.

[6] 赵明阶，何光春，王多垠. 边坡工程处理技术. 北京:人民交通出版社，2003.

[7] 龚晓楠，等. 地基处理手册(第 2 版). 北京:中国建筑工业出版社，2000.

[8] 中华人民共和国行业标准. 公路路基设计规范(JTG D30—2004). 北京:人民交通出版社，2004.

[9] 中华人民共和国行业标准. 公路桥涵设计通用规范(JTG D60—2004). 北京:人民交通出版社，2004.

[10] 中交第二公路勘察设计研究院有限公司. 公路挡土墙设计与施工技术细则. 北京:人民交通出版社，2008.

[11] 汪双杰，张留俊，刘松玉，倪一鸿. 高速公路不良地基处理理论与方法. 北京:人民交通出版社，2004.

[12] 赵振东，陈惠民. 公路养护工程常见病害及防治. 北京:人民交通出版社，2006.

[13]《高速公路养护管理手册》编委会. 高速公路养护管理手册. 北京:人民交通出版社，2002.

[14] 中华人民共和国行业标准. 公路技术状况评定标准(JTG H20—2007). 北京:人民交通出版社，2008.

[15] 交通部第二公路勘察设计院. 路基(第 2 版). 北京:人民交通出版社，2004.

[16] 林宗元. 岩土工程治理手册. 北京:中国建筑工业出版社，2005.

[17] 闫莫明，徐祯祥，苏自约. 岩土锚固技术手册. 北京:人民交通出版社，2004.

[18] 中华人民共和国行业标准. 公路桥涵养护规范(JTG H11—2004). 北京:人民交通出版社，2004.

[19] 中华人民共和国行业标准. 公路工程技术标准(JTG B01—2003). 北京:人民交通出版社，2004.

[20] 中华人民共和国行业标准. 公路工程质量检验评定标准(第一册 土建工程)(JTG F80/1—2004). 北京:人民交通出版社，2004.

[21] 程岩. PHC 桩桩网结构处理深层软土地基的设计参数及施工工艺研究. 上海:同济大学交通运输工程学院硕士学位论文，2007.

[22] 席培胜. 变截面水泥土双向搅拌桩技术及承载特性研究. 南京:东南大学博士学位论文，2007.

[23] 李彦军，郭秀兰，等. 大坝安全监测技术. 西安:西安地图出版社，2000.

[24] 黄声享，尹晖，蒋征. 变形监测数据处理. 武汉:武汉大学出版社，2003.

作者简介

王松根，男，生于1954年5月，浙江奉化人，现任职于山东省交通厅公路局、交通运输部公路科学研究院公路养护管理研究中心，工程技术应用研究员，博士生合作导师，享受国务院政府特殊津贴专家。

1978年1月毕业于南京工学院，长期从事公路工程施工、公路养护和技术管理工作。三十多年来，致力于结合生产需求开展科研工作，先后主持和参加了20余项省部级科研项目，获省部级以上科技进步奖15项，其中获国家科技进步二等奖2项，省部一等奖5项，协助高校培养博士12名，在国内专业期刊上发表科技论文70余篇，编著专业书籍6部。

宋修广，男，生于1966年8月，山东威海人，现任职于山东大学土建与水利学院，博士，博士后经历，教授，硕士生导师。

1989年7月毕业于山东工业大学，2000年6月毕业于河海大学，获岩土工程专业博士学位。主要从事教学和科研工作，研究方向为：岩土工程、道路工程。近年来，主持和参加了近20项科研项目，获省部级以上科技进步奖6项，目前已发表科技论文40余篇，其中被SCI、EI收录22篇。